帛書老子校注析

黄钊著

任继愈署签

長江出版傳媒

崇文書局

图书在版编目（CIP）数据

帛书老子校注析 / 黄钊著. -- 武汉 ： 崇文书局，
2025. 4. -- ISBN 978-7-5403-8054-0

Ⅰ. B223.12

中国国家版本馆 CIP 数据核字第 2025PG2262 号

责任编辑：官宣宏　郭晓敏
封面设计：杨　艳
责任校对：侯似虎
责任印制：邵雨奇

帛书老子校注析
BOSHU LAOZI JIAO ZHU XI

出版发行：长江出版传媒　崇文书局
地　　址：武汉市雄楚大街 268 号 C 座 11 层
电　　话：(027)87677133　　邮政编码：430070
印　　刷：湖北新华印务有限公司
开　　本：880mm × 1230mm　　1/32
印　　张：18.5
字　　数：393 千
版　　次：2025 年 4 月第 1 版
印　　次：2025 年 4 月第 1 次印刷
定　　价：98.00 元

（如发现印装质量问题，影响阅读，由本社负责调换）

老聃

作者生平

　　黄钊（1938.6.29—2022.5.8），湖北省黄梅县人。武汉大学马克思主义学院教授，博士生导师，中国共产党党员。1966年7月毕业于武汉大学哲学系哲学专业。1969—1972年在云南省东川市二中任教。1973—1982年在云南省东川市委宣传部与东川市委党校教授马列著作与哲学原理课程，任理论教研室副主任。1982年6月—1987年11月在湘潭大学哲学系教授中国哲学史。其间撰写《帛书老子校注析》和主编《道家思想史纲》。

　　1987年底调入武汉大学思想政治教育专业，从事高校德育教育。1989年1月晋升副教授，1993年6月晋升教授。曾担任政治与行政管理学院（马克思主义学院前身）副院长兼思政系系主任。其间撰写了《中国古代德育思想史论》上、下集，《儒家德育学说论纲》，《国学与儒道释文化发微》，《思想文化建设综论》并主编《中国道德文化》、《三德教育论纲》等十余部著作，这是他从事德育教育期间研究儒家伦理的主要成果。

　　黄钊先生于生命的最后时刻，即2021年—2022年5月撰写了《清本〈庄子〉校训析》一书。《老子》、《史纲》、《庄子》是黄钊先生一生撰著的三部道家哲学著作。

　　黄钊先生一生研究聚焦儒家伦理与道家哲学，出版著作共 18 部（个人专著 10 部，其中 1 部为上、下集；主编 8 部），发表学术论文 200 余篇。

　　《帛书老子校注析》初版于 1991 年 10 月，由台湾学生书局出版，1999 年 9 月第二次印刷。

新版序

黄钊先生是中国哲学史家，《帛书老子校注析》是他的成名之作，也是他的代表作之一。在下与黄先生的这部大著颇有点缘分。上世纪八十年代，学术著作在中国大陆"出书难"。作者委托在下，谋在台湾出版他的大著，在下则请龚鹏程先生、丁文治先生帮忙，龚、丁先生促成了是书于1991年在台湾学生书局出版。三十三年后，是书终于在大陆出了简体字版，乃学术界与出版界的一件幸事。

百多年来，中国经典诠释往往受到考古新发现的刺激与影响。就《老子》而言，考古发现的版本有1973年在长沙马王堆出土的帛书甲乙本，1993年在荆门郭店出土的战国楚简本，以及2009年北京大学接受海外捐赠的西汉时期的竹简本等。

传世本（通行本）与出土的简帛本之不同的文本，都有其存在的合理性及自身的内在逻辑，我们只能以"同情之理解"的心态，作理性的批导，不可随意放言高论。有人把帛书《老子》甲乙本捧得很高，把传世本贬得很低，失之公允，反之亦然。

马王堆出土文物很丰富，仅就帛书而言，除《老子》甲乙本外，还有《经法》《十六经》《五行篇》《战国纵横家书》《五星占》等。这些帛书问世后，吸引了海外汉学（或中国学）界的高度关注，我国学界也通过整理与研究这些文物资料而锻炼、培养了研究队伍。在老专家们的指导下，当时的中青年专家如裘锡圭、李学勤、庞朴等先生崭露头角，后来都成为学术界的大家。

黄钊教授其人与本书也是在这一背景下展示于学界的。当年他执教于湘潭大学。湖南省学术界的领导认为，帛书出土于湖南，全国性的《老子》学术会议将在湘召开，帛书《老子》将成为重头戏，首批研究成果理所当然地应由湖南学者拿出来。黄钊老师不负众望，一炮打响。此即本书的缘由与背景。

著名中国哲学史家、业师萧萐父先生高度评价了本书。他专为是书写了《为黄钊先生〈帛书老子校注析〉题辞》，实际即为序言。萧先生指出："黄钊先生研究道家思想有年，尤醉心于老学，执教湘潭，神游柱下，近几年以深研帛书《老子》为中心，综覈诸家传本，校论异同得失，扬榷古今，慎重裁断；为便初学，校注之后，复加评析、今译，终于著成《帛书老子校注析》一书，计卅余万言。这是继严灵峰、张松如、许抗生、陈鼓应诸先生之论著之后对帛书《老子》系统校释方面又一新的成果，对推进老学研究的深化作出了一定的贡献。"

黄钊老师深耕老学，以他的史德、史才、史学、史识，对帛书《老子》作了全面、深入地研究。本书对帛书《老子》的每一段文字都设有校注与简析两部分。校注部分从文字学、训诂学、版本学上疏理字词句段的来龙去脉及重点与难点，这是基本功。简析部分则是哲学思想的解读与发挥，通讲本部分与他部分的联系与区别，以及文本的见弊得失。简析部分属于创造的诠释学。作者声明，这两部分都吸收了古今注家的研究成果，一一注明了出处，不敢掠人之美。

作者以理性精神对通行本与帛书本的异同，对帛书本的资料价值与不足之处作了细密的分析。他指出，帛书《老子》的珍贵之处有三：第一有助于恢复原本《老子》的完整体系；第二有助于订正今本《老子》字句的讹误；第三有助于全面评价《老子》的思想。当然，帛书本也有不足之处，如脱烂之处需要校补、同音假借字需要训释、漏字衍字需要增删、错别字需要校正。作者批评了当时的一种偏向，有的论者把帛书当作金科玉律，甚至把其中的错误的东西当作正确的东西大加赞扬。如"执古之道"，帛书甲乙本并作"执今之道"，这本是讹误，但有人也大加赞扬，借所谓"执今之道"大发议论，说这表现了《老子》坚持了法家路线云云，真是滑天下之大稽。作者指出，帛书《老子》有其长短，我们应本着实事求是的态度，扬长避短，让帛书本在老学研究中，发挥应有的作用。

作者全面、完整且有分析地疏理了帛书《老子》，功底扎实厚重，言之有物。我认为，在解读帛书《老子》甲乙本之内涵及意义、理解通行本与帛书本之关系等方面，黄钊先生的这本书是不可多得的，而且至今仍不失其价值。在我国老学史上，长沙马王堆帛书《老子》是一颗璀璨的明珠，而在对帛书《老子》的整理与研究方面，本书是上乘之作，经受了时间的考验，也是一颗璀璨的明珠，故我乐于向学术界、读书界推荐这部佳作。

黄钊老师在本书出版之后，又主编了《道家思想史纲》一书，晚年扶病著成《清本〈庄子〉校训析》一书，此"道家三书"及数十篇论文，是他一生研究道家哲学的厚重成果。他还有关于儒家伦理与德育方面的系列论文与著作。他在中国哲学史，特别是儒道思想的源头及运用方面下了很大的功夫，成就斐然，令人感佩！他是名符其实的中国哲学史家！

是为序。

郭齐勇

2024 年夏至于武昌

原版序

我详读与略读过的《老子》注释本，约有二百余种之多，但因注者所崇尚古代注家不同，经文多异。甚至章节不同，文句错简。孰是孰非，难以定论。自 1973 年长沙马王堆第三号汉墓出土甲乙本帛书以后，我们始能见到秦末汉初的古抄本。这两种本子，虽在地下历时二千余年，破损太多，但其残余部分，还是给了我们以很大的帮助，解决了很多疑难问题。吉光片羽，弥足珍贵。

我们幸运地生于现代，得见到前人未见的佚经。《老子想尔注》于清末出现于敦煌，今帛书又出土于长沙汉墓，吾辈研《老》幸莫大焉！

《老子》书，古称《五千言》。但详校各本字数，各不相同。河上公本，为 5555 字；王弼本为 5683 字；想尔注为求便于教徒诵习，压缩衍语及清除虚词，简成为 5000 字（三十幅共一毂之"卅"，实为两字）；帛书乙本 5467 字。就结构而言，帛书则道经在后，德经在前；想尔注则只存道经，结尾一行曰"老子道经上"，下横书小字"想尔"。按：西汉高祖建国为纪元前 206 年，至东汉献帝末为纪元 220 年，共约 426 年。由汉初帛书《老子》至汉末《想尔注》（姑暂定为张鲁著），中间已历遭世变，几经篡改，造成经文参差。后世流传转抄中又多有讹误。由此而引起历代学者为之考证。争议不休，由来已久。帛书之出土，为研究提供了宝贵资料，但研究者对此两抄本又持异议，褒贬不一。应如何作出客观结论，尚有待于广大研究者沉潜各家，详校诸注，冥心探讨，深入剖析。真理愈辩愈明，只要认真探索，终可以去伪存真。虽此工作艰巨，但昭示来者，启发后人，意义尤深。

湘潭大学黄钊先生，身居湖湘，对于《老子》一书，研究有素，近年更对帛书《老子》深入钻研，分别辨正，比较各家同异，去取严谨；分析古今注释，态度冷静公允。我读到原稿，受益良多。书内列校注一栏，指出古今各家注者见解同异的原因，又辟简析一栏，写出作者自己的体会；而校注之后，附译原文，更便于初学者理解。这是作者对帛书研究的一大贡献，必将有助于把"老学"研究向前推进一步。

"老学"从来存在一系列争议不休的老问题，近来帛书出土，又给研究者提出了新课题。而作者芟刈草莱，独辟蹊径，广猎博采，继往开来，在研究的苗圃中，辛勤浇灌。今天我们高兴地看到，"老学"这块园地，开放出新花，收获了硕果。所以本书的出版，实能扫除陈言，放一异彩。我于兴奋之余，聊贡数言，是为《序》。

王　沐

一九八六年十月一日

于北京白云观道教研究室

为黄钊先生《帛书老子校注析》

题　辞

　　七十年代以来，中国的田野考古工作取得了举世瞩目的辉煌成就。单就出土的竹简帛书而言，数量之多，种类之繁，学术价值之高，可说是空前盛事。历史上著名的汉初孔壁出书，西晋汲冢出书，以及晚清发现的西北流沙坠简等，均难以望其项背。继一九七二年山东临沂银雀山汉墓大批竹简兵书等出土之后，一九七三年冬湖南长沙马王堆汉墓又出土了大批帛书，其中除《经法》、《十六经》、《五行篇》、《战国纵横家书》、《五星占》等古佚书之外，别有汉初及更早的《老子》抄本二种，尤为值得珍视。

　　《老子》一书是我国古代哲学智慧的主要活水源头之一。战国诸子，每多称引。到汉代，邻氏、傅氏等诸家经说不传，而其书被河上公改编为章句，又被张陵等神化为道教经典，从此流传益广，传本滋多，而各家诠释歧解之繁，文字异同出入之众，在我国古籍中可称首屈一指。唐初傅奕校定古本，曾参考北齐武平年间彭城人开项羽妾冢所得古抄本，惜此古抄本早亡佚，仅在傅奕校定的"古本"中保存了部分异文，因而傅校"古本"遂为历代校释《老子》者所特别重视。现在长沙汉墓出土的帛书《老子》

甲乙两本，与傅奕校所据的彭城项羽妾冢本时间相去不远，正可以用来比勘傅奕校定本及其他诸本，以求得尽可能接近古本的原貌。当然，这并非易事。

帛书《老子》甲、乙本释文一九七四年刊布，同年，文献出版社又精印出版了原件（收入线装两卷本《马王堆汉墓帛书》中），引起海内外学者极大的研究兴趣，陆续出现一批初步研究成果，或从讳例、书写的字体及虚字的用法等，考订了帛书抄写的时代和流行的地区；或从不同层面充分肯定了帛书《老子》甲、乙本可以订正今本的章次段落错乱及文字衍夺讹倒等，阐明其对于《老子》一书的复原、畅读和确解，都具有极为重要的意义。试举数例：

（一）《老子》书中究竟有没有"无不为"的思想，论者多以今本三十七章"道常无为而无不为"及三十八章"上德无为而无不为"为据，论断"无为而无不为"乃老子帝王权谋思想的一个中心。今校以帛书，甲、乙两本均无"道常无为而无不为"这一句，而同作"道恒无名"；又三十八章两本均作"上德无为而无以为"，而均无"下德为之而无以为"一句。上德一句中的"无以为"三字，俞樾曾据韩非《解老》所引，校改为"无不为"，诸家从之，朱谦之则据各碑本改为应作"无以为"，如据帛书，则朱说是，俞说非。此两处"无不为"，今于帛书甲乙本均无此语，似为后人增改。或以为足以说明《老子》并无"无不为"的权谋法术思想；韩非《解老》，乃韩非对老学之一种诠释耳。此虽尚可争论，但已表明帛书《老子》对老子思想的总体把握也会产生特定的影响。

（二）《老子》组织论方面的一个重要命题："涤除玄览"（第十章，通行诸本皆如此），在帛书甲乙本中均作"修除玄监"（甲本"监"误写作"盐"），按"监"即古"鉴"字，证以《淮南子·修务训》："执玄鉴于心，照物明白。"《太玄·童》："修其玄鉴"。今本"玄览"显然应据帛书校正。以"玄鉴"喻心之深邃明澈，乃道家通说，或皆源于《老子》此语。

（三）今本第二章集中表达了《老子》的辩证矛盾观，畅论："故有无相生，难易相成，长短相形，高下相倾，音声相和，前后相随……"，但语意未尽。今于帛书，除每句中均多一"之"字，前五句末均多一"也"字外，末句"前（帛书作"先"）后之相随（帛书写作"隋"）"之后，还有"恒也"二字作结，表明矛盾着的对立面互相依存转化乃是永恒的规律，依帛书校补的"恒也"二字，乃哲学概括的重要结论，实不可夺。

（四）至于今本因分章而造成的段落错简，如今本四十章与四十二章之间掺入了四十一章，今本二十四章后移在二十二章之前，依帛书订正调整之后，交叉自畅。今本文字因传写而出现的衍语讹倒等，不少处可以依据帛书加以校正；而历代校勘、注释中异说纷纭，有些争论也可以因帛书出土而判明是非，得出定论。

故帛书《老子》在考订文献、深研老学方面，实有非常可贵的价值；但也应看到，帛书《老子》作为陪葬物，抄写者文化学术水平不高，书写中有不少错夺字，而甲、乙两本也互有出入，且墓藏两千多年，多处破损漫漶（甲本尤甚）。因而，帛书《老子》也只能视为古抄本之一，本身还有待校订正，只有通过认真校理，使之成为校读《老子》一书的可靠津梁，才能充分发挥其在文献学、史源学上的重要作用。

黄钊先生研究道家思想有年，尤醉心于老学，执教湘潭，神游柱下，近几年以深研帛书《老子》为中心，综核诸家传本，较论异同得失，扬摧古今，慎重裁断；为便初学，校注之后，复加评析、今译，终于著成《帛书老子校注析》一书，计卅余万言。这是继严灵峰、张松如、许抗生、陈鼓应诸先生论著之后对帛书《老子》系统校释方面又一新的成果，对推进老学研究的深化作出了一定的贡献。

黄钊先生此书从文献的史源考订入手，以研治老学及传统思想，不作浮游、架空之虚谈，善体《老子》"处其实不居其华"之旨，注意发扬科学学风。我读其书，深慕其找到了在学术上"大巧如拙"、"大器晚成"的可贵起点，故乐于为之题辞，并愿与之共勉。

萧萐父

一九八九年七月题于东湖荒斋

论帛书《老子》的资料价值

代　序

　　一九七三年长沙马王堆第三号汉墓出土的帛书《老子》两种写本，一本用篆书书写，被称之为甲本。一本用隶书书写，被称之为乙本。甲本不避刘邦之讳，其抄写年代当在刘邦称帝之前；乙本避刘邦之讳，而不避刘盈和刘恒的讳，其抄写年代当在刘邦称帝之后、刘盈和刘恒登基之前。帛书甲、乙两种本子，是我们今天所能见到的最古的《老子》抄本，他同传世的河上公本、王弼本、傅奕本、范应元本以及清末在敦煌石室发现的唐人写本（残卷）等流行较广的《老子》本比起来，有着自己的特有风格，是我们研究《老子》书及其思想极为珍贵的古文献，值得特别重视。

　　帛书《老子》出土后，引起了学术界的广泛注意。但是，在评价中，人们的看法很不一致，有的偏于褒，有的偏于贬。因此，应当如何评价帛书《老子》，仍是当前《老》学研究中一个值得探讨的问题。笔者认为，对帛书《老子》应当从两方面分析评价，一方面充分肯定它的资料价值，另一方面也要指出它的不足之处，以便科学地利用这一历史文献。

概括说来，帛书《老子》的珍贵之处有下述三个方面。

（一）帛书《老子》有助于恢复原本《老子》的完整体系

今本《老子》一般分为八十一章，上篇三十七章，下篇四十四章，历史上还有分五十五章、六十四章、六十八章、七十二章诸种本子。司马迁《史记·老子韩非列传》曰："老子乃著书上下篇，言道德之意五千余言而去，莫知其所终。"由此可知，太史公所见的《老子》本分为上下篇，未言分章之事。《老子》分章，当是后人所为。今帛书《老子》甲、乙本均未分章，再一次证实了原本不分章的情况。

从原本不分章到以后分章，这是《老子》书在流传过程中发展的必然趋向。《老子》书流传开来后，社会上解老、注老逐渐蔚然成风。注家为了注解的方便，就不可避免地要把原书分为许多章节，以便逐章地训释、解析，为从整体上进行归纳、综合创造条件。显然，这种从微观到宏观、从部分到整体的分析研究，是《老》学研究走向深入的表现。

但是，分章也相应地带来一些弊端，最明显的弊端是割裂了体系上的完整性，切断了思想上的连贯性。今帛书《老子》不分章，保存了原本的风貌，这对于消除诸今本由于分章而带来的上述弊端很有参考价值。

第一，有了帛书《老子》，可以纠正今本由于分章而造成的字句分割。

以流行分章本十九章为例，该章说：

"绝圣弃智，民利百倍；绝仁弃义，民复孝慈；绝巧弃利，

　　盗贼无有。此三言也，以为文未足，故令有所属：见素
抱朴，少私寡欲〔，绝学无忧〕。"

　　从文意上看，最后一句"绝学无忧"应与"少私寡欲"相连
续。但今王弼本此句却为二十章之首句。对此，注家早有所疑。
蒋锡昌曰："此句自文谊求之，应属上章（指十九章——引者注），
乃'绝圣弃智、绝仁弃义、绝巧弃利'一段文字之总结也。晁公
武《郡斋读书志》谓唐张君相《老子注》以'绝学无忧'一句附
'绝圣弃智'章末，以'唯之与阿'句别为一章，与诸本不同，当
从之。后归有光、姚鼐亦以此句为上章，是也。"（《老子校诂》）
李大防亦曰："'绝学无忧'句断不能割归下章。盖'见素抱朴，
少私寡欲，绝学无忧'三句，是承上句'此三者以为文不足，故
令有所属'。'见素抱朴'，承'绝仁'二句；'少私寡欲'承'绝
巧'二句；'绝学无忧'承'绝圣'二句。'此三者以为文不足'
句，是统括上文，'故令有所属'句是启下文，脉络分明，毫无疑
义。"（转引自朱谦之《老子校释》）以上分析，都颇有说服力。
十分明显，"绝学无忧"句应属十九章，今本排入二十章，是不当
的。今帛书甲乙本不分章，"绝学无忧"句与"见素抱朴，少私寡
欲"紧相连接，直读下去，文通理顺。当据帛书恢复本来面目。
　　以上是一句话由于分章而由上文误入下文的情形。不仅如
此，在流行分章本中，还存在一个字由上文误入下文的情形。第
九章末句应为"天之道也哉"，但检诸今本却作"天之道"或"天
之道也"，其"哉"字变为"载"字误入下章，把原文"营魄抱

一",变成"载营魄抱一",使文意晦涩难解。这种情况,也早为注家所知。褚白秀注第十章曰:"首'载'字诸解难通,盖以前三字为句,'抱一'属下文,与后语不类,所以费辞牵合。尝深考其义,得之郭忠恕《佩解集》引《开元诏语》云:'朕钦承圣训,覃思玄宗,顷改正《道德经》十章载字为哉,仍属上句。及乎议定,众以为然,遂错综真诠,因成注解。'此说明当可去千载之惑,盖古本不分章,后人误以失之。'道也哉'句末字加次章之首,传录又讹为'载'耳。五十三章末'非道也哉'句法可证。"(刘惟永《道德真经集义》)马叙伦亦曰:"'载'、'哉'古通,不烦改字。然以'载'字属上句读是也。……此章'营魄抱一,专气致柔,涤除玄览,爱民治国,天门开阖,明白四达',皆以四字为句,不得独此加一'载'字,《老子》他章亦无以'载'字起辞者,而五十三章'非道也哉'与此辞例正同,故可证'哉'字当属上读。"(《老子校诂》)以上分析均言之成理,"载"字属上读是也。今帛书不分章,甲本此句脱损,乙本"天之道也"正与"载营魄"紧相连接,当顺文读作"天之道也载(哉)。营魄抱一……"从而揭开了千古疑案。

第二,有了帛书《老子》,可以纠正今本由于分章而造成的段落错乱。

分章不仅造成字句的分割,也带来了章节的错乱,应参阅帛书予以纠正。

第四十章曰:"反也者道之动也,弱也者道之用也。天下之物生于有,有生于无。"

第四十二章曰:"道生一,一生二,二生三,三生万物。万物负阴而抱阳，冲气以为和。……"

从文章脉络来看，这两章联读，文字紧凑。上文说"天下之物生于有，有生于无。"下文接上"道生一，一生二，二生三，三生万物。……"上下贯通，形成密不可分的整体。可是，诸今本这两章之间却插入了第四十一章，使本来完整而严密的文字遭到切割。这种情况，当是分章之后错简所致。今帛书甲乙本"有生于无"句下紧接的恰好是"道生一，一生二……"重现了本来面目，当据以纠正。

第二十四章：

"……自是者不彰，自见者不明，自伐者无功，自矜者不长。"

第二十二章：

"不自是故彰，不自见故明，不自伐故有功，不自矜故长。……"

不难看出，这两段文字亦是互相贯通、连成一体的。前者说明骄矜的坏处，后者说明谦虚的好处，一反一正，互相衬托，把要谦虚而不要骄傲的思想讲得十分透彻。毫无疑义，这两段文字应连起来读。可是，今本这两章之间却插入了第二十三章，且二十四章与二十二章的位置颠倒。这种情况，也当是分章后错简所致。今读帛书，以上两段文字连成一体，上下紧扣，天衣无缝。当据以纠正今本章节的错乱。

以上说明，有了帛书《老子》，既有助于纠正由于分章而造成的字句分割，也有助于纠正由于分章而带来的段落错乱。从而为恢复《老子》原本的完整体系提供了依据。

（二）帛书《老子》有助于订正今本《老子》字句的讹误

帛书《老子》的字句同今本相比，有不少相殊的地方，较明显的有两个方面：（1）帛书《老子》有的字句，今本或许没有；（2）今本有的字句，帛书或许没有。这有助于我们将两方面加以比较，从而校正今本的错误。

第一，帛书有的字句如果今本没有，经过分析，有些可以作为订正今本的依据。

例如，第八章写水的特征，借水喻道，今本有"予善仁"句。帛书甲本此句掩，乙本作"予善天"。比较两者，似以帛书为优。因为今本"予善仁"，同《老子》的基本思想相悖。《老子》反对施仁恩，第五章说："天地不仁，以万物为刍狗；圣人不仁，以百姓为刍狗。"第十九章说："绝仁弃义，民复孝慈。"第三十八章说："失道而后德，失德而后仁，失仁而后义，失义而后礼……"可见，老子对"仁"持否定态度，认为它是失道、失德后的产物，故圣人不用也，主张绝而弃之。可见"予善仁"不合老旨。相反，"予善天"则同《老子》的思想一致。"予善天"，意为给予善于仿效天道。在《老子》看来，天之道是"善予"的。第七十六章说："天之道，其犹张弓也，高者抑之，下者举之，有余者损之，不足者补之，天之道损有余而补不足。"这里所谓"损有余而补不足"，正是天之"善予"的表现。水也与此相类似，它总是从高处流向低处，平准高下，泽润四方，"损有余而补不足"，这同"天之道"是近似的，故曰："予善天"，由此可知，"予善天"较"予善仁"贴切，当据以纠正今本之误。

又如，今本第二十七章"善结者无绳约而不可解"，句中"绳约"二字，帛书甲本脱损"绳"字，乙本作"纆约"。《说文》："纆，索也，从系，黑声。"段注"所谓黑索拘挛罪人也"，则"纆"乃是捆绑罪人的绳索。正因为"纆"用于捆绑人，所以才有"不可解"的说法。"善结者无纆约而不可解也"意为善于捆绑的人，不用捆人的绳索，却使人难以松解。从文意看，"纆"较"绳"字义胜，"纆"，专指捆人的绳索，"绳"，则为一般的绳索。当从帛书。

第二，今本有的字句帛书如果没有，经过分析，有些可以作为删去今本某些字句的依据。

第二十三章今本概有"信不足，焉有不信"句。此二句过去注家会怀疑为衍文，马叙伦曰："此二句疑……十七章错简在此，校者不敢删，因复记之，遂成今文矣。观十七章弼注张之象本与大典所引互相错误，而此弼注曰：'忠信不足于下，焉有不信也……''于下'二字与十七章注'大人在上'正相对，可证。石田羊一郎谓此二句衍。"（《老子校诂》）朱谦之亦曰："此二句见第十七章，疑为错简重出。"（《老子校释》）以上分析都说明此二句实为衍文，但过去无确证，不敢删，今阅帛书，恰好无此二句。得此证据，便可删去"信不足"二句。

第三十八章"上德无为而无不为"（"不为"一本作"以为"）句下，今本均比帛书多一"下德"句，这句各本用字殊异，或作"下德无为而有以为"，或作"下德为之而有以为"，或作"下德为之而无以为"，互相牴牾，难执一是。从表面看，"上德"句后增"下德"句，似乎很对称，但联系下文，却纯属画蛇添足。因为下文云："上仁为之而无以为也；上义为之而有以为也，上礼为之而莫之应也，则攘臂而扔之。"此处"上仁"、"上义"、"上礼"都属"下德"范畴，它们各有特殊性，非"下德"句所能概括。实际情形是：上述"下德无为而有以为"、"下德为之而有以为"、"下德为之而无以为"等三种句式，无论取哪一句，都与下文相悖。如果作"下德无为而有以为"，则其"无为"与"上仁为之"、"上义为之"、"上礼为之"均相悖；如果作"下德为之而有以为"，则与"上义"句意重复而又与"上仁"句相悖；如果作"下德为之而无以为"，则同"上仁"句意重复，而又与"上义"句相悖。可见，上述三种"下德"句无论取哪一句，在本文中都是赘瘤，于义难通。今帛书甲乙本并无此句，则上述互相牴牾的情形不复存在，似以帛书无"下德"句为优，当从之。

此外，帛书《老子》惯用"也"、"与"之类的语尾虚词，这对于校正今本的句读，也很有参考价值。

第一章"常（或作"恒"，下同。）无欲以观其妙，常有欲以观其徼"两句，历来在句读上人们存在分歧，或读作"常无，欲以观其妙；常有，欲以观其徼"；或读作"常无欲，以观其妙；常有欲，以观其徼"。见仁见智，各执一端。究竟应怎么读？今帛书甲、乙本在两"欲"字下并有虚词"也"字，当读作"恒无欲也，以观其妙；恒有欲也以观其所徼"。过去争论不休的问题似可终结。

第六十八章末句今本多作"是谓配天古之极"，很不好理解。

华钟彦说："傅奕本'极'下有'也'字，稍给读者以启示。今观甲乙本都有'也'字，得此有力的证据，便可重新断为'是谓配天，古之极也。'成为二句，词意尽通。"（《评有关帛书〈老子〉的论述》，载《河南师大学报（社会科学版）》一九八〇年第一期）可见，帛书语尾虚词自有其独到之处。

（三）帛书《老子》有助于全面评价《老子》的思想

帛书《老子》同今本《老子》相比，其基本思想是一致的。但是在某些问题上，也稍有差异。认真研究这些殊意之处，有助于我们全面把握《老子》的思想。

第二章：

"天下皆知美之为美，斯恶已；皆知善之为善，斯不善已。有无之相生也，难易之相成也，长短之相形也，高下之相盈也，音声之相和也，先后之相随——恒也。是以圣人居无为之事，行不言之教。……"

把这段文字同传世的诸今本相比较，可以看到一个突出的不同之点，这就是帛书在"先后相随"句后多出"恒也"二字。老子用"恒也"一语意在对上文进行概括总结，说明有无相生、难易相成、长短相形、高下相盈、音声相和、前后相随等，都是恒久存在的客观法则。不难看出，有"恒也"二字和没有"恒也"二字，其思想的深刻性大不一样。帛书《老子》保存了这"恒也"二字，说明《老子》的作者不仅猜测到了相反相成的辩证法则，而且还说明他意识到这一法则经得起时间考验，恒久适用。因此，我们必须以此为据，相应提高《老子》辩证法的历史地位。

第三十一章有这样一段话：

"兵者，不祥之器也，不得已而用之，铦袭为上，勿美也。
若美之是乐杀人也。夫乐杀人，不可以得志于天下矣。"

上文中"铦袭为上"，取自帛书甲本，乙本作"铦㦜为上"，
今本多作"恬淡为上"（其"恬淡"有作"恬憺"者，有作"恬
澹"者，有作"恬㳠"者）。用兵讲"恬淡"，实在令人不可捉
摸，注家对此早有所疑。劳健《古本考》曰："用兵而言恬淡，
虽强为之词，终不成理，所谓甚难而实非也。""循其音义，皆
不可通。今考二字乃'铦锐'之讹，谓用兵但取铦锐，无用华饰
也。"劳氏所言有理，可惜"铦锐"二字没有确据。今帛书甲本
作"铦袭"，正同劳氏"铦锐"之说相近。"铦"，利也；"袭"入
也，"铦袭"意为锋利而能攻入。张舜微说："铦，锐利也；袭，
攻敌也。"（《老子疏证》，载《周秦道论发微》一书）亦通。从
今本"恬淡为上"到帛书"铦袭为上"，虽然只是两字之差，但
却涉及《老子》的战争观。《老子》认为，用兵是不得已的事，在
不得已而用兵时，还是要注重武器的实用，要以锐利而能杀敌
为标准，用不着在表面上装饰。显然，这是符合《老子》的基本
思想的。今本作"恬淡为上"，那就必然歪曲老子的原意，以致
认为老子在不得已而用兵时，还主张"恬淡为上"，实行安静无
为，这就把老子看作只是退让，没有进取的怯弱无能之辈，显然
是不对的。当据帛书作"铦袭为上"，以便全面评价《老子》的

战争观。

第五十七章"民多智慧，邪事（一本作'奇物'）滋起"，句下，今王弼本等有"法令滋彰，盗贼多有"句。这一句河上公本作"法物滋彰，盗贼多有"。这两种句子，历代注家有赞成前者，有赞成后者。究竟应作"法令滋彰"，还是应作"法物滋彰"呢？今查帛书，甲本此句脱损，乙本作"□物兹章"，对照今本，"物"前脱字当为"法"字无疑。因此，帛书作"法物滋彰"。河上公本此句与帛书同，当是古本如此。"法物滋彰，盗贼多有"，河上公注曰："法物，好物也。珍好之物滋生彰著，则农事废，饥寒并至，故盗贼多有也。"这个解说亦难言之成理，然此"法物"似应解作"写有法律条文的物件"为宜。春秋末年，新兴地主阶级提倡"明法审令"，主张以法治来平治天下，常把法律条文写在物品上，以晓喻百姓，约束下民。如：《左传》所记郑人"铸刑器"，晋人"铸刑鼎"以及邓析制"竹刑"，都是将法律条文写在实物上的做法。这些实物可称之为"法物"。当时叔向针对子产在郑国铸刑书这件事批评说："夏有乱政，而作禹刑；商有乱政，而作汤刑；周有乱政，而作九刑。三辟之典，皆叔世也。今吾子相郑国，作封洫，立谤政，制参辟，铸刑书，锥刀之末，将尽争之。乱狱滋丰，贿赂并行，终子之世，郑其败乎！"认为郑国铸刑书，将导致"乱狱滋丰，贿赂并行"，乃至使郑国败亡。无独有偶，孔子针对晋国铸刑器这件事也批评说："晋其亡乎，失其度矣。夫晋国将守唐叔之所受法度，以经纬其民，卿大夫以序守之。……今弃是度也，而为刑鼎。民在鼎矣，何以尊贵？贵何业之守？贵贱无序，何以为国？"亦认为"刑鼎"将导致晋国灭亡。叔向和孔子的批评，同《老子》所说的"法物滋彰，盗贼多有"，正可以相互发明。由此可见，《老子》所讲的"法物"，当是"刑器"、"刑鼎"之类的写有法律条文的物品无疑。"法物"一语，打上了春秋战国时期的时代特色，由此我们可以进一步窥见《老子》思想形成的社会历史条件。

综上所述，帛书《老子》既有助于我们恢复《老子》原本体系上的完整性，也有助于我们纠正今本某些字句的讹误，为我们正确把握《老子》的思想，提供了重要的新资料，确实值得百倍珍惜。

但是，帛书《老子》也有其不足之处。对此，我们不应忽视。如果我们只看到帛书《老子》珍贵的一面，看不到它的不足之处，以为它什么都好，难免犯片面性的错误。帛书出土后，有人撰文主张"用帛书本校勘今本，判别今本的正与误；用帛书本研读今本，审定旧注的是与非"。这实际上是要以帛书本之是为是，以帛书本之非为非，一切以帛书为依据，显然是不对的。因为帛书本也并非《老子》原本，它也只是一种手抄本。由于以下几种原因，我们需要参阅今本对之加以校勘。

一是脱烂之处需要校补。帛书《老子》在地下埋藏了两千多年，两种本子均有脱坏。甲本存放在一块竹木条上，保存不善，脱烂尤为严重。全书计 5447 字（包括脱损之字），实际脱损 1304 字，约占全书的百分之二十三强；乙本存放在一只漆盒内，保存较好，但亦有脱损。全书 5467 字（包括脱损之字），实际脱损 649 字，约占全书的百分之十一强。这些脱损之字，如不参阅今本加以校补，是无法阅读的。

二是同音假借字需要训释。帛书两种本子，都抄写于秦汉之际。彼时正是汉字急剧演变的历史时期。战国时代，诸侯割据，各诸侯国从政治思想到文化生活都存在差异。秦统一六国后，实行了"书同文"的文字统一工作。这实际上是汉字的一次巨大变革。在这个变革中，人们使用"通假"字显得更加频繁。因此秦汉时人抄书多用同音通假字。翻开帛书《老子》，同音通假字满目皆是。如：将"谓"写作"胃"，"鉴"写作"监"，"爪"写作"蚤"，"谷"写作"浴"，如此等等，都为同音通假。这种情况，虽然在当时是合理的，但到了今天，就不应该继续下去了。因此，应当参阅今本，加以训释，并用通行字取代之。

三是衍字漏字需要删、增。帛书甲、乙本在抄写中都存在衍字或漏字的情况。如第三章，帛书乙本"使夫知不敢"一句，今本多作"使夫知者不敢为"，两相对照，似以今本为优。帛书少"知"下一"者"字，"敢"下一"为"字，语意难通。显然此"者"、"为"二字为漏字，当据今本补正。又如第七章，"后其身而身先，外其身而身存"，帛书乙本写作"退其身而身先，外其身而身先，外其身而身存"，毋庸置疑，这里第二句为衍文，当据甲本和今本删去。

四是错别字需要纠正。帛书甲、乙本错别字亦为数不少。其错别字的出现，有种种原因，有的因字形相近而误，如将"察察"误作"蔡蔡"，"田猎"误作"田腊"，"宠辱"误作"龙辱"；有的因字音相近而误，如把"圣人"误作"声人"，"大患"误作"大梡"，"孝慈"误作"畜兹"等等。有的因涉上、下文而误。如第三十八章"上仁为之而无以为也"一语后当为"上义为之而无以为也"，但帛书乙本却把"上义"误作"上德"。此"上德"一词，当是涉及上文"上德无为而无（以）［不］为"一句而误。有的则纯属抄者妄改。第八章"上善若水，水善利万物而不争"，今本概如此。但帛书乙本却把"不争"写作"有争"（甲本作"有静"），纯属谬误。

以上种种，说明帛书并非什么都好，它确实也有自己的不足，必须参阅今本，对之加以科学的整理，以便更好地发挥它的资料价值。遗憾的是，我们有的论者对帛书的不足之处认识不够，他们把帛书当作金科玉律，甚至把其中错误的东西也当作正确的东西大加赞扬，这是极不慎重的。

以上述第八章为例，有的论者却鼓吹帛书的"有争"为"正确"，认为这表现了《老子》"柔而有争"的思想。初看起来似乎有理，但联系《老子》的全文来看，就不正确了。

不错，《老子》的哲学是"柔而有争"的，但是，"有争"是以"不争"为前提的，"有争"寓于"不争"之中，"不争"是条件，"有争"是归宿。这种思考问题的逻辑，在《老子》书中随处可见。第七十八章"天下莫柔弱于水，而攻坚强者莫之能胜。"首句"天下莫柔弱于水"，写的是"不争"；后句"而攻坚强者莫之能胜"，写的是"有争"，正是从"不争"中求"有争"的。第八十一章说："天之道利而不害，圣人之道为而不争"。虽然"不争"却是"有争"的，故《老子》又说："圣人无积，既以为人己愈有，既以与人己愈多。"此处的"为人"变成了"己愈有"，"与人"变成了"己愈多"，正是"不争"中包含着"有争"。第七十三章说："天之道不争而善胜，不言而善应，不招而自来，繟然而善谋，天网恢恢，疏而不失。"你看，天之道虽然"不争""不言"，却能"善胜"、"善应"，再一次说明了"不争"中包含"有争"。可见，从"不争"中求"有争"，是《老子》一贯的思想。所以，《老子》反复强调："夫惟不争，故莫能与之争"（二十二章）；"以其无争与，故天下莫能与争"（六十六章）；"夫惟不争，故无尤"（第八章）。无容置疑，"不争"是《老子》无为之道的重要内容，作"水善利万物而不争"，才合《老子》本意。作"水善利万物而有争"，则恰恰背离了《老子》的思想。从本章的上下文来看，问题也十分清楚，前言"水善利万物而不争"，后言"夫惟不争，故无尤"。前文为后文埋下伏笔，前呼后应，文通理顺。如作"水善利万物而有争"，则后文"夫惟不争"就是无的放矢了。由此可见，帛书本作"有争"是错的，当据今本改正。

又如第十四章末句今本多作"执古之道，以御今之有，能知古始，是谓道纪"。帛书甲乙本此段中"执古之道"并作"执今之道"，应当说这也属讹误。但是，有人也大加赞扬，说这"执今之道"表现老子"讲道论德的立足点正在今而不在古"。有的论者甚至借"执今之道"一语，大发议论，说这表现了《老子》坚持"治国不一道，便国不法古"的"法家路线"。真是滑天下之大稽。

《老子》真的提倡"执今之道"吗？否！细读《老子》书，我们不难发现，《老子》强调的是"古道"而非"今道"。书中多次赞扬"古之善为道者"，多次引证古圣人的格言，就是例证。第三十八章说："失道而后德，失德而后仁，失仁而后义，失义而后礼。夫礼者，忠信之薄而乱之首也。"在老子看来，古道到了后来已经退化了，代之的是"仁"、"义"、"礼"这一套虚假的东西。因此，只有恢复"古之道"，才能治理今日的天下国家。可见，《老子》要执的是"古道"，而并非今道。孔子评价老子说："述而不作，信而好古"，也从侧面证明老子要执的是"古道"。所以帛书甲、乙本作"执今之道"是不对的，当据今本改正。

　　总之，帛书《老子》有其所长，也有其所短，我们应当本着实事求是的态度，扬其所长，避其所短，让帛书《老子》在老学研究中，发挥应有的作用。正是在这一思想指导下，笔者不自量力，写成拙著《帛书老子校注析》，意在把自己近年来研读帛书《老子》的心得清理一下，抛砖引玉，求教于海内之通家达人。

作者　黄　钊

一九八五年七月写于湘潭大学，

一九八九年六月修改于武汉大学

说　明

　　近年来由于教学的需要，我有机会研读帛书《老子》及其他有关《老子》读本，受益匪浅。乘全国《老子》学术讨论会在湘召开的前夕，我匆忙把自己的学习心得清理了一下，整理成这部《帛书老子校注析》。现将有关问题说明如下：

　　（一）本书校正文以帛书《老子》甲、乙本为底本（据《马王堆汉墓帛书〈老子〉》，文物出版社 1976 年版），主要参阅河上公注《老子道德经》（即《老子河上公章句》，简称河本）、王弼《老子〈道德经〉注》（简称王本）、傅奕《道德经古本篇》（简称傅本）等流行较广的诸今本，也适当参阅其它有关《老子》本，校文在力求保存帛书风格的前提下，择善而从。

　　（二）本书《校注》采用分段的方法，一般是先校后注或校中夹注。校与注以及《简析》均吸收了古今注家的研究成果，重点参阅了马叙伦《老子校诂》、蒋锡昌《老子校诂》、高亨《老子正诂》、朱谦之《老子校释》、张松如《老子校读》、许抗生《帛书〈老子〉注释与研究》、陈鼓应《老子注译及评介》，以及其它古今注家的著作。所引之文，一般交待了原作者，以示不敢掠人之美。

　　（三）帛书《老子》甲乙本均不分章。为校、注、析以及研究的方便，本书乃按今王本八十一章之次序，分章进行校注和简析。

　　（四）帛书《老子》甲乙本上篇为《德经》，下篇为《道经》但流传今本上篇概为《道经》，下篇概为《德经》。《老子》原本究竟是《道经》在前还是《德经》在前？学术界见仁见智，众说纷纭。笔者以为，《道经》在前，《德经》在后，符合《老子》"道生德"的思想，也符合古往今来人们称老子学派为"道德家"的历史传统，不应该轻易改移。因此，本书仍按流传今本分篇之惯例，将《道经》列为上篇，《德经》列为下篇。

（五）以往的注《老》之书，一般是选择一种定本作为底本，按章次顺序分别排列在各章校注文字之前。本书所选的底本为《老子》甲、乙两种本子，其经文均有脱损，不便列在各章校注文字之前，只好附录于书后。而分别于各章校注文字之前的经文，则为笔者校正文。

（六）本书《简析》部分，着重剖析《老子》的哲学思想。《老子》哲学博大精深，所涉及范畴亦无比丰富。分章简析，意在从微观上揭示其思想内容，为从宏观上把握其基本精神奠定基础。析文仅是个人的体会，至于研几入微、剖玄析奥，笔者不敢自命。

（七）本书《老子》各章意译，在《校注》中只分段写出，为读者阅读的方便，书末附有帛书《老子》校正文与意译文对照。

（八）本书引用与参阅书目，亦附之书后。

作者　黄　钊

1985 年 7 月 2 日

帛书老子校注析

目 录

老　聃（图版）

道经篇

第一章

道，可道也，非恒道也；名，可名也，非恒名也(一)。无名，万物之始也；有名，万物之母也(二)。故恒无欲也，以观其妙；恒有欲也，以观其所徼(三)。此两者，同出而异名，同谓之玄，玄之又玄，众妙之门(四)。

校　注

(一)"道，可道也，非恒道也；名，可名也，非恒名也。"

帛书甲本如此，乙本脱损严重，仅存前四字后三字。通行的河本、王本、傅本均无四"也"字，二"恒"字并作"常"字。

"道，可道也，非恒道也。"全句共有三个"道"字为人们习称之"道"，含有"道理"、"道术"之义，河上公注曰："谓经术政教之道也"。次"道"字作动词用，犹"言说"也。末"道"字与"恒"字结合为"恒道"，这便是老子所要阐明的"道"。

"名，可名也，非恒名也。"全句共有三个"名"字，首"名"字为一般事物之"名"也；次"名"字作动词用，犹"命"也；末"名"字与"恒"字结合为"恒名"，这便是老子所要阐明的"名"。

"恒道"、"恒名"通行的王本、河本、傅本等均作"常道"、"常名"，"恒"、"常"互通，"久"也。古本当为"恒"，作"常"乃后人为避汉孝文帝刘恒讳而改。

全段意为：一般的"道"，是可以用言语表达的，但它不是"恒道"；一般事物的"名"是可称呼的，但它不是"恒名"。

㈡"无名，万物之始也；有名，万物之母也。"

帛书甲、乙本均如此，通行的河、王、傅本"万物之始"皆作"天地之始"，且无二"也"字，今依帛书。马叙伦曰："史记·日者列传》引作'无名者，万物之始也'，王弼注曰：'凡有皆始于无，故未形无名之时，则为万物之始，……'是王本两句皆作'万物'，与《史记》所引合，当是古本如此。"今帛书恰为"万物之始"，足证马氏所言是也。

"无名"、"有名"皆为"道"之别名，奚侗曰："无名有名皆谓道。"不过二者又稍有区别："无名"指"道"处于剖判未分之时；"有名"指"道"已化生为具体有名之物。故"有名"由"无名"演化而来。易佩坤曰："无名生有名也。"

"始"，始祖的意思。

"母"，母本的意思。

全句意为：无名，是万物的始祖；有名，是万物的母亲。

㈢"故恒无欲也，以观其妙；恒有欲也，以观其所徼。"

帛书甲本如此，但"妙"原作"眇"，"徼"原作"曒"，今据通行本改。乙本脱"以观其妙"四字，"有"作"又"，余皆同甲本。通行的河本、王本、傅本，均无二"也"字，亦无"所"字，"恒"并作"常"，今依帛书。

"妙"与"徼"为互相对待之词，曹聚仁曰："妙是微，徼是显。"按："徼"，读为"皦"，《说文》："皦，玉石之白也。"引伸为显明义。

两"其"字，前者指"无名"，后者指"有名"。

"以"，犹"可"也。《古书虚字集释》云："'以'训'可'，犹'能'训'可'也。"

全段意为：经常保持无欲的精神状态，就可以静观无名之"道"的微妙；经常为欲念所纠缠，则只能粗察有名之物的显露之处。

（四）"此两者，同出而异名。同谓之玄，玄之又玄，众妙之门。"

通行的河本、王本、傅本一律如此。帛书甲乙本前句并作"两者同出，异名同谓"。两相比较，通行本义长。因为第一，"异名同谓"一语不通。古有"异名同实"之说，未有"异名同谓"之言。"名"、"谓"义近，既"异名"，怎么又能"同谓"呢？第二，通行本有"同谓之玄"一句，它回答了"此两者"其实质是什么的问题，较帛书为优，今从通行本。

"此两者"，指"无名"与"有名"。

"同出"谓同自道出。

"玄"，历来注家众说纷纭，王弼注曰："玄，冥也，默然无有也。"为其万有生于虚无的玄学本体论制造依据，显然不合老旨。河上公注曰："玄，天也。"似亦于义未安。今人多训"玄"为"深远"、"玄妙"，恐亦非是。按："玄"通"元"，《说文》："元，始也。"段注："见《尔雅·释诂》，九家易曰：'元者，气之始也。'"可见，"玄"指的是"气之始"，即原始之气。杨柳桥云："就原始物质的浑沦之象而言则谓之玄。"似亦把"玄"看作原始之气。据此，"同谓之玄"意为同称为原始之气："玄之又玄"，犹言原始而又原始之气，即指最原始的气。

"众妙之门"即指一切变化之总门（依任继愈说）。

全段意为："无名"和"有名"同自"道"出，但名称各异。它们同属于原始之气。那原始而又原始之气（即"道"），才是产生一切变化的总门。

简　析

本章为通行本《老子》之首章，亦为帛书《老子》甲乙本《道篇》之开端，维系着全书之宗旨，有开宗明义之意。全章思想核心在于阐明一个"道"字，故河上公将本章称作"体道"章，是颇有见地的。"道"，原指道路，后又演化为"道术"、"道理"、"方法"、"原则"等概念，把"道"作为生化天地万物的本体，自老子始。这是老子的一大贡献。

本章，首先老子把自己的"道"同人们习称之"道"区别开来。他说："道，可道也，非恒道也。"认为人们习称之"道"是"可道"的，但那"可道"之"道"并非"恒道"。老子所谓

"可道"之"道"，大概指的是当时儒墨两家所奉行的"道"。《老子》成书于战国初期，当时儒墨两家皆为显学，在学术上有广泛的影响。儒家以"仁"、"义"、"礼"、"乐"、"忠"、"信"为"道"；墨家以"兼爱"、"尚贤"、"尚同"、"尚力"、"非命"、"薄葬"为"道"，它们双方展开激烈的论辩，用自己的"道"去排斥对方的"道"，乃至"是其所非而非其所是"。所以它们的"道"，都是可以用言语表达的，是关于道理、道术即"经术政教之道也"。而老子的"道"，与儒墨所奉行的"道"有本质的不同，他所谓的"道"，一是作为产生世界万物的本体，二是作为物质世界运动变化的规律。他所谓的本体，乃是一种"视之不见，听之不闻，揣之不得"、"不可致诘"、"绳绳不可名"、"惚兮恍兮"的东西，故"不可道也"；他所谓的物质世界运动的规律，具有"独立而不改，周行而不殆"的特性，故亦不可道也。这样，老子就从"可道"与"不可道"的意义上把人们习称之"道"同自己的"道"区别开来了。

其次，老子把自己所说的"名"同一般具体事物之名也区别开来了。他说："名，可名也，非恒名也。"认为一般人所谓具体事物之名是可命的，而他关于"道"之"名"，则是不可命的。这大概也含有批判儒墨的意义。当时儒墨两家显学曾就名实关系问题展开过辩论，儒家提倡"以名证实"，墨家提倡"取实予名"，他们所谓的"名"，都是具体事物的名称、符号，因此都是可名的。而老子却不同，他的"名"是要用来说明"道"的，由于"道"不可道，故亦不可名也。老子曾把"可以为天地母"的东西"字之曰道"、"强为之名曰大"，认为这个名字非常勉强，正是"不可名"的表现。所以老子所谓的"恒名",实质即是恒道之名。这就从"可名"与"不可名"的意义上把人们习称之"名"同自己所谓的"名"区分开来了。

老子既把自己的"道"同人们习称之"道"区别开来,又把自己的"名"同人们习称之"名"区别开来,这就使自己在与儒墨诸家争鸣中独树一帜,使人们耳目为之一新。

本章,老子所着力阐明的"道",包含有如下两个方面的含义:

(1)把"道"看作产生宇宙万物的本体。

"无名,万物之始也;有名,万物之母也。"这里"无名"和"有名"都是"道"的代名词,它们分别为"万物之始"和"万物之母",可见,"道"是产生宇宙万物的"始祖"与"母本"。这"始"与"母"究竟是什么东西呢?后文说:"同谓之玄",即同称为原始之气。这就一语道破老子所讲的生育万物的本体即"道",乃是一种原始之气(后人称为元气)。以原始之气作为宇宙万物的本体,这正是老子哲学作为朴素唯物主义的"基本内核"。以此为向导,我们就能走出老子哲学的迷宫,往后我们将在有关章节进一步揭示这一点。

(2)点明了"道"变化不息的特性。

在本章中,老子把自己的"道"称为"常道"(即"恒道"),

寓意尤深。关于"常道",历来的研究者有种种解释,有的释为"真常不易之道",有的释为"自然长生之道",有的释为"永恒的道"、"正常的道",等等,似都于义未安。程颐在《周易程氏传》中释《易》之《恒卦》时指出:"天下之理未有不动而能恒者也,动则终而复始,所以恒而不穷,凡天地所生之物,虽山岳之坚厚,未有能不变者也。故'恒'非'一定'之谓也,'一定'则不能恒矣。惟随时变易,乃常道也。"(着重点为引者所加)程氏在这里把"随时变易"看作"常道",是深得《易》理的。《老子》之"道"同《易》有着血脉联系,疑本章的"常道"亦含有随时变易之义。细审文意,全章紧紧扣住了一个"变"字。"无名万物之始,有名万物之母",蕴含着宇宙在发展变化之义,它从"无名"化生出"有名",又从"有名",化生出万物。后又说:"玄之又玄,众妙之门",认为原始而又原始的气(即"道")乃是一切变化的总门,点明了道生生不息之特性。

此外,本章还涉及到认识论的问题,"恒无欲也,以观其妙;恒有欲也,以观其徼。"当是讲的两种不同的观察方法,一为"无欲之观",一为"有欲之观"。"无欲之观",即老子所谓静观玄鉴的观察方法,依靠这种方法,"不出户"却能"知天下";"不窥牖",却能"见天道",所以说:"恒无欲也,以观其妙。""有欲之观",指的是一般人的观察,一般人为欲念所支配,不可能通过静观玄鉴去认识"道",只能粗浅地认识有名之物的显露之处。所以说,"恒有欲也,以观其所徼"。

"无欲之观"与"有欲之观"的区分,说明老子在一定程度上看到了人的精神状态在认识过程中的作用,但是,它夸大了这一作用，认为只要"恒无欲"，就能"以观其妙"，否认了感性认识和实践在认识中的决定作用，在这一点上，陷入了唯心主义。

第二章

天下皆知美之为美，斯恶已：皆知善之为善，斯不善
已㈠。有无之相生也，难易之相成也，长短之相刑也，
高下之相盈也，音声之相和也，先后之相随，恒也㈡。
是以圣人居无为之事，行不言之教㈢。万物作而弗始也，
生而弗有也，为而弗侍也，成功而弗居也。夫唯弗居，
是以弗去㈣。

校　注

㈠ "天下皆知美之为美，斯恶已；皆知善之为善，斯
不善已。"

河本、王本、傅本均如此，帛书甲本前句无"之"、"斯"二
字；后句为"皆知善訾不善矣"。乙本前句无"斯"字，"恶"省
作"亚"；后句为"皆知善斯不善矣"，今一律按通行本补正。
又据朱谦之考证，本节后句开端《淮南·道应训》引文有"天下"
二字，达真、清源、范应元本上亦有"天下"二字。但帛书及今
通行的河本、王本、傅本，此句均无"天下"二字，当是承上句
而省，从行文来看，省为优，今从帛书。

"天下"，指天下人。

"恶"为"美"的对立面,"丑"也。

"不善"即"善"的对立面,"恶"也。

"斯",《说文》:"斯,析也。"《辞海》:"析,分开,离散。"引申为"分别"。

"已",通"矣"。

全段意为:天下人都懂得什么叫做"美",便分别出"丑"来了;天下人都懂得什么叫做"善",便分别出"恶"来了。

(二)"有无之相生也,难易之相成也,长短之相刑也,高下之相盈也,音声之相和也,先后之相随,恒也。"

帛书甲本如此,但"音"错为"意","随"写为"隋"。乙本脱"有无之相"四字,"随"亦写为"隋",余皆同校文。河、王、傅诸本,开端均有"故"字,末尾均无"恒也"二字,各句语尾并无"也"字,且"相盈"俱作"相倾"。河本、王本句中并无"之"字,河本、傅本"刑"作"形";王本"刑"作"较"。"先后",河本、王本、傅本均为"前后",但考敦煌本、遂州碑本、顾欢本、严君平本等皆作"先后",今帛书如此,足证敦煌等本是。"故",考敦煌本,遂州碑本,顾欢本均无,正与帛书相合,当是古本如此,今从帛书。

"有无之相生也",意为"有"与"无"互相生成,老子所谓"有之以为利,无之以为用"即同此意。按:有人用"天下万物生于有,有生于无"来释"有无相生",恐非。"有无相生",讲的是发展观问题;"天下万物生于有,有生于无",则讲的是本体论的问题，二者不能混为一谈。如谓"有无相生"与"天下万物生于有，有生于无"等同，那么，从本体论的意义上来说，究竟是"无"生"有"还是"有"生"无"就分不清了。

"难易之相成也"，意为"难"与"易"互相成就，即："难"因"易"而显其"难"，"易"因"难"而显其"易"，"难"与"易"相辅相成。

"长短之相刑也"，"刑"通"形"，"长短相形"，犹言长与短相互比较各自显其长短之形。朱谦之曰："寸以尺短，尺以寸长，无长则无以明短，无短则无以见长，此长短之相形也。"

"高下之相盈也。""相盈"惟帛书如此，他本均作"相倾"。《玉篇》："盈，满也。""高下相盈"言"高"与"下"相接而自满足，即"高"因有"下"而"高"自满足也，"下"因有"高"而"下"自满足也。此从帛书作"相盈"。

"音声之相和也。"按：古人"音"与"声"有所区别，《说文》："音，声也，生于心，有节于外谓之音。宫商角徵羽，声也；丝竹金石匏土革木，音也。"段玉裁引《乐记》曰："声成文谓之音。""音声相和"言"音"与"声"相互协调而显得和谐。春秋末年晏婴云："若琴瑟之专壹，谁能听之？"认为只有不同的声音协调起来才能奏出美妙的音乐。

"先后之相随"，言"先"与"后"不可分离，"先"因"后"显，"后"因"先"明，"先"与"后"相互比较而显其自身的特征。

"恒也"，通行本均无，为帛书所特有。意为：永恒不变的法则。是对以上规律认识的概括和总结。

全段意为："有"与"无"相互生成，"难"与"易"相互成就，"长"与"短"相互衬托，"高"与"下"相互满盈，"音"与"声"相互调和，"先"与"后"相互跟随，这是永恒不变的自然法则。

（三）"是以圣人居无为之事，行不言之教。"

帛书乙本如此，但"圣"省为"耴"；甲本后句脱末尾四字。"圣"错为"声"。"居"，河、王、傅本均作"处"，"居"、"处"义通，今依帛书。

全句意为：圣人按"无为"的指导思想办事，实行不言而因任自然的教育方法。

（四）"万物作而弗始也，生而弗有也，为而弗侍也，成功而弗居也。夫惟弗居，是以弗去。"

"万物作而弗始也"，帛书乙本无"也"字，"作"误为"昔"。甲本此句仅残存一"也"字。考乙本后二句均有"也"字，此句亦应有"也"字，今据甲本补。傅本此句作"万物作而不为始"，河上本、王本均作"万物作焉而不辞"，今依帛书。

"作"，兴作也，有活动、运动之意。

"始"读为"治"，《尔雅义疏》："始与治通。""治"，管理的意思。

"万物作而弗始也"，犹言万物兴作而不管理它们。

"生而弗有也"一语，帛书甲乙本均无，据考，敦煌本、遂州碑本亦无此语，但河、王、傅诸家均有此句，有此句义优，今据补。并依前后文的句式，加补一"也"字。

"生而弗有也"，意为生出万物而不占为己有。

"为而弗侍也"，乙本如此，甲本"侍"作"志"，音近而误。通行本均作"为而弗恃"，今依帛书乙本。

"为"，施也。河上公曰："施为而不恃望其报。"从之。

"成功而弗居也"，帛书甲、乙本皆如此，河、王、傅诸家本"成功"均为"功成"，但敦煌本作"成功"。"弗居"，傅本作"不处"。今一律按帛书。

"弗居"，谓不居功自傲。

"夫唯弗居，是以弗去"。乙本如此，河本、王本后一"弗"字作"不"字，傅本作"夫唯不处，是以不去。"惟帛书甲本作"夫唯居，是以弗去"，掩前一"弗"字，今依乙本。

"弗去"意为永存不朽。

全段意为：万物兴作而不管理它们，对万物有所施为而不侍望其报，取得成功而不居功自傲。正因为不居功自傲，所以天道永存不朽。

简　析

本章分前后两部分：前部分（到"先后相随"止）重点阐述矛盾双方相反相成的辩证关系，是老子朴素辩证法的集中体现。后部分讲无为之道。

前部分共揭示了八对矛盾，即善恶、美丑、有无、难易、长短、高下、音声、先后等。据有人统计，《老子》书提出了相互对立的范畴达七八十对之多，这说明它在一定程度上意识到了矛盾的客观性，是符合辩证法的。

老子不仅看到了矛盾，而且揭示了矛盾双方的相互关系。他说："天下皆知美之为美，斯恶已；皆知善之为善，斯不善已。"认为当人们懂得了什么叫做"美"，便分别出"丑"来了；当人们懂得了什么叫做"善"，便分别出"恶"来了。这就告诉我们，"美"与"丑"、"善"与"恶"是相比较而存在的。没有"美"，"丑"就不彰；没有"善"，"恶"就不著。由此出发，老子又进一步阐明了另外六对矛盾的关系："有无之相生也，难易之相成也，长短之相刑也，高下之相盈也，音声之相和也，先后之相随，恒也。"这里说的"有"与"无"、"难"与"易"、"长"与"短"、"高"与"下"、"音"与"声"、"先"与"后"等，用四个字来概括，叫做"相互对立"；"相生"、"相成"、"相形"、"相盈"、"相和"、"相随"等，亦可用四个字来概括，叫做"相互统一"。因此，这里揭示的就是矛盾双方既对立又统一的关系，用古人的话说，叫做"相反相成"。

老子关于相反相成的思想，不是从天上掉下来的，是对前人和同时代人的思想的继承和发展。春秋末年晏婴就提出过"可否相济"的思想，他说："君所谓可，而有否焉；臣献其否，以成其可。君所谓否，而有可焉；臣献其可，以去其否。"这里就包含着"可"与"否"相反相成的道理。

第三章

不上贤，使民不争；不贵难得之货，使民不为盗；不见可欲，使民心不乱（一）。是以圣人之治也，虚其心，实其腹，弱其志，强其骨，恒使民无知无欲也（二）。使夫知者不敢为也。为无为，则无不治矣（三）。

校　注

（一）"不上贤，使民不争；不贵难得之货，使民不为盗；不见可欲，使民心不乱。"

"不上贤，使民不争。"帛书乙本如此，甲本仅存"不上贤"三字。通行的河、王、傅诸本，"上"均作"尚"。据考，景龙碑本、龙兴碑本、敦煌本及《淮南·齐俗训》引文亦作"上"，当是古本如此，今依帛书。"上"通"尚"，崇尚、尊重之意。"贤"，犹能也。"不尚贤"，即不崇尚贤才。

"不贵难得之货，使民不为盗。"帛书甲本脱损严重，乙本及河、王、傅本概同校文。"民"，龙兴碑本作"人"。"使民不为盗"《北堂书钞》引此句无"为"字，今从帛书。

"不见可欲，使民心不乱。"王本、傅本同此，甲本有脱损，乙本无"心"字，恐掩。河本作"使心不乱"，亦有"心"字。

有"心"字优，今据众本补。

"不见"，犹"不现"。

"可欲"，蒋锡昌释为"所欲"，张松如据之释为"所贪图的事物"，恐非是。按："可欲"，"可"犹"足"也。《左传·昭公四年》："恃险与马，不可以为固也，自古以然。"《新序·善谋》篇"可"作"足"。是"可""足"互通。"足"，充实，足够，满足也。故"可欲"犹"足欲"，引伸为"多欲"。"不见可欲"，即不表现出多欲。在老子看来，在上的统治者不表现多欲，民心就不会被扰乱，这同五十七章所说的"我无欲，而民自朴"旨意一致。故此"可欲"，不宜释为"所欲"。

本段意为：不崇尚贤才，使老百姓不竞争；不看重难得的财货，使老百姓不流为盗贼；不表现出多欲，使老百姓的思想不被扰乱。

(二)"是以圣人之治也，虚其心，实其腹，弱其志，强其骨，恒使民无知无欲也。"

本段帛书乙本如此，甲本脱损严重，其仅存的末尾十一字与乙本同。河、王本无二"也"字，"恒"作"常"，傅本有前一"也"字，余同河、王本。

四"其"字，均指代"民"。

本段意为：所以圣人治理百姓，注意消除他们的欲念，填饱他们饥饿的肚皮，削弱他们的志气，增强他们劳动的筋骨，让老百姓经常保持无知无欲的状态。

（三）"使夫知者不敢为也，为无为，则无不治矣。"

本段依河上公本，唯语尾据帛书乙本增一"矣"字。帛书甲本脱损严重，仅存句首一"使"字。乙本作："使夫知不敢，弗为而已，则无不治矣。"按："弗为而已"河本、王本、傅本概作"为无为"，当从之。"不敢为"，河、王、傅本概同，乙本作"不敢"，疑误。"不敢为"，是老子的一个常用语，六十四章"能辅万物之自然而不敢为"，亦有"不敢为"一语。"敢"，借为"譀"，此"譀"当训为"妄"。《说文》："諰，俗譀，从忘。""忘"，古又通作"妄"，《释文》："忘，本又作妄。"是"諰"有"妄"义。又《说文》："譀，诞也。"《辞海（新版）》："诞，虚妄。"是"譀"有"妄"义。"不敢为"，即不妄为也。"知"，通"智"，巧诈也。

本段意为：使那些行巧智的人，也不去妄为。坚持"无为"的原则，就什么都可以治理好。

简　析

本章着重阐明无为而治的具体措施。文意紧承上章，上章讲"圣人处无为之事"，本章则讲圣人怎样处无为之事。

首先，老子提出了"三不主义"。即"不尚贤"、"不贵难得之货"、"不见可欲"。在老子看来，"尚贤"就会导致"民争"；"不尚贤"，则可以"使民不争"。"贵货"就会导致"民为盗"；"不贵货"，则可以"使民不盗"。"见可欲"，就会导致"民心乱";"不见可欲",则可以"使民心不乱。"然而，这只能是老子的主观设想，在现实中是行不通的。老子不懂得，当时民之"争"、"盗"、"乱"，都有其深刻的社会根源。春秋战国之际，新的封建制正在兴起，没落的奴隶制正在崩溃，阶级斗争十分尖锐，被压迫的劳动者经受着极大的苦难，乃致"饥而不得食，寒而不得衣，劳而不得息"（《墨子·尚贤中》），挣扎在死亡线上。因此，"民争"、"民盗"、"民乱"就不可避免了。可见，把民之"争"、"盗"、"乱"归结为"尚贤"、"贵货"、"见可欲"，是不符合实际的。这一点，明清之际的王夫之也看到了，他批评说："'争'，未必起于贤，'盗'，未必因于'难得之货'，'心'，未必乱于'见可欲'。"既然如此，则老子提出的"三不主义"，就不可能解决"民争"、"民盗"、"民乱"的社会问题。

其次，老子提出了"虚其心，实其腹，弱其志，强其骨。恒使民无知无欲"的主张。这里"恒使民无知无欲"包含有"愚民"的性质。"愚民"是一切专制阶级对付广大群众的共同手段，其主要在于消磨和腐蚀被压迫人民觉醒了的反抗意识，以便使他们安分守己，服从统治。不过，老子的"愚民"同儒、法诸家有所区别，其所谓"愚"，有"愚朴"之意，其中包含着对诚实不欺的美德的向往。

第四章

道冲，而用之有弗盈也(一)，渊呵，似万物之宗(二)。〔挫其锐，解其纷，和其光，同其尘(三)。〕湛呵，似或存(四)，吾不知其谁之子也，象帝之先(五)。

校　注

(一)"道冲，而用之有弗盈也。"

帛书乙本如此，甲本仅残存"盈也"二字。河本、王本无"也"字，"有"均作"或"；傅本"有弗盈"作"又不满"；景龙碑本作"久不盈"。易顺鼎曰："古'或'字通作'有'，'有'字通作'又'，三字之义相同。此文作'或'作'有'作'又'皆通，而断无作'久'之理，'久'为'又'之误。"《太平御览》三百二十二引墨子曰："善持胜者，以强为弱，故老子曰：'道冲而用之有弗盈也。'"恰与帛书甲乙本相合，今依帛书。

"冲"傅本作"盅"，朱谦之按："'盅'即'冲'之古文，《说文·皿部》：'盅，器虚也。'老子曰：'道盅而用之！'"俞樾曰："'道盅而用之'，'盅'训'虚'，与'盈'正相对，作'冲'者假字也。第四十五章'大盈若冲'，'冲'亦当作

'蛊'。"

"盈"，满也，"不盈"，意为不会盈满，引伸为不可穷尽。

全句意为：道虚而无形，其作用不可穷尽。

㈡"渊呵，似万物之宗。"

帛书甲乙本"似"分别作"始"、"怡"，但通行的各种版本均作"似"，作"似"是，作"始"、"怡"乃音近而误。"呵"，甲乙本同，王本、傅本作"兮"，河本作"乎"，张松如曰："'兮'张口作丂声，正是古呵字。"今依帛书。

"渊"，景龙碑作"深"，劳健曰："景龙作'深乎万物宗'，当是唐人避讳改'渊'作'深'。"《小尔雅·广诂》："渊，深也。"

全句意为：深呵，好似万物的宗祖。

㈢"挫其锐，解其纷，和其光，同其尘。"

通行的河、王、傅诸本均如此，帛书乙本"挫"作"锉"，"纷"作"芬"，"尘"作"坣"。甲本无"锐"字，且脱末尾二字。今从河、王诸本。

高亨曰："此四句重见五十六章，谭献、马叙伦并谓此处衍文。"此言有理。本章意在阐明本体论意义上的"道"。作者先言"道"好似万物的宗祖，继言"道"存在于天帝之前，其"道"都指的是化生万物的本体。而"挫锐"、"解纷"、"和光"、

"同尘"都属于人生哲学意义上的"道"的内容，两者不应相同。刘师培在"湛兮似或存"下注曰："此句宜当在'渊兮'句之下，抄写致误。"从行文来看，讲了"渊兮似万物之宗"后，紧接上"湛兮似或存"，文字紧凑，意义连贯，掺入"挫锐"等四句，反显累赘。亦从侧面证明该四句为衍文。据此，该四句留待五十六章注解。

　　㈣"湛呵，似或存。"

　　帛书乙本如此，但"似"作"佁"；甲本仅残留"或存"两字。王本、傅本、河本"呵"均作"兮"，河本"或"作"若"。马叙伦曰："义疏又引河上注曰：'或，常也。'则河上亦作'或'矣。""或"、"若"古通，《古书虚字集释》："'或'，犹'若'也。"今依帛书作"或"。

　　"湛"，《说文》："没也。"《小尔雅·广诂》："没，无也。"本文中之"湛"引伸为"无形"。"或"通"又"。

　　全句意为：它无形呵，又好似存在着。

　　㈤"吾不知其谁之子也，象帝之先。"

　　帛书乙本如此，甲本"不知其谁之子"作"不知□子"，脱损一字。河本、王本、傅本均无"其"、"也"两字，据朱谦之考："室町本'谁'上有'其'字。"今依帛书。

　　"其"，指"道"；"帝"，王弼注："天帝也。""先"，通"前"。按：郭沫若、许抗生等把"先"释为"祖先"，恐误。从老子书来看，除第四章外，"先"字还有六见，即第七章"圣人后其身而身先"；第二十五章"有物混成，先天地生"；第六十六章"欲先民，必以身后之"；六十七章"一曰慈，二曰俭，三曰不敢为天下先"、"不敢为天下先，故能成器长"、"舍后且先"。不难看出，这些"先"都是"后"的反义词，作"前"解。以老解老，"象帝之先"的"先"似应解作"前"才合老旨，而不宜释作"祖先"。河上公注"象帝之先"曰："道在天帝之前，此言道乃先天地生也。"亦将"先"解作"前"。

全句意为：我不知"道"是谁的儿子，好像它存在于天帝之前。

简　析

本章是老子无神论思想的集中体现。

在本章里，老子明确认为，道是万物的宗祖，它存在于天帝之前。这个结论在两千多年前的古代，是很了不起的。它给了当时流行的天帝创世说的有神论一个有力的打击。

在老子的时代，从殷周流传下来的天帝创世说仍占统治地位，当时，儒家信奉"天命论"，宣扬所谓"死生有命，富贵在天"的说教，认为"天命"可"畏"（《论语》）；墨家提出"天志"说，认为"天"有意志，能行赏罚，说："天之意不可不顺也"（《天志·中》），"顺天意而得赏，反天意而得罚"（《天志·上》）。他们都把"天尊奉为最高人格神，认为世间的一切都是由

至高无上的"天"安排的。面对这种天神崇拜，老子独树一帜地
提出了自己的见解，认为"天帝"不是至高无上的，在"天帝"之
前还有一个"道"；世间的一切也不是由"天帝"安排的，而是
由"道"派生出来的，"道"是生育万物的宗祖。这就从根本上否
定了"天"之最高人格神的地位，在无神论史上留下了光辉的一
页。郭沫若说："老子的最大发明便是取消了殷周以来人格神的
天之至上权威"（《郭沫若全集·历史篇》第一卷，第 351 页）；
张岱年说："老子推倒了关于主宰之天的信仰"（《中国哲学发
微》山西人民出版社，1981 年版，第 343 页）；任继愈说：老子
"反对上帝创造世界……是无神论的战士"（《老子讨论集》中华
书局，1959 年版，第 35 页）；张松如说："老子是中国古代第一
个以理论形式来宣传无神论的思想家。他提出了'道'至高无上
的宇宙本体，批判了殷周以来'帝'、'天'、'鬼神'观念为基础
的宗教神学宇宙观。他的'道'理论的出现，标志着春秋以来在
某些人那里已经形成的无神论思想，发展到了一个理论的阶段。"
这些评价对于老子来说，都是当之无愧的。

第五章

天地不仁，以万物为刍狗：圣人不仁，以百姓为刍狗㈠。
天地之间其犹橐籥与㈡——虚而不淈，动而俞出㈢。
多闻数穷，不若守于中㈣。

校　注

㈠"天地不仁，以万物为刍狗；圣人不仁，以百姓为
　　刍狗。"

通行的河、王、傅诸家本均如此。帛书乙本脱损后一"以"
字，"圣"简作"耵"，甲本"圣"误为"声"，"姓"误作"省"，
末句"狗"字之前脱损二字。今依通行本。

"不仁"，即不施仁恩，含有无为而任自然之义。河上公注
"天地不仁"曰："天施地化，不以仁恩，任自然也。"王弼曰："天
地任自然，无为无造，万物自相治理，故不仁也。"

"刍狗"，《释文》、《群书治要》及遂州本作"蒭狗"。

"刍（芻）"、"蒭"互通，"蒭"乃刍之俗字。朱谦之引李
之仲《字鉴》曰："'刍'《说文》：刈草也，象包束草之形，从
二'艸'，即'草'字也。""刍狗"，即用草扎成的"狗"，古
人作为祭祀用。刘师培曰："刍狗者，古代祭祀所用之物也。"

吴澄曰："刍狗，缚草为狗之形，祷雨所用也。既祷则弃之，无复有顾惜之意。天地无心于万物，而任其自生自成；圣人无心于爱民，而任其自作自息，故以刍狗为喻。"

两句意为：天地不施仁恩，把万物看作祭神用过的草狗；圣人不施仁恩，把百姓看作祭神用过的草狗。

(二)"天地之间其犹橐籥与。"

帛书乙本如此，但"犹"写作"猷"、"与"作"舆"。甲本脱"之"、"其"二字，"与"亦为"舆"，余同校正文。河本、王本、傅本"与"作"乎"。按："犹"、"猷"古通，今依帛书甲本和通行本作"犹"。"舆"通"与"，《释文》："舆，本作与。"古人用作语尾虚词一般写作"与"或"欤"，今据改。

"橐籥"：今称鼓风箱。吴澄曰："橐籥，冶铸所以吹风炽火之器也。为函以周罩于外者，橐也；为辖以鼓扇于内者，籥也。"

全句意为：天地之间好似一个鼓风箱。

(三)"虚而不淈，动而俞出。"

帛书乙本如此，唯"动"写作"勤"。按："勤"乃"动"之异体字。《集韵》："动，或作勤。"今依通行本作"动"。帛书甲本也如此，唯"动"误作"踵"。"淈"，河本、王本作"屈"，傅本作"泏"。按："淈"，"泏"皆通"屈"。《广雅·释诂》："泏，屈也。"《荀子·宥坐》："其洸洸乎，不淈似道。"注："渻，读为屈。"今依帛书作"渻"。河上公注"虚而不屈"句曰："言空虚无有屈竭时。"王弼注曰："故虚而不得穷屈。"是"屈"含有穷竭之意。

"俞"，河本、王本并作"愈"，但傅本、景龙碑本作"俞"，与帛书相合。朱谦之引毕沅曰："'俞'，诸本并作'俞'，案古无'愈'字，盖即用'俞'也，诸本并非。"从之。

钊按："动而俞出"说明老子的"虚"不是"虚无"，若为"虚无"，其"俞出"就不可理解了。

本段意为：空虚而不可穷尽，运动就越出越多。

㈣"多闻数穷，不若守于中。"

帛书甲、乙本均如此。通行的河、王、傅诸家本均无"于"字，"若"作"如"，"闻"并作"言"。考遂州碑本和《文子·原道篇》引文亦作"闻"，与帛书相合，当是古本如此，从之。按：老子提倡"无为"，既反对"多言"，亦反对"多闻"。因为"多闻则多智，多智则多害"，故老子曰："以智治国国之贼也。"

"中"，注家训释多有分歧，张松如曰："'中'者，中正之道，此'中'乃老子自谓其中正之道也。"恐欠妥。按："中正"有不偏不倚之意，但老子的思想是有所"偏"，亦有所"倚"的。如：在"盈"与"虚"、"强"与"弱"、"刚"与"柔"等矛盾对立中，老子是偏向于"虚"、"弱"、"柔"的；并非不偏不倚的中正之道。愚意认为，"中"当是"盅"或"冲"之借字，第四十二章"冲气以为和"之"冲气"甲本正写作"中气"，是其证也。"冲"即"盅"。《说文·皿部》："盅，器虚也。""守于中"，即"守于虚"之意。吴澄曰："'中'，谓橐之内，'籥'所凑之处也。"似亦以"中"为"虚空"之义。"守虚"即守住虚静之道，第十五章"保此道者不欲盈"正合此义。彼章之所"保"，正是此章之所"守"，彼章"不欲盈"之道，正是此章所指的虚静之道。"守虚"是上章"道冲而用之有弗盈也"之义的进一步延伸，正因为虚静之道作用不可穷尽，所以应当守之勿失。

"数"，屡也。

全句意为：闻见太多就会屡遭困穷，不如守住虚静之道。

简 析

本章着重讲虚静无为之道，全章分上下两部分，上部分着重讲天道无为的具体表现，"天地不仁，以万物为刍狗"，认为天地不施仁恩于万物，它把万物看作祭神用过的草狗，任其自生自灭，毫无顾惜之意。这是天道无为的具体表现。"圣人不仁以百姓为刍狗"，圣人也不施仁恩于百姓，他们把百姓看作祭神用过的草狗，任其自作自息，毫不干预。这是人道无为的具体表现。老子崇尚人道法天道，其"圣人不仁"正是仿效"天地不仁"而来的，句中反复强调"不仁"，意在说明无为而任自然。在老子看来，宇宙间的一切，都"莫之爵而恒自然"，不用作为就能自成自化，故庄子曰："天无为以之清，地无为以之宁，故两无为

相合，万物皆化生。""万物炽炽，皆从无为殖。故曰：天地无
为也而无不为。"同理，圣人无为也可以无不为，第五十七章说：
"我无为而民自化，我好静而民自正，我无事而民自富，我无欲
而民自朴。"此处的民之"自化"、"自正"、"自富"、"自朴"皆
出于"无为"，再一次说明无为而无不为。

第六章

谷神不死，是谓玄牝⑴。玄牝之门，是谓天地之根⑵。
绵绵呵其若存，用之不勤⑶。

校　注

㈠"谷神不死，是谓玄牝。"

　　今河本、王本、傅本及《列子·天瑞》引黄帝书均如此。帛
书甲、乙本"谷神"并作"浴神"，陆德明所见河上本亦为"浴
神"。陆氏曰："'谷'，河上本作'浴'，云：'浴'养也。"俞
樾曰："'浴'字实无养义，河上本作'浴'字当读为谷。"徐鼒
曰："据河上注训'谷'为'养'，则当读为谷。《诗》毛传郑笺、
《广雅·释诂》俱云：'穀'，养也，盖'穀'与'谷'通，音同之
假借也。"《诗·正义》引孙炎曰："谷之言穀，谷生也。王弼所
据本作'谷'者，穀之假字；河上本作'浴'者，谷之异文。"
从之。

　　"谷神"：生养之神，实即"道"也。按：蒋锡昌把"神"释
为"元神"或"元气"，可见"道"乃是一种化生万物的原始之气。

　　钊按："神"，古有"气"义。冯友兰先生《先秦道家哲学
主要名词通释》云："《内业》等篇中，精也称为神。《心术上》

说：'虚其欲，神将入舍。扫除不洁，神乃留处。人皆欲智，而莫索其所以智。'……《心术上》又说："洁汝宫，开（依下文当作阙）其门，去私无言，神明若存。''神者至贵也，故馆不辟除，则贵人不舍焉，故曰不洁，则神不处'……这里所说的'神'，显然都是精气。"可见，蒋氏把"神"释为"元神"或"元气"，是深得老旨的。

"玄牝"："玄"，通"元"，《说文》："元，始也。"按：我们在第一章据《尔雅·释诂》"元者气之始也"之意，把"玄"作名词用；本章之"玄"则作形容词用，属定语，当训为"原始"。"牝"，张松如按："《说文》释牝为畜母。郭沫若《甲骨文字研究》以'且'、'匕'为'牡'，'牝'的初字。这是说，'牝'或'匕'，即女阴之象形字。"可见，"牝"，即女性生殖器，"玄牝"，即原始的女性生殖器，引伸为原始的母本，亦即"道"也。

全句意为：生养之神（即"道"）永存，可称它为原始的母本。

㈡"玄牝之门，是谓天地之根。"

帛书乙本如此，唯"谓"借为"胃"。甲本脱一"天"字，余皆同乙本。河本、王本均无下"之"字，马叙伦曰："谳弼注曰：'本其所由与极同体，故谓之天地之根'，则王本有'之'字。"傅本亦有"之"字，有"之"字是，从之。

"门"，吴澄注："门，谓所由以出。"即指天地万物所由出之通道，首章所谓"众妙之门"的"门"亦同此义。

全句意为：原始的母本之门，就是产生天地万物的本根。

㈢"绵绵呵其若存，用之不勤。"

帛书乙本如此，惟"勤"写为"堇"，"堇"、"勤"古通，于思泊《新证》："金文'勤'、'觐'并作堇。"甲本句中无"其"字，余皆同乙本。河本、王本、傅本无"呵"、"其"二字，"呵"，景福本作"兮"，室町本作"乎"，均为语气词，今依帛书。"用之不勤"，诸本均如此，但马叙伦考王本"用之不勤"当作"用而不勤"。此从帛书作"用之不勤"。

"绵绵"高亨按："'绵'，疑借为'昏'，古读若民，与'绵'音相近。昏昏犹冥冥也，不可见之义也，《说文》：'昏，日冥也。'是'昏'、'冥'同义。《庄子·在宥篇》：'至道之极，昏昏默然。'老子之'绵绵'，即庄子之'昏昏'也。"虽亦有理，然此"绵绵"，似当训为"不绝貌"。《诗·绵》"绵绵瓜瓞"，旧注："绵绵，不绝貌。""若"，通"或"，"或"，"有"也。"绵绵若存"，即连绵不绝，确有其存。故下文说"用之不勤"也。"勤"，尽也。这说明"谷神"乃是用之不尽的元气。

蒋锡昌释"绵绵若存"曰："庄子所谓'其息深深'、'吐故纳新'即老子'绵绵若存'，皆古代修道者导引养生之术也。史公谓老子修道而养寿，其要诀盖于此章揭出。"似亦把"绵绵若存"视作"气"之运动状貌。

全句意为：连绵不绝啊，它确有存，用之不可穷尽。

简　析

本章着重阐明本体论意义上的"道"。

老子在本章把"道"称作"谷神"，即生养万物之元气，认为它就是化生宇宙的原始母体，是万物之所以出的门户，亦即天地万物的本根。"道"有着"绵绵呵其若存，用之不勤"即连绵不绝，确有所存，用之永远不会穷尽的特性。这就进一步给本体论意义上的"道"作了界说："道"，乃是连绵不绝，确有其存的元气。

第七章

天长地久，天地之所以能长且久者，以其不自生也，故能长生㈠。是以圣人后其身而身先，外其身而身存㈡。不以其无私与？故能成其私㈢。

校　注

㈠ "天长地久，天地之所以能长且久者，以其不自生也，故能长生。"

帛书乙本如此，甲本 "且" 字前脱一 "长" 字，余皆同乙本。河本、王本、傅本 "所" 字前无 "之" 字，"自生" 后无 "也" 字。"天长地久" 龙兴碑本、元李道纯本、明代大有本并作 "天地长久"。"长生" 敦煌本作 "长久"。今一律按帛书。

"自生"，自我贪生。

全句意为：天地长生久寿。天地之所以能够长生久寿，是因为它不自我贪生，所以能长生久寿。

㈡ "是以圣人后其身而身先，外其身而身存。"

帛书乙本多 "外其身而身先" 一句，甲本及诸通行本均无此句，当为误抄，今据删。"后其身"乙本作"退其身"甲本作"芮其身"。河本、王本、傅本并作"后其身"，作"后其身"优。第六十六章"欲先民也必以其身后之"，正是"先"与"后"对。

全句意为：所以圣人退自身于后，自身反能占先；置自身于外，自身反能保存。

㈢"不以其无私与？故能成其私。"

帛书乙本如此，但"与"写作"舆"，二字古通（见第五章注）。甲本脱损前后两个"私"字，余皆同乙本。河本、王本"与"作"邪"，"不"作"非"。傅本"与"亦作"邪"，但"不"同帛书。"私"，遂州碑本作"尸"，朱谦之按："此为神仙家言，窜入本文。"钊按：张道陵《老子想尔注》正作"尸"。景龙碑本"不以其无私与"一句前无"不"字，后无语气词"与"或"邪"。今依帛书。

本句意为：不正是因为他没有私吗？所以能成全他的私利。

简　析

本章着重阐明老子以屈求伸的人生哲学。

老子的哲学始终维系着以退为进，以柔克刚、以弱胜强的基本精神，本章就是这一宗旨的具体表述。

综观《老子》全书，到处散布着从"退"中求"进"，从"外"中求"存"，从"贱"中求"贵"，从"下"中求"高"，从"不争"中求"争"，从"无为"中求"无不为"的思想。第二十二章："夫唯不争，故莫能与之争。"此是从"不争"中求"争"；第三十四章说："以其不为大也，故能成其大。"此是从"不大"中求"大"；第三十九章说："贵以贱为本，高以下为基。"此是强调从"贱"中求"贵"，从"下"中求"高"；第六十六章说："欲上民，以言下之；欲先民，必以身后之。"此亦强调从"下"中求"上"，从"后"中求"先"。本章强调"后其身而身先，外其身而身存"，与上述思想一脉相通，都曲折地表现了老子的柔弱之道。这一点王夫之也看到了，他说："不炫小利，而大利归之；不亟争名，而名不能舍也。斯道也，用兵者以为制人之机，欲富者以为巧取之术，养生者以为缘督之经。"可见，老子的"道"是以退为进的。

第八章

上善如水，水善利万物而不争㈠。居众人之所恶，故几于道矣㈡。居善地，心善渊，予善天，言善信，正善治，事善能，动善时㈢。夫惟不争，故无尤㈣。

校　注

㈠"上善如水，水善利万物而不争。"

此句"如水"，帛书乙本如此，甲本作"治水"，张松如曰："'治'，当是'似'的音假。"言之有理。通行本均作"若水"，"若"、"如"、"似"三字互通，今依帛书乙本。"不争"，帛书乙本作"有争"，甲本作"有静"，"静"当为"争"之声假。然通行的各种版本俱作"不争"，当从通行本。本章，先言"水善利万物而不争"，继言"夫唯不争，故无尤"，前呼后应，逻辑谨严，且与老子一贯思想相合。二十二章"夫唯不争，故莫能与之争"，六十六章"以其无争与，故天下莫能与之争"并同此意。因此，帛书把"无争"写作"有争"实属误抄，应当据通行本改正。

"上善"：蒋锡昌注："'上善'，谓上善之人，即圣人也。"

全句意为：上善之人好比水一样，水的德性善于利泽万物而不争高。

（二）"居众人之所恶，故几于道矣。"

帛书甲、乙本均如此，但乙本"恶"简作"亚"。傅本与帛书同。河本、王本"居"作"处"，末尾无"矣"字。考武内义雄藏室町时代抄本及傅本、林希逸本等多种版本并有"矣"字，当是古本如此，今依帛书。

"几"，大田晴轩注："'几'，平声，近也。"

全句意为：它居于众人厌恶的卑下之处，所以接近于道。

（三）"居善地，心善渊，予善天，言善信，正善治，事善能，动善时。"

帛书乙本如此，甲本无"言善信"一句，其"予善天"作"予善信"，当是抄写致误。"渊"，甲本错为"潚"，形近而误。通行的河本、王本"予善天"作"与善仁"，傅本、景龙碑本作"与善人"，"予"通"与"；"人"通"仁"，严可均曰："'善人'各本作'善仁'，古字通。"今依帛书乙本作"予善天"。渊、天、信韵；治、能、时韵。

按：许抗生曰："'予善天'，'予善信'，其义不通。"恐非。"予善天"，意为施与善于仿效天道，一视同仁，平均对待。在老子看来，"天"是善于给予的，第七十六章所谓"天之道，其犹张弓也，高者抑之，下者举之，有余者损之，不足者补之，天之道损有余而补不足"，这正是天之"善予"的表现。水亦如此，它总是从高处流向低处，"损有余而补不足"，从而保持一定的水平面。可见"予善天"正合老旨，如作"予善仁"，则同老子思想不合，老子第五章分明讲"天地不仁"、"圣人不仁"，此章如作"予善仁"，则显然前后矛盾。

"地"，指卑下之处，《荀子·儒效》篇："至下谓之地"，又《礼论》篇："地者，下之极也。"

"渊"，《广雅·释诂》："渊，深也。"《尔雅·释天》："渊，藏也。"是"渊"有深藏之意。

"正"通"政"，指为政。

"能"，《集韵》："忍也，通作耐。"是"能"有忍耐义。忍耐正是水的韧性的表现，水滴石穿，就是凭着一股韧劲。

全段意为：居处善于安居低位，用心善于深藏若渊，给予善于仿效天道，说话善于寡言有信，为政善于无为而治，作事善于以韧取胜，行动善于顺应时令。

㈣"夫惟不争，故无尤。"

帛书乙本如此，甲本"争"作"静"。道行的河本、王本并同帛书乙本，惟傅本末尾有一"矣"字，今依帛书。

"尤"，吴澄曰："'尤'，为怨咎。"

全句意为：正因为水不争上，所以它没有怨咎。

简 析

本章以水为喻，通过赞扬水的美德，阐明无为而无不为的道理。

老子之所以以"水"为喻，是因为在他看来，"水"的美德接近于"道"。这个"道"是人生哲学意义上的"道"，实即柔弱胜刚强的原则。全章从"上善如水，水善利万物而不争"到"夫惟不争，故无尤"，始终体现了这一原则。文中的"居善地，心善渊，予善天，言善信，正善治，事善能，动善时"等语，是水的美德的写照，亦是老子"无为之道"的体现。

"居善地"，这表现了老子甘居下位，知荣守辱；"心善渊"，表明了"良贾深藏若虚"之意；"予善天"，体现了"天道无亲"的思想；"言善信"，说明老子重信德。水虽不言，却很守信用，它"回必旋，方必折，塞必止，决必流"，这种品德确能使"信者信之，不信者亦信之"；"政善治"，体现了老子的政治愿望。怎样才算"善治"？老子说："为无为，则无不治。""事善能"，体现了坚韧不拔，持之以恒的思想。水滴石穿，水能磨铁销铜都是以韧取胜；"动善时"，就是教导人们顺时而动。司马谈曰："圣人不朽（巧），时变是守。"颜师古注曰："无机巧之心，但顺时也。"凡此种种，都体现了老子的基本思想。

第九章

�803而盈之，不若其已㈠；揣而锐之，不可长葆也㈡；
金玉盈室，莫之能守也㈢；贵富而骄，自遗咎也㈣；
功遂身退，天之道也哉㈤。

校　注

㈠ "揺而盈之，不若其已。"

帛书乙本如此，甲本前句同，后句脱"若其已"三字。通行
的河本、王本、傅本"揺"均为"持"，"若"作"如"，张松如
按："'揺'乃'殖'字的异体，谓货殖也。"不知据何说，恐误。
《集韵》："揺，持也。"是"揺"、"持"古通。今依帛书。
全句意为：将盈满之物紧紧地把持着，不如将它放下。

㈡ "揣而锐之，不可长葆也。"

帛书乙本"揣"字作"掘"，"锐"字作"允"，余同校文。甲
本此句脱损严重，前句仅存两个"之"字，后句脱一"不"字，末
尾"也"作"之"。按："揣"，通行的河本、王本，均如此，傅
本作"敧"，"敧"与"揣"古通，此从河、王诸本作"揣"。

《集韵》："揣，冶击也。"《玉篇》："击，打也。"是"揣"有捶打之义。

"锐"河本、景龙碑本、开元《御注道德经》本均如此，王本、傅本作"梲"，帛书乙本作"允"，甲本脱损。易顺鼎曰："'梲'字当同河上本作'锐'。"王弼注："既揣之令尖，又锐之令利。"是王本亦当为"锐"，作"锐"是。帛书"允"亦为"兑"字之误。

"葆"，帛书甲乙本均如此，河、王、傅诸本俱作"保"，"保"、"葆"古通，龙兴碑本作"宝"，乃假字。"也"字诸本无，今依帛书。

全句意为：捶打得很尖锐，不可长久地保存。

㈢"金玉盈室，莫之能守也。"

帛书乙本"金玉"后脱损一字，今据甲本补一"盈"字，余皆同上。甲本"莫之"后缺一"能"字，其余同校文。通行的河本"盈室"作"满堂"，语尾无"也"字。张之象所录王本作"满堂"，但陈碧虚曰："'室'字，严遵、杨孚，王弼同古本。"可见陈、范所见王本作"满室"，今依帛书甲本作"盈室"。

全句意为：金玉财宝堆满库室，不能保守住。

㈣"贵富而骄，自遗咎也。"

帛书乙本如此，甲本"骄"作"驕"，余同乙本。开元《御注道德经幢》、古观楼《道德经碑》、宋陈景元本并作"憍"。按："骄"、"骄"、"憍"三字古通。《释文》："'憍'本又作'骄'。"《字汇》："骄，居乔切，音交，马高六尺。"又《说文》："马高六尺为'骄'。"则"骄"、"骄"俱有马高六尺之义，二字古通。今依帛书乙本作"骄"。"贵富"，流行的各本均作"富贵"，今依帛书。"自遗咎也"，河本、王本、傅本及其它多种版本作"自遗其咎"，《群书治要》作"还自遗咎"，今依帛书。

"咎"，《说文》："灾也。"

全句意为：富贵而又骄傲，必然给自己留下灾祸。

(五)"功遂身退，天之道也〔哉〕。"

帛书乙本如此，甲本语尾脱损三字，仅存"功述身芮，天"五字。"功遂身退"王弼本同，河上本及其它多种版本作"功成名遂身退"，傅本作"成名功遂身退"，今依帛书乙本。按：甲本"功述身芮"实即乙本"功遂身退"。"述"与"遂"古通。廖海廷《新解老》云："'述'即'遂'。'述'、'术'同音，《礼学记》：'术有序。'注：'术'，当为遂，《月令》：'审端径术。'注：'《周礼》作遂'，《左氏》文十二年经：'秦伯使术来聘。'《公羊》作'遂'。"又"芮"与"退"音近而误。

"天之道也哉"，各本均无"也"字，有"也"字符合帛书的特征。后"哉"字，乃第十章"载营魄抱一"句"载"字，据唐玄宗说："载"当为"哉"，属上章语尾，今据改。详见十一章校注。

全句意为：功业就遂，即隐身告退，符合天的法则。

<h1 style="text-align:center">简　析</h1>

本章贯穿着反对"持盈"，主张"守虚"的思想。

在老子看来，"盈"是不好的，所以他说"揎而盈之，不若其已"（其中包含着"盈则亏"的道理）；"揣而锐之，不可长葆"（其中包含着"锐则折"的道理）；"金玉盈室，莫之能守"（其中包含着"满则损"的道理）；"贵富而骄，自遗咎也"（其中包含着"骄则败"的道理）。凡此种种，意在反对"持盈"，提倡"守虚"。正如吴澄所指出的："此章谓道不欲盈，而又以锐为比，言槃水者不可以盈，盈之则易至于溢，不如已之而不使盈也。遂言揎锥者不可锐，锐之则易至于挫，而不可长葆其锐矣。盈之则不长葆其盈亦犹是也。"老子之所以反复申述"不欲盈"这一道理，目的是在于给他所设计的做人的原则提供一个理论依据。既然盈必亏，锐必折，满必损，骄必败，那么人们在竞争的道路上，就应适可而止，功业遂就，应当隐身告退。这个结论，诚然有保守的假象，但如运用恰当，也不无可取之处。

第十章

营魄抱一，能毋离乎㈠？抟气致柔，能如婴儿乎㈡？涤除玄鉴，能毋有疵乎㈢？爱民治国，能毋以知乎㈣？天门启阖，能为雌乎㈤？明白四达，能毋以为乎㈥？生之畜之，生而弗有，为而弗恃，长而弗宰也，是谓玄德㈦。

校　注

㈠"营魄抱一，能毋离乎？"

帛书甲本此句脱损，乙本及诸通行本"营"前均有"载"（乙本作"戴"，《集韵》："'戴'或作'载'。"），据唐玄宗说："载"当属上句语尾，读作"哉"。按：褚伯秀曰："首'载'字诸解难通……营深考其义，得之郭忠恕《佩解集》引开元诏语云，'朕钦承圣训，覃思玄宗，顷改正《道德经》十章'载'字为'哉'，仍属上句。及乎议定，众以为然，遂错综真诠，因成句解。"此说明当可去千载之惑。盖古本不分章，传录又讹为'载'耳，五十三章末'非道也哉'句法可证。"此说极当。"载"、"哉"古字通。《尔雅义疏》："哉，又通作载。《诗》'陈锡哉周'，《左氏宣十五年传》作'陈锡载周'。"本章"载"字，实即上章语尾之"哉"字。今查帛书原本，"戴"字与前句"也"字紧紧相连，当读为"天之道也哉"。这种句式《老子》中时有所见，如蒋锡昌所举："二十章'我愚人之心也哉'；五十三章'非道也哉'，皆与此辞例同。"故当改"载"为"哉"，属上读。

"魄"，乙本误作"袙"。"毋"，乙本如此，河本、王本、傅本作"无"（以下几句亦如此）。"毋"、"无"古通，《玉篇》："毋，武俱切，莫也，今作无。"此从帛书作"毋"。河上本句尾无"乎"字（以下各句亦如此）。

"营魄"，刘师培训"灵魂"，朱谦之按："以灵魂训营魄，似有未至。魄，形体也，与魂不同，故《礼运》有'体魄'，《郊特牲》有'形魄'。又魂为阳之气，魄为阴之形。高诱注《淮南·说山训》曰：'魄，人阴神也；魂，人阳神也。'王逸注《楚辞·大招》曰：'魂者，阳之精也；魄者，阴之形也。'此云'营魄'即'阴魄'。《素问·调精论》：'取血于营。'注：'营主血，阴气也。'又《淮南·精神训》：'烛营指天。'知营者，阴也，营训为阴，不训为灵。'载营魄抱一'，是以阴魄守阳魂也。抱如鸡抱卵，一者，气也，魂也，抱一则以血肉之躯守气而不使散泄，如是则形与灵合，魄与魂合，抱神以静，故曰'能无离'？"朱氏以"血肉之躯"训"营魄"，以"气"训"一"，其说精辟，从之。

全句意为：保藏精气于形体，能做到不散失吗？

（二）"抟气致柔，能如婴儿乎？"

帛书甲本前四字脱损，后半句无"如"字。乙本及河本、王本亦无"如"字，但傅本，室町本及景龙碑本、唐玄宗御注本等几十种本子有"如"字，河上注曰："能如婴儿内无思虑……"则河本应有"如"字；王注曰："能若婴儿之无所欲乎？"当是以"若"解"如"。蒋锡昌按："刘惟永《道德真经集义》引王本经文云：'专气致柔，能如婴儿乎？'是王本有如字。顾本成疏：'故如婴儿之无欲也。'是成亦有如字。"俞樾曰："河上公及王弼本无'如'字，于文义未足，惟傅奕有'如'字，与古本合。"刘师培曰："能下当有'如'字，是也。"从之。

"抟"，乙本作"槫"，通行诸本作"专"。《管子·内业》："抟气如神，万物备存。"尹注："槫，谓结聚也。"朱谦之云："老子之"专气"即《管子·内业》之"槫气"。"据此，帛书之"槫"当作"抟"，通行本"专"字当为"槫"之借字。

"柔"，指骨弱筋柔。在老子看来，婴儿精气极充满，五十五章曰："含德之厚，比于赤子，……骨弱筋柔而握固，未知牝牡之合而峻作，精之至也。"

本句意为：结聚精气，使骨弱筋柔，能像婴儿那样吗？

㈢ "涤除玄鉴，能毋有疵乎？"

帛书甲乙本"涤除"并作"脩除"，"玄鉴"甲本作"玄蓝"，乙本作"玄监"。"能毋有疵乎"乙本同，甲本无"有"字。

按："涤除"通行诸本俱同，帛书作"脩除"，"滌"、"脩"古通。廖海廷曰："'滌'，从'條'声，'條'、'脩'

同从'攸'声。"《周礼·司尊彝》注:"修,读为涤濯之涤。"此从众本作"涤除"。

"鉴",通行诸本作"览",高亨说:"'览'读为'鉴','览'、'鉴'古通用。《楚辞·离骚》:'皇览揆余初度兮。'《考异》:'览一作鉴。'《文选·西征赋》李《注》引'览'作'鉴'。《九章·抽思》:'览余以其修姱。'《考异》'览一作鉴'并其证。"疑帛书甲本之"蓝"为"览"之误(音近而误),乙本"监"为"鉴(鑑)"之通假字。《韵会》:"'监',通作'鑑'、'鑒'。"此从高氏之说作"玄鉴"即玄妙的镜子,指心。在老子看来,人们之"心"能照知万物,它似镜子,这种镜子藏在人们心中,故曰"玄鉴"。燕国材曰:"玄览就是深观远照以探求整个自然自何而有,由何而成。"可见,"玄鉴"具有理性直观的功能。

全句意为:洗刷心镜,能不留一点斑疵吗?

(四)"爱民治国,能无以知乎?"

此句甲本脱损严重,仅存开端一"爱"字;乙本除"治"字误作"枱"字外,余皆同此。傅本同此句,河本、王本"无"字下无"以"字。景龙碑本"爱民"作"爱人",能"无以智乎"作"能无为"。

按:"民"作"人",当是后人避唐帝李世民讳而改,今依帛书及通行本作"爱民"。后句"能无以知"或作"能无为"并通。"爱民治国能无为乎",取"为无为,则无不治矣"之意;

"爱民治国，能无以知乎"，取"不以智治国，国之福"之义。今依帛书乙本作"能无以知乎"。且"无"字后有"以"字为优。易顺鼎曰："'忧民治国能无知'当作'能无以知'……王注云：'治国无以智'犹弃智也，能无以智乎，则民不辟而国治之也。是王本正作'能无以智'。'以'，用也，无用智，故曰'犹弃智'，六十五章'故以智治国国之贼，不以智治国国之福'正与此文互相证明。"今帛书乙本正作"无以知"，足证易说是。

"知"，读作"智"。

全句意为：爱护人民，治理国家，能做到不用巧智吗？

(五)"天门启阖，能为雌乎？"

此句帛书甲本全脱，乙本如此。"启阖"，通行诸本均作"开阖"。按："启"、"开"互通，今依帛书作"启"。

"为雌"，傅本同，但河本、王本并作"无雌"，俞樾曰："'天门开阖能无雌'，义不可通，盖因涉上下文诸句而误。王弼注云：'言天门开阖，能为雌乎？则物自宾而处自安矣。'是王弼本正作'能为雌'也。河上公注云：'治身当知雌牝，安静柔弱'，是亦不作'无雌'，故知'无'字乃传写之误。当据景龙本订正。"今帛书作"为雌"，可知俞说确当。

"天门"，指鼻、口等穴窍。河上公曰："天门谓鼻孔。"吴澄曰："天门开阖，谓鼻息呼吸，有出有入……"亦以鼻孔训天门。高亨曰："耳为声之门，目为色之门，口为饮食言语之门，鼻为臭之门，而皆天所赋予，故谓之天门也。"此以耳、目、口、鼻等感官为天门。概而言之，"天门"即鼻口等感官是也。

"启阖"，即开阖，指鼻口等感官之开与合。开为动，合为静，故"开阖"亦可释为动静。蒋锡昌曰："《易·系辞上》：'其静也翕，其动也辟'。'开阖'即《易》所谓'翕'，'辟'，指动静而言。""动"与"静"比起来，动为阳，为刚，为雄，静为阴，为柔，为雌，下文"为雌"含有守静之意。这里似涉及气功学上的原理："能为雌"，意在说明运气时要保持静的精神状态。

全句意为：口鼻呼吸、开合，能做到为雌守静吗？

(六)"明白四达，能无以为乎？"

傅本如此，帛书甲本脱损，乙本"无以为"作"无以知"，王本"无以为"作"无为"，无"以"字；河本"无以为"作"无知"，亦无"以"字。

按：乙本"无以知"与上文重复，恐误，今据傅本改作"无以为"。蒋锡昌在评述王本此句中的"无为"一语云："'无为'，当从傅本作'无以为'，王注作'无以为'可证。"又曰："此'为'与上'知'义近，方巧诈之未形于动作曰'知'，待巧诈之已形于动作曰'为'，其别不过此耳。'明白四达，能无以为乎？'谓圣人知道真确，则决不致于用其巧诈有所作为也。"其说是，此处所谓"明白四达"，指对事物透彻的认识。

全句意为：明白大道，通达情理，能做到不行巧伪吗？

㈦"生之畜之，生而弗有，为而弗恃，长而弗宰也，
是谓玄德。"

此段甲本脱损，乙本无"为而弗恃"一句。查河本、王本、傅本及其它诸本，均有此句，今据补，"也"字它本无，今依帛书。

句中"生而弗有，为而弗恃"，与第二章文同。

"玄德"，"玄"，通"元"，《易·乾文言》："元者，善之长也。""善之长"，犹言"上善"是也。则"玄德"即"上善之德"也。

全段意为：道生万物，德养万物，但生之而不占有，施为而不恃望其报，助长而不去宰割。这就是上善之德。

简　析

本章重点讲养身之道。

一是主张养气。"营魄抱一，能无离乎？"意在强调守气而不离散。"抟气致柔，能如婴儿乎？"要求人们集结精气，使骨弱筋柔，做到如同婴儿那样充满精气。后文说"天门启阖，能为雌乎？"意在说明呼吸精气要保持安静的精神状态。这些都与养气有关。为什么老子强调抱一守气呢？这同道家贵生的思想密切相关。要贵生，就必须养生。五十九章："长生久视之道。"五十四章："修之于身，其德乃真。"要修身，就必须养气。故《庄子·庚桑楚》把抱一守气看作"卫生之经"。韩非《解老》说：

"身以积精为德。"又说："德者，得身也。"认为积累精气能够"得身"。《楚辞·远游》篇说："餐六气而饮沆瀣兮，漱正阳而含朝霞；保神明之清澄兮，精气入而粗秽除。"这里所谓"精气入而粗秽除"，说明精气有利于养身。《吕氏春秋·先己》篇说："精气日新，邪气尽去，及其天年，比之谓真人。"也强调了精气对于养生的重大作用。《内经·上古天真论》："呼吸精气，独立守神，肌肉若一，故能寿蔽天地，无有终时。"更把呼吸精气看作长生不老之术。因此，养气是修身的关键所在，故老子不厌其烦地强调这一点。

二是主张保持无思无虑的精神状态。"爱民治国，能无以知乎？""明白四达，能无以为乎？"这里的"无以知"、"无以为"，就是教人们少用心智，保持无思无虑的精神状态。"涤除玄鉴，能无有疵乎？"则是提倡清除杂念。在道家看来，思虑会耗费精神，于养身无益，故河上公注曰："能如婴儿内无思虑，外无政事，则精神不去也。"老子反对用心智而重摄生的思想，后来为庄子所发展。《庄子·天地》篇："吾闻之吾师，有机械者必有机事，有机事者必有机心。机心存于胸中则纯白不备。纯白不备则神生不定，神生不定者，道之所不载也。"《庄子·在宥》篇更明确写道："至道之精，窈窈冥冥；至道之极，昏昏默默。无视无听，抱神以静，形将自正。必静必清，无劳女形，无摇女精，乃可以长生。目无所见，耳无所闻，心无所知，女神将守形，形乃长生。"

第十一章

卅辐同一毂，当其无，有车之用也㈠；撚埴以为器，当其无，有器之用也㈡；凿户牖以为室，当其无，有室之用也㈢。故有之以为利，无之以为用㈣。

校　注

㈠"卅辐同一毂，当其无，有车之用也。"

帛书乙本如此，惟"辐"写作"福"；甲本断续残存五字，余皆脱损。"卅"，河、王、傅本并作"三十"，但敦煌本、广明本作"卅"，当是古本如此，今依帛书。"同"，通行诸本均作"共"，"共"、"同"义通，今依帛书。"辐"，朱谦之按："'辐'字疑本或作'輹'。"《说文》："輹，车轴缚也，从车，复声。"陈和祥曰："'辐'，车轮中直木，内辏于毂，外入于牙者；'毂'，车轮中心圆木；'无'，空虚也。"

全句意为：三十根条辐，同在一个车毂上，当它留有空虚之处，才有车的作用。

㈡"撚埴以为器，当其无，有器之用也。"

帛书甲本此句仅存"撚埴为器当其无有埴器"十字，余脱。乙本"撚"作"㙛"，"以"作"而"，"有"字下有一"埴"字，疑衍。

按："撚"，河本、王本、傅本均作"埏"，但御本、范本以及陆氏《释文》作"挻"。马叙伦曰："《说文》无'埏'字，当依王本作'挻'（钊按：马氏谓王本作"挻"乃据毕源说，今《百子全书》所载王本仍作"埏"。）而借为'抟'……《说文》曰：抟，以手圜之也。"马氏所言诚然有理，然考帛书，甲本作"然"，乙本作"㙛"，疑"㙛"、"然"均为"撚"之借字，作"撚"有理。《说文》："撚，执也（段注：执者，捕罪人也，引伸为凡持取之解，《广韵》曰：'撚者以手撚物也。'）从手，然声，一曰蹂（蹂）也。"又："蹂，从足，柔声，兽足蹂地也。"大概古人以兽足蹂蹂黏土以作制陶之用，今云南等地仍行用牛蹂蹂泥土以供制陶之用的生产方法。则"撚埴"即揉和黏土是也。

"而"字，各本均作"以"，且后句有"以为利"、"以为用"之语，作"以"优，今据通行本改。

全句意为：揉和黏土以作器皿，当它留有空虚之处，才有器皿的作用。

㈢ "凿户牖以为室，当其无，有室之用也。"

此句帛书甲本脱损严重，乙本前半句无"以为室"三字，考河本、王本、傅本及其他诸本，均有"以为室"三字。按：有此三字，正与上句"以为器"三字相映称，今据补。

"户牖"，指门窗，吴澄曰："东户西牖，户以出入，牖以通明。"

全句意为：开凿门窗以作房屋，当它留有空虚之处，才有房屋的作用。

(四)"故有之以为利，无之以为用。"

此句帛书甲、乙本及通行诸本均如此。

全句意为：所以，一物的实有部分，对人有利；一物的空虚部分，也对人有用。

简　析

此章深刻地阐明了"有"与"无"相反相成的辩证关系。

在老子看来，"有"、"无"相辅为用。"有"既离不开"无"，"无"亦离不开"有"。"卅辐共一毂"之"毂"是"有"，这个"有"只有"当其无"才能"有车之用"；"埏埴以为器"之"器"是"有"，这个"有"只有"当其无"，才能"有器之用"；"凿户牖以为室"之"室"是"有"，这个"有"只有"当其无"，才能"有室之用"。这里把第二章"有无相生"的命题讲得多么透彻。

对于老子在本章所讲的"有"与"无"的关系，过去一些人常作了唯心主义的歪曲，例如王弼曾这样解释："木、埴、壁所以成三者，而皆以无为用也。""有之所以为利，皆损无以为用也。"夸大了"无"的作用，把"无"看作是比"有"更根本的因素，显然是不对的。道理很简单，"无之以为用"，是以"有之以为利"为前提的，正是因为有"车"、"器"、"室"等有形物的存在，才提出了"无之以为用"的问题。没有这些"有"、"无"又怎么能挥其作用呢？关于这一点，宋代王安石早就注意到了。他说："故'无'之所以为（《集义》"为"字下有"车"字）用者，以有毂辐也。……如其废毂辐于车，……而坐求其'无'之为用也，则亦（《集义》无"亦"字）近于愚矣。"这个论述是很对的。"有"与"无"相辅为用，而关键在于"有"。老子先说"有之以为利"，再说"无之以为用"，其逻辑次序是很耐人深思的。我们不应片面夸大"无"的作用。"有"和"无"互相依额，相辅相成，缺一不可。只看到"有"的作用，或只看到"无"的作用，都是不合辩证法的。

第十二章

五色使人目盲，五音使人耳聋，五味使人口爽㈠，驰骋田猎使人之心发狂，难得之货使人之行妨㈡。是以圣人之治也，为腹而不为目，故去彼而取此㈢。

校　注

㈠ "五色使人目盲，五音使人耳聋，五味使人口爽。"

通行诸本语次如此。帛书甲、乙本语次不同于此。本段后二句帛书甲、乙本排在 "难得之货" 句后，且 "五味" 句排在 "五音" 句之前，恐误。通行各本 "五色"、"五音"、"五味" 三句并排都讲的是感官与被感知的事物的关系，连在一起文意较优，今据改。"使"，通行本作 "令"，"令"、"使" 义通，今依帛书（以下各句亦如此）。帛书甲、乙本后二句 "人" 下并有 "之" 字，但通行的河、王、傅诸本均无 "之" 字，且帛书首句亦无 "之" 字。为使文字相称，此从众本，删去 "之" 字。"目盲"，乙本及通行各本概同，惟甲本作 "目明"，恐误，此依乙本。"聋"，乙本脱损，此据甲本及通行本补。"口爽"，乙本同，甲本写作 "口啪"。

"五色"，即赤、黄、青、黑、白五种颜色，本章泛指多种美色。

"五音"，即指宫、商、角、徵、羽，本章泛指多种悦耳之音。

"五味"即辛、酸、苦、咸、甘五种味道，本章泛指多种美味。

"爽"，蒋锡昌按："古人以爽为口病，盖犹今人所谓味觉差失也。"

本段意为：多种色彩使人眼花缭乱，多种音乐使人耳朵发麻，多种美味使人味口败坏。

㈡"驰骋田猎使人之心发狂，难得之货使人之行妨。"

此二句帛书甲、乙本排在"五色"句后及"五味"、"五音"句前，疑误，今据通行诸本移至"五味"句后。

帛书乙本"猎"讹为"腊"，"妨"写作"仿"，余同校文。甲本前句脱"心发狂"三字，"猎"亦讹为"腊"；后句"货"写作"價"，"妨"省为"方"，余同校文。河、王、傅诸家本使作"令"，且后句"行妨"前无"之"字，此依帛书。"田"，王本作"畋"，蒋锡昌按："《说文》段注：'田即畋字。'""发"字各本并同，但高亨疑衍，曰："心狂二字，其意已足，增一'发'字，则反赘矣。此文'令人目盲，令人耳聋，令人口爽，令人心狂，令人行妨'，句法一律，增一'发'字，则失其句矣。"此说似有理，然至今未见此种本子，今录之以待未来考古之新发现。

两句意为：骑马打猎，使人之心过度放荡；难得的财货使人行路不便。

㈢"是以圣人之治也，为腹而不为目，故去彼而取此。"

帛书乙本如此，甲本"圣"误作"声"，"彼"错为"罢"，"取"讹为"耳"，"为目"二字脱损，且无二"而"字。河本、王本、傅本及其他诸本，"圣人"下均无"之治也"三字，亦无二"而"字。今从帛书乙本。

全段意为：所以圣人养治身体，只求饱肚皮，不求饱眼福。因此，要去掉后者，采取前者。

简　析

本章亦是讲养身之道。

为了养身，老子大力提倡寡情少欲。"五色使人之目盲"，讲的是"色欲"的坏处；"五音使人耳聋"，讲的是"听欲"的坏处；"五味使人口爽"，讲的是"味欲"的坏处；"驰骋田猎使人之心发狂"，讲的是"情欲"的坏处；"难得之货使人之行妨"，讲的是"物欲"的坏处。因此，色欲、听欲、味欲、情欲、物欲都于养身无益，惟其如此，老子才提出"为腹不为目"的主张。"为腹"即填饱肚皮。在老子看来，肚子有益于强筋健骨。"不为目"，即不追求色欲，以免耗费精神。故王弼曰："为腹者，以物养己；为目者，以物役己，故圣人不为也。"因此，"为腹不为目"讲的是养身之道。

第十三章

宠辱若惊，贵大患若身㈠。何谓宠辱若惊？宠为上，辱为下，得之若惊，失之若惊，是谓宠辱若惊㈡。何谓贵大患若身？吾所以有大患者为吾有身也，及吾无身，有何患㈢？故贵以身为天下者，若可以寄天下矣；爱以身为天下者，若可以托天下矣㈣。

校　　注

㈠ "宠辱若惊，贵大患若身。"

河本、王本、傅本及其他各本均如此，帛书甲乙本亦如此，惟"宠"甲本写作"龙"，乙本误作"弄"；"患"甲本讹为"梡"。

"宠辱"：吴澄曰："宠，犹爱也，名位之尊，人以为荣，反观之则辱也。"

"若"，作副词，"乃"也（《词诠》）。又"乃"犹"则"（《广释词》）。按：本章共有九个"若"字，除两处"若身"之"若"外，其余均可训"乃"或"则"。

"贵大患若身"，高亨曰："此句义不可通。疑原作'大患有身'，'贵'字涉下文而衍。王弼注：'故曰大患若身也。'是王本原无'贵'字。今王本亦有'贵'字者，后人依河上本增之耳。'有'、'若'篆形相近，且涉上句而误，下文云：'吾所以有大患者，为吾有身，及吾无身，吾有何患。'正申明此意。且'有身'二字，前后正相应。七章曰：'圣人后其身而身先，外其身而身存。'后其身、外其身即不'有身'也。《史记·孔子世家》载老子告孔子之言曰：'为人子者毋以有己，为人臣者毋以有己'，'有己'即有身也。有身则自私，自私之极，则杀身覆宗亡国，故曰'大患有身'。下文'何谓贵大患若身'误与此同。"此说似有理，然"若"改"有"无本可据。愚意以为此"若"当训"或"，《古书虚字集释》："'若'，犹'或'也。""或"、"有"古通，是"若身"，犹"有身"也，此与高说"有身"正合。下文"何谓贵大患若身"之"若身"，与此同例。

"贵"，重视。

两句意为："宠"与"辱"都能令人惊恐。重视祸患在于有身。

(二) "何谓宠辱若惊？宠为上，辱为下，得之若惊，失之若惊，是谓宠辱若惊。"

"何谓宠辱若惊？"王本、傅本同此，帛书甲、乙本大致如此，惟"何"甲本作"苟"；"宠"，甲本作"龙"，乙本错为"弄"；"谓"两本并作"胃"，今据王、傅本正之。河本无"若惊"二字。

"宠为上，辱为下"，景福本、张嗣成本、陈景元本、李道纯本、寇才质本、潘静观本以及皇甫谧本概如此。陈碧虚曰："河上公本作宠为上，辱为下。"则陈见河本亦同此，然今存河本无"宠为上"一语。王本、傅本作"宠为下"，帛书与王、傅本近同，作"龙（宠）之篇下"（甲本）和"弄（宠）之为下也"（乙本）。按：疑河、王、傅本及帛书均有夺误。此文前句谓"何谓宠辱若惊？"则下文当从"宠"与"辱"两方面予以对之，但王、傅及帛书本只涉及"辱"的一面，而未涉及"宠"的一面，似乎是只执一端。俞樾曰："河上公本作'何谓宠辱？辱为下'，注曰：'辱为下贱。'疑两本均有夺误，当云：'何谓宠辱若惊？宠为上，辱为下。'河上公作注时，上句未夺，亦必有注，当与'辱为下贱'对文成义，传写者失上句，遂并注失之。陈景元、李道纯本，均作'何谓宠辱若惊？宠为上，辱为下'，可据以订诸本之误。"此说有理，从之。

"得之若惊，失之若惊，是谓宠辱若惊。"河、王、傅本及其他多种本子概与此同，帛书甲乙本亦与此近同，惟"宠"甲本作"能"，乙本作"弄"；"谓"两本并作"胃"。甲本脱第二"之"字。"是谓宠辱若惊"句，吴澄本无，此从帛书。

本段意为：为何说"宠"与"辱"都会使人惊恐？宠为上贵，辱为下贱。得到"辱"会惊恐，失去"宠"亦会惊恐。因此，"宠"与"辱"都会使人惊恐。

㈢"何谓贵大患若身？吾所以有大患者为吾有身也，及吾无身，有何患？"

帛书甲乙本均如此，但"谓"两本均写为"胃"，"患"甲本误作"梡"。河本、王本大致同上，惟第三句尾无"也"字，后句"有"前有一"吾"字，傅本"及"作"苟"。

全段意为：为何说重视祸患在于有身？我之所以有大患，是因为我有身；如我无身，那还有什么祸患呢？

(四)"故贵以身为天下者，若可寄天下矣；爱以身为天下者，若可托天下矣。"

王本基本如此，惟首句与第三句末据河本各增一"者"字，二句和尾句据帛书各增一"矣"字。帛书乙本此句为"故贵以身于为天下，若可以橐天下（矣）；爱以身为天下，女可以寄天下矣。"句中"托"，误作"橐"，后句"若"作"女"（"女"为"汝"之借字，"汝"、"若"古可通假）；第二句尾"矣"字脱损，据甲本补。甲本与乙本大致相同，惟"托"误作"迒"，后"若"字亦写作"女"，末句尾无"矣"字。河本此两句为："故贵以身为天下者则可寄于天下，爱以身为天下者乃可以托于天下。"

全段意为：重视以身服务于天下的人，则可以把天下托付于他。爱好以身服务于天下的人，则可以把天下托付于他。

简　析

本章从批判"宠辱若惊"的庸人思想入手，突出"以身为天下"的献身精神。

　　老子提倡知荣守辱，知白守黑，因此，"宠"与"辱"在老子看来都不必惊恐。但世人却不然，他们把"宠"看为上贵，把"辱"视作下贱，所以失去"宠"他们会惶恐不安，受到"辱"他们也会惶恐不安。这是因为他们把自身看得太重了。假如他们把自身置之度外，就不会惶恐不安了。人们之重视祸患，根本的原因在于为自身计。"若吾无身，吾有何患？"其道理讲得十分透辟。老子思想的真谛，是要求君主发扬献身精神，不要沉溺于个人的得失、利害、荣辱之中。在老子看来，君主只有"后其身"，才能"身先"；只有"外其身"，才能"身存"。正是从这一思想出发，老子强调，"爱以身为天下"，"贵以身为天下"。所谓"以身为天下"，就是要求君主把自身奉献给天下。认为君主具备了这种献身精神，人们才可以把天下寄托于他。这在一定程度上，反映了人们对君主的良好愿望。在古代，人们常把贤明的君主描写成甘愿为人民吃大苦耐大劳的英雄。《韩非·五蠹》篇："尧之王天下也，茅茨不翦，采椽不斫；粝粢之食，藜藿之羹；冬日麑裘，夏日葛衣；虽监门之服养，不亏于此矣。禹之王天下也，身执耒臿以为民先，股无胈，胫不生毛，虽臣虏之劳，不苦于此矣。"这里所说的尧和禹，都具有献身精神，是"以身为天下"的典范，故历代奉为"圣人"。

第十四章

视之而弗见，名之曰幾；听之而弗闻，名之曰希；搏之而弗得，名之曰微㈠。此三者，不可致诘，故混而为一㈡。一者，其上不皦，其下不昧，绳绳呵不可名也，复归于无物㈢。是谓无状之状，无象之象，是谓惚恍。随而不见其后，迎而不见其首㈣。执古之道，以御今之有，以知古始，是谓道纪㈤。

校　注

㈠"视之而弗见，名之曰幾；听之而弗闻，名之曰希；搏之而弗得，名之曰微。"

此段帛书甲本首句"幾"字作"聱"字，末句"微"字作"夷"字，余同校文。乙本大致同甲本，惟"聱"作"微"。"名"前首句脱损，二、三句作"命"。河本、王本三句皆作"视之不见名曰夷，听之不闻名曰希，搏之不得名曰微。"

"幾"，河、王诸本作"夷"，朱谦之按："范本'夷'作'幾'。范应元曰：'幾'字孙登、王弼同古本。傅奕云：'幾者，幽而无象也'。此引传云，知傅本亦为后人所改，古本亦作

'幾'。作'幾'是也，且与易义相合。《易·系辞》'极深研幾'，言'知幾其神'，'幾者动之微，吉之先见者也'，郑康成注：'幾，微也。'与傅云正合。马叙伦谓草书'幾'字似草书'夷'字，音复相近，因讹为'夷'。"此说可信，从之。

"希"，应与四十章"大音希声"之"希"义通，《辞源（新版）》释"希声"为"极细微的声音"，可知"希"亦有"微"义，指的是声之微。

"微"，《说文》段注："'微'，当作'微'，人部曰：敳，眇也，小之又小则曰微。"此"微"，指体之微。

"揗"，河、王本作"抟"，傅奕、陆希声、李道纯、吴澄诸家本作"抟"，《易纬·乾凿度》和《列子》均作"循之不得"（马叙伦谓"循"为"揗"之借字）。钊按："揗"，"抟"、"搏"、"揗"诸字，均有手摩之义，"揗"，《说文》："揗，抚也，摹也"；"搏"，《说文》："搏，索持也"，段注："索持，谓摸索而持之"；"抟"，《集韵》："《说文》'圜'也，谓以乎圜之，或省亦从團。""揗"，《说文》："揗，摩也。"以上四字意义相近，今依帛书作"揗"。

"视之"、"听之"、"揗之"之"之"，均指"混而为一"之"一"，亦即"道"也。

本段意为：看它不见，叫做"幾"；听它不见，叫做"希"；摸它不着，叫做"微"。

㈡ "此三者，不可致诘，故混而为一。"

河本、王本、傅本及其他诸本并如此，帛书甲乙本首句皆无
"此"字，"致诘"均误作"至计"，"混"，甲本作"囷"，乙本作
"緷"皆误；甲本后句脱损末尾三字。

"三者"，谓幾、希、微也。

"不可致诘"，谓不可诘问而得之也。

"故混而为一"，混，合也，故合于三，名之而为一。

（以上三解均据河上公说）

"故"，通作"固"。《古书虚字集释》："故，字或作固。"

本段意为：幾、希、微这三种特性不可诘问，它们本来就合
而为"一"。

（三）"一者，其上不皦，其下不昧，绳绳呵不可名也，
复归于无物。"

帛书甲、乙大致如此，惟"皦"甲本作"做"，乙本作"谬"；
"昧"，甲乙本皆作"物"；"绳绳"，两本并作"寻寻"。"呵"，
河本作"兮"，"一者"二字，河、王等本无，但帛书及范、傅诸
本有，当是古本如此，今依帛书。

"皦"，景龙碑本作"曒"。按："皦"、"曒"均有光明之意。
《玉篇》："曒，亦与皎同。"又"皎，月白也"是"皎"指月光之明。
又"皦，明也。"今依河、王、傅、范诸本作"皦"。

"绳绳"，遂州龙兴碑本作"蝇蝇"，李荣《老子道德经注》
作"乘乘"，今从河、王、傅诸本作"绳绳"。钊按："绳绳"，
究作何解，众说纷纭，河上公曰："绳绳者，动行无穷极也。"

蒋锡昌曰："绳绳犹芸芸。"梁帝云："无涯际之貌。"此从河上公说。《河上》所谓"动行"，犹今言"运行"，引申为变化。"动行无穷极"即变化无穷是也。正因为"一"即"道"变化无穷，故不可名也。也因为变化无穷，故下文又说"复归于无物"。

"无物"，疑为"无名之物"之简化。

本段意为："一"这个东西，它的上面没有光明，它的下面没有暗影，变化无穷啊，不可命名，复归为无名之物。

(四)"是谓无状之状，无象之象，是谓惚恍。随而不见其后，迎而不见其首。"

本段帛书甲本脱损严重，仅残存"是胃无状之状。无物之"等字。乙本未脱，其"无象"亦作"无物"，"谓"，亦写为"胃"，"惚恍"作"沕望"，"随"，用假字"隋"，河、王、傅诸本"无象"亦作"无物"，但苏辙、李道纯、吴澄、董思靖各本皆作"无象"。高亨曰："作'无象之象'义胜，'无状之状'，'无象之象'，句法一律，其证一也；上句既云'无物'，此不宜又云'无物'以至复沓，其证二也。"高说是，从之。

本段意为：这叫做没有形状的形状，没有形象的形象，这就是所谓"惚恍"。跟着它，看不见它的背后；迎着它，看不见它的头面。

(五)"执古之道，以御今之有，以知古始，是谓道纪。"

此段河上本同，傅本第二句"以"前有一"可"字，景龙碑本"御"作"语"。王本"以知古始"作"能知古始"。帛书甲乙本"执古之道"并作"执今之道"，余皆同校文。

钊按：帛书"执今之道"，有些论者给予肯定，实则谬也。须知，老子本章所说的"御今之有"之"道"，乃治国之道，这个"道"，并非今之"道"，而是"古之道"。老子意在说明，掌握古圣人的治国之道，就可以用来治理今日的天下国家。检老子书，这个意思是很明白的。第六十五章说："古之善为道者，非以明民，将以愚之。"显然，这里说的通过愚民的办法来治理天下国家，乃"古之善为道者"所为，其为"古之道"无疑。帛书"执今之道"乃涉下文"今"字而误，当依通行各本作"执古之道"。

"有"，刘师培曰："'有'，即'域'字之假字也……《国语·楚语》'共工氏之伯九有也'韦注：'有，域也。'此文'有'字与'九有'之'有'同。'有'即'域'，域，即二十五章'域中有四大'之'域'也。'御今之有'，犹言御今之天下国家也。"此言是。

又按："以知古始"之"始"，当读作"治"。《尔雅义疏》："始与治通。""古治"即古代之治。

"御，治也。"（奚侗说）

本段意为：掌握古道，用来治理今日的天下国家；能通晓古代治术，可称得上道的纲纪。

简　析

　　本章"迎而不见其首"以前，着重描述本体论意义上的"道"。老子讲的本体论意义上的"道"，究竟是一种什么东西呢？有的论者认为它是一种"绝对观念"，其理由：一是认为"道""没有任何物质的特性"；二是认为"道""非人之感官所感觉"；三是认为"道"最终"复归于无物"。其实，这些理由是很难成立的。

　　首先，说道"没有任何物质的特性"，不符老子本意，老子分明说："视之而弗见，名之曰幾；听之而弗闻，名之曰希；捪之而弗得，名之曰微。"这里的"幾"、"希"、"微"正是对道的物质特性的描述，如前面"校注"中所云，"幾"，讲的是"动之微"；"希"，讲的是"声之微"，"微"，则讲的是"体之微"，可知"道"乃是一种动微、声微、体微的元初物质，这里的物质特性是清楚的，怎么能说"道"没有任何物质的特性呢？

　　其次，老子的道确"非人的感官所感觉"，但是，人的感官不能感觉的东西，我们能说它必然是"绝对观念"吗？显然不能这么说。确立一个对象是不是物质的，关键不在于它是否为人的感官所感觉，而在于它是不是客观存在。微观世界的东西，如细菌、原子、粒子等，都是人的感官所不能感觉的，但我们不能说它不是物质的东西。老子说的具有"幾"、"希"、"微"特性的"道"，是一种动微、声微、体微的东西，尽管它微之又微或微乎其微，但"微"不等于"零"，不是虚无，我们没有理由说它是绝对观念。如果以感觉作为存在与非存在的试金石，那就很难同"存在就是被感知"的说教划清界限。

再次，所谓"复归于无物"，并非复归于虚无。"复归于无物"，朱谦之考《辅行记》引这一句为"复归于无"，无"物"字，此切合老旨。老子讲的复归，当是复归于道，即第十六章所谓"复归其根"是也。蒋锡昌曰："复归于无物，即复归其根，谓万物虽杂然兴长，然归根到底，仍无不衰老以致于尽也。""复归其根"犹"复归其始"，第一章"无名，万物之始"，故"复归其根"亦即"复归于无名"。"复归于无名"乃就物的自然本性而言，物在运动变化，它时兴时衰，时存时亡，当它兴而存时，表现为有名之物；当它衰而亡时，就复归于无名之物，即回到"幾"、"希"、"微"的状态，变成原初物质，乃至视之不见，听之不闻，揸之不得也。因此，说老子的"道"复归于虚无似难于成立。

综上所述，老子在本章所描述的本体论意义的"道"或"一"，是一种元初物质。这种元初物质动微、声微、体微，实即原始之气。把原始之气看作细微的物质，是早期道家流行的观点。《庄子·知北游》："形本生于精。"《管子·内业》："精也者，气之精者也。""精"，本含有精细精微之义，《论语·乡党》："食不厌精，脍不厌细。"《中庸》："致广大而极精微也。""精"，作为气之精，当然是对气这个物质的描述。

第十五章

古之善为道者，微妙玄达，深不可识。夫唯不可识，故强为之容㈠，曰：豫呵，其若冬涉水；犹呵，其若畏四邻；俨呵，其若客；涣呵，其若凌释；敦呵，其若朴；旷呵，其若谷；浑呵，其若浊㈡。浊而静之，徐清；安以动之，徐生㈢。葆此道者不欲盈，夫唯不盈，是以能敝而新成㈣。

校　　注

㈠"古之善为道者，微妙玄达，深不可识。夫唯不可识，故强为之容。"

帛书乙本此段脱"善"字，"妙"作"眇"，"识"作"志"，余同校文。甲本前两句脱损，余同乙本。河、王本首句"道"作"士"，二句"达"作"通"，余皆同校文。

钊按：朱谦之注："'善为士者'当作'善为道者'，傅奕本'士'作'道'即其证。毕沅曰：'……作道是也，高翻本亦作道。'马叙伦曰：……說文道字为是，今王本作'士'者，盖六十八章之文。又案：此句与六十五章'古之善为道者'谊同，与下文'保此道者'句亦遥应。"其说是，今帛书作"道"又其证也。

"达"，诸本作"通"，《说文》："通，达也。"今依帛书作"达"。

"识"，帛书作"志"，二字古通。

"微妙玄达"，指有道之人通达深奥玄妙之理。

"强为之容"，《文选·魏都赋》张载注引老子曰："强为之颂。"易顺鼎曰："作'颂'者，古字，作'容'者，今字……'强为之容'，犹云'强为之状'。"从之。

本段意为：古代善于实行道的人，通达玄妙深奥之理，其德行深沉而不可识知。正因为不可识知，所以只能勉强描述他的状貌。

㈡"曰：豫呵，其若冬涉水；犹呵，其若畏四邻；俨呵，其若客；涣呵，其若凌释；敦呵，其若朴；旷呵，其若谷；浑呵，其若浊。"

此段以帛书为基础参阅通行本整理而成。"曰"，通行本均无，然帛书甲乙本均有，今依帛书。"呵"，河、王、傅诸本作"兮"，"呵"、"兮"互通，今从帛书。下面分句校之。

"豫呵，其若冬涉水。"帛书乙本大致同此，惟"豫"作"与"。甲本脱"涉水"二字，余同乙本。河本"呵"作"兮"，"豫"亦作"与"，"涉水"作"涉川"，王本"涉水"亦作"涉川"，"呵"亦作"兮"，余同校文。

按："豫"、"与"古通，马叙伦引郑注曰："古文豫为与。"

今依王本作"豫"。《说文》："猶，玃属，从犬，酋声；一曰陇西谓犬子为獀。"段注："《曲礼》曰：'使民决嫌疑，定犹豫。'《正义》云：'《说文》，犹，玃属，豫，象属。此二兽皆进退多疑，人多疑惑者似之，故谓之犹豫。'按古有以声不以义者，如'犹豫'双声，亦作'犹与'，亦作'尤豫'，皆迟疑之貌。《老子》'豫兮如冬涉川，犹兮若畏四邻'，《离骚》'心犹豫而狐疑'，以犹豫二字貌其狐疑耳，李善注《洛神赋》乃从犹兽多豫，狐兽多疑对说。王逸注《离骚》绝不如此。《礼记正义》则又以犹与豫二兽对说，皆郢书燕说也。"蒋锡昌引述上文后指出："段谓'犹豫'双声，以声不以义，其说甚精。'犹豫'与'惚恍'皆双声字，但取其声，不取其义，故字无定形。惟老子以'犹'、'豫'与'惚'、'恍'单属分用，此其特有文例也。"

"涉水"，诸通行本作"涉川"，按：《说文》："川，贯穿通流水也。"本句作"涉水"或"涉川"皆通，今依帛书作"涉水"。

"犹呵，其若畏四邻。"帛书甲本仅存"畏四"二字，余皆脱损，乙本"邻"写作"嬰"，余同校文。河、王、傅本此句均为"犹兮若畏四邻"，今"邻"依通行本。

"俨呵，其若客。"甲本脱"俨"字，乙本"俨"写作"严"，余同校文。河本"呵"作"兮"，王本"兮"与河本同，但"客"作"容"。陈柱曰："作'客'是也。'客'、'释'为韵，作'容'者因上文'强为之容'而误耳。"今帛书作"客"，是其证也。"俨"，矜庄貌（据吴证说）。

"涣呵，其若凌释。"帛书甲乙本并如此，惟"释"误作

"泽"。河本、王本此句作"涣兮，若冰之将释"，傅本大致同河本，但无"兮"、"之"二字。"凌"，《集韵》："凌，冰也。"是"冰"、"凌"互通，今从帛书作"凌"。"涣"，解散也（河上公说）。

"敦呵，其若朴。"帛书甲本"敦"字脱，"朴"误为"屋"；乙本"敦"作"沌"，余同校文。河、王本此句为"敦兮其若朴"。按："沌"通"敦"。马叙伦曰："古书'混沌'或作'困敦'，或作'混敦'，皆叠韵连语，'敦'、'混'二字一义。"许抗生曰："'混'、'敦'、'沌'三字实均为一义。"今从众本作"敦"。"朴（樸）"，《说文》："朴，木素也，从木，業声。"段注："素，犹质也，以木为质，未雕饰，如瓦器之坯然。"可见，朴，犹未加工过的木料。

"旷呵，其若谷。"帛书甲本"若谷"作"若浴"，余皆脱损；乙本"谷"亦作"浴"，且"旷"伪为"湉"。甲乙本此句排在"混呵"句后。但通行诸本此句均在"混兮"句前，河、王本曰："旷兮其若谷。"按：俞樾注第六章"谷神"之"谷"，曰：王弼所据本作"谷"者，"穀"之假字，河上本作"浴"者，"谷"之异文。陆德明曰："'谷'，一音'浴'。"可知"谷"、"浴"古通，今从众本作"谷"。"旷"，空旷广大的意思（据许抗生说）。

"浑呵，其若浊。"帛书甲本"浑"作"湉"，余皆脱损。乙本"浑"亦作"湉"，余同校文。王本"浑"作"混"。按："浑"、"混"互通，帛书作"湉"，疑误。

本段意为：犹豫呵，他好像冬天涉过流水；迟疑呵，他好像做了见不得人的事而害怕四邻；矜持庄重呵，他好像作客；融和而不疑滞啊，他好像积冰在释；敦厚啊，他好像未加工的朴素之材；空旷啊，他的胸怀好像深谷；浑浑然啊，他好像一潭浊水。

㈢“浊而静之，徐清；安以动之，徐生。”

帛书乙本大致如此，惟“安”误作“女”，“动”作“重”；甲本“静”误作“情”，二“徐”写作“余”，其他均同乙本。此两句河上本、王弼本作：“孰能浊以静之，徐清；孰能安以久动之，徐生。”今依帛书，并据河、王本将“女”改作“安”，“重”改作“动”。

两句意为：混浊之物使其静，就会慢慢澄清；静止之物使其动，就会慢慢复生。

㈣“葆此道者不欲盈，夫唯不盈，是以能敝而新成。”

此段帛书甲本首句无“者”字，第二句脱损严重。乙本首句脱“者不”二字，后句“敝”作“斃”，“新”作“不”，两本均无“夫唯不盈”四字。河本、王本首句同校文，后句为“夫唯不盈，故能蔽不新成”，今据补“夫唯不盈”四字。”故能蔽不新成”，易顺鼎曰：“疑当作‘故能敝而新成。’‘蔽’者，‘敝’之借字，‘不’者，‘而’之误字也。敝与新对，‘能敝而新成者’即二十二章所谓‘敝则新’，与上文‘能浊而清’‘能安而生’同意。《淮南·道应训》作‘故能蔽而不新成’，可证古本原有'而'字,"不"字殆后人臆加,《文子·九字》篇作"是以蔽不新成",亦后人所改,诸本或作"而不成"者,或作"复成"者,皆不得其义而以臆改之,不若以本书证本书之可据也。"马叙伦曰:"参校各本,并依下文曰'蔽则新',是此文当作'故能蔽而复新成','而'、'不'篆文形近误衍,或'不'、'复'声近而误。"易、马氏之说是,帛书"而不成"不通,今保存帛书之"而"字,取河、王诸本"新成"二字,作"而新成"。"保"、"葆"古通,今从帛书。

两句意为:保持这个道而不自满,正由于不自满,所以能去旧更新。

简　析

本章重点阐明"贵虚"的思想。

"贵虚",是贯穿《老子》全书的一根主线,它散见于全书许多篇章,第四章说:"道冲而用之有弗盈也。"第五章说:"虚而不屈,动而愈出。"第九章说:"持而盈之,不如其已。"第十六章说:"致虚极,守静笃。"第二十二章说:"曲则全,枉则直,洼则盈,敝则新,少则得,多则惑。"第二十四章说:"自见者不明,自是者不彰,自伐者无功,自矜者不长。"第四十五章说:"大盈若冲,其用不穷。"第四十八章说:"为学日益,为道日损。"如此等等,都表达了"贵虚"的思想。在"贵虚"思想的指导下,老子大力提倡"无为之道",这在本章中也有明显的表露。

你看，那些有道之人：

"豫呵，其若冬涉水；犹呵，其若畏四邻。"他们迟疑徘徊，犹豫不进，好像冬天害怕涉过流水，好像做了见不得人的事害怕四邻。这种"战战兢兢，如临深渊，如履薄冰"的态度，不正是"不敢进寸而退尺"、"不敢为天下先"的表现吗？"俨呵，其若客"，他们在庄重矜持，好像作客，不正是"不敢为主而为客"的谦虚态度吗？"涣呵，其若凌释"，他们那样融和而不凝滞，就好像积冰在融释，这不正是去刚守柔的思想反映吗？"敦呵，其若朴"，他们那样敦厚踏实，就好像朴实无华的材料，这不正是强调"反朴归真"吗？"旷呵，其若谷"，他们胸怀宽广，好像深谷一般，这不正是"上德若谷"的具体表现吗？"浑呵，其若浊"，他们浑浑然然，好像一潭浊水，这不正是"知其白，守其黑"的具体表现吗？凡此种种，都是对"贵虚"或称"无为之道"的形象概括。

第十六章

至虚极也，守静笃也，万物并作，吾以观其复也㈠。夫物芸芸，各复归于其根。归根曰静。静，是谓复命㈡。复命，常也；知常，明也；不知常，妄；妄作凶㈢。知常容，容乃公，公乃王，王乃天，天乃道，道乃久，没身不殆㈣。

校　　注

㈠ "至虚极也，守静笃也，万物并作，吾以观其复也。"

帛书乙本"笃"作"督"，"并作"为"旁作"，余同校文。甲本"静笃"作"情表"，余同乙本。河本此段无"也"字，余同校文。王本大致同河本，惟末句无"其"字。按：帛书甲本"情"为"静"之借字，《广雅·释古》："情，静也。""表"或是"裳"之误（据甲本释文），"裳"与乙本"督"当作"笃"，音近而误。"旁作"各本均作"并作"。《集韵》："傍，或作并"。又《古书虚字集释》："'傍'，通作'旁'又通作'并'。"是"旁"、"并"互通。故"旁作"与"并作"相通。今从众本作"并作"。

"其"、"也"二字王本无，河本有"其"字无"也"字。

罗振玉曰："景龙、御注、景福、英伦诸本'观'下均有'其'字。"蒋锡昌按："《淮南·道应训》作'吾以观其复也'。"是《淮南》引文有"其"、"也"字。今帛书亦如此，当从之。

"静"，傅本作"靖"，"靖"、"静"古通，今从众本作"静"。

"致"，推致。

"虚"，形容心灵空明的境况，喻不带成见（据陈鼓应说）。

"笃"，固也（《尔雅·释诂》）。

本段意为：把心灵之虚清推到极度，使心情之静寂保持牢固。当万物同时兴作之时，我以虚静来观察他们循环往复。

㈡ "夫物芸芸，各复归于其根。归根曰静。静，是谓
复命。"

河、王本前句无"于"字，后句无第二个"静"字，余同校文。帛书乙本此段为："天物秐秐，各复归于其根，曰静。静，是谓复命。"甲本"其"后脱三字，"芸"作"云"，余同乙本。

钊按：对照河本、王本，帛书"秐"、"云"当为"芸"之借字，"天"当为"夫"之讹，"根"字后当脱"归根"二字。今据补正。又河、王本无第二个"静"字，但傅本末句为"静曰复命"，似有第二个"静"字为佳，今按帛书作"静，是谓复命"。

"复命"，吴澄注："天以此气而为物者曰命，复于其初生之处曰复命。"

钊按：此段之"静"与上"守静笃"之"静"不同，疑为"精"之借字。"静"与"精"古可通假。《礼记·缁衣》："精知略而行之。"注："精或为清"是"精"、"清"互通。王力《同源字典》："清、净同源。"《辞源》："静，通澺（净）。"是"静"、"清"亦通。则"精"、"静"当可通假。此段之"静"如作静止之"静"解，则同上文相悖。上章说："安以动之徐生。"似以"动"为生命之本，故不应再把"静"看作是"复命"。又老子所说的"归根"之"根"，指"道"无疑，"道"，在老子看来是永恒向着对立面运动的（"反者道之动"）。如把"归根"即反回到"道"这一本根叫做"静"，则同老子"反者道之动"的思想亦相悖。疑此"静"当读为"精"。"归根曰精"，即复归到本根叫做"精"，这个"精"正是"其中有精"之"精"，即精气。把精气看作本根，同第六章把"谷神"（即"元气"）看作天地之根意思是一致的。"精，是谓复命。"其意是说，回复到精气就是回复生命。因为"精气"是生命之本，吴澄曰："天以此气生而为物者曰命，复于其初生之处曰复命。"此"初生之处"不是别的什么，正是"精气"，因此，把回复到精气看作"复命"是完全讲得通的。

本段意为：万物纷纷芸芸，各自都要归回到本根。所归的本根叫做"精"。达到"精"，就是回复生命。

(三)"复命，常也；知常，明也；不知常，妄；妄作凶。"

帛书甲乙本此段如此，惟"妄"甲本作"帚"，乙本作"芒"，

"市"、"芒"均当作"妄"，音近而误。"妄"，河上作"萎"，然其注曰："妄作巧诈则失神明，故凶也。"似河本原作"妄"，"萎"，因与"妄"形近而误。严可均曰："河上或作'萎'，误也。"

本段意为：回复生命，符合常道，懂得常道，叫做明智；不懂得常道，叫做妄为；妄为则必遭凶祸。

㈣"知常容，容乃公，公乃王，王乃天，天乃道，道乃久，没身不殆。"

河、王、傅本此段均如此，帛书甲本脱"道乃久"三字，余同上；乙本"王乃天"句脱"王乃"二字，"道乃久"句无"久"字，今依通行本补正。按："王"，据劳健说是"全"之坏字，察其说，似亦有理，然帛书仍作"王"，姑依帛书。

"容"，指无所不包容也；

"公"，指公正无私；

"王"，指为天下王；

"天"，指与天通；

"道"，指合于道；

"久"，指能长久；

"殆"，危殆。

（以上七解均据河上公说）

"没身"，终身。

本段意为：懂得常道，就能包容一切；能包容一切，就能公正无私；能公正无私，就能为天下王；能为天下王，就能与天通；
能与天通，就能合乎道；能合乎道，就能长治久安；这样，就终
身没有危殆。

简 析

本章着重表述静观的认识方法。

静观，是老子认识事物的重要方法。在老子看来，客观事物
虽然纷纭复杂，但无不有规律可循，"夫物芸芸，各复归其根"，
认为事物的发展变化，最终都要归根复命，这就是所谓"常"，
即规律。并且这个"常"是可"知"的，他提倡在"知常"上下功
夫，说："知常曰明，不知常，妄。"他反对"不知常"的无知蛮
干的作法，警告说："妄作凶。"这就实际上肯定了照规律办事的
必要性。

老子主张把握规律，他认识规律的方法是"静观"，即"万
物并作，吾以观其复也"。老子所说的"观"不是我们今天所说
的在实践过程中的感性认识，而是一种神秘的静观。他说："不
出户，知天下；不窥牖，见天道。其出弥远，其知弥少。"这就
否定了感性认识和实践在认识过程中的决定性作用，陷入了唯心
主义。同这种唯心主义的认识原则相适应，老子提出了一种静观
的认识方法。他把"心"看作"玄鉴"，即玄妙的镜子，认为他能
照知万物。强调人们只要保持心境的虚静，就可以通过"心"的
直观达到主观和客观的绝对统一，即达到"玄同"的境界。显然，
这是一种脱离实际的主观唯心主义的认识方法。

　　老子关于静观的认识方法，也有其合理因素。这种方法认为，只要保持内心的高度虚静，无私无欲，做到"不自是"，就能把握常道。这里包含有主张观察的客观性、深入性和整体性的合理成份。后来稷下道家提出的"静因之道"（《管子·心术上》）、荀子提出的"虚一而静"（《荀子·解蔽》）以及韩非子提出的"虚以静后，未尝用己"（《韩非子·扬权》）的认识方法，都是对老子静观思想的继承和改造，他们都为我国古代认识论的发展作出了重大贡献。

第十七章

太上，下知有之，其次亲誉之，其次畏之，其下侮之㈠。信不足，安有不信㈡。犹呵，其贵言也。成功遂事，而百姓谓我自然㈢。

校　注

㈠ "太上，下知有之，其次亲誉之，其次畏之，其下侮之。"

帛书甲本如此，惟"侮"误作"母"，"太"作"大"。乙本"下知有之"之"有"作"又"，"之"脱损；"其次亲誉之"的"次"亦脱损，"侮"也误作"母"。河本、王本"亲誉之"作"亲之誉之"，傅本"亲誉之"分作"其次亲之，其次誉之"，今从帛书。"其下侮之"，各本均作"其次侮之"，今亦依帛书。"大"，各本作"太"，"大"、"太"古通，今依通行本作"太"。

本段意为：太古时候的君主，下面的老百姓只知道有他；其次是老百姓亲近、赞誉他；再次等的是老百姓害怕他；最下等的是老百姓辱骂他。

㈡ "信不足，安有不信。"

帛书乙本如此，甲本"安"作"案"。河、王本此句为"信不足，焉有不信"。

王念孙曰："'信不足'为句，'焉有不信'为句。'焉'，于是也，言信不足，于是有不信也。"钊按：此句通行本作"焉有不信"，帛书作"安有不信"或"案有不信"，俱通。《词诠》："安，承接连词，乃也。"又"案，承接连词，乃也，于是也。"是"安"、"案"俱有"乃"义，故"安有不信"，亦可译为乃有不信，与王念孙说正合。今依帛书乙本作"安有不信"。

本句意为：君主的信德不充满，乃有老百姓不信君主的事情发生。

㈢"犹呵，其贵言也。成功遂事，而百姓谓我自然。"

帛书甲本"姓"作"省"，音近而误。"谓"，甲乙本均借为"胃"，余同校文。

"犹"，河本同，王本作"悠"，景龙碑本作"由"。朱谦之按："御注、邢玄、庆阳、磻溪、楼正、室町、顾欢、高翿、彭耜、范应元俱作'犹'。'由'与'犹'同。《荀子·富国》："由将不足以勉也，注'与犹同'。"今帛书作"犹（猷）"，当从之。王本之"悠"，疑与"犹"声近而误。

"呵"，各本作"兮"；"也"字，河、王本无，傅本作"哉"；"成功遂事，而百姓谓我自然。""而"字诸本无，"谓"，傅本作"皆曰"，河、王本作"皆谓"，今均依帛书。

"贵言"即把言语看得很贵，含有不轻易说话之意。

本段意为：犹豫迟疑呵，有德的君主说话很少，他取得成功，完成事业，百姓都说是自己如此，自然而然。

简　析

本章通过赞扬无为之君，来阐明无为而治的政治理想。

老子说："太上，下知有之，其次亲誉之，其次畏，其下侮之。"张舜徽疏曰："此谓人主之最高者，通于无为之道，为之下者，但知其有君而已，未见自贤其才智也。其好自用之君，为所亲近而誉美之者，则其次焉者也；又次，乃为下所畏恶矣；最下则为下所攻杀矣。此言君道以无为为最高也。"此说符合老旨。在老子看来，无为之君是最理想的人君。此种君主，虽然老百姓知道有其人，但丝毫不感到他对自己有什么恩惠，即"成功遂事，而百姓谓我自然"，这正是"日出而作，日入而息，凿井而饮，耕田而食，帝力于我何有哉"的无为而治的情景。使老百姓不感到"帝力"的存在，这正是"无为而治"思想的集中体现。

第十八章

故大道废,安有仁义㈠; 智慧出,安有大伪㈡; 六亲不和,安有孝慈㈢; 国家昏乱,安有贞臣㈣。

校　　注

㈠"故大道废,安有仁义。"

帛书乙本如此,甲本"安"作"案",河本、王本无"安"字。傅本"安"作"焉"。按:"安"、"案","焉"均有"乃"或"于是"之义(参阅第十七章校注),用在此处皆通,今从帛书乙本作"安"。

本句意为:所以,大道被废弃以后,于是产生了仁义。

㈡"智慧出,安有大伪。"

傅本"安"作"焉",余同校文。帛书乙本"智"作"知","大伪"二字脱损。甲本"知慧"写作"知快"。河本、王本无"安"字;"智慧",河本作"智惠",王本作"慧智"。钊按:纪昀曰:"'慧'、'惠'古通。""知"、"智"相通。此处作"智慧"、"智惠"、"知慧"、"慧智"皆通,惟作"知快"

不通，今据傅本作"智慧"。

本句意为：智慧出现以后，于是有了虚伪巧诈。

㈢ "六亲不和，安有孝慈。"

帛书乙本"慈"写作"兹"，余同校文。甲本"安"作"案"，"孝"讹为"畜"，余同乙本，河、王、傅本此句无"安"字，余皆同上。

本句意为：六亲不相和睦，于是有了孝慈那一套说教。

㈣ "国家昏乱，安有贞臣。"

"昏"，帛书甲、乙本均作"闇"，《说文》无此字，疑"闇"当为"阍"之误。今从王、傅本作"昏"。"乱"，甲本误作"乳"；"国家"甲本作"邦家"；"贞臣"，傅本同，王本作"忠臣"，此从帛书。"贞臣"即正直之臣。

本句意为：国家昏暗动乱，于是出现正直的能臣。

简　析

本章是老子对儒家的批判。

春秋末年，以孔子为代表的儒家，大力提倡仁、义、礼、智、信等道德信念，所谓"仁者安仁，智者利人"、"君子义以为上"、"博我以文，约我以礼"、"智者不惑"、"君子信而后劳其民"

（均见《论语》）等，都体现了儒家的道德观念。对此，老子采取针锋相对的态度，指出仁、义、礼等并不是什么好东西，他们是大道被废弃以后的产物，"故失道而后德，失德而后仁，失仁而后义，失义而后礼。夫礼者，忠信之薄而乱之首也。"（三十八章）认为仁、义、礼等都是虚伪巧诈、六亲不和、国家昏乱后的产物，主张彻底废弃。

第十九章

绝圣弃智，民利百倍；绝仁弃义，民复孝慈；绝巧弃利，盗贼无有（一）。此三言也，以为文未足，故令有所属（二）：见素抱朴，少私寡欲，绝学无忧（三）。

校 注

（一）"绝圣弃智，民利百倍；绝仁弃义，民复孝慈；绝巧弃利，盗贼无有。"

河本、王本、傅本均同此。帛书甲本"智"作"知"，"倍"误作"负"，"孝慈"作"畜兹"，余同校文。乙本"智"亦作"知"，"慈"写为"兹"，两"民"字前并有一"而"字，但甲本无"而"字。按：有"而"字文句不一律，无"而"字优，今从甲本及诸通行本。

本段意为：断绝并且抛弃圣者之巧智，将给老百姓带来百倍的好处；断绝并且抛弃仁义的说教，将会使老百姓恢复孝慈的美德；断绝并且抛弃巧诈私利，社会上就不会有盗贼作乱。

（二）"此三言也，以为文未足，故令有所属。"

帛书甲乙本均如此。河、王本此句为"此三者，以为文不足，故令有所属"。傅本作"此三者，以为文未足也，故令有所属"。今依帛书。

"此三言也"，指以上"绝圣弃智"、"绝仁弃义"、"绝巧弃利"三者。

"文"，指条文，引申为原则。

"属"，依属，归属。

全句意为：以上三个方面，作为原则还不够，所以还要令其有所归属。

㈢"见素抱朴，少私寡欲，绝学无忧。"

帛书甲本此段只存"见素抱"三字，余皆脱损。乙本"少"字后脱一"私"字，"寡"字前有一"而"字。按：有"而"文句不一律，今按通行本删去。又，通行本"绝学无忧"句属下章。按：蒋锡昌在二十章注此句曰："此句自文谊求之，应属上章（即十九章），乃'绝圣弃智……绝仁弃义……绝巧弃利'一段文字之总结也。晁公武《郡斋读书志》谓唐张君相《三十家老子注》以'绝学无忧'一句附'绝圣弃智'章末，以'唯之与阿'别为一章，与诸本不同，当从之。后归有光、姚鼐亦以此句属上章，是也。"此说有理，今帛书未分章，其"绝学无忧"与"少私寡欲"句紧相连接，亦可证之。

"见素抱朴"，"见"，犹"现"。"见素"，指外表单纯。"抱朴"，指内心朴实。

全段意为：外表单纯，内心质朴；减少私利，寡于欲求；绝去政教礼乐之学，就没有忧愁。

简　析

本章紧承上章之意。

上章对儒家的仁义说教作了批判，本章除继续批判儒家圣智、仁义外，还对墨家提倡的巧利作了批判，明确提出要"绝圣弃智"、"绝仁弃义"、"绝巧弃利"，表现了老子对圣智、仁义、巧利深恶痛绝。

绝去圣智、仁义、巧利之后怎么办呢？老子的办法是推行"见素抱朴，少私寡欲"的原则，王安石在解释这"八字"原则时说："不言守素而言见素，不言返朴而言抱朴，不言无私而言少私，不言绝欲而言寡欲。盖见素然后可以守素，抱朴然后可以返朴，少私然后可以无私，寡欲则致于不见所欲者也。"这是说得很中肯的。

第二十章

唯与诃，其相去几何？美与恶，其相去何若㈠？人之所畏，亦不可以不畏，荒呵，其未央哉㈡。众人熙熙，若飨于大牢，若春登台㈢，我泊焉未兆，若婴儿未咳。累呵，似无所归㈣。众人皆有余，我独遗。我愚人之心也，惷惷呵㈤！众人昭昭，我独昏昏呵；众人察察，我独闵闵呵㈥！惚呵，其若晦；恍呵，若无所止㈦。众人皆有以，我独顽且鄙。吾欲独异于人，而贵食母㈧。

校　注

㈠"唯与诃，其相去几何？美与恶，其相去何若？"

帛书甲本如此。乙本"诃"写作"呵"；"恶"，作"亚"，余同甲本。河、王、傅本二"与"字前各有一"之"字，无二"其"字，"诃"，均作"阿"。"美"，傅本同帛书，河、王本作"善"。"何若"，河、傅本同，王本作"若何"。按：刘师培曰："'阿'当作'诃'，《说文》'诃，大言而怒也'……'诃'，俗作'呵'。"今帛书甲本作"诃"，乙本作"呵"，足证刘说是。

"何若"，不当作"若何"。易顺鼎曰："王本作'美之与

恶，相去何若'正与傅奕本同，注云：'唯阿美恶，相去何若。'
是其证也。今本作'若何'非王本之旧。"今帛书均作"何若"，
与河、傅本同，亦与王本之注同。"何"与"诃"韵，"若"与
"恶"韵，古本当如此。

"美"，不当作"善"，蒋锡昌曰："顾本成疏'顺意为美，逆
心为恶'，是成作'美'。二章'天下皆知美之为美，斯恶已'，
彼此并美恶对言，傅本'善'作'美'，应从之。"今帛书甲、乙
本均作"美"字，亦证"美"字合。

本段意为：应诺与呵斥，相差能有多少？美丽与丑陋，相差
又有多少？

㈡"人之所畏，亦不可以不畏，荒呵，其未央哉。"

帛书甲本此段脱损严重，仅存"人之""亦不"四字。乙本第
二"畏"字后有一"人"字，"荒"作"望"，音近而误。"哉"写
作"才"。按：《尔雅义疏》："'才'、'哉'古字通。"今从诸今
本作"哉"。帛书"不畏人"之"人"字，各本并无，疑衍，今据
删。"亦"，河、王、傅诸本无，惟帛书有，放在此于义无妨，
从之。

"荒"，犹广也；"央"，犹尽也（此据吴澄说）。

王弼注"荒兮其未央哉"曰："叹与俗相反之远也。"今从
其意。

本段意为：众人所害怕的，我也不能不害怕。但是，我与世
俗相违之处广阔得没有尽头呵！

㈢"众人熙熙，若飨于大牢，若春登台。"

帛书甲乙本此句均为"众人配配，若鄉于大牢，而春登台。"
按："熙"，诸本如此，帛书作"配"，乃"熙"之声假，"熙"通
"嘻"。朱谦之按："'熙熙'即'嘻嘻'……此云'众人熙熙'
亦即'众人嘻嘻'也。""饗（飨）"，宋陈景元本同，河、王、
傅本均作"享"，《释文》引作"享"。按："享"、"亨"古通；
"饗"、"享"古亦通，意为受也。帛书作"鄉"当为"饗"之假字，
当从陈景元本作"饗（飨）"。"于"各本无，今从帛书。帛书后
一"若"字作"而"，《广释词》："若犹而。"傅本正作"若"字，
今据改。

"春登台"，河上作"登春台"。俞樾曰："'如登春台'与
十五章'若冬涉川'一律，河上公本作'如登春台'非是。然其
注曰：'春阴阳交通，万物感动，登台观之，意志淫淫然。'是亦
未尝以'春台'连文，其所据本，亦必作'春登台'，今傅写误
倒耳。"

"大牢"，许抗生曰："牺牲也，牛为大牢，羊为少牢。"此
"大牢"，引申为丰盛的筵宴。

本段意为：众人皆大欢喜，好像享受丰盛的筵宴，也好像春
天登台赏景。

㈣"我泊焉未兆，若婴儿未咳。累呵，似无所归。"

"我泊焉未兆"，帛书甲本"兆"作"佻"，余同校文。乙本
"泊"作"博"，音近而误，"兆"写作"姚"。王本此句为"我独
泊兮其未兆"，河本"泊"作"怕"，余同王本。河、王本同帛书
相较，多"独"、"其"二字，"焉"作"兮"，今依帛书，惟"佻"、
"姚"据王本改作"兆"。

"泊"、"怕"古通。《文选·司马相如赋》"怕乎无为"注"怕
与泊同"，《汉书·司马相如传》正作"泊乎无为"。

"兆"，河上公训为形兆，从之。

"若婴儿未咳"，甲本脱损后四字，乙本同校文。河、王本为
"如婴儿之未孩"。傅本"若"、"咳"同校文。按："孩"、"咳"
古通，《说文》："咳，小儿笑也，从口，亥声。孩，古文咳，
从子。"

"累呵，似无所归"，乙本如此，惟"似"写作"佁"。甲本
"似"作"若"，余皆脱损。王本此句为"儽儽兮若无所归"，河
本"儽儽"作"乘乘"，今依帛书。按：高亨说："儽、累古通。"
马叙伦说："'乘'字疑本作'垂'，形近讹为'乘'也。'儡'、
'垂'声近通假。""累"，《广雅·释诂》："疲也。"

本段意为：我淡泊无为而没有情欲的形兆，好像婴儿还不知
笑时那样质朴，好像疲倦的人不知归宿。

(五)"众人皆有余，我独遗。我愚人之心也，惷惷呵！"

此句甲本"众人"二字脱损，"愚"，作"禺"，余同校文。乙
本"有"写为"又"，无"我独遗"三字。"惷惷"作"湷湷"，

余同校文。河、王本此句："众人皆有余，而我独若遗，我愚人之心也哉，沌沌兮。"傅本比河本少一"而"字。校文据帛书甲乙本整理而成。

"惷惷"各本作"沌沌"。"沌"，吴澄注曰："沌，如浑沌之沌，冥昧无所分别也，作平声读，亦与庄子愚芚之芚同。谓无知也。""惷"，《集韵》："惷，愚也。"是"沌"、"惷"盖有愚而无知之意，义相近。今从帛书作"惷"。"惷惷"按马叙伦说当移到"若婴儿未孩"之句前。其说似有理，但无此种版本作据，今姑依帛书。

"余"，指情欲有余。

"遗"，遗失。

王弼曰："众人无不有怀有志，盈溢胸心，故曰'皆有余'也。我独廓然无为无欲，若遗失之也。"

本句意为：众人皆情欲有余，我恰恰遗弃了情欲。我算是"愚人"的头脑，浑然无知啊。

㈥"众人昭昭，我独昏昏呵；众人察察，我独闵闵呵！"

帛书乙本此段为："鬻人昭昭，我独若閔呵，鬻人察察，我独闵闵。"甲本脱损严重，其"鬻"同乙本，"昏"作"闻"；"察"误为"蔡"；"闵"作"闾"，按：帛书"鬻人"，河本作"众人"，王、傅等多种本子作"俗人"。许抗生注曰：前两句"河上公本作'俗人昭昭，我独若昏'"，后两句"河上公本、通行本皆作'众人察察，我独闷闷'"。据此，许氏将四句改为

"俗人昭昭，我独若昏呵；俗人察察，我独闷闷"。钊按：其说恐非是。首先，许氏引文不确，河上公本并非作"俗人昭昭"，而作"众人昭昭"；王弼本并非作"众人察察"，而作"俗人察察"（许氏书末附录的河本、王本经文亦可证明）。其次，许氏将帛书之"鬻人"正为"俗人"，亦非是。廖海廷曰："此章上文云：'众人熙熙，如享太牢，如登春台……'又云：'众人皆有余，而我独若遗。'下文云：'众人皆有以，而我独顽似鄙。'皆以'众人'与'我独'相连。且《五千言》中，绝无'俗人'字样，由此推知'俗'字误，而'众'字不误。"廖氏认为，帛书之"鬻"，实即"众"字。"鬻"，"今省作'粥'，读之六切，音同'祝'，'鬻'、'众'（之仲切）同声，又是萧冬对转，故知帛书之"鬻"即河上本之"众"。"可见许氏把帛书之"鬻人"训为"俗人"，实误。

又按：帛书乙本"若閬"当为"若閽"，"閽"、"閬"形近而误，"閽"通作"昏"。帛书乙本"閩閩"，傅本作"闷闷"，"閩"当为"闷"之声假。"闷"，河、王诸本作"闷"。"闷"、"闷"义通，均含有"不明"之意。"闷"，亦作"湣"、"惽"。《左传》"鲁闵公"，《史记·鲁周公世家》作"湣公"，《史记索隐》引邹诞生本作"惽公"。又"惽"亦与"闷"通。《集韵》："闷，《说文》：'懑'也，或作'惽'。"则"闷"、"闷"可通，今从傅本作"闷闷"。

"昏昏"，王本同，河本作"若昏"。奚侗曰："'昏昏'，诸本作'若昏'，句法不协，兹从王弼本。"蒋锡昌曰："以文谊而论，作'昏昏'者是也。下文弼注'无所欲为，闷闷昏昏，

若无所识'，可证老子古本作'昏昏'，不作'若昏'，'昏昏'
为昭昭之反。"钊按：上说俱有理，《孟子·尽心下》："今已其
昏昏，使人昭昭。"亦是"昏昏"对"昭昭"。今从奚、蒋之说作
"昏昏"。

两句意为：众人明白四达，我独暗昧无知啊；众人精明强干，
我独糊里糊涂啊。

㈦"惚呵，其若晦，恍呵，若无所止。"

本段帛书乙本作"惚呵其若海，望呵若无所止"，甲本脱一
"晦"字，"恍"作"壁"，余同乙本。"惚"，河本作"忽"，王本
作"澹"，傅本作"淡"。钊按：许抗生注帛书之"沕"、"望"二
字曰："'沕'即'忽'也，'忽'，水流动之貌。'望'，疑应作
'洸'。'望'、'洸'音近而误。……洸洸，水流汹涌之貌。甲、
乙本释文皆改'望'为'恍'，实误，应作'洸'字。"此说恐非
是。"惚恍"，是老子常用的一个词语，意指隐约不清难以捉摸和
辨认。第二十一章"唯恍唯惚"、"惚呵，恍呵"、"恍呵惚呵"，
第十四章"是谓惚恍"，其"惚""恍"二字，帛书乙本均用的是
"沕"、"望"二字，与本章正合。疑本章亦是"惚"、"恍"二字对
用，指昏暗不清貌，甲乙本释文改"望"为"恍"不误。且从上下
文意来看，两句都有昏暗不清之义，许氏将"恍"改作"洸"释为
"水流汹涌"，有牵强之嫌。

"晦"，帛书甲本脱损，乙本及河、王、傅诸家本并作"海"，
据考，开元《御注道德经幢》等廿余家本作"晦"，陆德明曰：

"严遵作'忽兮若晦'。"按：作"晦"是。《释名·释天》："晦，月尽之名也。晦，灰也，火死为灰，月光尽似之也。"是晦有昏暗不明貌，蒋锡昌曰："强本成疏'晦'，闇也……圣智似明而忽忽如暗"，这正同上文描述的"昏昏"、"闷闷"相呼应。当从开元诸本作"晦"。

两句意为：昏暗不明，就好像月光将尽啊！昏暗不明，好像没有边际呀！

(八)"众人皆有以，我独顽且鄙，吾欲独异于人，而贵食母。"

"众人皆有以"，帛书甲本全脱损，乙本及河、王、傅诸本皆同校文。"以"，蒋锡昌按："王注：'以，用也。'强本引河注：'以，为也。'（今俗本河注'以，有为也'，衍'有'字。）'用'、'为'义近，二训皆通。"从之。

"我独顽且鄙"，帛书甲本仅存末尾"以悝"二字；乙本作"我独门元以鄙"，河、王本此句作"而我独顽以鄙"，傅本作"我独顽且图"。按：帛书甲本"以悝"当为通行本"以鄙"之误；帛书乙本"门"，各本无，疑衍，今据删。"元"疑为"顽"断去"页"旁，今从众本作"顽"；"以"河、王本作"似"，傅本作"且"，蒋锡昌按："王注'故曰顽且鄙也'，则王本'似'作'且'，'且'与古'以'（目）形近而误，'以'、'似'古通，遂由'且'误'以'，由'以'误'似'。"其说有理，从之。"顽且鄙"，蒋锡昌曰："顽且鄙者，言愚陋无能，与上有用或有为相对。"

"吾欲独异于人,而贵食母",帛书甲乙本均同此,傅本亦同此,河、王本"吾"作"我","吾"下"欲"字无,今从帛书。

"贵食母",河上公注:"食,用也;母,道也。我独贵用道也。"从之。

本段意为:众人都有作为,唯独我愚顽而又无能,我不同于世俗之人,而重视用"道"。

简　析

本章是老子安于无为之道的自我声明。

全章以"正言若反"的表达方式,从人生哲学的意义上说明了体现无为之道的几个重要方面。

一是少私寡欲。他说:"众人熙熙,若饗于大牢,若春登台,我泊焉未兆,若婴儿未咳。累呵,似无所归,众人皆有余我独遗。"你看,世俗之人皆大欢喜,他们好像享受丰盛的筵宴,也好像春日登台观景,感情奔放,情欲大张。而"我",却少私寡欲,淡泊清虚,好像婴儿还不知笑时那样憨厚,也好像疲倦了的人不知归宿那样无所求。人们都情欲有余,而"我"独遗弃了这些,把一切都看得很淡,这不正体现了老子"清虚以自守"吗?

二是安于愚朴。老子说:"我,愚人之心也,惷惷呵!众人昭昭,我独昏昏,众人察察,我独闷闷。"同世俗之人比起来,老子甘作"愚人"。你看,世俗之人明白通达,"我"却安于糊涂笨拙。《史记·老子韩非列传》记述了老子教训孔子之言:"吾闻之，良贾深藏若虚，君子盛德容貌若愚。"此处"容貌若愚"同本章的基本思想是相通的。

三是知荣守辱。老子说："众人皆有以，我独顽且鄙。"世俗之人都有所作为，而"我"却无所作为，表现出顽愚而鄙贱。安于"鄙贱"，亦即"知荣守辱"。这正是"卑弱以自持"的表现。

另外，在本章中，老子还吐露了朴素的辩证法思想。他说："唯与诃，其相去几何？美与恶，其相去何若？"从应诺与呵斥、美丽与丑恶的相互对立中，看到了"相去几何"、"相去何若"的一面。即从对立中看到了同一，这无疑是难能可贵的。在辩证法看来，彼中有此，此中有彼，甚至在一定条件下，此就是彼，彼就是此。这对于那些头脑为形而上学所禁锢的人来说，是无法理解的。

第二十一章

孔德之容，惟道是从㈠。道之为物，惟恍惟惚㈡。惚呵恍呵，中有象呵；恍呵惚呵，中有物呵㈢。窈呵冥呵，中有精呵。其精甚真，其中有信㈣。自今及古，其名不去，以顺众父㈤。吾何以知众父之然也？以此㈥。

校　注

㈠"孔德之容，惟道是从。"

帛书甲乙本及通行的河、王、傅诸本俱如此。"德"，景龙碑本作"得"；"是"，《永乐大典》本作"之"，今依帛书。

明人薛蕙曰："孔，大也；自天地以至万物，凡成象成形而可见者，皆大德之形容也。然其所以出者，惟道而已。"此说精当，从之。

本句意为：大德的形容，都是从道所出。

㈡"道之为物，惟恍惟惚。"

"道之为物"各本如此，帛书甲乙本无"为"字，疑转抄致误。本章从"孔德之容"起，至"以顺众父"，都是四字一句，此句少一"为"字，则句法不一律，今从众本作"道之为物"。

"惟恍惟惚"，王本同此，帛书甲乙本"惚"，均写作"沕"；"恍"，甲本作"壁"（按："壁"为"望"之异体字。），乙本作"望"，今依王本。"恍"、"惚"二字。诸本写法殊异，或作"怳惚"，或作"芒芴"，或作"慌惚"，或作"怳忽"，其义互通。"恍惚"：模糊不清，难以捉摸和辨认。吴澄曰："似无似有，不可得而见，故曰恍惚。"

钊按：关于"道之为物"，究作何解，注家众说纷纭。河上公解作"道之于万物"，张岱年训为"道之作为一物"，关锋释作"道之造物"，任继愈、张松如、陈鼓应等均译作"道这个东西"，似都于义未安。愚意以为，此句"为物"当解作"生物"。《淮南·本经》："五谷不为。"注："为，成也。"又《易·系辞》："几事不密则害成。"注："成，生也。"是"为"可以转训为"生"。故"道之为物"，犹言"道之生物"也。四十二章"道生一，一生二，二生三，三生万物"，其基本点，讲的就是道之生物，可与此相互发明。本章前言大德的形容，都是从道所出；此处继言："道"怎么样生物，即"道"怎样转化为"德"，逻辑严谨，又其证也。

本句意为：道在生化万物时，呈现恍恍惚惚的状态。

（三）"惚呵恍呵，中有象呵；恍呵惚呵，中有物呵。"

帛书乙本同此（"恍"、"惚"二字错同上句），甲本前三字脱损，余同乙本（"恍"、"惚"亦错同上句）。王本此段为"惚

兮恍兮，其中有象，恍兮惚兮，其中有物"，其他诸本除"恍"、
"惚"写法不一外，多同王本，惟道藏河上本前二句和后二句位置
颠倒，按："中"前河、王、傅及其他多种本子有"其"字，帛书
甲、乙本并无"其"字，检景龙碑本、李荣本，顾欢本以及《鹖
冠子》引文亦无"其"字，当是原本如此，今从帛书。

　　本段意为：惚惚恍恍啊，其中寓有形象；恍恍惚惚啊，其中
含有实物。

　　(四)"窈呵冥呵，中有精呵，其精甚真，其中有信。"

　　帛书甲本后句脱"有信"二字，"窈"、"冥"写作"潀"
（"幽"）、"鸣"；"精"，作"请"，第二句"呵"作"呲"。乙
本"窈"作"幼"，"精"亦为"请"，第二句"中"前有一"其"
字。王本此段为："窈兮冥兮，其中有精；其精甚真，其中有信。"
其他各本多同王本，今以帛书甲本作底本，参阅乙本、王本补
正。第二句"中"前乙本有"其"字，甲本无"其"字，检景龙碑
本、遂州碑本，北京图书馆藏唐人写本残卷，顾欢本、李荣本以
及《鹖冠子》引文，亦无"其"字。如增一"其"字，则句法不一
律，此从甲本。

　　"其精甚真"，陈鼓应引严灵峰说："《次解》本无此四字，疑
系注文羼入正文，并脱去'冥兮窈兮'四字。盖上文'惚兮恍兮，
其中有象；恍兮惚兮，其中有物'则下当应之：'窈兮冥兮，其中
有精；冥兮窈兮，其中有信。'则文例一律矣。"此说言之成理，
录之供参考。

"窈冥"："'窈'，微不可见；'冥'，深不可测。"（严灵峰说）

"精"指精气。（河上公说）

"信"，神也。于思泊曰："信，古读如神，此信字借为神。神者，精之极。《易·系辞传》：'精义入神。'《韩诗外传》：'博则精，精则神。'此言'其精甚真，其中有神'言真精之中有神也。"从之。

本段意为：窈窈冥冥啊，其中藏有精气；那个精气极为纯真呀，其中蕴含着"神"气。

㈤"自今及古，其名不去，以顺众父。"

帛书甲乙本并如此，惟甲本"父"写作"仪"。按："仪"当为"父"之异体字。河、王本此句为："自古及今，其名不去，以阅众辅"，"众辅"即"众父"，今从帛书。

"自今及古"，傅本同帛书，河、王本"古"、"今"二字异位。范应元曰："'自今及古'严遵、王弼同古本。"马叙伦曰："各本作'自古及今'非是。'古'、'去'、'甫'韵。范谓王弼同古本，则今弼注中两作'自古及今'，盖后依别本改经文并及弼注矣。"蒋锡昌按：《道德真经集注》……引王弼曰："故曰自今及古，其名不去也。正与范见本合，足证今本已为后人所改，马说是也。"钊按：作"自今及古"是。今帛书作"自今及古"，又其证也。道家思考问题，常运用逆推法，自后而推及以前。《庄子·齐物论》："有始也者，有未始有始也者，有未始有夫未始有始也者……"这里正是从"有始"推到"未始有始"，再推到"未始有夫未始有始"，愈推愈远，以至无穷。其所运用的方法正是逆推法。

"其名不去"之"其"，过去注家多认为是指"道"，近年温少峰、李定凯独标新解，认为"其"字常指"德"。钊按：把"其"字看作指"德"，深得老旨。本章主旨在于阐明"道"与"德"的关系。从"道之为物"至"其中有信"，着重讲"道"向"德"的转化。到了"其精甚真，其中有信"，"道"转化为"德"的过程基本完成，而"德"也就成其为"德"了。故下文"其名不去"之"其"系指"德"无疑。

"以顺众父"诸今本作"以阅众辅"。按：俞樾曰："'甫'与'父'通，众辅者，众父也。四十二章'我将以为教父'，河上公注曰：'父，始也。'而此注亦曰'甫，始也'，然则'众甫'即'众父'矣。"俞说是，今帛书作"众父"，是其证也。"顺"，诸本作"阅"。"阅"，有训为"说"者，有训为"览"者，似都于义未安。今帛书作"顺"，问题涣然冰释。"顺"，承也。《吕览·怀宠》"上不顺天"注："顺，承也。"河上公云："阅，禀也。"则"顺"、"阅"并有承受之义。此处"阅"、"顺"二字皆通，今从帛书作"顺"。"众父"，犹"万物之父"，与"万物之母"、"万物之始"义同，盖指"道"也。"以顺众父"，"以"，能也。"以顺众父"，即"能承受道"之意也。

本段意为：从当今推及远古，"德"的名字不会丧失，有了它，可以承受道。

(六)"吾何以知众父之然也？以此。"

帛书乙本同此，甲本无"也"字，余同乙本。河本"也"作
"哉"，王本"父"作"辅"，"然也"作"状哉"，余同帛书，按：
"以此"之"此"当指"德"。

本句意为：我怎么明白"道"的情状呢？根据"德"。

简　析

本章着重讲"道"与"德"的关系。

"道"与"德"是《老子》书中最重要的一对范畴。"道"是产
生万物的最初本体，"德"是直接承受"道"的。"德"与"得"义
通，用指事物所得于"道"者。五十一章："道生之，德畜之。"
在老子看来，"道"的本能是"生"，德的功用是"畜"（此"畜"
通"蓄"，积聚也）。故《庄子·天地篇》曰："形非道不生，生非
德不明。"认为物自"道"生，而又通过"德"体现出来。由此可
知，"道"是源，"德"是流。一方面，没有"道"，"德"就成为
无源之水，无本之木；另一方面，没有"德"，"道"就无法得以
体现，"道"生物就成为不可能的了。"道"与"德"的这种关系，
在本章较好地得到了说明。

本章一开头，老子就点明大德的形容，都是从"道"所出，
说明"道"是产生万物的本原。接着又说："道之为物，惟恍惟
惚。"认为道之生物，其过程是恍惚不清，难以辨知的。但正是
在这恍恍惚惚中，生出了"象"，生出了"物"。揭明了"道"向

"德"的转化。这"象"与"物"都属于"孔德之容",是由"道"中所出的。说明了"德"是"道"的体现。吴澄曰:"物者,物生以后之形;象者,物生以前之气。"又曰:"形之可见者成物,气之可见者成象,皆德中之所有。"可见"德"是有形而可见者。在这有形可见的"德"中,含有无形而不可见的"精"与"信"(神),所谓"窈兮冥兮,其中有精。其精甚真,其中有信",讲的正是这种情况。因此,"道"不是虚无,它是"精"或"神"("谷神不死"之"神"与此相通),属于一种元初物质。这再一次揭示了"道"是"德"的本原,"德"是"道"的表现。

关于本章的大旨,过去注家一般认为是对"道"的描述。近来温少峰、李定凯提出新的见解,认为本章讲的是"道怎么散而为德的"。(参见《读〈老子〉札记·续一》)比较两种不同的说法,似以温、李之说较为贴切。"道怎么散而为德",涉及的正是"道"与"德"的关系。照温、李之说来理解本章的大旨,可以使过去存在的问题迎刃而解。

比如,照过去的理解,认为本章着重描述"道",这样,必然要把"其中有象"、"其中有物"、"其中有精"、"其中有信"理解为"道"中有象、有物、有精、有信。这样,"道"就不是产生万物的本原,而只是装有"象"、"物"、"精"、"信"等东西的一种特殊的容器。显然,于理不合。现在,我们把"道之为物"至"其中有信"一段理解为道之生物即"道散而为德"的过程,认为在这个选程中,生出了"象"与"物"等东西,比较合情合理。照此理解,"其中有精"、"其中有信"之"其"亦指的不是"道",而是上面的"象"与"物"实即"德"也。

"德"中有精、有信（神），即"德"中有"道"，《管子·心术上》所谓"德者，道之舍"的命题正合此意。这就避免了过去那种所谓"道"中有精、有信，乃至把"道"同"精"与"信"看作两码事的错误认识。

又如，照过去的理解，认为本章着重描述"道"，因而必然要把"自今及古，其名不去"之"其"看作指"道"。这也于理不当。正如温、李所指出的："其一，'道'本'无名'，怎么能'自今及古，其名不去'呢？其二，下文的'众父'是指'道'的，……如果'其名不去'的'其'指'道'，就成了'道'去'以顺众父'，亦即'道'去顺'道'了。这是很不合理的。"现在，温、李把"其名不去"之"其"看作指"德"，则文通理顺。"道"无名而"德"有名，故曰："其名不去"；"德"去"顺众父"，即"德"去承受"道"，此意同前面"孔德之容，惟道是从"句正好首尾相应，无疑符合老旨。

由此可见，本章不是单纯地描述"道"，而是阐述"道"与"德"的关系，说明"道"怎么样转化为"德"，"德"又怎么样体现"道"。这对于我们进一步弄清"道"与"德"这对重要范畴，有着极大启迪意义。

第二十二章

曲则全，枉则正，洼则盈，敝则新，少则得，多则惑。是以圣人抱一以为天下牧㈠。不自是故彰，不自见故明，不自伐故有功，不自矜故长㈡，夫唯不争，故莫能与之争㈢。古之所谓曲则全者，岂虚哉？诚全归之㈣。（此章帛书排在二十四章下）

校　注

㈠ "曲则全，枉则正，洼则盈，敝则新，少则得，多则惑。是以圣人抱一以为天下牧。"

　　帛书乙本大致如此，惟"枉"作"汪"，"敝"作"𣀳"，"抱"作"执"；甲本"全"误为"金"，"正"作"定"，"圣"作"声"，"抱"亦作"执"余同校文。
　　"枉则正"，傅、范、景龙碑诸本同，河、王本作"枉则直"。按："正"、"直"古通。《广雅·释诂》："直，正也。"奚侗曰："全、正、盈、新为韵。"今从帛书作"正"。"正"《鬼谷子·摩篇》："正者，直也。"《说文》："枉，曲也。"
　　"洼则盈"："洼"，诸通行本作"窪"，一本作"宎"。按：《说文》："洼，深池也，从水，圭声。"又"窪，清水也，从水，窐声，一曰窊也。"对比"洼"、"窐"二字之义，似以"洼"义为长。"洼则盈"，言池深则易盈满，如作"窐"，于义不通，诸本作"窐"乃"洼"之假字。今从帛书作"洼"。

"敝则新"，"敝"，帛书甲本及王本、傅本同，河本作"弊"，帛书乙本作"獘"，今从帛书甲本。"敝"，坏也，旧也。

"多则惑"，"惑"字帛书及诸通行本同。钊按：此"惑"字古今注家多释为"迷惑"，虽亦可通，但觉于义未安。明人薛蕙曰："'多则惑'即'少则得'之反。"这抓住了问题的实质。本段老子列了六对范畴，前五对双方都互相对立，如"曲"对"全"，"枉"对"正"，"洼"对"盈"、"敝"对"新"、"少"对"得"，等等，都对得很贴切，惟独"多则惑"使人费解。如将"惑"释为"迷惑"，则显然与"多"不相对应。愚意以为此"惑"字当训为"失"。盖"惑"，疑也。《战国策·秦策》"诸侯乱惑"注："惑，疑惑也。"是"惑"可明训为"疑"。《尔雅义疏》引孔晁注："謞，僭也。僭，训假也，儗也，又差也，皆与疑义近通。"是"疑"亦含有"差"义。"差"，可以训为"失"。《楚辞·哀时命》"称轻重而不差"注："差，失也。"《史记·太史公自序》："故《易》曰：'失之毫里，差以千里。'"乃"差"、"失"对举，则"差"亦"失"也。"失"即丧失，失去。是"惑"可以转训为"失"。"多则惑"，即"多得反而丧失"是也。此意正与四十二章"益之而损"之旨相贯通。

"天下牧"，河、王、傅诸家本均作"天下式"。许抗生曰："'式'，法式也。'牧'，甲本释文引《逸周书·周祝》：'为天下者用牧。'并注说：'牧，法也。'则'式'与'牧'同义。"

从之。今依帛书作"牧"。"抱一"即守道，此指坚守柔弱之道。

本段意为：委曲而能保全，屈枉而能直伸，低洼而能满盈，敝旧而能更新，少取而能多得，多得反而丧失。所以圣人守虚处弱而为天下人所效法。

㈡"不自是故彰，不自见故明，不自伐故有功，不自矜故长。"

帛书乙本"是"作"视"，"彰"写为"章"，"不自见"后有一"也"字，"不自矜故长"作"弗矜故能长"。甲本此段为"不□视故明，不自见故章，不自伐故有功，弗矜故能长。"按：帛书之"视"，河、王、傅以及其他各种本子概作"是"。疑帛书之"视"为"是"之音讹，今从众本作"是"。帛书乙本"不自见"下之"也"字疑衍。甲本无"也"字。本文"不自是"、"不自伐"下俱无"也"字，如"不自见"下增一"也"字，则文例不一律，当据甲本删去此"也"字。"不自矜故长"，帛书甲、乙本并作"弗矜故能长"。检河、王、傅及其他诸本概作"不自矜故长"，当从众本。本文前言"不自是"、"不自见"、"不自伐"，则此作"不自矜"，方能使文例一律。

"彰"，彰明。

"见"，现也。"不自见"，即不自我表现。

"自伐"，自我夸耀。

"自矜"，自我矜持。

本段意为：不自以为是，所以彰明，不自我表现，所以明智；

不自我夸耀，所以有功绩，不自我矜持，所以能长久。

㈢ "夫唯不争，故莫能与之争。"

帛书甲、乙本同此，河、王、傅诸家本 "故" 后有 "天下"
二字，今从帛书。

本句意为：正因为不争强，所以谁也争不赢他。

㈣ "古之所谓曲则全者，岂虚哉？诚全归之。"

河、王、傅本均为 "古之所谓曲则全者，岂虚言哉，诚全而
归之"。帛书甲本脱损严重，乙本作 "古之所胃曲全者几语才诚
全归之"。按：对照通行本，"胃" 当作 "谓"；"曲全" 当作 "曲
则全"；"几" 当作 "岂"，音近而误；"语" 当作 "虚"，亦音近
致误；"才" 通 "哉"。"几语才" 即 "岂虚哉" 之误。"诚"，真
也。

全句意为：古人所说的 "委曲而能保全" 的道理，难道还有
假吗？真要保全就要照着办。

简　析

本章运用朴素辩证法阐明了柔弱胜刚强的道理。一开头老子
就揭示了六对矛盾的辩证关系，指出 "曲则全，枉则正，洼则盈，
敝则新，少则得，多则惑"。在老子看来，曲中有全，曲可以转

化为全；枉中有正，枉可以转化为正；洼中有盈，洼可以转化
为盈；敝中有新，敝可以转化为新……总之，矛盾双方既互相
包含，又互相转化，显然这是符合辩证法的。老子之所以强调
这一辩证思维法则，意在为他的"柔弱胜刚强"的思想提供理论
依据。其"曲"、"枉"、"洼"、"敝"、"少"同"全"、"正"、
"盈"、"新"、"得"比起来，都属于柔弱的方面，老子认为尽管
它们柔弱，但"曲"却能全，"枉"却能"正"、"洼"却能"盈"，
"敝"却能"新"，"少"却能"得"，如此等等，都说明柔弱可以
胜刚强的道理。反之，如果居于刚强的地位，欲求多得，则适得
其反：弄到"多则惑"的结局。因此，柔弱比刚强好，故老子总
结说"是以圣人抱一为天下牧"，即圣人处柔守弱而为天下人所
效法。

第二十三章

希言，自然㈠。飘风不终朝，暴雨不终日。孰为此？天地而弗能久，又况于人乎㈡？故从事于道者同于道，从事于德者同于德，从事于失者同于失㈢。同于德者，道亦德之；同于失者，道亦失之㈣。

校　　注

㈠ “希言，自然。”

帛书甲、乙本及诸通行本盖如此。“希言”傅本作“稀言”。按：“希言”犹“稀言”。蒋锡昌云：“‘希言’与‘不言’、‘贵言’同谊，而与‘多言’相反。”

本句意为：少说话，听任自然。

㈡ “飘风不终朝，暴雨不终日。孰为此？天地而弗能久，又况于人乎？”

“飘风不终朝，暴雨不终日”，帛书甲本同，惟“终”写作“冬”；乙本“飘”作“蓟”，“终”亦写作“多”。河本“暴雨”作“骤雨”，河上注：“‘骤雨’，暴雨也。”今从帛书作

"暴雨"。傅本"终朝"作"崇朝","终日"作"崇日",今依河、王本作"终朝"、"终日"。王本、傅本"飘"前有一"故"字,但河本及帛书无,此依帛书。"飘风",疾风(河上公说)。

"孰为此?"此句河本、王本、傅本均作"孰为此者?",且后有"天、地"二字作为回答语,帛书乙本无此二字。甲本此句有脱损,从脱损的字数与乙本对照,推测其亦无"天地"二字作答。按:此句似无"天地"二字为优,"孰为此"为设问句,虽未答,却答在其中,意为没有谁主宰,一切都是自然如此。

"天地而弗能久,又况于人乎?"帛书乙本"况"作"兄","又"写为"有"。甲本脱损严重。河、王、傅本"而"作"尚","又"作"而"今从帛书。"弗能久",《左传》昭公二十八年《正义》引作"不能常","常"、"久"古通,今依帛书。

本段意为:疾风吹不了一早晨,暴雨下不了一整天。谁操纵这一切呢?〔自然如此〕。天地尚且不能长久,何况人呢!

(三)"故从事于道者同于道,从事于德者同于德,从事于失者同于失。"

"故从事于道者同于道",帛书甲乙本"从事于"之"于"作"而",但河本、王本、傅本均作"从事于"。按:"于"、"而"古通,《词诠》:"而,假设连词,用同如。"又"如"同"若",《广释词》:"若犹于。"则"于"、"而"可以通假,今从众本作"从事于"。

　　钏按：此句"道者"下，河、王、傅诸本还有"道者"二字，俞樾按："下'道者'二字衍文也，本作'从事于道者同于道'，其下'德者'、'失者'蒙上'从事'之文而省，犹云'从事于道者同于道，从事于德者同于德，从事于失者同于失'也。《淮南子·道应篇》引《老子》曰'从事于道者同于道'，可证古本不叠道者二字，王弼注曰：'故从事于道者，以无为为君，不言为教，绵绵若存，而物得其真，与道同体，故曰同于道。'是王氏所据本，正作'故从事于道者同于道'，然以河上公注观之，则二字之衍久矣。"今帛书不叠"道者"二字，足证俞说可信，当从之。

　　"从事于德者同于德；从事于失者同于失。"二句中"从事于"三字，帛书并无，据俞樾说蒙上"从事"之文而省，今傅本均有"从事于"三字，当据增。傅本"德者"、"失者"均重叠使用，作"从事于得者，得者同于得；从事于失者，失者同于失"。按照俞樾说，前句"道者"不应重叠，则此二句"德者"、"失者"亦当不应重叠。帛书甲乙本均未重叠，今据删。

　　本段景龙碑本同诸本稍异，其"故从事于道者"之后无"同于道，德者同于德，失者同于失"文句。

　　"道者"，有道之人。

　　"德者"，有德之人。

　　"失者"，指失道失德之人。

　　"同"，与庄子《齐物论》之"齐"相近，谓与之合一。（据吴澄说）

　　本段意为：所以，办事像有道之人那样，则与"道"同体；

办事像有德之人那样，则与"德"同体；办事像失道失德之人那样，则与"失"同体。

㈣"同于德者，道亦德之；同于失者，道亦失之。"

此二句帛书乙本同，甲本前"者"字和前"失"字并脱损，余同校文。河、王本此句为："同于道者，道亦乐得之；同于德者，德亦乐得之；同于失者，失亦乐失之。"傅本此句为："于道者，道亦得之；于得者，得亦得之；于失者，失亦得之。"景龙碑本作"同于德者，德德之；同于失者，道失之"。比较各本文字，似以帛书为优，今依帛书。

钊按：此句下河、王、傅诸本并有"信不足焉，有不信焉"（或无"焉"字）两句。朱谦之曰："此二句已见第十七章，疑为错简重出。"朱说是，今帛书均无此二句，是其证也。

本段意为：与德同体的人，"道"也得到了他；与失同体的人，道也失去了他。

简　析

本章表明了老子的运动观。在老子看来，宇宙的一切无不在发展变化，"飘风不终朝，暴雨不终日"，你看，狂风刮不了一早晨，暴雨也下不了一整天，它们都在变，狂风可能变成小风或无风，暴雨可能变成小雨或天晴。这是谁安排的呢？（"孰为此？"）老子虽未作答，却答在其中了，意思是没有谁的安排，一切都是自然如此，与首句"希言自然"相呼应。自然界在变，人类社会也在变，故下文又说："天地而弗能久，又况于人乎！"天地也不能长久不变，更何况人间的一切呢？言下之意，人类社会更不可不变。所以五十八章说："祸兮福之所倚，福兮祸之所伏"，"正复为奇，善复为妖"。人世间"福"、"祸"、"正"、"奇"都在变化，"祸"可以转化为"福"、"福"可以转化为"祸"，"正"可以转化为"奇"，"奇"亦可以转化为"正"。总之，一切都在变，永恒不变的事情是没有的。

第二十四章

跂者不立，跨者不行㈠。自是者不彰，自见者不明，自伐者无功，自矜者不长㈡。其在道也，曰："余食赘行。"物或恶之，故有道者弗居㈢。（此章帛书排在二十一章下）

校　注

㈠"跂者不立，跨者不行。"

河本同此，王本、傅本"跂"写作"企"（按："企"与"跂"通），余皆同上。帛书甲、乙本"跂者不立"作"炊者不立"，无"跨者不行"一语。许抗生曰："'跂者不立'与'跨者不行'应为对文，'炊'疑为'跂'字之误。"从之，今据河本补正。

"跂"、"跨"，吴澄曰："跂，立起其踵而立，以增高其身；跨，开其足而行，以增阔其步，暂时如此而不能久也。"其说是。以"跂"而立，以"跨"而行，之所以不能长久，因为它违反自然。

两句意为：用脚尖立地，不能久立；大步跨行，不能远行。

㈡"自是者不彰，自见者不明，自伐者无功，自矜者不长。"

帛书甲乙本大致同此，惟"是"作"视"，"彰"写为章；"见"，甲本脱损。河、王、傅诸本首句和二句位置颠倒，作"自见者不明，自是者不彰"。今依帛书。帛书"自视"今据诸通行本作"自是"。

本段意为：自以为是的人，不能彰明；自我表现的人，不会明智；自我夸耀的人，没有功劳；自我矜持的人，不能长久。

(三)"其在道也，曰：'余食赘行。'物或恶之，故有道者弗居。"

帛书乙本"余"写作"粽"（疑为"余"之异体字），"恶"写作"亚"；"有道者"作"有欲者"。甲本无"也"字，"弗"字脱损，"恶"字同校文，余皆同乙本。河本"在"作"于"、"弗居"作"不处也"；王本"弗居"作"不处"，余同校文。

按："有道者"，各本并同，帛书均作"有欲者"，恐误，今从众本。

"余食赘行"："余食"，刘师培谓当作"余德"，恐非。"余食"宋林希逸《道德真经口义》解作"食之余弃"，宋陈景元《道德真经藏室纂微篇》解作"犹弃余之食"，均文通理顺，当从之。"赘行"，易顺鼎谓"'行'疑通作'形'"，司马光曰："'行'、'形'古字通用。"则"赘行"犹"赘形"，林希逸谓"形之赘疣"，陈景元谓"附赘之形"，皆通，从之。

本段意为：它们（自是，自见，自伐，自矜）对于有道的人说来，叫做残汤剩饭，身上的肉瘤，使人讨厌。所以，有道的人不取。

简　析

　　本章旨意同二十二章紧密相联，帛书此章排在二十二章之上，恰好反映了两章在思想内容方面有着内在联系。本章讲"自是者不彰，自见者不明，自伐者无功，自矜者不长"，该章则说："不自是故彰，不自见故明，不自伐故有功，不自矜故长。"两章结合起来，正好从正、反两个方面说明了自是、自见、自伐、自矜等是不好的，有了这些东西，人们就"不彰"、"不明"、"无功"、"不长"；相反抛弃这些东西，人们就彰，就明，就有功，就长久。问题说得多么透彻：要谦虚，不要骄傲。这对于我们今天的思想修养仍有其积极指导意义。

第二十五章

有物混成，先天地生㈠。寂呵寥呵，独立而不改，周行
而不殆，可以为天地母㈡。吾未知其名也，字之曰道，
吾强为之名曰大㈢。大曰逝，逝曰远，远曰反㈣。道
大、天大、地大、人亦大，域中有四大，而人居一焉㈤。
人法地，地法天，天法道，道法自然㈥。（此章帛书排在
二十三章下）

校　注

㈠"有物混成，先天地生。"

诸通行本并同此，帛书甲、乙本"混"写作"昆"，余同校
文。"混成"，吴澄曰："混浑通，混成谓不分判而完全也。"
本句意为：有个东西混沌不分，它先于天地而生成。

㈡"寂呵寥呵，独立而不改，周行而不殆，可以为天
地母。"

"寂呵寥呵"：河、王本作"寂兮寥兮"；傅本作"寂兮寞
兮"；景龙碑本作"寂寞"，无"兮"或"呵"字，帛书甲本作"绣呵

缪呵", 乙本作"萧呵谬呵", 按: 帛书"绣"、"萧"当为"寂"
之误; 帛书"缪"、"谬"当为"寥"之讹。今据通行本改正。
"呵", 诸本作"兮", "兮"、"呵"古通, 今依帛书。

"寂寥", 叶梦得说:"寂, 言静也, 寥, 言动也(古者谓大
风之寥寥, 吹万窍而怒号者)。"从之。

"独立而不改", 河本、傅本同, 王本无"而"字。帛书有
"而"字, 但"改"写作"玹"。按"玹",《说文》无此字, 疑
"玹"为"垓"之误。"垓"《辞海》注:"界隔。""独立而不垓"
即指道独立存在而又没有判界, 此有浑然一体或混沌而不可分
之义, 恰与前言"有物混成"相呼应。今暂存疑, 姑以河本作
"改"。王弼注曰:"无物匹之, 故曰'独立'也; 返(一说作
'变')化终始, 不失其常, 故曰'不改'也。"

"周行而不殆", 河、王、傅本皆同此, 景龙碑本无"而"字。
帛书甲、乙本均无此句, 疑传抄致失, 今据河、王诸本补全。

"周行": 周而复始之行。

"不殆":"殆"通"怠"(马叙伦说),"不怠"犹"不倦"也
(高亨说)。

"可以为天地母", 帛书甲乙本皆同此。河、王、傅本"天
地"作"天下"。但范应元本亦作"天地", 范曰:"'天地'二字
古本如此, 一作'天下母', 宜从古本。"范说是, 今帛书作"天
地母"是其证也。前言"先天地生", 此言"为天地母", 前呼后
应, 此又其证也。

本段意为: 它既静且动啊, 独立存在而不失其固有的本性,
循环往复地运行而不倦怠, 可以称它为化生天地万物的母体。

㈢"吾未知其名也，字之曰道，吾强为之名曰大。"

帛书乙本同此，甲本无"也"字，余同校文。河、王本"未"作"不"，无"也"字及后"吾"字。傅本"字"前增一"强"字，余同河本。后"吾"字景龙碑本同，朱谦之曰："此句各本无下'吾'字，疑衍。"恐非是，今帛书有此"吾"字，当是古本如此，今从帛书。

吴澄曰："此物无可得而名者，以其天地万物之所共由，于是假借道路之道以为之字，字者名之副而非名也。字不足以尽之，不得已而强名之曰大。至大莫如天，而天亦在道之内，则天未为大也。此道其大无外，而莫能载焉，故大之一言，庶乎可以名之耳。"

钊按："名曰大"之"大"似与古言"太一"一词有关。详见本章《简析》。

本段意为：我未知道它的名字，给它一个字叫做"道"，勉强给它一个名叫做"大"。

㈣"大曰逝，逝曰远，远曰反。"

河、王本同此，傅本"反"作"返"。帛书甲本有脱损，"逝"作"簭"，音近而误。乙本全，其"逝"亦作"簭"，今从众本作"逝"。

"曰"，奚侗训"于"作"于是"解，从之。"反"，通"返"。

本段意为：大于是流逝，流逝于是远离，远离于是返回。

㈤"道大，天大，地大，人亦大，域中有四大，而人
居一焉。"

帛书乙本此段"人"作"王"，"域"作"国"，余同校文。甲
本同乙本，唯首"道大"脱损。河、王本"道大"前有一"故"
字，"居"字后有一"其"字，"人"亦作"王"。按："王"当作
"人"。吴承志曰："据（《说文》）大部：'大、天大、地大，人
亦大，故大象人形。'许所据古本，'王'作'人'，证以下文'人
法地、地法天、天法道'，作'人'是矣。'人'古作'三'，是
以读者或误为'王'。"其说有理。检范应元本正作"人"，当
从之。

"域"，帛书作"国"，但各本并作"域"，按："域"、"国"
古通，《广雅·释诂》："域，国也。"今从众本作"域"。

本段意为：道为大，天为大，地为大，人也为大。宇宙内有
四大，而人是其中之一。

㈥"人法地，地法天，天法道，道法自然。"

帛书甲本此段脱损严重，乙本及通行诸本皆同校文。
"法"，王弼曰："法，谓法则也。人不违地，乃得全安，法
地也。地不违天，乃得全载，法天也。天不违道，乃得全覆，法
道也。道不违自然，乃得其性［，法自然也］。法自然者，在

方而法方，在圆而法圆，于自然无所违也。"按：王氏注文中所谓"在方而法方，在圆而法圆"，则"法"有效法，取法之意。

本段意为：人效法地，地效法天，天效法道，道顺乎自然。

简　析

本章从本体论和规律观的意义上对"道"作了界说。

（1）老子把"道"看作化生万物的本体。他说："有物混成，先天地生。"又说："可以为天地母。"这就告诉我们，作为浑沌之物的"道"，先于天地而存在，并且是生化天地万物之母。把"道"看作天地万物的最后本原，这在中国哲学史上是一个创举。在老子以前，关于世界的本原问题，都淹没在宗教意识之中。按照宗教的信仰，人世间的一切都是上帝（天）创造出来的，都是由"天命"所安排的，因此对世界本原的探讨，从宗教角度说来，是毫无意义的。就在这样的环境中，老子别出心裁，独树一帜地提出了"道"的概念，认为道是产生天地万物的母本。这在先秦哲学史上，无疑是一个伟大的贡献。正如郭鼎堂所指出的："道字本来是道路的道，在老子以前的人又多用为法则。如《尚书·康王之诰》的'皇天用训厥道，傅畀四方'，《左传》中子产所说的'天道'，'人道'以及其他所屡见的'道'字，都是法则或方法的意思，但到了老子才有表示本体的'道'。老子发明了本体的观念，是中国思想史上所从来没有的观念，他找不出既成的文字来命名它，只在方便上勉强名之曰'大'，'大'字终嫌太笼统，不得已又勉强给它一个字，叫做'道'。选用了这个

'道'字的动机，大约是因为有'天道'的成语在前，而且在这个字中是包含有'四通八达'的意义的。这些话正表示着老子的苦心孤诣的发明。"（《先秦天道观之进展》商务印书馆1936年版）

（2）老子肯定了"道"，具有运动变化的特性。他说，道"独立而不改，周行而不殆"。这就告诉我们，"道"在宇宙之间是独一无二的，它永远不丧失自己固有的本性，总是循环往复地运行而不倦怠。而且，"道"的运行是有规律的，这个规律就是"大曰逝，逝曰远，远曰反"，即道由大而逝，由逝而远，由远而返。这种向对立面复返的本性，正是老子所概括的"反者道之动"的体现。张松如说："这也是天道运行的规律。'坐地日行八万里，巡天遥看一千河'。春夏秋冬，暑往寒来，'风雨送春归，飞雪迎春到'，不恰恰是周而复始的循环运动？事实上，很可能老子正是从天道运行的规律中推衍到一切事物运动变化的普遍规律的。"是的，老子的时代科学尚处于襁褓之中，他只能依靠朴素的直观，仰观天文，俯察地理，总结经验范围内的认识成果，得出近似真理的结论。

（3）在本章老子对道体再次作了描述。"道"，究竟是一种什么东西呢？似乎指的是原始之气。所谓"强为之名曰大"，此"大"实即太一之气。《庄子·天下》篇曰：关尹、老聃"建之以常无有，主之以太一"。可见"太一"是老子哲学的重要范畴。但通观《老子》全书找不着"太一"这个用语。此"太一"实即老子所讲的"大"。《吕氏春秋·大乐》："道也者，至精也，不可为形，不可为名，强为（名）谓之太一。"此段话当出自老子本章，彼所说的"太一"，正即老子所名的"大"。"太一"是古代流行的一个用语，一般用于指元气。《礼记·礼运》："必本于大一，分而为天地，转而为阴阳，变而为四时。"《释文》："大"音"泰"，疏："大一者谓天地未分混沌之元气也。""太一"指元气，"大"即"太一"，则"大"为元气无疑。

（4）在本章，老子提出了"道法自然"的命题。在《老子》中，"道法自然"的思想随处可见，第二章说："万物作而弗始也，生而弗有也，为而弗侍也，成功而弗居也。"五十一章说："夫莫之爵而恒自然。"六十四章说"以辅万物之自然而不敢为"等，都强调了顺自然的必要性。老子"道法自然"的思想，在中国哲学史上产生了深远的影响，正如王充所说："黄老之家，论说天道，得其实矣。"后来的唯物主义思想家如荀况、王充、刘禹锡、王廷相等，差不多都在不同程度上吸取了道法自然的合理因素建造起各自的唯物主义自然观。

第二十六章

重为轻根，静为趮君㈠，是以君子终日行，不离其辎重。虽有荣观，燕处超然㈡。若何万乘之王而以身轻于天下？轻则失本，趮则失君㈢。

校　注

㈠"重为轻根，静为趮君。"

帛书乙本如此，甲本脱"重"字，"轻"作"圣"，"静"作"清"。按："清"、"静"古通，今从乙本作"静"。河、王、傅诸本"趮"写作"躁"，傅本"静"作"靖"。按：毕沅曰："古字无'躁'，应作'趮'。"今帛书作"趮"足证其说是。又"靖"与"静"通，《说文》："靖，立也。"段注："谓立容安静也。"今依帛书。

吴澄曰："根，本也；躁，动也；君，主也。"

本段意为：厚重为轻浮的根本，安静为躁动的主宰。

㈡"是以君子终日行，不离其辎重，虽有荣观，燕处超然。"

帛书甲本"终"作"众"，音近而误；"辎"为"甾"，"虽"作"唯"，"超然"二字脱损，末尾有一"若"字，余同校文。乙本"离"作"远"，"燕处超然"作"燕处则昭若"，余同甲本。

"君子"，河、王本作"圣人"，但据蒋锡昌所见有三十二种版本作"君子"，韩非《喻老》篇亦作"君子"，蒋氏曰："谊作'君子'为是。"今帛书作"君子"，当从之。

"辎重"，河上公注曰："辎，静也，圣人终日行道不离其静与重也。"徐鼒曰："训'辎'为'静'，古无此训。"钊按："辎"训"静"虽古无此训，但河上公的解释却符合老子本义。从经文看，前言"重为轻根，静为躁君"，突出的正是"重"与"静"。故河上公解"君子终日行不离辎重"为"圣人终日行道不离其静与重"符合原文之意。愚以为问题出在"辎"字上。疑原文当为"不离静重"，"静"因涉上文而讹为"轻"（音近而误），此其一误也；"轻"又因与"辎"形相近，故又讹为"辎"字耳。河上公未考其真，乃释"辎"为"静"，以附会其文义。

"虽"，乙本及诸本同，甲本作"唯"，按："唯"、"虽"古通，此处当从乙本作"虽"，作"唯"乃假字。

"荣观"，帛书甲乙本均作"环官"，甲本《释文》注曰："'环官'，通行本作'荣观'，范应元注'观，一作馆'，《说文》：'馆，客舍。'《周礼·遗人》'五十里有市，市有侯馆'，注：'楼可以观望也。'《文选·西京赋》注：'闤（huán），市营也。'《说文》：'营，市居也。'疑环官读为闤馆或营观，乃旅行止息之处，极躁之地。"其说似有理，然无旁证，今录之以备一说。此处仍从众本作"荣观"。吴澄释"虽有荣观"曰："虽有荣华之境可以游观。"从之。

"燕处"，帛书及河、王本同，傅本作"安处"。朱谦之曰："释文出'宴'字，'于见反'，简文云：谓静思之所宴居也。"吴澄曰："燕，闲也，静也。"则"宴"、"燕"俱含"静"义，今从帛书作"燕"。

"超然"甲本脱损，乙本作"昭若"，按："昭"当为"超"，音近而误；"若"通"然"。今从众本作"超然"。

本段意为：所以有德之人日常的言行举止，总是不离开静与重。他虽有荣华之境可供观赏，却安居闲处，超然物外。

(三)"若何万乘之王而以身轻于天下？轻则失本，趮则失君。"

帛书甲乙本均同此，惟甲本"轻"写为"巠"，王本此句为："奈何万乘之主而以身轻天下？轻则失本，躁则失君。"河本"失本"作"失臣"，余同王本，今依帛书。

"若何"，景龙碑本、北京图书馆藏唐残本作"如何"，傅、范本作"如之何"，河、王本作"奈何"。按："如何"、"如之何"、"若何"、"奈何"互通，今依帛书作"若何"。

"而以身轻于天下"，景福本及《群书治要》引文同，河王本无"于"字，今从帛书。吴澄曰："以身轻天下，谓以身轻动于天下之上也。万乘之主当静重，奈何以身而轻动乎？……但言轻不言动者，盖动与静对，动则有轻有重；轻与重对，轻重皆在动时，言轻而动在其中矣。"其说可供参考。

"轻则失本"，"本"，河上公作"臣"，明太祖本、《永乐大典》本作"根"。姑依帛书。

本段意为：为什么拥有万乘兵车的侯王，却要在天下人面前表现出轻浮呢？轻浮则将丧失根本，躁动则将丧失主见。

简　析

本章涉及道德修养和认识论方面的问题。

"重为轻根"，讲的是道德修养问题。"重"，有厚重朴实之意；"轻"，有轻浮、轻率之义。"重为轻根"，其意是说，同轻率比起来，厚重乃是为人之本。老子在道德修养上，提倡"反朴归真"，认为朴实无华是最理想的美德，所以他多次强调"复归于朴"、"复归于婴儿"，说："大丈夫处其厚不居其薄，处其实不居其华。"

"静为躁君"，讲的是认识论问题。此"静"指的是思考问题时的一种精种状态，即安静；"躁"，指与安静相对立的另一种精神状态即躁动。老子提倡"静观"的认识方法，把"静"看做获得正确认识的重要条件。"静为躁君"讲的是认识论问题，也只限于认识论问题。如果把"静为躁君"的命题扩而大之，随意引申，必将有违老旨。魏晋时期，王弼从玄学的需要出发，从"静为躁君"中得出"以静制动"的结论，说："凡物，轻不能载重，小不能镇大。不行者使行，不动者制动。是以重必为轻根，静必为躁君也。"这就把老子限于认识论范围的命题，推广为宇宙普通法则，完全违背了老子的本意。

第二十七章

善行者无彻迹，善言者无瑕适，善数者不用梼箖，善闭者无关籥而不可启也，善结者无纆约而不可解也㈠。是以圣人恒善救人，而无弃人；恒善救物，而无弃物，是谓袭明㈡。故善人，不善人之师；不善人，善人之资也㈢。不贵其师，不爱其资，虽知大迷，是谓妙要㈣。

校　注

㈠“善行者无彻迹，善言者无瑕适，善数者不用梼箖，善闭者无关籥而不可启也，善结者无纆约而不可解也。”

帛书甲本大致同此，惟第二句“善”字与第五句“无纆”二字脱损，“彻”写为“勶”，“用”作“以”。乙本“彻迹”作“达迹”，“箖”作“箁”，余同校文。河本此段为：“善行无彻迹，善言无瑕讁，善计不用筹策，善闭无关键而不可开，善结无绳约而不可解。”

“彻迹”，傅本同，帛书甲本作“勶迹”，乙本作“达迹”，河、王本作“辙迹”。按：帛书之“勶迹”或“达迹”，实即“彻迹”也。《集韵》：“勶，去也，通作彻。”是“勶”犹“彻”也。《释名·释言语》：“达，彻也。”是“达”亦通“彻”。故帛书甲本之"篸迹",乙本之"达迹",并通作"彻迹"。校文从傅本作"彻迹"。蒋锡昌曰:"'彻'为'辙'之借字,《说文》:'辙,迹也。'盖辙为车迹,迹为马迹。车迹者,车轮碾地所留之迹;马迹者,马足奔驰所留之迹,二迹虽同,而其所以为迹则异。……'善行无辙迹',言善行之人无车辙马迹。"从之。

"瑕适",帛书甲乙本同,河、王本作"瑕谪",傅本作"瑕璃",景龙碑本作"瘕谪",今依帛书。按:"适"乃"璃"之假字,"瑕适"犹"瑕璃"也,指玉疵。高亨曰:"瑕,谪,皆玉疵也。《管子·水地篇》:'夫玉瑕适皆见,精也。'尹注'瑕适,玉疵也'。《荀子·宥坐篇》:'瑕适并见,情也。'义同。《吕氏春秋·举难篇》:寸之玉必有瑕璃。'适'、'谪'古通用,'璃'则后起专字也。'无瑕谪',犹言无疵病耳。"从之。

"梼筹",甲本同,乙本作"梼筚",河、王、傅诸本作"筹策",此从帛书甲本。按:《说文》:"梼,本作櫙,断木也。从木,屬声。春秋传曰櫙杌。"段注:"左传无櫙杌,惟文十六年有'梼杌'。"《韵会》:"梼杌,恶木,取其记恶以为戒也。"是"梼"有"记恶"之义,引申为计数,《字汇补》:"筹,之若切,音灼,箅筹也。"是一种竹制的用具,犹今言"笤箕"之类。"梼筹",即盛有梼木之竹箕,是古时计恶的用具,引申为计算工具,与筹策之意义相近。高亨云:"筹策,古时计数之竹筳也。"疑"梼筹"为古本原字,"筹策"为后人用新词取代之语,当从帛书作"梼筹"。

"关籥"，乙本同，甲本作"闸籥"，河本作"关揵"，王本作"关楗"，傅本作"关键"。按：甲本之"闸"，查《说文》及其他字书，盖无此字，疑为"关"字之误，今从乙本。范应元曰："楗，拒门木也，或从金傍，非也。横曰关，竖曰楗。傅奕云：'古字作闉'。"《方言·卷五》："户钥，自关而东，陈楚之间谓之键，字亦作闉。""鑰（钥）"，通"籥"，则"关籥"即"关键"也。

"纆约"，乙本如此，甲本脱"纆"字，今通行各本作"绳约"，此依帛书。按：《说文》："纆，索也，从糸，黑声。"段注："所谓纆索拘挛罪人也。"则"纆"乃捆绑罪犯的绳索。此"纆"字优。唯捆绑之索乃有"解"之必要。《庄子·骈拇》："约束不以纆索。"正可与此章相互发明，其"纆索"即"纆索"也，"纆"、"纆"古通（参见《玉篇》）。"纆约"与"绳约"义近。许抗生曰"绳约即绳索也"，非是。此"绳约"或"纆约"，其"绳"或"纆"指绳索，"约"，《说文》"约，缠束也，从糸，勺声"，段注："束者，缚也。"则"约"有"缠束"或"束缚"之义，"绳约"或"纆约"即以绳索缠束也，犹今言"绳捆"，"索绑"。

本段意为：善于行走之人无车辙马迹，善于说话之人无语病可挑，善于计数之人不用计算工具，善于关闭之人不用关键却使人不可开启，善于捆绑之人，不用绳子捆绑却使人难以松解。

（二）"是以圣人恒善救人，而无弃人；恒善救物，而无弃物，是谓袭明。"

"是以圣人恒善救人，而无弃人"，帛书甲乙本均同，惟"救"并作"怵"，"圣人"甲本写作"声人"，乙本写作"耴人"。此从通行本。"恒"，河、王诸本作"常"，今依帛书。

"恒善救物而无弃财"，恐误，河、王本此句作"常善救物，故无弃物"。今据改。惟"恒"、"而"二字从上句。

"是谓袭明"，其"袭明"帛书甲本作"伸明"，乙本作"曳明"。许抗生谓"伸"、"曳"为"愧"之误，曰："《说文》：'愧，习也。''袭'，'习'古通'常'，愧明即袭明也。"似亦有理，此从众本作"袭明"。奚侗曰："袭，因也。见《礼记·中庸》'下袭水土'郑注。'明'即十六章及五十五章'知常曰明'之'明'。'袭明'谓因顺常道也。"其说是。此"袭明"即五十二章之"袭常"，因袭常道之谓也。

本段意为：所以圣人常善于救人，而不遗弃人；常善于救物，而不遗弃物。这就叫做因顺常道。

（三）"故善人，不善人之师；不善人，善人之资也。"

帛书乙本首句无"不"字，余同校文。甲本"故善"二字后脱损三字，从所脱字数看亦无"不"字，但诸今本均有"不"字，当据补。甲本"资"作"赍"。按："赍"与"资"古通。《释文》："赍，音资，本亦作资。"此从乙本作"资"。吴澄曰："善人，谓善于其事之人；不善人，谓不善于其事之人。师者，人所尊事以为法者。资者，如以财货给人，俾人藉之赖之而得以有所成者。彼善而此不善，以彼之善与此之不善者相辽而人灼见此之不及彼，则彼人之善，可为此不善人之师矣。彼不善而此善，以彼之不善与此之善者相形，而人遂见此过于彼，则彼人之不善乃为此善人资也。谓因彼之不善以成此之善名，故曰资。"此说可供参考。

本段意为：所以，善人可作不善人的老师，不善之人可作善人的借鉴。

㈣"不贵其师，不爱其资，虽知大迷，是谓妙要。"

帛书甲乙本大致同此，惟"谓"作"胃"，"妙"作"眇"，第三句"大迷"前均有一"乎"字，对照诸今本无此字。无"乎"字优。此四句，每句四字，增一"乎"字，则失其工整，今从众本。"虽"，甲本作"唯"，二字古通，此从乙本。"知"当读为"智"。"妙要"诸今本作"要妙"，今从帛书。

本段意为：不看重那个"师"，不爱惜那个"资"，虽然有智慧却装做糊涂，这就是妙道之要。

简　析

本章着重讲无为之道。

老子说："善行者无彻迹，善言者无瑕适，善数者不用梼筹，善闭者无关籥而不可启也。善结者无繲约而不可解也。"此段所谓"善行"就是"不行"，"善言"，就是"不言"，"善数"，就是"不计数","善闭"就是"不闭","善结"就是"不结",此正是老子无为而任自然之意。在老子看来,有彻迹之行,有瑕适之言,有梼筹之计数,有关篇之闭,有绳约之结等等,皆有为之道,均不可取。吴澄曰:"行者必有彻迹在地,言者必有瑕谪可指,计数者必用筹策,闭门者必用关键,结系者必用绳约,然皆常人所为尔,有道者观之,则岂谓之善哉。善行者以不行为行,故无彻迹;善言者以不言为言,故无瑕谪;善计者以不计为计,故不用筹策;善闭者以不闭为闭,故无关键,而其闭自不可开;善结者以不结为结,故无绳约,而其结自不可解。"吴氏的这段训释,深得老旨。

同不行、不言、不计、不闭、不结的思想相联系,老子还主张"虽智大迷"。他说:"故善人,不善人之师;不善人,善人之资也。"这一段话,一般人作了错误的理解,以为老子提倡"不善人"以"善人"为师,"善人"以"不善人"为资。仔细揣摩,老子恰恰是否定上述作法。不是么?如果"不善人"(即"'不善'于其事之人")真的把"善人"(即"善于其事之人")看作老师,不是行有为之道吗?同理,如果"善人"(即"善于其事之人")真的从"不善人"(即"不善于其事之人")那里得到借鉴,岂不也是行有为之道吗?显然,此"师"与"资"都是老子所不取的,故后文说:"不贵其师,不爱其资,虽智大迷,是谓妙要。"即不看重那个"师",不爱用那个"资",虽然聪明却装糊涂,这才是无为之道的玄妙之要。

第二十八章

知其雄，守其雌，为天下溪。为天下溪，恒德不离，复归于婴儿㈠。知其白，守其黑，为天下式。为天下式，恒德不贷，复归于无极㈡。知其荣，守其辱，为天下谷。为天下谷，恒德乃足，复归于朴㈢，朴散则为器，圣人用则为官长，夫大制无割㈣。

校　注

㈠"知其雄，守其雌，为天下溪。为天下溪，恒德不离，复归于婴儿。"

帛书甲本"离"写作"鸡"（乃涉上文"谿"音而误）。无"于"字，余同校文。乙本"溪"作"鸡"、"复"字以下脱损。河、王、傅诸本"恒"并作"常"，"溪"作"谿"。

按："溪"、"谿"互通。《集韵》："谿、溪、嵠、磎：牵奚切，《说文》：'山渎无所通者，一曰水注川曰谿，或从水，从山，从石。'"则"谿"、"嵠"、"磎"、"溪"并通。此从甲本作"溪"。

又按：本段吴澄本作第二段，今依帛书及河、王诸本作首段。

吴澄曰："'知其雄，守其雌'，言圣人知雄德之不足取，故守雌德也。'为天下溪'以譬圣人应为天下之卑下也。"

本段意为：知道彼刚强，却安守此柔弱，甘为天下最卑下者。甘为天下最卑下者，常德永远不离失，重新回复到婴儿的纯朴。

㈡"知其白，守其黑，为天下式。为天下式，恒德不贷，复归于无极。"

帛书乙本同此。甲本"知其"后少一"白"字，疑传抄致失，当据乙本补正。"贷"，甲本作"貣"，河、王、傅本均作"忒"。按："贷"、"貣"古通。《五经文字》："'贷'或相承借为'貣'字。"又"贷"，借为"忒"。朱谦之按："贷字假借为'忒'。《礼记·月令》'毋有差贷'即无有差忒也。"则本文"贷"、"貣"、"忒"皆通，此依乙本作"贷"。

吴澄曰："白谓光明，黑谓尘暗，无极谓无所穷极。"钊按：此"无极"当训为"道"。

按：本段文字帛书甲乙本均排在"守其辱"段后，作为第三段，但通行今本此段均为第二段，排在"守其辱"段前。从全章文字看，此段排在"守其辱"段前优。因为"守其辱"段末句"复归于朴"恰好与第四段首句"朴散则为器"紧相连接，逻辑严密。今从通行本排作第二段。

本段意为：知道彼光明，却安守此暗昧，作为天下人的法式。作为天下人的法式，常德永不差忒，重新回归于道。

㈢"知其荣，守其辱，为天下谷。为天下谷，恒德乃足，复归于朴。"

河、王、傅诸本除"恒"作"常"外，盖同此。帛书乙本脱一"知"字，"荣"作"白"，"谷"作"浴"。甲本"乃"字以下脱损，"荣"亦作"白"，"谷"亦作"浴"。按："谷"、"浴"古通（参见第六章）。

河上公曰："荣以喻尊贵，辱以喻污浊。"

吴澄曰："荣谓尊贵，辱谓卑贱，朴谓木质未斲为器。此章之意，欲自常德而返本复始，以归于太初之道。"

本段意为：知道彼荣耀，却安守此污辱，甘为天下最卑下者。甘为天下最卑下者，常德就会充盈，重新恢复朴实无华的本色。

（四）"朴散则为器，圣人用则为官长，夫大制无割。"

帛书乙本同此，甲本"朴"作"楃"，"散"下脱"则为器圣"四字，余同乙本。河、王、傅诸本"用"后有一"之"字，"夫"，河、王本并作"故"，傅本无"夫"或"故"字。"无割"，帛书甲乙本及傅本并同，河、王本"无"作"不"字，今依帛书。

"朴散则为器"，河上公注："万物之朴散则为器用也。"徐大椿曰："朴者不雕不琢，无一物之形，而具万物之质，散者，离其本真，加以造作之工。一有造作，则随人所为而成一器，此物不能为彼物，而太朴漓矣。"

"圣人用之则为官长"，奚侗曰："官长谓群有司。朴散为器，器各一用而已。圣人但因其材能，使各职其职。"张舜徽曰：
"圣人，谓人主也。上句取譬于物，《庄子·马蹄》篇所云：'纯朴
不残，孰为牺尊；白璧不毁，孰为圭璋。'即所谓'朴散则为器'
也。为人君者，用斯理以施之人事，因材授职，分设百官，而以
爵秩禄廪尊宠之，亦犹牺尊圭璋意耳。"

"大制不割"，以大道制御天下无所伤割。（河上公语）

"官"，君也（参见《广雅·释诂》）。

本段意为：万物的朴真离散，就成为具体的器物。圣人运用
它就能成为君人之长。所以，用大道制御天下而没有损伤。

钊按：本章中"守其黑，为天下式。为天下式，常德不忒
（贷），复归于无极。知其荣"等二十三字，易顺鼎等注家断为
后人所窜入，主张删去。易顺鼎曰："此章有后人窜入之语，非
尽老子原文。《庄子·天下》篇引老聃曰：'知其雄，守其雌，为
天下谿。知其白，守其辱，为天下谷。'此老子原文也。盖本
以'雌'对'雄'，以'辱'对'白'，'辱'有'黑'义。《仪礼》
注：'以白造缁曰辱。'，此古义之可证者。后人不知'辱'与
'白'对，以为必'黑'始可对'白'，必'荣'始可对'辱'，如
是加'守其黑'一句于'知其白'之下；加'知其荣'句于'守
其辱'之上，又加'为天下式，为天下式，常德不忒，复归于无
极'四句，以压黑韵，而窜改之迹显然矣。以'辱'对'白'，此
自周至汉古义，而彼竟不知，其显然者，一也；'为天下溪'，
'为天下谷'，'溪'、'谷'同义，皆水所归。'为天下式'则
与'溪'，'谷'不伦，凑合成韵，其显然者，二也。王弼已为
'式'字等句作注，则窜改即在魏晋之初，幸赖庄子所引，可

以考见原文，函当订正，以存真面。"马叙伦、高亨、张松如从其说。张曰："易、马、高所说极是。今帛书出，可见后人窜改之迹，非但不待魏晋，且早于汉初，盖自帛书已经有人染指了。不过帛书中尚未见'知其荣'句，而重见'知其白'句，其为战国末以至秦汉间人所增补，甚显。此乃窜改之第一步，增加了二十七字。在辗转传抄中方增一'黑'字与'白'对，增一'荣'字与'辱'对，两段变成为三段；在知白守黑一段，臆造出'守其黑，为天下式。为天下式，恒德不忒，复归于无极'等语句，此为窜改之第二步。到两汉，尤其是东汉时，更将新增补之二十七字提前，如此则'复归于朴'句与'朴散则为器'句相衔接，更顺当些，此为窜改之第三步。于是遂为魏晋以来之今本奠定了基础。"

以上易、张诸家之说，虽言之成理，然至今未见此种版本，《庄子·天下》篇只是引文，张舜徽曰："古人引书有节取其辞者，故《庄子·天下》篇所引老聃语，亦未可遽定为此段原文。"因此只有等待新的考古发现，确证古时有如易氏所说之版本，方成定论，此录之以备一说。

简　析

本章着重表现老子以屈求申的人生观和反朴归真的道德观。

（1）提倡知雄守雌，知白守黑，知荣守辱。老子说："知其雄，守其雌，为天下溪"；"知其白，守其黑，为天下式"；"知其荣，守其辱，为天下谷"。这里涉及问题的两个方面，一是"知雄"、"知白"、"知荣"，二是"守雌"、"守黑"、"守辱"。"知"
者，知彼之可尚也。"守"者，守此求彼也。可见，老子对"雄"、
"白"、"荣"不是置之不顾，而是有所崇尚。不过，老子认为要
得到他们，非"守雌"、"守黑"、"守辱"不可。这正是老子以退
为进，以守为攻，以屈求申的思想方法。因此，老子之"守"，
不是消极地退守，他的"守"中是包含着积极因素的。这一点王
弼也看到了。他说："雄，先之属，雌，后之属也。知为天下之
先（也）（者）必后也。是以圣人后其身而身先也。"此守后而求
先，亦即守雌而求雄之谓也。因此老子"知雄守雌"决不是只要
雌不要雄；同理，其"知白守黑"、"知荣守辱"也决不是只要黑
不要白，只要辱不要荣。对此，不是所有注老者都能明白的。正
如严复所指出的："今之用老者，只知有后一句，不知其命脉在
前一句也。"这个批评决不是无的放矢。

（2）提倡"反朴归真"。在本章，老子一再强调"复归于
朴"、"复归于婴儿"。"朴"，指的是太初时期人们朴实无华的
善良本性，含有"无知无欲"的要义。第三十七章说："无名之
朴，夫亦将无欲。"第五十七章说："我无欲而民自朴。"第三章
说："恒使民无知无欲。"第十九章说："见素抱朴，少私寡欲，
绝学无忧。"老子提倡"复归于朴"、"复归于婴儿"就是希望恢
复人的朴实无华的美德。这表明了他对诚实无欺，质朴纯真的美
德的向往。

第二十九章

将欲取天下而为之，吾见其弗得已㈠。夫天下神器也，非可为者也〔，非可执者也〕。为者败之，执者失之㈡。物或行或随，或歔或吹，或强或羸，或载或隳㈢，是以圣人去甚，去泰，去奢㈣。

校　　注

㈠ "将欲取天下而为之，吾见其弗得已。"

帛书甲本脱损后 "得已" 二字，据乙本补。乙本 "将欲取" 以下脱九字。河、王本 "弗" 作 "不"，傅本 "弗" 亦作 "不"，其 "之" 后有一 "者" 字。今从帛书。

"取"，治也（河上公说）。

"为之"，欲以有为治民（河上公说）。

"不得已"，"已"，毕也。"不得已" 犹言不可了结，引伸为不可得逞。

本句意为：想要治理天下而行有为之政，我看他不会得逞。

㈡ "夫天下神器也，非可为者也〔，非可执者也〕。为者败之，执者失之。"

本段前二句同帛书乙本，后二句同帛书甲本。帛书乙本第四句"为"后及第五句"执"后有"之"字，但甲本及通行诸本该二字下并无"之"字，今从甲本。甲本前句脱损四字，依乙本。河、王本句首无"夫"字，"器"后无"也"字，"非"作"不"。傅本句首有"夫"字，余同河本。

易顺鼎曰："'不可为也'下当有'不可执也'一句，请举三证以明之。《文选》干令升《晋纪总论》注引《文子》称《老子》曰：'天下大器也，不可执也，不可为也；为者败之，执者失之。'其证一；王注云：'故可因而不可为也，可通而不可执也。'王注有，则本文可知，其证二；下篇六十四章云'为者败之，执者失之。是以圣人无为故无败，无执故无失。''无为'即'不可为'，'无执'即'不可执'，彼文有，则此文亦有，其证三。盖有'执者失之'一句，必先有'不可执也'一句，明矣。"此说言之有理，此据补"非可执者也"一句于"非可为者也"之下。

按：据奚侗说，"执者失之"下当有"是以圣人无为故无败，无执故无失"句，因错简混入六十四章。详见六十四章校注。

"神器"，即神妙的器物。

"执"，即执着，拿着，抱住。

本段意为：天下是神妙的器物，不可以强力而为，不可以抱住不放。强力而为就会失败，抱住不放就会丧失。

㈢"物或行或随，或歔或吹，或强或羸，或载或隳。"

帛书甲本此段为"物或行或随或炅，或□□□□□或坏或撱"，乙本为"物或行或隋，或热或硾，或陪或堕"，甲本脱五字，乙本少一句，恐误，今据河、王本订正。

"歔"，王本同，河本作"呴"。毕沅曰："《说文解字》无'呴'字，云'嘘'吹也，'吹'虚也。又云'歔'欷也，'欨'吹也。疑'呴'应作'欨'，古字'歔'、'嘘'应同。"易顺鼎曰："'歔'，本字当作'嘘'。下文'或强或羸'，'强'与'羸'反，则'嘘'亦与'吹'反。《玉篇·口部》'嘘'、'吹'二字相通，即本老子。又引《声类》云'出气急曰吹，缓曰嘘'，此'吹'、"嘘"之别，即老子古义也。《玉篇》又有'呴'字，引《老子》曰'或呴或吹'与河上本同，盖汉以后俗字。"此说可供参考，今依王本作"歔"。

"载"，河本同，王本作"挫"。俞樾曰："'挫'，河上本作'载'，注'载'，安也，'隳，危也。'是"载"与"隳"相对成文，与上文'或强或羸'，一律，而王弼本乃作'挫'，则与'隳'不分二义矣，疑'挫'乃'在'字之误。'在'，篆文作'𡉼'，故误为'挫'也。'或在或隳'即'或载或隳'……"其说有理，作"载"是。"载"先假为"在"（"载"、"在"古通），继误为"挫"耳。

"羸"，河上公注曰："羸弱。"

"或载或隳"，河上公："载，安也；隳，危也。"

本段意为：事物各有个性，有的前行，有的后随；有的轻嘘，有的急吹；有的强大，有的瘦弱；有的安全，有的危险。

(四)"是以圣人去甚，去泰，去奢。"

河、王本此句作"是以圣人去甚、去奢、去泰"。帛书甲本此句作"是以声人去甚，去大、去楮"，乙本作"是以圣人去甚，去大、去诸"。"泰"，甲乙本作"大"，"大"，读为"太"；"奢"甲本作"楮"，乙本作"诸"，均误。"去奢"，河、王本均在"去泰"之前，今依帛书。

吴澄曰："甚也，奢也，泰也，极盛之时也。去甚者，欲其常如微之时；去奢者，欲其常如俭之时；去泰者，欲其常如约之时。"

钊按："甚"、"泰"、"奢"字异而义近，均有过分、走极端之意。"甚者"多也，"泰"者，极也，"奢也"，夸也。"去甚"，谓勿过分是也；"去泰"，谓勿过极是也；"去奢"，谓勿夸张是也。

本句意为：所以，圣人办事不过分，不过极，不夸张。

简　析

本章着重讲无为之道。在老子看来，天下是神妙的器物，只可因顺常道，不可强力而为。"为者败之，执者失之，是以圣人无为故无败，无执故无失。"尤为深刻的是，老子似乎看到了事物各有自己的特殊性，说他们有的前行，有的后随；有的轻嘘，有的急吹；有的强壮，有的瘦弱；有的安全，有的危险。真是千姿百态，各有所长。因此，圣人治国安民就应当因顺事物的本性，使其各尽其性，各在其位，各施其能，任其自然，即前行的让他前行，后随的让它后随，轻嘘的让它轻嘘，急吹的让它急吹，瘦弱的让它瘦弱，强壮的让它强壮；安全的让它安全，危险的让它

危险。总之，把一切看作蒭草狗畜，听之任之，不要用那些极端
的、夸张的、过分的行动去妨害自然。

第三十章

以道佐，人主不以兵强于天下，其事好还㈠。师之所居，荆棘生之㈡。善者果而已矣，毋以取强焉㈢。果而勿骄，果而勿矜，果而勿伐，果而毋得已，是谓果而不强㈣。物壮则老，是谓不道，不道早已㈤。

校 注

㈠ "以道佐，人主不以兵强于天下，其事好还。"

帛书乙本脱损末尾三字，余同校文。甲本"于"字及末尾四字脱损，余同校文。河、王、傅本此段均为"以道佐人主者，不以兵强天下，其事好还"。钏按："人主"下河、王诸本有"者"字，但帛书及景福本、《群书治要》引文并无"者"字，王弼注文亦无"者"字。按：无"者"字，此句断句应作"以道佐，人主不以兵强于天下"，这里所谓"以道佐"，指的是人主以道自佐，即河上公所谓"人主能以道自辅佐也"；若有"者"字，则此句只能如通行诸本作"以道佐人主者，不以兵强天下"，这样，"以道佐人主"就不是人主自佐，而是臣子辅佐，讲的是忠臣之道，同老子书作为"南面术"的宗旨不符。今依帛书去"者"字，并改正通行诸本之句读。

又"强"字后河、王诸本无"于"字，但景福本、唐人写本残卷丁本、顾欢本、唐代王真本、《群书治要》本及帛书甲乙本均有"于"字，今依帛书。

"其事好还"帛书甲本全脱，乙本仅存"其"字，今据河、王诸本补正。"其事好还"陈鼓应释曰："用兵这件事一定会得到还报。"从之。

本段意为：人主以道自我辅佐，不应当依靠兵力称霸于天下，用兵者必将得到还报。

(二)"师之所居，荆棘生之。"

本句帛书甲、乙本均有脱损，甲本为"□□所据，楚朸生之"，乙本为"□□□□□棘生之"。河、王、傅诸本均为"师之所处，荆棘生焉"，今据以补正。"所居"河、王诸本作"所处"，今依帛书。"生之"河本作"生焉"，今亦依帛书。

钊按：此句下河、王、傅诸本并有"大军之后，必有凶年"二句，考景龙碑本，唐人写本残卷丁本，遂州龙兴碑本均无此二句。严可均曰："此八字盖注语羼入。"马叙伦从其说，今帛书无此二句，足证严说是。此从帛书。

本句意为：用兵打仗之地，杂草丛生。

(三)"善者果而已矣，毋以取强焉。"

帛书甲、乙本并同此。

"善者"，河本、傅本同，王本作"善有"，恐误。俞樾曰："河上公本作'善者果而已'当从之。王注曰：'果，犹济也，言善用师者，趣以济难而已矣。'是其所据本亦作'善有'，故以'善用师者'释之，今作'善有'，以形近而误。"其说是，今帛书作"善者"又其证也。

"已矣"，傅本、广明本与帛书甲乙本皆同此，但河、王诸本无下"矣"字。王本注曰："果犹济也，言善用师者，趣以济难而已矣。"则王所据本亦当有下"矣"字。今依帛书。

"毋以取强焉"，景龙碑本作"不以取强"，河、王本作"不敢以取强"，增一"敢"字。俞樾云："'敢'字衍文。河上注曰：'不以果敢取强大之名也。'注中'不以'二字即本经文。其'果敢'字乃释上文'果'字之义，非此文有'果'字也。今作'不敢以取强'，即涉河上注而衍。王注曰：'不以兵力取强于天下也。'亦'不以'二字连文，可证经文之'敢'字衍。"今帛书亦无"敢"字，当从之。"毋"，各本作"不"，今依帛书。"焉"，河、王诸本无，但傅本、景福本以及《群书治要》诸本均有"焉"字，今依帛书。

"果"，王弼注："犹济也。"

本句意为：善于用兵的人济困救危罢了，而不借用兵逞强于天下。

(四)"果而勿骄，果而勿矜，果而勿伐，果而毋得已，是谓果而不强。"

"果而勿骄"，帛书甲乙本作"果而毋骄"，但各本均为"果而勿骄"。按：作"勿骄"优。"勿骄"正与下"勿矜"、"勿伐"相匹配，今据改。"骄"，甲本作"驕"，二字古通，今依乙本。

"果而勿骄"句，河本排在"果而勿伐"句之下，今依帛书。

"果而勿矜，果而勿伐"，河、王、傅本并同，帛书甲本后句脱"勿伐"二字，乙本后句脱"而勿"二字，今据河、王诸本补正。

"果而毋得已"帛书甲乙本并同，河、王诸本作"果而不得已"，今依帛书。

"是谓果而不强"，帛书甲乙本"是"前均有一"居"字，恐衍，今删去。乙本无"不"字，疑掩。甲本脱损"果"字，今参阅诸今本补正。

按：此句今通行本多作"果而勿强"，唯傅本及景龙碑本"果"前有一"是"字。俞樾曰："傅奕本作'是果而勿强'，当从之。上文云'善者果而已，不以取强'，又云'果而勿矜，果而勿伐，果而勿骄，果而毋得已'，皆言其果，不言其强，故总之曰'是果而不强'，正与上文'果而已，不以取强'相应。读者误谓此句与'果而勿矜'诸句一律，遂妄删'是'字耳。唐景龙碑亦有'是'字，当据增。"钊按：俞说是，"果而不强"乃是对上文"果而勿骄"等四句的概括总结，苏辙曰："勿矜、勿伐、勿骄，不得已四者，所以为勿强也。"既是总结上文，句前当有"是"、"是谓"之类的转语。今帛书甲乙本并作"是谓果而不强"，当从之。

本段意为：济困救危而不骄傲，济困救危而不矜持，济困救危而不夸耀，济困救危出于不得已。这就叫做济困救危而不称强于天下。

㈤"物壮则老，是谓不道，不道早已。"

河、王本同此，帛书甲乙本"则"并作"而"，"早"皆作"蚤"，"谓"用假字"胃"。甲本"是谓"下有一"之"字，乙本"是谓"作"谓之"，今一律从河、王本。按：张舜徽曰："帛书甲乙本均作'物壮而老'，'而'字并沿上文数句'而'字致误，非原文也。'物壮则老'，有惊惜意，叹盛极必衰也；若云'物壮而老'，乃万物自然之理，无足异者。"其说是，今据改。

本段意为：事物壮大了则必过早走向衰老，这叫做不合于道，不合于道必然提前消亡。

简　析

本章着重表现老子的战争观。从经文来看，老子是不赞成战争的。他认为圣明的君主，以道来辅佐自己，不依靠用兵打仗逞雄称霸。谁要打算用武力来逞强，必然遭到还报，乃致招来"师之所处，荆棘生焉"的后果。但是，老子并不反对一切战争。他认为善于用兵的人在于做到一个"果"字，什么叫做"果"呢？王弼曰："果，犹济也。言善用师者，趣以济难而已矣，不以兵力取强于天下也。"就是说，圣明的君主，用兵不是为了"取强"，而是为了"济难"，即解救危难，这种用兵出于"不得已"。老子主张因"不得已"而战，于今人所说的自卫战争，援助弱小者的战争相类似。老子认为，即使是济困救危，也必须戒骄、戒矜、戒伐，一句话"勿以取强"。这就是老子的战争观。

过去，有人把《老子》看作一部兵书，这是不恰当的，《老子》书涉及过战争问题，但它不以指导战争为主，其宗旨在于实行"无为而治"，如果《老子》真的如某些人所说是一部兵书，那它的"无为而治"就落空了。道理很简单，以指导战争为主要内容的书，必然讲的是有为而治，这同老子的本意是不相符的。

第三十一章

夫兵者不祥之器也，物或恶之，故有道者弗居㈠。君子居则贵左，用兵则贵右㈡。故兵者非君子之器也，兵者不祥之器也，不得已而用之㈢。铦袭为上，勿美也。若美之，是乐杀人也。夫乐杀人，不可以得志于天下矣㈣。是以吉事上左，丧事上右；是以偏将军居左，上将军居右。言以丧礼居之也㈤。杀人众，以悲哀泣之，战胜以丧礼处之㈥。

校　注

㈠ "夫兵者不祥之器也，物或恶之，故有道者弗居。"

帛书甲本"也"字脱损，"道"字作"欲"字，恐误，今据通行诸本改正。帛书乙本"恶"作"亚"，此"亚"后脱七字。河本"夫"下有"佳"字，"兵"后无"者"字，"弗居"作"不处"。王本同河本相近，惟"兵"下多一"者"字。傅本"兵"前有一"美"字，余同王本。

按：河、王本"佳兵"，王念孙谓当作"唯兵"，句为"夫唯兵者不祥之器"。似亦有理，今帛书无"佳"字，更直截了当，当从之。

"兵者"，卢文弨曰："古之所谓兵者，弓矢剑戟之属，是器也，后人因亦名执此器者为兵。"

"不祥"，犹"不吉利"。

"物或恶之"，陈鼓应曰："人所怨恶。'物'即'人'。"

本段意为：兵器是不吉利的东西，人们都讨厌它，所以有道之人不以此安身立命。

（二）"君子居则贵左，用兵则贵右。"

帛书甲乙本均同此，惟乙本脱一"君"字。河、王、傅诸本亦同此。

高亨曰："《逸周书·武顺篇》：'吉礼左还，顺天以立本；武礼右还，顺地以利兵。'《诗·裳裳者华》：'左之左之，君子宜之。'《毛传》：'左阳道，朝祀之事；右阴道，丧戎之事。'并与《老子》此文相合。"

陈鼓应云："'君子居则贵左，用兵则贵右。'古时候的人认为左阳右阴，阳生而阴杀。后文所谓'贵左'、'贵右'、'居左'、'居右'都是古时候的礼仪。"

本段意为：君子平时居家则以左方为贵，战时用兵则以右方为贵。

（三）"故兵者非君子之器也，兵者不祥之器也，不得已而用之。"

帛书甲乙本大致同此。甲本第二句"兵者"二字脱损,据乙本补;乙本首句无"也"字,第二句"之"字脱损,据甲本补。河、王、傅本此段均作"兵者不祥之器,非君子之器,不得已而用之"。帛书"非君子之器"在"不祥之器"句前,今依帛书。

本段意为:所以,兵器非君子所用,它是不吉利的东西,只是不得已才用它。

(四)"铦袭为上,勿美也,若美之,是乐杀人也。夫乐杀人,不可以得志于天下矣。"

帛书甲本同此,乙本"铦袭"作"铦憽",余同甲本。"铦袭",傅本作"恬澹",河本、王本作"恬淡"。"勿美也"河、王本作"胜而不美",傅本作"故不美也"。"若美之"河、王本作"而美之者",傅本作"若美必乐之,乐之者",今一律从帛书。

"铦袭",张松如曰:"劳健《古本考》以为,前二字'诸本异同,自古纷歧,循其音义,皆不可通。今考二字乃铦锐之讹,谓兵器但取铦锐,无用华饰也'。盖经后人傅会,以致'用兵而言恬淡,虽强为之辞,终不成理,所谓甚难而实非也。'劳健虽无的据,但文意讲通了。今帛书作'铦庞',庞为'龐'字之变,敦庞、骏庞、皆有厚大之义,谊与铦锐为近,均指兵器言,故云'勿美也'。"张氏之说虽有理,然帛书甲本、乙本皆未有作"铦庞"者(甲本作"铦袭",乙本作"铦憽"),则其说失其依矣。按:"铦",利也;"袭",入也。"铦袭"意为锋利而能刺入，此正与劳健所云"铦锐"之义近。张舜徽曰："'铦袭'各本作'恬淡'或作'恬澹'，盖传写者初以形近误'铦'为'恬'，后又改下一字为'淡'或'澹'耳。铦，锐利也；袭，攻敌也。首二句谓用兵以锐利袭敌为上，然有道之主不加称美也。"

本段意为：兵器以锋利而能刺入为优，不必装饰它。若把杀人的兵器装饰得很美，那是乐于杀人的表现。而乐于杀人的人，是不可能使自己的志愿在天下得到实现的。

(五)"是以吉事上左，丧事上右，是以偏将军居左，上将军居右，言以丧礼处之也。"

帛书甲本同此，惟"偏"误作"便"。乙本"吉事"后脱损六字，"居左"下有一"而"字，"偏"，同校文。河、王本"上"作"尚"（按："上"、"尚"古通），"丧事"作"凶事"，前后均无"是以"二字，末尾无"也"字。傅本前"是以"作"故"，后"是以"同帛书，"居左"作"处左"，"言以丧礼处之"作"言居上势则以丧礼处之"。余同河本，今依帛书。

本段意为：所以，吉祥之事以左方为贵，凶丧之事以右方为贵。所以偏将军居于左方，上将军居于右方。这是说用行丧礼的仪式来对待用兵打仗。

(六)"杀人众，以悲哀泣之，战胜以丧礼处之。"

帛书甲本大致同此，惟"哀"作"依"，"泣"作"立"。

乙本此段脱损严重，作"杀□□□□□立□□朕而以丧礼处之"。河本此段为"杀人之众以悲哀泣之，战胜以丧礼处之"。王本大致同河本，惟"悲哀"作"哀悲"。傅本此段作"杀人众多则以悲哀泣之，战胜者则以丧礼处之"。

按："悲哀"，河本、傅本同，甲本作"悲依"。"依"，"哀"之假字，《孝经》"哭不哀"，《说文》引作"哭不悠"。此从河、傅诸本作"悲哀"。

本段意为：杀人众多，以悲哀的感情为之哭泣；打了胜仗用行丧礼仪式来处理后事。

按：楼宇烈著《王弼集校释》曰："《道藏集注》于本章末引王弼注说：'疑此非老子之作也。'宋晁说之题王弼注《道德经》也说：'弼知佳兵者不祥之器至于战胜以丧礼处之非老子之言。'又，据马叙伦《老子校诂》引李慈铭、陶绍学说，均以为此章文字有王弼注文混为经文者，并作详细订正。按，今据……汉墓出土帛书甲乙本考之，均有此章文字，并无王弼注文混入。"楼说是。

简　析

本章紧承上章之意，是老子战争观的进一步阐发。

上章说"果而无得已"，本章说"不得已而用之"，都明确告诉人们：战争是不得已的事，千万不要轻易从事战争。他指责那些好战者，以杀人为乐，决无好下场。老子反复强调，打了胜仗，要"以丧礼处之"，"杀人众，以悲哀泣之"，旨在提醒统治者，不要以战争为快事。如河上公所云："古者战胜将军居丧主礼之位，素服而哭之，明君子贵德而贱兵，不得已诛不祥，心不乐之，比于丧也。"

第三十二章

道——恒、无名、朴、唯、小，而天下弗敢臣㈠。侯王若能守之，万物将自宾㈡。天地相合，以降甘露，民莫之令而自均焉㈢。始制有名，名亦既有，夫亦将知止，知止所以不殆㈣。譬道之在天下，犹川谷之与江海也㈤。

校　注

㈠“道——恒、无名、朴、唯、小，而天下弗敢臣。”

帛书乙本如此。甲本“朴”写作“楃”，“唯”后脱损七字。河本此句为“道常无名朴虽小天下不敢臣”。王本、傅本“弗敢臣”作“莫能臣”，今从帛书。

钊按：此句古今注家都读作“道恒（或道常）无名，朴虽小而天下弗敢臣”。恐非是。此句中的“恒”、“无名”、“朴”、“唯”、“小”，当是指道的具体属性，“恒”，指道永远存在；“无名”，指道没有名字，即二十五章“吾不知其名”之谓也；“朴”指道是构成万物的原始材料；“唯”河、王诸本作“虽”。按：“唯”、“虽”古通，此从帛书作“唯”。《玉篇》：“唯，独也。”“独”，即指独立无匹。“小”，《说文》：“小，物之微也。”段注：“小之又小则曰微。”此“小”指“道”体精微。以上五者都讲的是"道"的属性，中间应用顿号（"、"）区别开来，而不宜如传统之读法。

本句意为：道，永远存在，它没有名字，是构成万物的原始材料，独立无匹，其体微小，而天下人谁也不能臣服它。

㈡"侯王若能守之，万物将自宾。"

帛书甲乙本均如此，甲本唯"侯"字脱损。河、王本同帛书，傅本"侯王"作"王侯"。

蒋锡昌曰："此言侯王若能守道而行无为之治，则万物自宾服，从于德化也。"

此句意为：侯王若能守道，万物将自动宾服。

㈢"天地相合，以降甘露，民莫之令而自均焉。"

傅本同此，河、王本末尾无"焉"字，余同校文。帛书甲本此段为"天地相谷以俞甘洛民莫之□□□□焉"，乙本前八字同甲本，"民莫之"三字脱，余同校文。疑二本均不确，今从傅本。"民"，一本作"人"或作"夫"；"令"一本作"命"。

吴澄曰："道之功普遍于天下，譬如天地之气相合而降为甘露，难无人使令之，而自能均及于万物。"

本句意为：天地阴阳之气相结合而普降下甘露，虽无人命令，而人民却能平均地享受。

(四)"始制有名，名亦既有，夫亦将知止，知止所以不
殆。"

帛书乙本及傅本均同此，甲本脱损严重。王本"所以"作
"可以"。河本"夫"作"天"，"知止"作"知之"。张松如曰：
"'天'字当是形误，'之'字当是音讹。"张舜徽曰："帛书乙本
'夫亦将知止'与王弼本同。河上本'止'作'之'，则由篆体
'山''业'二字形近而误耳。又王弼本'所'作'可'，亦由
'所'或作'叮'，与'可'形近而误也。"上说可以参考，今依
帛书。

"始制有名"，"始"，生也。《礼记·檀弓篇》"君子念始
之者也"，旧注："始，犹生也。""制"，《玉篇》："制，法度
也。""始制有名"，犹"产生了法度，就有了名分"。"名亦既
有"之"亦"当训为"已"。《古书虚字集释》："'亦'，犹'已'
也。'亦'、'已'一声之转。""既"，尽也。"名亦既有"，犹云
"名分已经尽有"。"夫亦将知止"，此句中的"亦"字，含义不
同，当训"则"字。

本段意为：产生了法度就有了名分，名分有了之后，则当适
可而止。知道适可而止，就没有危险。

(五)"譬道之在天下，犹川谷之与江海也。"

此段依傅本。帛书甲乙本此段严重脱损。甲本作"俾道之在
□□□□□浴之与江海也"，乙本作"□□在天下也猷小浴之与

江海也"，河、王本与傅本近同，惟语尾无"也"字。"与"，王本作"于"。

按："譬"，河、王、傅及其他多种本子概同，惟帛书作"俾"或"卑"，当是音近而误，此从众本。

"川谷"，帛书乙本作"小浴"，张舜徽曰："'小'字由与'川'形近而误耳。""浴"，假为"谷"。则"小浴"即"川谷"是也。

"与"，王本作"于"。易顺鼎曰："王注云'犹川谷之与江海也'，是本文'于江海'当作'与江海'。《牟子》引此云'譬道于天下，犹川谷与江海'，字正作'与'。"钊按：作"与"是，据蒋锡昌考订，有四十二种本子作"与"，今帛书甲、乙本并作"与"，当从之。

蒋锡昌按："此句倒文，正文当作'道之在天下，譬犹江海之与川谷'，盖此文以江海譬道，以川谷譬天下万物。六十章'江海所以能为百谷王者，以其善下之，故能为百谷王'。江海善下，与道相似，故老子取以为譬也。'道之在天下，譬犹江海之与川谷。'言道泽被于万物，则万物莫不德化；譬犹江海善下用谷，则川谷无不归宗也。此句与上文'侯王若能守之，万物将自宾'句相应。"此解深得老旨，从之。

本段意为：大道之于天下万物，譬犹大海之与江河。

简　析

本章对道的特性作了精辟的概括。

　　道具有什么样的特性呢？老子说："道——恒、无名、朴、唯、小，而天下弗敢臣。"这就告诉我们：

　　（1）道是永恒存在的。《庄子·大宗师》："夫道有情有信，无为无形，可传而不可受，可得而不可见，自本自根，未有天地自古以固存。神鬼神帝，生天生地，在太极之先而不为高，在六极之下而不为深，先天地生而不为久，长于上古而不为老。"这里，庄子所讲的道"未有天地自古以固存"，"先天地生而不为久，长于上古而不为老"。都说明道是永恒存在的，这同老子的思想是一致的。

　　（2）道是无名的。"无名"是老子"道"的一个重要特性。第一章说："无名，万物之始。"第二十五章说："吾不知其名，字之曰道。"《庄子·天地》篇也说："泰初有无，无有无名。"王弼注《老子》二十一章也说："至真之极，不可得名，无名，则是其名也。"

　　（3）道是构成万物的原始材料。老子用一个"朴"字来说明道的这种特性。《说文》："朴，木素也。"段注："素犹质也，以木为质，未彫饰，如瓦器之坯然。"则"朴"乃是未加工的原始素材。用"朴"来形容"道"，这正说明"道"是构成万物的原始物质。因此老子把"道"看作天地之"根"，万物之"母"，庄子也说"道"生天生地，可见道是化生天地万物的原始物质。

　　（4）道独立无匹。在本章老子用一个"唯"字来说明道的这种特性。"唯"，如前面校注中所说"独也"。此"独"即"独立而不改"之"独"。王弼注"独立"曰："无物匹之，故曰'独立'也。""道"是举世无双的，"道生一，一生二，二生三，三生万物”，世间的一切都是由道化生出来的，因此无物与之相匹。

（5）“道”是一种精微的物质。老子有时用一个“小”字来说明这一特性。蒋锡昌云：“小者，道体微妙，不可得见之谓。”张默生说：“道体是至精无形的，故可说是‘小’。”

从以上五种特性，我们可以窥见老子关于“道”的概貌。

第三十三章

知人者智也，自知者明也㈠；胜人者有力也，自胜者强也㈡；知足者富也，强行者有志也㈢；不失其所者久也，死而不亡者寿也㈣。

校　　注

㈠"知人者智也，自知者明也。"

傅本、范应元本并同此，帛书甲本尾脱损三字，乙本后"者"字掩，余同校文。河、王本无二"也"字，余同校文，今从傅本。

蒋锡昌曰："六十五章'民之难治，以其多智'王注'多智，巧诈，故难治也'，是'智'乃能知人之好恶而行巧诈之意也。十六章'知常曰明'，二十七章'不自见故明'，二十四章'自见者不明'，七十三章'是以圣人自知不自见'，是'明'乃能知常道，而不自见其所知之意也。"

本段意为：知道别人的人，只是空有巧智；知道自己的长处与短处，才算清明。

㈡"胜人者有力也，自胜者强也。"

帛书甲本有脱损，乙本及傅本、范本均同此，但乙本"胜"作"朕"。河、王本无"也"字。景龙碑本、唐人写本残卷丁本均无上"者"字，崇宁《五注》本及宋叶梦得《老子解》均无上"有"字。今依帛书。

本段意为：能战胜别人算是有力量；能克制自己而守柔处弱，才是真正的刚强。

（三）"知足者富也，强行者有志也。"

帛书甲本有脱损，乙本及傅、范本同校文，河、王本无二"也"字，景龙碑本、唐人写本残卷丁本无下"者"字，《群书治要》本"行者"下有"则"字，今依帛书。

王弼注曰："知足（者）自不失，故富也；勤能行之，其志必获，故曰'强行者有志'矣。"

本段意为：知道自我满足的人，永远富有；勤勉行道的人抱有大志。

（四）"不失其所者久也，死而不忘者寿也。"

帛书甲乙本及傅本、范本皆同此，河、王本无"也"字，"忘"作"亡"，宋邵若愚本"所"下有"止"字，《群书治要》本"忘"作"妄"。钊按："忘"、"亡"、"妄"三字古通。《释文》："亡，一本作忘。"《易·象》："天下雷行，物与无妄。"虞翻注："妄，亡也。"今依帛书作"忘"。

"不失其所",《老子想尔注》曰:"不强求者为不失其所,故久也。""不强求",即顺道而行也。

"寿",吴澄注曰:"厌世之后,虽去其宅,而此心常存,古今不二,故谓之寿。"吴氏所谓"此心常存"即此道常存也。

本段意为:顺道而行的人才能长久,身死而道常存才算长寿。

简　析

本章重点讲述人生修养之道。

老子十分重视人的自我修养,第二十二章与第二十四章分别从"自见"与"不自见","自是"与"不自是"、"自伐"与"不自伐"、"自矜"与"不自矜"的角度阐明了谦虚的好处,骄傲的坏处,突出了守柔谦下的思想。本章则从另一角度对于什么叫做"明",什么叫做"强",什么叫做"富",什么叫做"有志",什么叫做"久",什么叫做"寿",作了明确的解说,表达了作者的修养原则。具体说来有如下几点:

(1)强调要有"自知之明"。老子说:"知人者智也,自知者明也。"在"知人"与"自知"两件事上,老子提倡"自知",反对"知人"。他所说的"知人",指的是对别人察颜观色的巧诈行为,认为这种作法只是"智",即推行巧诈,为老子所不取。老子所说的"自知",即深知自己的长处和短处(即河上公注中所说的"人能自知贤不肖"),认为这样才是真正的明白。第七十二章说:"圣人自知不自见,自爱不自贵。"再一次强调了"自知"。我国人民所熟悉的"人贵有自知之明"这一至理名言,正是出自老子。

（2）强调自我克制。老子说："胜人者有力，自胜者强。"在"胜人"与"自胜"这两件事情上，老子提倡"自胜"而反对"胜人"。吴澄曰："有力能胜人，恃外之力；尔能自胜，则内能克己也，故谓之强。"这里所谓"内能克己"，正是指的自我克制，老子认为能坚持"自胜"即自我克制，才是真正的刚强，这正符合清虚自守的原则。

（3）提倡"知足"。老子说"知足者富"。"知足"是老子一个极重要的观点，在老子书中多次提到。第九章说："功遂身退，天之道也。"第四十四章说："甚爱必大费，多藏必厚亡，知足不辱，知止不殆。"第四十六章说："祸莫大于不知足，咎莫大于欲得，故知足之足常足矣。"可见，老子对知足多么重视。今天我国人民常说"知足常乐"，盖本于老子。

（4）提倡勉力行道。老子说："强行者有志也，不失其所者久也，死而不忘者寿也。"所谓"强行"，即勉力行道。在老子看来，遵道以行才能"不失其所"，这是真正的长治久安；"道"得以推行，即使肉体死亡了，但精神永垂不朽，这才是真正的长寿。

第三十四章

道汎呵，其可左右也，万物恃之以生而不辞㈠。成功遂事而弗名有也，万物归焉而弗为主㈡。恒无欲也，可名于小；万物归焉而弗为主，可名于大矣㈢。是以圣人之能成大也，以其不为大也，故能成大㈣。

校　注

㈠"道汎呵，其可左右也，万物恃之以生而不辞。"

"道汎呵，其可左右也。"帛书乙本大致同此，唯"汎"写作"沨"。甲本脱损严重，只存一个"道"字。傅本作"大道汎汎兮，其可左右"，河、王本并作"大道氾兮，其可左右"。"汎"，唐人李约本作"泛"。按："汎"、"氾"、"泛"互通。王力《同源字典》："'汎'、'泛'、'氾'实同一词。"本章作"汎"、"氾"、"泛"皆通，乙本作"沨"，疑为"汎"之形误，今从傅本作"汎"。

"万物恃之以生而不辞"，傅本同此。帛书甲、乙本均无此句，但河、王本及其他多种本子盖有此句，惟句中个别辞语稍异，河、王本"以"作"而"，此从傅本。

"恃"，易顺鼎曰："《文选·辩命论》注引作'万物得之

以生而不辞'，又引王注云'万物皆得道而生'，则今本'恃'乃
'得'之误。"马叙伦曰："易说是也。《庄子·天地》篇曰：'物得
以生谓之德。'《贾子·道德说》曰：'所以得生谓之德。'并可为
此文当作'得'之证。"上说似有理，然较古的河上本仍作"恃"
且此文作"恃"亦通，"恃"，赖也（据蒋锡昌说）。

"而不辞"，刘师培曰："此文'不辞'，与第二章'不辞'
同，当从毕说作'不为始'。"按：毕沅在第二章注曰："'辞'、
'始'同声，以此致异，奕（指傅奕本）义为长。"劳健曰："《说
文》'辞'籀文从台作'辝'，夏竦《古文声韵》引《石经》'辞'
作'䛆'、古《孝经》'始'作'䛆'，盖二字古文形本相近。"以
上诸家之说有理，"不辞"当读作"不为始"。"始"，读为"司"，
主宰的意思。

本段意为：大道像浮动的流水，它或左或右无所不在。万物
赖它而生，但它不作万物的主宰。

（二）"成功遂事而弗名有也，万物归焉而弗为主。"

帛书甲乙本大致同此，惟甲本脱"成功"二字，乙本脱"事
而"二字。傅本此段为"功成而不居，衣被万物而不为主"。河
本作"功成不名有，爱养万物而不为主"，王本近河本，惟"爱
养"作"衣养"。今依帛书。

本段意为：取得了成功，完成了事业，而不自有其名，万物
归顺而不为它们作主。

（三）"恒无欲也，可名于小；万物归焉而弗为主，可名

于大矣。”

帛书甲乙本大致同此，惟甲本脱损"而弗"二字，乙本后"名"字作"命"字，"恒"字前两本原有"则"字，但诸今本无"则"字，疑衍，今据删。河本、王本"恒"作"常"，无"也"字，"名于大"作"名为大"。傅本"小"、"大"下均有"矣"字，"恒"亦作"常"，"万物归焉而弗为主"作"万物归之而不知主"。今依帛书。

本段意为：经常保持无欲的状态，可以称之为"小"；万物归顺而不为它们作主，可以称之为"大"。

㈣"是以圣人之能成大也，以其不为大也，故能成大。"

帛书甲乙本同此，惟甲本脱前"以"字，"圣人"作"声人"。河本此句作"是以圣人终不为大，故能成其大"，傅本作"是以圣人能成其大也，以其终不自大，故能成其大"，王本与傅本后二句同，惟"自"下增一"为"字，今依帛书。

本段意为：所以，圣人之能成就大业，就因为他不自以为大，因而能成就大业。

简　析

本章旨在阐明无为之道。高延第注曰："大道广博，无所不宜，化育万物，来者不拒，不居其功，不为之宰。浑朴隐约，故小；万物所宗，故大。道家以濡弱谦下为德，故不为大。天下莫与争，故独能成其大。"詹剑峰云：老子看到了"事物的发展是辩证的，唯其'无藏'反而'有余'；唯其'尽以为人'，反而'已愈有'；唯其'尽以与人'，反而'已愈多'；唯其'不矜能'，反而'成其长'；唯其'功成不居'，反而'不去'。故老子曰：'圣人无积，既以为人已愈有，既以与人已愈多'；'夫唯不居，是以不去'；'以其终不自为大，故能成其大'。"以上二家之说均抓住了老子无为之道的基本精神。

第三十五章

执大象，天下往。往而不害，安平太㈠。乐与饵，过客止㈡。道之出，言淡呵其无味也，视之不足见也，听之不足闻也，用之不足既也㈢。

校 注

㈠"执大象，天下往。往而不害，安平太。"

帛书及河本、王本均同此，惟"太"帛书写作"大"。"大"古读为"太"。甲本"天下"二字脱损。傅本"象"下有"者"字，"太"作"泰"。

"执"：执掌，引申为掌握。

"大象"：指大道。（据河上公说）

本段意为：掌握了大道，天下人都将归往；归往而不相害，则国泰民安。

㈡"乐与饵，过客止。"

河、王、傅诸通行本均同此，帛书甲乙本"客"误作"格"，乙本"饵"字脱损。宋人吕惠卿《道德真经传》"与"作"于"，今依帛书。

　　吴澄曰："乐者，歌吹舞蹈之声容；饵者，饮食之味，飨燕之礼，设乐设饵，以悦乐宾客，然客既过去，则其声容与味亦止，而无复有，可为暂焉之悦乐，而不能以终日也。"此说可供参考。

　　本句意为：悦耳的音乐与好吃的美食，待过人以后，就很快消失。

　　㈢"道之出，言淡呵其无味也，视之不足见也，听之不足闻也，用之不足既也。"

　　帛书乙本大致同此，惟"淡"前多一"曰"字，甲本"淡"误作"谈"，"视之"二字脱损。河上、王弼本"言"作"口"，但傅本、景龙碑本、唐人写本残卷丁本及其他有关本子并作"言"。马叙伦曰："二十三章'希言自然'，弼注曰：'下章言道之出言，淡兮其无味也，视之不足见，听之不足闻。'则王同此。"张舜徽曰："甲乙本并作'出言'，乃原文也。他本作'出口'者，乃由'言'字缺烂而为'口'耳。"此说有理，从之。

　　按："言"下帛书并有"也曰"二字，查通行各本概无此二字，疑衍，今据删。

　　又按："出"后之"言"字，历来注家断为上句，作"道之出言，淡呵其无味也"，恐误。愚意以为此"言"字当划入下句，读作"道之出，言淡呵其无味也"。且此"言"当训为"乃"，《古书虚字集释》曰："'言'，犹'乃'也。"注："'言'训'乃'犹'焉'训'乃'也。""道之出，言淡呵其无味也。"

犹云："道之出，乃淡呵其无味也。"这样训释，文通理顺。如将"言"字划归上句，并释为"言语"之言，则文意费解。道本"无言"，怎么能"出言"呢？故"言"字当划归下句，训作"乃"。

本段意为：大道所出，乃淡而无味，视而不可见，听而不可闻，用而不可穷尽。

简　析

本章着重阐述"道"的巨大作用。

首先，老子点明人君掌握"道"的重大作用。他说："执大象，天下往。往而不害，安平太。"在老子看来，人君掌握了大道，就可以赢得天下百姓归往，继而还可以治理天下以至太平之世。这正是"执古之道，以御今之有"思想的具体发挥。

其次，老子认为，"道"同具体事物不同，具体事物（如音乐、美饵）其作用是有限的。拿音乐、美饵来说，其功效都是暂时的，客过而止，不能长久保持。而"道"则不同，它虽然淡而无味（不同于美饵），听而无声（不同于音乐），视而不见（不同于一切有形物），但其作用却是无穷无尽（用之不足既）。

第三十六章

将欲擒之，必故张之；将欲弱之，必故强之㈠；将欲去之，必故举之；将欲夺之，必故予之㈡，是谓微明。柔弱胜刚强，鱼不可脱于渊，国之利器不可以示人㈢。

校　注

㈠"将欲擒之，必故张之；将欲弱之，必故强之。"

帛书乙本大致同此，惟"故"写为"古"。"擒"，甲本作"拾"，恐误，今从乙本作"擒"。

"擒"，王本作"歙"，河本作"噏"，景龙碑本、傅本作"翕"，《释文》作"僋"。

钊按："翕"、"噏"、"僋"、"歙"古并相通，作收敛或收缩解，据此，古今注家一般以"缩"与"张"对，将前二句译作"将要收缩它，必先扩张它"。此文虽通，然与后二句"将欲弱之，必故强之"义近，有重复之嫌。仔细推敲，似以帛书乙本作"擒"为优。"擒"，通"拉"，《集韵》："'拉'，或作'擸'、'拹'、'擒'、'折'。""拉"、"拹"引申为牵制；《集韵》："'张'，一曰开也。"是"张"有"开"义，引申为放开。"将欲擒之，必故张之"，意为将要牵制它，必先放开它。这就与后二句含义有明显区别，当依帛书作"擒"。诸本之"翕"、"偯"、"噏"、"歙"当为"擒"之假字。

"故"，景龙碑本同，河、王、傅诸本作"固"，帛书两本并作"古"。按："古"，《集韵》云："通作故。"此从景龙碑本作"故"。"故"，《古书虚字集释》："故犹先也，字或作固，字又或作姑。"是"故"、"固"、"姑"三字互通，意为"先"也。

本段意为：将要牵制它，必先放开它；将要削弱它，必先增强它。

(二)"将欲去之，必故举之，将欲夺之，必故予之。"

帛书甲乙本大致同此，惟"故"仍写作"古"，"举"作"与"。乙本后句"之"字脱损。"将欲去之，必故举之"，河、王、傅及其他有关本子作"将欲废之，必固兴之"，此依帛书。"夺"，韩非《喻老》及范应元本作"取"，《韩非子·说林上》引《周书》亦作"取"。"夺"，取也。今依帛书作"夺"。

按："举"，帛书作"与"。"与"，借为"举"。《易·无妄》"物与无妄"，虞注："'与'，谓'举'也。"今据改作"举"。或谓"与"疑作"兴"，形近而误。文作"将欲去之，必故兴之"，亦通。然从本经文看，似以"举"字为优。"举"与下"予"字为韵，如作"兴"，则失韵矣。

本段意为：将要废去它，必先推举它；将要夺取它，必先给予它。

㈢"是谓微明。柔弱胜刚强，鱼不可脱于渊，国之利
器不可以示人。"

河、王本并同此。帛书"柔弱胜刚强"作"柔弱胜强"，甲本
"渊"，作"潚"；"国"，作"邦"，"利"前无"之"字，"示"作
"视"。乙本"胜"作"朕"，"脱"作"说"，"利"前亦无"之"
字。"柔弱胜刚强"，傅本作"柔之胜刚，弱之胜疆"，景龙碑本
作"柔胜刚，弱胜强"。"国之利器不可以示人"，景龙本作"国
有利器，不可示人"，傅本"国"作"邦"。"示人"，一本作"借
人"或"假人"，今一律从河、王本。

"是谓微明"：高延第曰："首八句即祸福盛衰倚伏之几，天
地自然之运，似幽实明。'微明'谓微而显也。"

"国之利器不可以示人"，蒋锡昌曰："'利器'二字，当指人
君赏罚之权而言，所以控制臣下者也。'国之利器不可以示人'，
言人君赏罚之权不可以示人也。"

本段意为：这中间的道理可谓微妙而彰明。柔弱可以战胜刚
强。鱼儿不可以脱离深渊，国君的权术不可以昭示于人。

简　析

本章集中体现了老子的"南面术"。

老子书历来被称为"人君南面之术"。这种"南面术"，乃
是统治者驾驭臣下治理百姓的一套手法和权术。本章就带有这种

色彩。蒋锡昌曰："本章自'将欲歙之'以下，言人君控制臣下之术；自'鱼不可脱于渊'以下，言人君控制臣下之权。"全章贯穿着"权术"二字。王夫之曰："斯道也，用兵者以为制人之机，欲富者以为巧取之术，……是则忍也，容也，异端之所宝，权谋者之所尚也。"尽管如此，其中仍包含着合理的因素。

（1）首先，上半部分揭示了一种斗争艺术，其中有着朴素的辩证法。老子把"擒之"与"张之"、"弱之"与"强之"、"去之"与"举之"、"夺之"与"予之"作为四对矛盾来处理，揭示了矛盾双方的对立统一关系。"将欲擒之，必故张之"，意味着"张"中有"擒"，"张"可以转化为"擒"；"将欲弱之，必故强之"，意味着"强"中有"弱"，"强"可以转化为"弱"；"将欲去之，必故举之"，意味着"举"中有"去"，"举"可以转化为"去"；"将欲夺之，必固予之"，意味着"予"中有"夺"，"予"可以转化为"夺"。这一切，都集中地表达了这样一个思想：矛盾着的双方，一方面互相对立，一方面又互相包含、互相转化，亦即相反相成。这无疑是辩证法的闪光。

（2）老子上面的斗争艺术，是他的柔弱胜刚强思想的具体运用。老子之所以强调从放开对方中来达到牵制对方的目的，从增强对方中来达到削弱对方的目的，从推举对方中来达到除去对方的目的，从给予对方中来达到夺取对方的目的，就是因为他坚信柔能胜刚，弱能胜强，这正是老子以退为进，以屈求伸思想的集中阐发。

（3）老子强调"国之利器不可以示人"，照蒋锡昌的理解，此意"言人君赏罚之权不可以示人也"。这一思想后来对韩非影响很大，韩非在建立"法术势"的思想体系中，曾对"术"作了这样的表达："术者，因任而授官，循名而责实，操生杀之柄，课群臣之能者也。此人主之所执也。"

第三十七章

道恒无为而无不为㈠。侯王若能守之，万物将自化㈡。化而欲作，吾将镇之以无名之朴㈢。镇之以无名之朴，夫将不欲。不欲以静，天下将自正㈣。

校　注

㈠"道恒无为而无不为。"

此句帛书甲乙本并作"道恒无名"，但通行各种版本均作"道常无为而无不为"。帛书恐涉三十二章而误，今从众。惟将通行本之"常"改作"恒"，以存帛书之风貌。

钊按："道恒（常）无为而无不为"，注家众说纷纭。河上公曰："道以无为常也，言侯王若能守道，万物将自化效于己也。"王弼云："'道常无为'，顺自然也；'而无不为'，万物无不由为以治以成之也。"王安石说："侯王守道，则无为也；万物将自化于道，故无不为也。"吴澄注："道之无为，久而不变，非特暂焉而已，故曰常无为。虽一无所为，而于所当为之事，无一不为也。若无为而事有废缺，则亦何取其无为也哉。此之无为，盖性焉安焉者也。"录之如上，以供参考。

本句意为：道永远无为，而没有什么事不可为。

㈡"侯王若能守之，万物将自化。"

帛书乙本同此，甲本"化"作"愿"，"愿"当是"㥊"之异体字，《字汇》："㥊，居伪切，音瞡，谐也。"则"愿"有和谐之义，"自愿"即自己和谐，自己平衡之谓也，亦通。今从乙本及诸今本作"自化"。

本句意为：侯王若能坚守无为之道，万物就可以自己变化而成。

㈢"化而欲作，吾将镇之以无名之朴。"

河、王、傅本及其他诸今本均如此。帛书乙本基本同校文，惟"镇"作"闽"，甲本"欲"后脱七字。

"化而欲作"：言变化而欲念兴作。

"镇"：吴澄曰："镇谓压定。"

"无名之朴"：历来注家看作形名结构，恐非是。此"无名"与"朴"，是并列之词，讲的是道的两种特性，一为"无名"，一为"朴"，故"之"字当训为"与"。《广释词》："之，犹'与'，连词，训见《经传释词》。《战国策·赵策一》'奚择有功之无功为知哉'，谓有功与无功也。"此"无名之朴"即"无名与朴"是也。"无名"与"朴"本是道的两种特性，有时也作为道的别称，如看作形名结构，是用"道"的别称来形容

"道"的别称，有牵强之嫌。"吾将镇之以无名之朴"，犹言我将用道的"无名"和"朴"两种特性来压定它。"无名"，"朴"都体现了无欲的思想。

本段意为：变化而欲念兴作，我将用"无名"和"朴"这两种东西来克制它。

(四)"镇之以无名之朴，夫将不欲。不欲以静，天下将自正。"

帛书甲本"朴"作"楃"；"欲"作"辱"；"静"作"情"；"天下"作"天地"。乙本"欲"亦作"辱"；"天下"亦作"天地"，余同校文。河本此段为："无名之朴，亦将不欲。不欲以静，天下将自定。"王本近河本，惟"亦"作"夫"；前"不欲"作"无欲"。傅本"静"作"靖"。按：帛书"不辱"当从众本作"不欲"，"欲"、"辱"音近而误；"天地"当从众本作"天下"。"镇之以"三字诸本无，但帛书甲、乙本均有，有此三字为优，今依帛书。

吴澄曰："欲作之时，必将以此无名之朴镇压其有心之欲，以道自治也。既以此无名之朴镇其欲，则其欲亦将不欲矣。"

"天下将自正"：言天下将自正定也（河上公说）。

本段意为：用"无名"和"朴"这两种东西来克制它，就能达到"无欲"的境界。"无欲"就能导致安静，从而使天下太平无事。

简　析

本章贯穿着无为之道。

"无为"是老子哲学的一个重要范畴。什么叫"无为"呢？王弼注曰："顺自然也。"把"顺自然"看作"无为"，确是老子无为思想的一个重要方面。但是，老子的"无为"也含有不作不为之意，第四十七章："圣人不行而知，不见而名，不为而成。"此处的"不为而成"就是认为君主不用作为可以取得成功。

老子关于"无为"思想的上述两种倾向，后来都在中国哲学史上产生了深远的影响，以庄子为代表的一些人，从消极方面发展了老子的无为思想；以淮南王刘安为代表的一些人，则从积极方面发展了老子的无为思想。

庄子夸大了顺从自然的思想，结果主张消极地顺应自然，反对人们对自然物的改造。他说："天无为以之清，地无为以之宁，故两无为相合，万物皆化……万物职职（繁多貌），皆从无为殖。"（《庄子·至乐》）在他看来，世间万事万物都是"无为"的结果。他所谓"无为"，包含有反对改造自然之意，说："天下有常然，常然者，曲者不以钩，直者不以绳，圆者不以规，方者不以矩，故天下诱然皆生而不知其所以生，同焉皆得而不知其所以得。"（《庄子·骈拇》）在庄子看来，物之曲、直、圆、方，都是天下之"常然"，应当听之任之，不要改造它。他明确提出"不以心捐道，不以人助天"，说："何谓天？何谓人？牛马四足是谓天，落（络）马首，穿牛鼻是谓人。"他认为人为毁坏了自然，是不可取的，说："夫大块载我以形，劳我以生，佚我以老，息我以死；故善吾生者，乃所以善吾死也。今大冶铸金，金踊跃曰：'我且必为镆铘，大冶必以为不祥之金。今一犯人形，而曰"人耳！人耳！"夫造化者必以为不祥之人。今一以天地为大炉，以造化为大冶，恶乎往而不可哉？'"（《庄子·大宗师》）这实际上是要人们对自然"唯命是从"，反对人对自然的改造。庄子这种消极的适应自然，导致最后在人生哲学上提倡悲观厌世，消极无为，他甚至主张"堕肢体，黜聪明"，做一个"形同槁木，心如死灰"的木偶，从而把老子的"无为"变成了道地的无所作为。

同庄子走着相反的道路，刘安等从积极方面发挥了老子的无为思想。《淮南子·修务训》曰："夫地势水东流，人必事焉，然后水潦得谷行；禾稼春生，人必加功焉，故五谷得遂长；听其自流，待其自生，则鲧禹之功不立，而后稷之智不用。若吾所谓'无为'者，私志不得入公道，嗜欲不得枉正术，循理而举事，因资而立功，权自然之势而曲故（高诱注："巧诈也。"）不得容者；政事（一作"事成"）而身弗代，功立而名弗有。非谓其感而不应，攻而不动者。若夫以火熯井，以淮灌山，此用己而背自然，故谓之有为。若夫水之用舟，沙之用鸠，泥之用輴，山之用蔂。夏渎而冬陂，因高为田，因下为池，此非吾所谓为之。"刘安这里所说的无为和有为，体现了人们按规律办事的主观能动作用，是新兴地主阶级积极进取的表现。到了宋代，王安石用"本"、"末"两范畴对"无为"作了合理的说明。他说："道有本有末。本者，出之自然，故不假人之力而万物以生也。末者，涉乎形器，故待人力而后万物以成也。夫其不假人之力而万物以生，则是圣人可以无言也，无为也；至乎有待于人力而万物以成，则是圣人之所以不能无言也，无为也。"王安石用"不假人力"与"假人力"来区别"无为"和"有为"，既肯定了自然力的作用，也肯定了人改造在自然中的作用，把道家无为思想推到了新的高度。

德经篇

第三十八章

上德不德，是以有德；下德不失德，是以无德㈠。上德无为而无不为也㈡；上仁为之而无以为也；上义为之而有以为也；上礼为之而莫之应也，则攘臂而扔之㈢。故失道而后德，失德而后仁，失仁而后义，失义而后礼。夫礼者，忠信之薄而乱之首也㈣。前识者，道之华而愚之首也。是以大丈夫居其厚而不居其薄，居其实而不居其华，故去彼而取此㈤。

校　注

㈠"上德不德，是以有德；下德不失德，是以无德。"

帛书乙本同此，甲本脱损严重，仅存末尾一个"德"字。河本、王本、傅本以及其他多种版本概同乙本。

蒋锡昌曰："河上公云'上德谓太古无名号之君，德大无上，故言上德也。不德者，言其不以德教民，因循自然，养人性命，其德不见，故言不德也。'其言是也。王注：'德，得也。''上德不德'，言最得利益之君不以德为事也；'是以有德'，言其结果反有得也。'下德'指俗君而言，意谓其所得之利益最下也。'下德不失德'，言得利最下之君持德不失也，'是以无德'，言其结果反无得也。"此说可供参考。

本段意为：上德之人不以得为事，所以有所得；下德之人持得不失，所以无所得。

（二）"上德无为而无不为也。"

帛书乙本此句作"上德无为而无以为也"，甲本"无以为"前脱损二字，余同乙本。河本、王本同乙本，惟末尾无"也"字，考傅本作"上德无为而无不为"。陶方琦曰："《文选·魏都赋》注引亦作'无不为'。"俞樾曰："《韩非子·解老》篇作'上德无为而无不为也'，盖古本如此。今作'无以为'者，涉下'下仁'句而误耳。傅奕本正作'不'。"俞说是，从之。

钊按：此句下河、王本均有"下德为之而有以为"一句，傅本有"下德为之而无以为"一句。帛书甲乙本并无"下德"句。从文意来看，以无此"下德"句为优。因为所谓"下德"，实即"上仁"、"上义"、"上礼"三者，下文云："上仁为之而无以为也，上义为之而有以为也，上礼为之而莫之应也，则攘臂而扔之。"这里对下德的三种表现已作具体阐发，如前面再增一"下德"句，则使上下文不相融贯。比如，若此"下德"句作"下德为之而有以为"（如同河、王本那样），则与"上义"句重复，而和"上仁"句相悖；如此"下德"句作"下德为之而无以为"（如同傅本那样），则又与"上仁"句重复而和"上义"句相悖。是上述两种"下德"句无论取何句，其在此文中都属"赘瘤"。为解决这一矛盾，马其昶主张把此"下德"句改作"下德无为而有以为"。他说："'无为'旧作'为之'，误同'上义'句，傅本又误同'上仁'句。注家强为之说，皆非是，今为正之：德有上下，其无为一也，以其不失德，故难无为之中，而仍有以为。"（《老子故》）此说似是有理，实则非也。其一，将"下德为之"改作"下德无为"，无古本可证，有"无据改经"之谬；其二，作"下德无为"则与"上仁为之"、"上义为之"、"上礼为之"三句相悖，不但未摆脱原来的困境，反而造成更大谬误。根本的问题在于此"下德"句不应当有。今帛书无此句，问题迎刃而解，故今本当从帛书删去"下德"句。

本句意为：上德之人无为而没有什么不可为。

(三)"上仁为之而无以为也；上义为之而有以为也；上礼为之而莫之应也，则攘臂而扔之。"

河、王、傅诸本均同此，惟前三句无"也"字。帛书乙本首句同校文，第二句"上义"作"上德"，实误，当据甲本改作"上义"。末句"扔"写为"乃"。甲本首句"上仁为之"后脱二字；第三句"上礼"后全脱损，且第四句"则"字亦脱损。"扔"亦写为"乃"。今一律据河、王本订正。

钊按：此章"无以为"与"有以为"古今注家众说纷纭，河上公曰："'上仁为之'，'上仁'谓行仁之君，其仁无上，故言'上仁'也，'为之'者为仁恩也。'而无以为'，功成事立，无以执为；'上义为之'为义以断割也，'而有以为'动作以为己，杀人以成威，贼下以自奉也。"吴澄曰："以，犹用也。"据此吴氏将"无以为"解作"无用于为"；"有以为"解作"有用于为"。
高亨曰："'无以为'者，无所因而为之，无所为而为之；'有
以为'者，有所因而为之，有所为而为之。"许抗生曰："'无以
为'，意即没有什么目的而为。"与此相应，许氏在译文中把"有
以为"释为"有目的而为"。陈鼓应据林希逸注（该注曰："'以'
者，有心也。'无以为'是无心而为之也。"）把"无以为"释作
"无心作为"，"有以为"释为"有心作为"。推敲以上诸家之说，
似都于义未安。惟蒋锡昌氏把"无以为"释作"无所为"，"有以
为"释作"有所为"，其训译此段，文通理顺，曰："'上仁'，
以仁为上之君也；'上义'，以义为上之君也。'上仁为之而无以
为'，言上仁之君，立善行施，而并无所为。'上义为之而有以
为'，言上义之君，立分正名，以防僭窃。故'有所为'也。"
从之。

"攘臂而扔之"："扔"，景龙碑等多种版本作"仍"，范
应元曰："'扔'字王弼与古本同。"则范所见古本作"扔"，今
帛书写作"乃"。"乃"为"扔"之声假。朱谦之曰："作'扔'
是也。《广雅》曰：'扔，引也。'《广韵》曰：'扔，强牵引
也。''扔'与'仍'音义同，但'扔'字从手，与攘臂之义
合。"高亨曰："古人攘臂，援其袂而纆以绳……或上卷其袂
而不纆绳，《广韵》'揎袂出臂曰攘'，是也。《孟子·尽心》
篇'冯妇攘臂下车'，《庄子·人间世》篇'支离疏攘臂于其
间'，《吕氏春秋·知分》篇'次非攘臂祛衣'，《战国策·齐
策》'交游攘臂而议于世'，《淮南子·兵略》篇'陈胜兴于
大泽，攘臂袒右'，可证'攘臂'古代习用语也。陆（指陆

德明——引者）训‘扔’为‘引’是也。《广雅·释诂》：‘扔，引也。’攘臂而扔之者，谓攘臂以引人民使就于礼也。”此说可供参考。

本段意为：上仁之人推行仁，而其实无所为；上义之人推行义，而不得不有所为。上礼之人推行礼，若无人响应，就揎衣出臂，强行人家服从其礼。

㈣“故失道而后德，失德而后仁，失仁而后义，失义而后礼。夫礼者，忠信之薄而乱之首也。”

帛书乙本大致同此，惟下面三“后”字误作“句”字，“薄”写为“泊”（“泊”、“薄”古通）；“乱”写作“爪”。“薄”下有一“也”字（此“也”疑衍）。甲本此段作“故失道矣。失道矣而后德，失德而后仁，失仁而反义□义□□□□□□□□□而乱之首也”。同乙本相较，甲本多“失道矣”三字且下“失道”后多一“矣”字。但河、王、傅本均同乙本（惟句末无“也”字）未重“失道矣”三字（且“失道”后无“矣”字），今依帛书乙本，并据傅本删去“薄”下之“也”字。

按：后句“而”字当作“与”字解。《词诠》：“而，等立联词，与也。”“忠信之薄而乱之首也”，犹言“忠信之薄与乱之首也”。

河上公曰：“‘故失道而后德’，言道衰而德化生也；‘失德而后仁’，言德衰而仁爱见也；‘失仁而后义’，言仁衰而分义明也；‘失义而后礼’，言义衰则施礼并行玉帛；‘夫礼者忠

信之薄'，言礼废本治末，忠信日以衰薄，'乱之首'礼者贱质而
贵文，故正直日以少，邪乱日以生。"刘师培曰："老子之旨，盖
言道失则德从，德失则仁从，仁失则义从，义失则礼从，后失者，
从之而失也。"

本段意为：所以，丧失了"道"，而后才有"德"；丧失了
"德"，而后才有"仁"；丧失了"仁"，而后才有"义"；丧失
了"义"，而后才有"礼"。至于那个"礼"，乃是忠信的衰薄与
祸乱的开端。

（五）"前识者，道之华而愚之首也。是以大丈夫居其厚
而不居其薄，居其实而不居其华，故去彼取此。"

帛书甲乙本大致如此，甲本"前识者"三字脱（据乙本补
上），"华"下有一"也"字（据傅本删去），"薄"写为"泊"，
"彼"写为"皮"。乙本"是以大丈夫居其厚而不居其薄"，作"是
以大丈夫居□□□居其泊"，前"居"下脱三字，从上下文看，当
是少一"而"字，此据甲本。此外，其"彼"讹为"罢"，"取此"
前有一"而"字（甲本无"而"，从甲本），且"道之华"后亦有
"也"字，亦据傅本删去。河、王本同帛书乙本相近，惟首句末无
"也"字，"愚之首"作"愚之始"。"居其厚"，"居其实"之"居"
作"处"。傅本"居"均作"处"。"愚之首"亦作"愚之始"，余
同校文。

"前识"，《韩非·解老》云："先物行，先理动，谓之前
识。前识者，无缘而妄意度者也。"蒋锡昌："'前识者'，犹

言先知者。"

"愚之首"：河上公注："言前识之人愚闇之倡始。"（河上公本作"愚之始"）易顺鼎曰："'愚'当作'遇'，即《书·盘庚》'暂遇奸宄'之'遇'。又《淮南》'偶睒智故'之'偶'，《吕氏春秋·勿躬》篇'幽诡愚险之言'，王氏《经义述闻》以为'愚'即'遇'，'愚'、'遇'古字通用。知此书才然矣。愚之始，即邪伪之始也。"以上二说似以易氏之说为长，"愚"，在此章当作"邪伪"解。

"故去彼取此"，高亨曰："五字疑后人注语。"

本段意为：所谓先知，那是道的虚华与邪伪的开端。所以，大丈夫处身于淳厚而不处身于浇薄，处身于朴实而不处身于虚华。因而要去掉浇薄与虚华，采纳淳厚与朴实。

简 析

本章着重言"德"。

本章是《德经》的首章，故老子开宗明义，反复阐明自己关于"德"的思想。他把"德"分为"上德"与"下德"两种类型，并且旗帜鲜明地褒扬"上德"，批判"下德"。

什么是"上德"呢？从文意来看，此"上德"（即上善之德）指的是"无为之道"。老子说："上德不德，是以有德。"上德之人不以"得"为事，所以有所得。不以"得"为事反而有所"得"，这正是"无为"而又"无不为"思想的体现，故下文说："上德无为而无不为也。"此"上德"，老子有时又称为"玄德"，

第十章说："生之畜之，生而弗有，为而弗恃，长而弗宰，是谓玄德。"这里所谓"弗有"、"弗恃"、"弗宰"，意思都是相通的，即无为而任自然。因此，老子所言的"上德"或"玄德"，就是无为之道。

什么是"下德"呢？从文意来看，老子所谓的"下德"（即鄙下之德）包括"仁"、"义"、"礼"等范畴，它们虽然内容和形式各有不同，但有一点是共同的，即都推行有为之道。文中所谓"上仁为之"、"上义为之"、"上礼为之"，都贯穿着一个"为"字，可见"下德"的要害在于"有为"，是有为之道的体现。

因此老子赞扬"上德"，批判"下德"，实际上是赞扬无为之道，批判有为之道。在老子看来，上德无为而无不为；反之，下德有为却越为越糟。你看："上仁为之而无以为，上义为之而有以为，上礼为之而莫之应也，则攘臂而扔之。"上仁虽然为，但由于它离上德较近，所以虽"为之"，却是"立善行施，而并无所为"，到了"上义"则不同了，"立分正名，以防僭窃"，故不得不有所为；到了"上礼"，简直是违背自然而为，一旦得不到响应，就揎衣出臂，强迫别人顺从，这种强力而为或勉强作为，只能是"道之华而愚之首"，为老子所不取。在老子看来，社会的倒退，在于无为之道的丧失，他说："失道而后德，失德而后仁，失仁而后义，失义而后礼，夫礼者忠信之薄而乱之首也。"这里告诉我们，由道而德，由德而仁，由仁而义，由义而礼，社会每况愈下，世道日衰，其所下所衰的根本原因，在于无为之道的日益丧失，有为之道日益盛行，这正是老子对儒家仁、义、礼等进行无情抨击的根由。老子对仁、义、礼等强烈的抨击，是对当时尔虞我诈的社会现实的间接批判。

第三十九章

昔之得一者，天得一以清，地得一以宁，神得一以灵，谷得一以盈，侯王得一以为天下正㈠。其致之一也，谓天毋以清将恐裂，地毋以宁将恐发，神毋以灵将恐歇，谷毋以盈将恐竭，侯王毋以贵高将恐蹶㈡。故贵必以贱为本，高必以下为基㈢。是以侯王自谓孤、寡、不谷。此其以贱之为本欤，非也㈣？故致数与无与。是故不欲禄禄若玉，硌硌若石㈤。

校　注

㈠ "昔之得一者，天得一以清，地得一以宁，神得一以灵，谷得一以盈，侯王得一以为天下正。"

"昔之得一者"甲本及河、王、傅诸本概同此，乙本少一"之"字，疑掩，此从甲本。

"天得一以清，地得一以宁"帛书及河、王、傅诸本均同此。甲本第二句脱损一"一"字。

"神得一以灵，谷得一以盈"河、王、傅本同此，帛书亦大致同此，惟两本"灵"写作"霝"，"谷"并作"浴"。"谷"、"浴"古通，此从众本作"谷"。

按：河、王、傅本以及其他传本，在"谷得一以盈"句下，均有"万物得一以生"句，但帛书甲乙本概无此句，且下文亦无"万物毋以生将恐灭"之对应句，可知不是误脱。罗振玉曰："敦煌戊本无此句。"考严遵本亦无此句，当是古本如此。此从帛书。

"侯王得一以为天下正"，帛书乙本及河本同此，甲本有脱损，作"侯□□□而以为正"。此从乙本。傅本"侯王"作"王侯"；"正"作"贞"。王本"正"亦作"贞"。

"昔"，河上公注"往也"，王弼注"始也"，都是从"过去"的意义上来理解它，从之。

"正"，主也。

"一"，指"道"，实即元气或精气。

本段意为：已经得到"一"的事物［各有所成］：天得到"一"而清明，地得到"一"而安宁。神得到"一"而英灵，低谷得到"一"而充盈，侯王得到"一"而成为天下的统领。

⑵"其致之一也，谓天毋以清将恐裂，地毋以宁将恐发，神毋以灵将恐歇，谷毋以盈将恐竭，侯王毋以贵高将恐蹶。"

"其致之一也"傅本同此，帛书甲、乙本均无"一"字，"致"作"至"；乙本无"之"字。河、王本亦无"一"字，且无"也"字。

按：此句当以傅本有"一"字为优。盖老子把"一"看作成就一切的基本要素，得到"一"者，"天清"、"地宁"、"谷盈"、"神灵"、"王正"。那么失去"一"将会造成怎样的后果呢？"其致之一也"正是承上启下地提出这一问题，故傅本保存了这个"一"字，十分可贵。"其"，《古书虚字集释》："其，犹若也，训见《经传释词》。""致"，历来注家多训为"推致"，失之。此"致"，当从温少峰说训委致，弃致。他说："此'致'当即《论语·学而》'事君而致其身'之'致'。朱注：'致，委也。'《广雅·释诂》：'委，弃也。'是'致'有'委致'、'弃致'之义。"从之。"之"，犹此也。《词诠》："之，指示形容词，此也。""其致之一也"，犹言"若弃此一也"。

"谓天毋以清将恐裂，地毋以宁将恐发。"帛书乙本"谓"作"胃"。"裂"，作"莲"，"以"作"已"，余同校文。甲本"谓"亦作"胃"，"以"亦作"已"，其"裂"、"以宁"、"发"诸字损脱，且"地"前多一"胃"字。河、王本均无"谓"字，且"毋"作"无"。余同校文。

"发"，刘师培曰："'发'读为'废'，《说文》：'废，屋顿也。'《淮南子·览冥训》'四极废'，高注：'废，顿也。'《左传》定三年'废于炉炭'。杜注'废，堕也'，顿堕之义与倾圮同。'恐发'者，犹言将崩圮也，即地倾之义。'发'为'废'字之省形。"从之。

"神毋以灵将恐歇，谷毋以盈将恐竭。"河、王、傅本同此，唯"毋"作"无"。帛书甲本"灵"作"霝"，"竭"作"渴"，"谷"作"浴"，"以"作"已"，前句"将"字脱损，且两句前各有一"胃"字。乙本有脱损，作"神毋□□□恐歇谷毋已□

将竭"，掩一"恐"字。此依河、王、傅诸本。

"侯王毋以贵高将恐蹷"，河本同此，惟"毋"作"无"。王本"蹷"作"蹶"，"毋"亦作"无"。帛书乙本"以"作"已"，"贵"下多一"以"字，"蹷"作"厥"。甲本脱损严重，作"侯王毋已贵□□□□□"。

按："蹷"，一作"蹶"，颠败也（蒋锡昌说）。

本段意为：如果抛弃了这个"一"，则天不得清明恐会崩裂，地不得安宁恐会倾塌，神不得英灵恐会止歇，低谷不得充盈恐会枯竭，侯王不得贵高恐会废黜。

㈢ "故贵必以贱为本，高必以下为基。"

景福本、陆希声本以及《群书治要》本盖同此。河本后句同，前句少一"必"字，然观其注中有"必"字，故经文字当有"必"字。王本及傅本无上下两"必"字，且王本无"故"字。帛书乙本作"故必贵以贱为本，必高矣而以下为坛（基）"。甲本同乙本，惟前句"贵"下多一"而"字。两本均将"必"字放置句前，文不顺畅，恐误，今从景福和陆希声诸家本。

两句意为：所以荣贵必以低贱为根本，高尚必以贱下为基础。

㈣ "是以侯王自谓孤、寡、不谷，此其以贱之为本欤，非也？"

帛书甲本"是"前有"夫"字,"自谓"后脱一字(帛书甲本《释文》补作"曰"字),谷省作"枽","此其以贱之为本欤,非也?"作"此其贱□□与非□";乙本"是"前亦有"夫"字,"谷"亦省作"枽","此其以贱之为本欤,非也"作"此其贱之本欤,非也","其"后无"以"字,"之"后无"为"字,对照今本,河、王本作"此非以贱为本耶,非乎?",傅本作"是其以贱为本也,非欤?","贱"前均有"以"字,"本"前均有"为"字,今据补。首句"夫"字各本并无,疑衍,今据删。

"自谓":易顺鼎曰:"'自谓'当作'自称'。四十二章云'人之所恶,唯孤、寡、不谷,而王公以为称',则此亦必作'称'也。《淮南》高注正作'称'。《文选》邱希范《与陈伯之书》注引此作'王侯自称孤、寡、不谷',皆可证。"言虽有理,然帛书及今诸通行本并作"谓","称"、"谓"互通,似不必强求与四十二章"称"字一律。《老子》书中之字,常变通使用,拿"道"来说,有时称"大",有时称"一",字虽相殊,义却相同,况"称"、"谓"本来互通,更可变换使用。"孤、寡、不谷",奚侗曰:"左僖四年《传》:'岂不谷是为?'杜注:'孤、寡、不谷,诸侯谦称,孤,云孤独;寡,云少德;不谷,不善也。'"从之。

"其"指侯王。

本段意为:所以,侯王称呼自己为"孤"为"寡"、为"不谷",这就是他们以低贱作为根本。不是吗?

㈤"故致数与无与，是故不欲禄禄若玉，硌硌若石。"

"故致数与无与"，帛书甲本同此。乙本"致"作"至"，"与"作"舆"。王本、龙兴观御注本，《淮南·道应》篇"与"亦作"舆"，和乙本同。河上本、景龙碑本、顾欢本、景福本等"与"并作"车"，傅本，明太祖注本，宋徽宗注本以及陆德明《释文》等"与"均作"誉"，今依帛书甲本作"与"。"与"，读为"誉"。高延第曰："陆氏《释文》出誉字，注'毁誉也'，是原本作'誉'，由'誉'伪为'舆'，由'舆'伪为'车'，后人反谓《释文》为误，非也。"易顺鼎曰："据《释文》王本作'誉'，按：'誉'乃美称。'致数誉无誉'即'王侯自称孤、寡、不谷'之义。称孤、寡、不谷是致数毁也。然致数毁而终不毁。若有心致数誉，将反无誉矣。作'舆'义不可通，当以作'誉'为是。"罗运贤曰："誉，毁誉也，吴澄本'舆'作'誉'，《焦氏考异》：'舆'，古作'誉'、盖'誉'字于义始通，疑此文本作'致数与无与'（钊按：今帛书甲本正作"与"），'与'、'誉'古通（射义郑注："誉"或为"与"），'数'，计也，'数誉无誉'，言计誉反无誉也。侯王自谓孤寡不谷，此不计誉矣，而誉自归之，然则计誉无誉甚明。《淮南·说山训》：'求美则不得美，不求美则美矣。'注：'心自求美则不得美名也，而自损则有美名也。'故老子曰：'致数舆无舆也。'文虽作'舆'，而以美名为释，知其读为誉也，颇识此意。"钊按：以上诸家之说俱言之成理，作"誉"是。"与"、"舆"互通，《左传·襄公十年》"王叔陈生与伯舆争政"，《释文》："舆，本作与。"

"与"、"誉"古通。本章"誉"为本字，"与"、"舆"皆为借字，作"车"乃由"舆"字之假。《说文》："舆，车也。"今从帛书甲本作"与"，读为"誉"。

"是故不欲禄禄若玉"帛书乙本同，甲本"禄禄"二字脱损，河、王本此语作"不欲琭琭如玉"，无"是故"二字，傅本作"不欲碌碌若玉"亦无"是故"二字，今依帛书乙本。

"硌硌若石"帛书乙本同此，甲本后三字脱损，仅存"硌"字，河本，傅本作"落落如石"，王本作"珞珞如石"，此从乙本。

朱谦之曰："'琭琭'，或作'碌碌'，或作'渌渌'，又作'禄禄'，又作'鹿鹿'；'落落'或作'珞珞'，或作'硌硌'，盖皆一声之转，与传写之异，古人通用。"从之。

高亨曰："琭琭，玉美貌，珞珞，石恶貌。'琭'字《说文》无，古当作'录'，《说文》：'录，金色也。'《玉篇》：'录，贝文也。'则施之于玉，状玉色文之美可知矣。珞字《说文》亦无，古当作'落'。《晏子·内篇问下》：坚哉石乎，落落，视之则坚，无以为久，是以速亡也。'落落'正石恶之貌也。"钊按：高氏把"琭琭"释为"玉美貌"可通，但把"落落"训为"石恶貌"则恐误，其引《晏子·内篇》作："坚哉石乎，落落，视之则坚。"可知"落落"乃石坚貌，非状其丑也。

本段意为：所以，使之多誉反而无誉。因此，不要像美玉那样闪闪发光，也不要像石头那样落落坚硬。

简　析

本章分上下两部分，上部分讲的是本体论的问题，下部分讲的是贵柔之道。

首先，关于本体论问题。老子说："昔之得一者，天得一以清，地得一以宁，神得一以灵，谷得一以盈，侯王得一以为天下正。"这里连续用了六个"一"字，并且这个"一"能使"天清"、"地宁"、"神灵"、"谷盈"、"侯王正"。可见，"一"是构成万物的原始要素。《吕氏春秋·论人》篇曰："凡彼万形，得一后成。"这句话是对上段文字最好的注释。此"一"是什么呢？冯友兰说："这里所说的'一'也是指精而言，……'一'就是精气。"《吕氏春秋·尽数》篇还有这样一段精辟的话："精气之集也，必有入也。集于羽鸟，与为飞扬；集于走兽，与为流行；集于珠玉，与为精朗；集于树木，与为茂长；集于圣人，与为夐明。"《吕氏春秋》的作者，认为精气——鸟得之而能飞，兽得之而能走，珠玉得之而能朗，树木得之而能长，圣人得之而能明，这同老子所谓"天得一以清，地得一以宁……"意思完全一致。可见《吕氏春秋》所言的"精气"即老子所谓"一"也。高亨注本章之"一"曰："诸'一'即'道'之别名也。"而"一"指精气，则道亦为精气无疑。在老子看来，"道"构成了万物，而万物又离不开"道"。离开了"道"，天就不能清，地就不能宁，神就不能灵，谷就不能盈，侯王就不能正。而"天毋以清将恐裂，地毋以宁将恐发，神毋以灵将恐歇，谷毋以盈将恐竭，侯王毋以贵高将恐蹶"。可见，"道"对于万物的生存起着多么重要的作用，它不愧称为万物之母，天地之根。显然，这里谈的是本体论的问题。

其次，本章还阐明了"贵柔"之道。老子说："故贵必以贱为本，高必以下为基。"提倡"以贱为本"、"以下为基"正是老子处柔守弱的思想体现。在老子看来，"贱"中有"贵"，"下"中有"高"，"贱"可以转化为"贵"，"下"可以转化为"高"。所以，欲求"贵"必以"贱"为根本；欲求"高"，必以"下"为基础。这是符合辩证法的。它在哲学上为侯王"自谓孤、寡、不谷"找到了理论根据。"自请孤、寡、不谷"，是以贱为本，以下为基，故侯王终能得高贵。反之，如果不以贱为本，不以下为基，而一味地去谋求高誉，结果是"致数誉无誉"，事与愿违，适得其反。因此老子告诫人们，"不欲琭琭若玉，硌硌若石"。其谦下柔弱之道说得多么透彻。

第四十章

反也者道之动也㈠；弱也者道之用也㈡。天下之物生于有，有生于无㈢。（此章帛书排在四十一章下、四十二章上）

校　　注

㈠ "反也者道之动也。"

帛书乙本同此，甲本脱"反也者"三字，余同乙本。河本、王本、傅本及其他多种版本，此句均作"反者道之动"，无二"也"字，今从帛书。

朱谦之曰："'反'，复也，此《易》义也。《易·复·彖》曰：'反复其道，七日来复，天行也，其见天地之心乎！'《杂卦》传曰：'复'反也。《乾·彖传》曰：'终日乾乾，反复道也。'《泰·彖》曰：'无平不陂，无往不复。'反即复也。故老子曰：'万物并作，吾以观其复，夫物芸芸，各复归其根，归根曰静，静曰复命。'又曰：'复归于婴儿'、'复归于无极'、'复归于朴'，此复之，即返而归之也。'大曰逝，逝曰远，远曰反'，此待其远而后反也，反自是动，不动则无所谓反，故曰'反者道之动'。"按：朱说是，"反"，复也，"复"即向相反的方向回复。另外，"反"还有"相反"的意思。

本句意为：向相反的方面转化是道的运动。

（二）"弱也者道之用也。"

帛书甲本同此，乙本脱损"弱也"二字，余同甲本。河、王、傅本及其他版本均作"弱者道之用"，无二"也"字，今依帛书。

吴澄曰："道之体则虚用，则必以弱为事，弱者，虚而不盈也。"

高亨曰："道善利万物而不争，是以弱为用也。"

本句意为：处柔守弱是道的运用。

（三）"天下之物生于有，有生于无。"

帛书乙本同此，惟后"生"字脱损，今据通行诸本补正。甲本除存首"天"字外，余皆脱损。傅本同校文，河本、王本"之物"作"万物"，马叙伦曰："王弼注云'天下之物皆以有为生'，是王亦作'之物'，今作'万物者'后人据河上本改也。"今帛书正作"之物"，当从之。

蒋锡昌曰："'有'即'有名'，'无'即'无名'，此言天下之物生于有名，而有名又生于无名也。"

陈鼓应曰："'有'和一章'有名万物之母'的'有'相同。但和二章'有无相生'及十一章'有之以为利'的'有'不同。二章与十一章的'有'是指现象界的具体存在物；而本章的'有'是意指超现象界的形上之'道'。'无'和一章'无名天地之始'

的'无'相同。但和二章'有无相生'与十一章'无之以为用'的'无'不同。二章与十一章的'无'是指现象界的非具体存在物，而本章的'无'是意指超现象界的形上之'道'。"此说可作参考。

本句意为：天下之物生于有名，有名生于无名。

简　析

本章言简意赅，对于全书来说，有着纲领性的地位。直接表明了老子的发展观、人生观、自然观。

（1）从发展观来说，老子提出了"反者道之动"这一著名命题。车载说："什么叫做'反'？为什么说'反者道之动'呢？'反'有两个含义：一指对立的关系说；另一指从对立复归于统一的关系说。前者说明相反的含义，后者说明转化的含义。两者都能产生推动道的作用。《老子》书处处从对立的关系里观察事物。它说'有无相生，难易相成，长短相形，高下相倾，音声相和，前后相随'。（二章）这是以相反相成的道理来说明对立的关系。有无，难易，长短，高下，前后等等，都是由于有了相反的方面才能存在的，假如失去了相反的一面，另一面是不可能存在的。相反的东西，不但表现出了一定的作用，而且是不可缺少的重要条件之一。老子书把道与名，常与可，无与有，观妙与观微对立的提出，因为它懂得相反相成的道理，懂得对立是推动事物的力量，这是就'反'的作用的第一个含义说。对立的关系不但存在着相反的含义，而且存在着转化的作用，这种重视对立物的相互影响、相互渗透、相互转化的见解，是辩证思想较高的运用。"这个评价是很客观的。

老子"反者道之动"的命题，的确既包含着"相反"即矛盾对立的含义，又包含着"相成"即矛盾统一的含意。矛盾对立，是事物运动的内在动力，它是"道之动"的动力源泉；矛盾统一体现了矛盾双方的相互依存，相互转化。转化说明了"道"不仅在动，而且动的方向是走向对立面。因此，对立和转化（二者都是"反"的体现）都说明了"道之动"。"反者道之动"还内含有否定是辩证发展的必经环节的思想，因为它肯定了事物向自己的反面转化即自我否定，是合乎规律的运动。显然，这些都是合乎辩证法的。

（2）从人生观来说，老子提出了"弱者道之用"的命题。这个命题同前一个命题紧密相联。既然一切事物都要转化到对立面，那么弱者必然转化为强者，因此守弱就可以取强，可见，"反者道之动"是"弱者道之用"的理论前提。

"弱者道之用"，其意是说，处柔守弱是道的具体运用。蒋锡昌曰："《庄子·天下》篇述老聃之道曰：'以濡弱谦下为表，以空虚不毁万物为实。'可知柔弱之目的，固在不毁万物，而万物不毁，亦即万物之善成也。'弱者道之用'言用柔弱之道，为善成之用也。老子柔弱之道，盖从自然现象观察得来，八章'上善若水，水善利万物而不争，处众人之所恶，故几于道。……夫唯不争，故无尤'；六十六章'江海所以能为百谷王者，以其善下之'；七十八章'天下莫柔弱于水，而攻坚强者莫之能胜'，此就水之现象观察也。七十六章'人之生也柔弱，其死也坚强，万物草木之生也柔脆，其死也枯槁。故坚强者死之徒，柔弱者生之徒'，此就生死现象观察也。以此道而用之人事，则主'不争'，'不以兵强天下'。老子曰'柔弱胜刚强'，又曰'强梁者不得其死'，其所以戒人者深矣。"这个评论是合乎实际的。老子从现实生活的观察中，得出了柔胜刚、弱胜强的结论，把这一道理运用于社会人生，就提出了贵柔守弱的主张。因此，"清虚以自守，卑弱以自持"成为老子为人处世乃至治国安民的基本原则。

（3）从自然观来看，老子提出了"天下之物生于有，有生于无"的命题。如校注中所说，"有"即指"有名"，"无"即指"无名"。其意是说，天下之物生于有名，有名生于无名。这同第一章"无名万物之始也，有名万物之母也"的意思是一致的，讲的都是本体论问题，"无名"（即"道"）乃是天地万物的最后本原。

"无名"是天地万物的最后本原，从表面看不可理解。但仔细思索，似乎也并不神秘。这个结论很可能同古人对自然现象的观察有关。例如观察一颗种子，在未播入土地时，它里面没有叶，没有茎，没有花，没有新的果实，而播入土地后，它却逐渐有叶，有茎，有花，有果实，这个过程正是从无到有的过程。为什么没有叶而能生出叶，没有茎而能长出茎，没有花而能开出花，没有果实而能结出果实呢？我们的古人不可能说清这些道理，但他们一定意识到了一种看不见、听不见、摸不着的东西在起作用，至于这个东西叫什么，他们不知道它的名字。这个"无名"的东西，正是使一颗种子由无叶到有叶，由无茎到有茎，由无花、无果到有花、有果的最后本原。再拿一个鸡蛋来说，把它打开，里面没有鸡毛、鸡骨、鸡足、鸡头等东西，但一个蛋经过孵化以后，生出小鸡，于是有了鸡毛、鸡骨、鸡足、鸡头等东西，这个过程也是从无到有的过程。为什么鸡蛋中没有毛，却能生出毛，没有骨却能生出骨，没有头、足却能长出头、足等东西呢？我们的古人也不可能说清这些道理，但他们也一定意识到了鸡蛋中有一种看不见、听不见、摸不着的东西在起作用，只是不知道它的名字，正是这个"无名"的东西，生出了鸡毛、鸡骨、鸡足、鸡头等有名的东西，老子所说的"道"，很可能就类似这样的"无名"，它实际上是构成万物的原初物质，后人把它称之为元气、精气。高亨称"道"为"宇宙之母力"，也类似上面所说的"无名"。可见，"道"决不是什么虚无，而是实实在在的一种客观存在物。因此，"天下之物生于有，有生于无"，不是唯心主义的命题，而是唯物主义的命题。

第四十一章

上士闻道，勤能行之；中士闻道，若存若亡；下士闻道，大笑之，弗笑，弗足以为道㈠。是以建言有之曰：明道如曹，进道如退，夷道如类㈡，上德如谷，大白如辱，广德如不足，建德如偷，质真如渝㈢。大方无隅，大器晚成，大音希声，大象无形，道褒无名㈣。夫惟道，善贷且善成㈤。（本章帛书排在三十九章下、四十章上）

校　注

㈠ "上士闻道，勤能行之；中士闻道，若存若亡；下士闻道，大笑之，弗笑，弗足以为道。"

　　帛书甲本此段全脱损，乙本大致同此，惟首句"士闻"二字及末句"弗足"二字脱损，今据河、王、傅诸本补。"弗足"，诸本作"不足"为与帛书"弗笑"相一致，改作"弗足"。"能行之"，河、王诸本作"而行之"。按："而"、"能"古可通假，《词诠》："而，助动词，假作'能'字用。""笑"，景龙碑本作"咲"，开元御注本作"㗛"，今依帛书。
　　河上公曰："上士闻道，自勤苦竭力而行之。中士闻道，治身以常存，治国以太平，欣然而存之。退见财色荣誉，惑于情欲，而复亡之也。下士贪狠多欲，见道柔弱谓之恐惧，见道质朴谓之鄙陋，故大笑之。不为下士所笑，不足以名为道。"

吴澄曰："道与物反，故惟上士有识者，能勤而行之；中士之识已不及，而若存若亡；下士无识，以其不合世缘而大笑之矣。识之者鲜，此道之所以可贵也。若皆能识之，则不足以为道矣。"

张舜徽曰："此处所言上士、中士、下士，乃谓识道深浅不同之人。识之深者行之笃；识之浅者或行或不行，全不识者，惟相与非笑而已。其意以为至道赜奥，本非人人所易喻。不为不识道者所笑，不足以见道之尊。"

"若"，犹"或"也，训见《经传释词》。

本段意为：上士闻听到道，勤苦地施行；中士闻听到道，有的保存，有的丧失；下士闻听到道，无知地嘲笑。如果他们不嘲笑，那又怎么能称之为道呢？

㈡"是以建言有之曰：明道如曹，进道如退，夷道如类。"

帛书乙本同此，惟"曹"写作"费"。甲本此段全脱损。按："曹"，河、王、傅诸本作"昧"。张舜徽曰："'昧'，乙本作'费'，当为'曹'之形误。《说文》：'曹，目不明也。从目，弗声。'传写者误作'费'耳。"从之。"如"，河、王诸本作"若"，二字互通，今依帛书。"类"，河、傅本同，王本作"纇"。易顺鼎曰："'夷'，平也。昭二十八年《左传》'刑之颇纇'，服注'纇，不平也'，'纇'与'夷'正相反，故曰'夷道若颣'。"张舜徽曰："颣，乙本作'类'，当为'颣'之声假。《说文》：'颣，丝节也，从糸颣声。'丝有节则不平，引申为凡不平之名。"从之。帛书"类"当读为"颣"，不平也。"建言"：蒋锡昌曰："谓古之立言者。"钊按："建言"犹今谓格言也。

又按：本章之"如"或"若"，古今注家多训为"像似"，恐不确。此"如"或"若"当训作"有"。《广释词》："如犹有。""明道如𣍘"犹"明道有𣍘"。即明道中包含着不明，此正表现了老子相反相成的辩证法思想。

本段意为：所以，古格言有这样说的：明白之道包含有不明，前进之道包含有倒退，平坦之道包含有不平。

(三)"上德如谷，大白如辱，广德如不足，建德如偷，质真如渝。"

帛书甲本全脱损，乙本"谷"作"浴"。第四句"偷"及末句后三字均脱损，今据河、王本补正。"如"，河、王诸本作"若"，今从帛书。傅本"偷"作"媮"（按《同源字典》"偷，字又作媮"），"渝"作"输"（《尔雅义疏》："渝，通作输。"），"辱"作"黯"。"大白如辱"句，敦煌戊本在"上德如谷"前。今依帛书。

按"谷"，帛书作"浴"，"谷"、"浴"古可通假，今从众本作"谷"，此"谷"当读为"俗"。成玄英曰："'谷'，本亦作'俗'字者，言亦能忘德不兴嚣俗也。"马叙伦曰："各本作'谷'，'俗'之省也，言高上之德反如流俗，即和光同尘之义。"从之。"流俗"犹鄙陋也。

"辱"，当读为"黱"，傅本正作"黱"。作"黱"乃本字，作"辱"为借字。范应元曰："黱，音辱，黑垢也，古本如此。"此"黑垢"正与"大白"相对为义。

"建德如偷"：俞樾曰："建当读为健。《释名·释言语》曰：'健，建也，能有所建为也。'是建、健音同而义亦得通。"高亨曰："俞说是也。《庄子·山木篇》：'南方有邑焉，名为建德之国。'建德亦健德也。'偷'借为嬬，为懦，《说文》'嬬，弱也'；'懦，弩弱者也'，建德若偷，犹言强德若弱耳，'偷'与'嬬'、'懦'古通用。"从之。

"质真如渝"：刘师培曰："'质真若渝'与'广德若不足'，'建德若偷'并文。疑'真'亦当作'德'，盖'德'字正文作'悳'，与'真'相似也，'质德'与'广德'，'建德'一律。"其说是，"真"当读为"德"。钊按："质"河上解作"质朴"，高亨训为"实"，似都于义未安。疑"质"当训为"信"。《玉篇》："质，信也。"故"质德"犹言"信德"是也。"渝"，蒋锡昌解作"浊"，高亨训为"窬"（空也），亦恐非是。按：《说文》："渝，变污也。"段注："《释言》曰：'渝，变也。'"人而无信，必然言不顾行，行不顾言，言行多变。是"渝"正与"信德"相对应，"质德如渝"，犹言信德包含有言行多变，即不信是也。

本段意为：高尚之德包含有鄙陋，最大的清白包含有黑垢，广博之德包含有不足，强健之德包含有羸弱，信任之德包含有不信。

　　㈣"大方无隅，大器晚成，大音希声，大象无形，道
　　褒无名。"

　　帛书甲本此段全脱损。乙本"隅"省作"禺"，"晚"写为
"免"，"大象"误作"天象"，余同校文。傅本"希"作"稀"，
"音"作"言"。河本、王本前四句同校文，惟后句"道褒无名"
作"道隐无名"。其他各本"褒"亦作"隐"。帛书乙本《释文》
曰："道下一字通行本作'隐'。此作'裦'，微残，即'褒'之
异构。'褒'义为大为盛，严遵《道德指归》释此句云：'是知道
盛无号，德丰无谧。'盖其经文本作'褒'，与乙本同，经后人改
作'隐'。'隐'，蔽也。'道隐'犹言道小，与上文'大方无隅'
四句意正相反，疑是误字。"按：作"褒"是。"道褒"犹言"道
大"，即"大道"是也。高亨曰："'道隐无名'，疑当作'大道
无名'。""道褒"正合高氏所见。
　　本段意为：最方的东西无角，最大的器物后成，最响的声音
希微，最大的形象没有形象，盛大的道没有名字。

　　㈤"夫惟道，善贷且善成。"

　　帛书甲本仅存"道善"二字，余皆脱损。乙本"贷"作"始"，
余同校文。"善贷且善成"，河本、王本、傅本作"善贷且成"。
按："善成"，范应元本同。蒋锡昌曰："范谓王弼同古本，则

范见王本作'善成'，当据改正。王注'故曰善成'，亦王作'善成'之证也。"今帛书作"善成"当是古本如此，从之。

"贷"，帛书乙本作"始"。疑"始"为"贷"之声假。于省吾《新证》曰："'始'，从台声，与贷声近，且'贷'、'始'并之部字。"今从众本作"贷"。《玉篇》："贷，借盈也。"是"贷"有借义。"善贷且善成"犹"善借且善成"也。"借"者，借此以成彼也。"善贷且善成"，乃对上文的概括总结（参见本章《简析》）。

本句意为：惟有道善于借贷又善于完成。

简　析

本章分上下两部分，上部分讲闻道的态度，下部分讲体道的方法论问题。

（1）关于闻道的态度，老子提出了三种类型："上士闻道，勤能行之；中士闻道，若存若亡；下士闻道，大笑之，弗笑弗足以为道。"老子的态度很鲜明，他把闻道之后能勤而行之者称为"上士"，把闻道之后"若存若亡"者称为"中士"，把闻道之后无知地嘲笑者称为"下士"，这表明老子对勤勉行道之人是予以高度赞扬的。张松如曰："'上士闻道，勤而行之'这'勤而行之不是'有为'吗？又说：'中士闻道，若存若亡'这'若存若亡'似是在'有为'、'无为'之间，至于'下士闻道，大笑之'这'大笑之'可真正接近于'无为'了。……这几句使我们对于老子'无为'思想的真谛，可以进一步加深理解。"这段评述值得商榷。老子所谓行道，指的是行无为之道，对无为之道"勤而行之"，似乎谈不上"有为"；对无为之道"大笑之"，似乎也谈不上"无为"。愚意以为，这几句话只是说明老子对行道者的态度的评价，并未涉及到无为中包含有为的问题，若从这几句话来把握"老子'无为'思想的真谛"，似有牵强之嫌。

（2）关于体道的方法论问题，怎样体道呢？老子运用相反相成的道理回答了这个问题。他说："明道如昧，进道如退，夷道如类。"明道中包含有不明，进道中包含有后退，平道中包含有不平。这就告诉我们，矛盾双方互相联接，中间没有绝对的界限！明道中有不明的地方，不明之中又包含着明；进道中有后退的成分，后退中又包含着进；平道中又有不平的部分，不平中又包含着平。因此，矛盾着的事物，一方面互相对立，一方面又互相同一。这显然是活生生的辩证法。"明道如昧，进道如退，夷道如类"在现实生活中时常表现出来。拿"明道如昧"来说，我们常有这样的感觉：对于某一问题，我们想用明确的语言表达出来，反而越说越湖涂；相反，运用模糊语言表达出来，反而显得清楚明白。再拿"进道如退"来说，在现实生活中也是常见的。例如为了走直路而走弯路，为了前进而暂时后退，为了占领而暂时撤出。如此等等，都是对立统一法则的具体运用。

与上述思想相一致，老子还提出"上德如谷，大白如辱，广德如不足，建德如偷，质真如渝"。这些都包含着与"明道如昧"等相似的哲学道理。它告诉我们，看问题要用辩证的头脑，为了求得"上德"，常常要表现出鄙陋；为了求得大"白"，常常要容忍垢黑，……如此等等，都是从彼中求此，从此中求彼。这正是对立统一思想的具体运用。所谓"大方无隅，大器晚成，大音希声，大象无形，道褒无名"，无不贯穿着上述道理。即无不是借此以彰彼。故老子说："夫惟道，善贷且善成。""善贷"，即善于借贷；"善成"，即善于完成。"善贷且善成"，指道善于借彼以完成此。这是老子的一个重要方法。

　　需要特别指出的是，老子在本章提出了"大音希声"的著名命题，这在我国思想史特别是文学史上，产生了深远的影响。如陈书良所指出的："受老子'大音希声'的启迪，我国古代文艺审美趣味都强调弦外之音，象外之象，强调含蓄的美。人们意识到，所谓'希声'，并不是真正的无声，而是说这种声音只可意致，而不能直接诉诸听觉。他们有的用诗文记录下了自己的体验。陆机《连珠》云'繁会之音，生于沧弦'；白居易《琵琶行》云'此时无声胜有声'；司空图《自诫》云'取训于老氏，大辩欲纳言'。有的用这种体验调剂生活。萧统《陶渊明传》中说陶'不解音律，而蓄无弦琴一张，每适酒，辄抚弄以宗其意'。有的用这种理论指导绘画，戴熙《习苦斋画絮》云'画在有笔墨处，画之妙在无笔墨处'；笪重光《画筌》云'虚实相生，无画皆成妙境'。从老子'大音希声'的命题引申出无言之美，无声之美，言外之意，弦外之声等宇宙美理论。"这些评述，完全符合历史的实际，它从一个侧面揭示了老子"大音希声"理论的深远影响。

第四十二章

道生一，一生二，二生三，三生万物㈠。万物负阴而抱阳，冲气以为和㈡。人之所恶，惟孤寡不谷，而王公以自名也㈢。故物或损之而益，或益之而损㈣。人之所教，亦议而教人㈤。强梁者不得其死，吾将以为学父㈥。

（本章帛书排在四十章下）

校　注

㈠ "道生一，一生二，二生三，三生万物。"

帛书甲本此段全脱损，乙本脱去"万物"二字。河本、王本、傅本及其他诸本概同校文。

钊按：此段中之"一"、"二"、"三"古今注家众说纷纭，主要意见有如下几种：

（1）河上公曰："道始所生者一，一生阴与阳也，阴阳生和、（气）［清］、浊三气，分为天地人也。"

（2）吴澄曰："道自无中生出冲虚之一气；冲虚一气生阳生阴，分而为二，阴阳二气合冲虚一气为三，故曰生三，非二与一之外别有三也。万物皆以三者而生，故其生也。"

（3）吴承志曰："四十二章'道生一，一生二，二生三'，

'一'，'二'，'三'字亦当读为'天'，'地'，'人'，道生天，
天生地，地生人也。下文'三生万物'，'三'字乃'一'、'二'
两字之误合，'一'、'二'承上为文，下文'人之所恶'，'人'字
亦承'三'字。"

（4）奚侗曰："《易·系辞》'是故易有太极，是生两仪'，
道与易异名同体，此云'一'即'太极'，'二'即'两仪'，谓
天地也；天地气合而生和，二生三也，和气合而生物，三生万
物也。"

（5）蒋锡昌曰："道始所生者一，一即道也。自其名而言之，
谓之道；自其数而言之，谓之一。三十九章'天得一以清'言'天
得道以清也'此其证也。然有一即有二，有二即有三，有三即有
万，至是巧历不能得其穷焉。老子一二三，只是以数字表示道生
万物，愈生愈多之义，如必以一、二、三为天、地、人或以一为
太极，二为天地，三为天地相合之和气，则凿矣。"

（6）朱谦之曰："道生一，一者气也。《庄子·知北游》篇
曰：'通天下一气耳，圣人故贵一。'李道纯曰：'道生一，虚无
生一气；一生二，一气判阴阳。'赵志坚曰：'一，元气，道之始
也，古昔天地万物同得一气而有生。'大田晴轩曰：'一二三、古
今解者，纷纭不一。案《淮南·天文训》：规生矩杀，衡长权
藏，绳居中央，为四时根。道曰规，始于一，一而不生，故分
而为阴阳，阴阳和万物生，故曰道生一，一生二，二生三，三
生万物。此以一为一气，二为阴阳，三为阴阳交通之和也，此
说极妥贴。'又曰：'案道，理也；一，一气也，庄周所谓一之所
起，有一而未形是也。二，阴阳也；三，形气质之始也。第十四

章曰：此三者不可致诘，故混而为一。’盖此三也。意为道生一气，一气分为阴阳，气化流行于天地之间，形气质具，而后万物生焉，故曰三生万物。”

（7）高亨曰："一二三者，举虚数以代实物也。一者，天地未分之元素，《说文》所谓'惟初太始，道立于一，造分天地，化成万物'者也。《庄子·天下》篇述老聃之述曰'主之以太一'，太一即此一也；《易·系辞上》'易有太极，是生两仪，两仪生四象，四象生八卦'。太极亦即此'一'也；二者天地也；三者阴气、阳气，和气也。《礼记·礼运》'礼必本于太一，分而为天地，转而为阴阳'，《吕氏春秋·大乐》篇'太一出两仪，两仪出阴阳'。"

（8）任继愈曰："'道生一，一生二……'并没有更多的意义，只是说，事物因混沌的气（或朴，或一）分化成为万物，由简单到复杂的过程罢了。"

以上诸家之说，见仁见智，难执一是。愚意以为"一"指元气（从朱谦之说），"二"指阴阳二气（从大田晴轩说），"三"，即"叁"，"参"也。若木《蓟下漫笔》释"阴阳三合"为"阴阳参合"。"三生万物"即指阴阳二气参合产生万物。又按："三"，释为"和气"亦通。

本段意为："道"化生混沌之气，混沌之气剖判为阴阳二气，阴阳二气发生参和，参和产生万物。

㈡"万物负阴而抱阳，冲气以为和。"

此句帛书甲乙本均脱损严重，甲本脱去上句，乙本仅存"以为和"三字。"冲"，甲本作"中"。河、王本此句均作"万物负阴而抱阳，冲气以为和"。"抱"，傅本作"裹"；"负"，《淮南·精神训》引作"背"。今依河、王本。

蒋锡昌曰："负亦抱也。《淮南·说林》'负子而登墙'，高注：'负，抱也。''万物负阴而抱阳'，言万物阴阳相抱，五十五章所谓'牝牡之合'也。"钊按：蒋说是，所谓"万物阴阳相抱"，即万物皆由阴阳二气参合而成。上文言参和产生万物，此言万物皆阴阳二气相抱，文字紧严，旨意一贯。

"冲气以为和"，高亨曰："《说文》：'冲，涌摇也。'《广雅·释诂》：'为，成也。'冲气以为和者，言阴阳二气涌摇交荡以成和气也。"按：其说有理，从之。此"和气"，指阴阳双方得到调和、统一之气。在古人看来，矛盾双方得到调和，统一就能产生新的事物。史伯曰："和实生物，同则不继。"(《国语·郑语》)伯阳甫曰："天地之气，不失其序。"(《国语·周语》)其所谓"序"，就是指阴阳二气的调和、统一。他们都看到了"和"的重要。老子突出"冲气以为和"正是对前人"和能生物"思想的继承。

本段意为：万物都包含着阴阳两个对立面，阴阳双方相互作用而成为和气。

㈢"人之所恶，惟孤、寡、不谷，而王公以自名也。"

"人之所恶"，帛书乙本及通行诸本概同，甲本作"天下之所恶"，今从乙本。

"惟孤、寡、不谷，而王公以自名也"帛书甲本同，惟"谷"简作"桼"。乙本脱"唯孤"、"名也"等字，余同甲本。"自名"，河、王本作"为称"，傅本作"自称"。按："名"、"称"互通，今从帛书。

本段意为：人们所厌恶的，唯有"孤"、"寡"、"不谷"等字眼，而王侯却以它们作为自己的称呼。

（四）"故物或损之而益，或益之而损。"

河、王、傅本均同此。帛书甲乙本并脱损严重，甲本为"勿或敗之□□□之而敗"，乙本仅存"云云之而益"五字。《文子·符言》篇此二句前后颠倒，作"故物或益之而损，或损之而益"。今从河、王诸本。

本句意为：所以，事物有时减少了反而会增加；有时增加了反而会减少。

（五）"人之所教，亦议而教人。"

此句帛书乙本全脱损，甲本句首有一"故"字，余同校文。其他各本用字殊异，河、王本作"人之所教，我亦教之"；傅本作"人之所以教我，亦我之所以教人"；开元《御注道德经幢》等多种版本作"人之所教，亦我义教之"，邵若愚本，顾欢本作"人之所教，我亦义教之"。其他各本或作"人之所教，亦我教之", 或作"人之所以教我, 而亦我之所以教人"; 或作"人之所教, 而我义教之"; 或作"人之所教, 我亦以教人"等, 今依帛书甲本, 惟参阅众本删去语首之"故"字。

"议"诸本作"义", 按:"义"、"议"互通, 此句"义"为本字,"议"为借字。

奚侗曰:"上'人'字谓古人, 凡古人流传之善言以教我者, 我亦以之教人, 述而不作也。"

本段意为: 古圣人所教给我的, 我也以其义旨而教给别人。

㈥ "强梁者不得其死, 吾将以为学父。"

帛书甲本语首有一"故"字,"梁"讹为"良","死"前无"其"字。"将"字脱损。乙本残损严重。河、王本"学父"作"教父", 然唐人写本残卷己本、傅本及范本作"学父", 与帛书同。范应元曰:"音辩云,'古本作学父, 河上公作教父', 按《尚书》'惟敩学半', 古本并作'学'字, 则'学'宜音'敩', 亦教也, 义同。'父', 始也。今并从古本。"马叙伦曰:"'学'为'敩'省,《说文》曰:'敩'觉悟也。"马说是, 从之。

又按:"强梁者不得其死"见《说苑·敬慎》篇所载《金人铭》, 当是古格言, 为老子所引用, 帛书少一"其"字, 当据补。

本句意为: 强横之人不得好死, 我将以这句格言作为教人醒悟的开端。

简　析

本章着重阐明"道"生万物的问题。

"道"是怎样产生万物的呢?

老子说:"道生一,一生二,二生三,三生万物。"这段话可称得上我国古代宇宙生成说。它说明宇宙的发展经历了从道到一,从一到二,从二到三,从三到万物的发展过程。其基本含义是:道生万物。因此,"道"是生化宇宙万物的最后本原。

道生万物不仅有一个客观发展过程,而且还有一个根本动力问题。

老子说:"万物负阴而抱阳,冲气以为和。"这句话既是对上面道生万物发展过程的概括,也透露了老子关于万物产生发展的根本动力的思想。"万物负阴而抱阳",其意是说:万事万物都包含着阴阳两个对立面。这实际上猜测到了矛盾的普遍性问题。"冲气以为和",即矛盾双方相互作用产生新的东西(和气),似乎又意识到矛盾斗争是推动事物发展的动力。关于矛盾的普遍性,关于矛盾斗争在事物发展中的作用,对于今人来说,都是基本常识。但在两千多年前的古代,无疑都是极其卓越的见解,尽管它的表达方式还带着粗糙性、朴素性。

第四十三章

天下之至柔，驰骋于天下之至坚㈠，出于无有，入于无间㈡。吾是以知无为之有益也㈢。不言之教,无为之益,天下希能及之矣㈣。

校　注

㈠ "天下之至柔，驰骋于天下之至坚。"

帛书甲本大致同此，惟"驰"字脱损，"骋"省作"粤"，后"至"字写作"致"。乙本"柔"字及"之至坚"三字脱损，"于"作"乎"。按："于"、"乎"互通，《广释词》："于犹乎，语助词。"今从甲本作"于"。河、王、傅本均无"乎"或"于"字。达真子《老子》本"坚"作"刚"。今一并依帛书。

蒋锡昌曰："'天下莫柔弱于水'，是'至柔'即谓'水'也。成疏：'至柔，水也；至坚，金也；驰骋是攻击贯穿之义也。'其言是也。"从之。

本句意为：天下最柔弱的东西，能攻击穿透天下最坚硬的东西。

（二）"出于无有，入于无间。"

傅本同此，帛书甲本首无"出于"二字，作"无有入于无间，"乙本仅存"无间"二字，余皆脱损。河本作"无有入无间"，王本同河本，惟"间"作"閒"。《淮南·原道训》引文同校文。

刘师培曰："《淮南·原道训》引作'出于无有，入于无间'，此《老子》古本也。王本亦有'出于'二字。王弼上文注云'气无所不入，水无所不出于经'注文'无所不出于经'当作'无所不经'，与上'无所不入'对文。'出于'二字，必系'无有'上之正文。盖王本亦作'出于无有，入于无间'，而'出于'二字误入注文也。傅奕本与《淮南》同。"

易顺鼎曰："王注当作'气无所不入，水无所不经'，'出于'二字即系《老子》正文，在'无有'二字之上。不知何时误入注中，又误在注中'经'字之上，而正文'入'下又夺'于'字。"

钊按：以上二说是。经文当作"出于无有，入于无间"，"出于无有"，指水由气凝成，"入于无间"，指水可穿金石等坚硬之物。蒋锡昌曰："水由冷气凝成，当其为气，散在空中，全无质相，是出于无有也。及其凝气成水，则贯穿金石，无隙不入，虽千军万马之力，亦不能相敌，是入于无间也。此二句承上文就水言之。"其说确当，从之。

本段意为：它从"无有"（气）中生出，又能穿入没有缝隙的东西（金石）。

（三）"吾是以知无为之有益也。"

　　帛书甲本"吾"讹作"五","之有"二字脱损，余同校文。乙本仅存首句"吾是以"三字及末尾一"也"字，余皆脱损。傅本同校文，王本无"也"字；河本"吾是以"作"吾以是"，亦无"也"字。今从帛书，并据傅本补正。

　　蒋锡昌曰："水性至柔，其力莫强；人君无为，天下自化。'吾是以知无为之有益'，言吾以水之理知无为之有益也。"

　　本句意为：我因此知道无为之道是有益的。

　　㈣"不言之教，无为之益，天下希能及之矣。"

　　帛书甲本首句脱"不言"二字，末句脱一"天"字，余同校文。乙本仅存首一"不"字，末一"矣"字，余皆脱损。河本、王本无"能"、"矣"二字，傅本"希"作"稀"，亦无"能"字。按：帛书有"能"字优。河本无"能"字，但察其注，似有"能"字。注曰："天下人主也，希能有及道无为之治身治国也。"则经文似有"能"字。当从帛书。

　　朱谦之云："此所云即七十章'吾言甚易知，甚易行，天下莫能知，莫能行'之旨。"

　　本句意为：不言的教诲，无为的益处，天下人很少能达到。

简　析

　　本章承上章"强梁者不得其死"的意旨，继续阐明处柔守弱之道。

　　全文以水为喻，说明柔弱胜刚强的道理。吴澄曰："水至柔，能攻穿至坚之石。气无有，能透入无罅隙之金石墙壁，以至柔无有之损，而有驰骋至坚、入于无间之益，所谓损之而益者，柔能胜刚，无能入有，皆非有所为而自然，故曰无为之有益。"这段评述符合老子本义。

第四十四章

名与身孰亲？身与货孰多？得与亡孰病（一）？甚爱必大费，多藏必厚亡（二）。故知足不辱，知止不殆，可以长久（三）。

校　注

（一）"名与身孰亲？身与货孰多？得与亡孰病？"

帛书甲本同此，乙本仅存"名与"二字，余皆脱损。河、王、傅本概同校文。"亡"一本作"失"，今依帛书。

吴澄曰："亲，犹云所爱，名与身孰为可爱者乎？多犹云所重，身与货孰为可重者乎？名在身字上，货在身字下者，便文以协韵尔。司马氏曰：'得名货而亡身与得身而亡名货，二者孰病？'"

薛蕙曰："多犹重也。世之人不知贵己贱物之道，而危身弃生以殉物。老子闵而教之曰：名之与身，何者其亲乎？何为外身而内名也？身之与货，何者其重乎？何为贱身而贵货也？或得名货而亡身，或得身而亡名货，何者其病乎？何为得名货而亡其身也。"以上二家说可供参考。

本段意为：名誉与自身两者，谁更值得珍爱？自身与财货两者，谁更贵重？得与失两者，谁的弊病更多？

㈡ "甚爱必大费，多藏必厚亡。"

帛书乙本此句全脱损。甲本仅存首"甚"与尾"亡"字，余脱损。河本同校文，王本、傅本"甚"前有"是故"二字。按：从甲本看，"甚"前无"是故"二字，今从帛书。

本段意为：过分的珍爱，必然引起更大的耗费；过多的收藏，必然带来更大的损失。

㈢ "故知足不辱，知止不殆，可以长久。"

帛书甲本同此。乙本全脱损。河、王、傅本并同校文，惟句首无"故"字。今依帛书。"长久"，一本作"修久"，今亦依帛书。

本段意为：所以，知道满足，就不会遭到垢辱；知道适可而止，就没有危险，可以长生久寿。

简　析

本章体现了老子的贵身思想。

"名与身孰亲？身与货孰多？得与亡孰病？"连续三问，全未作答。虽未作答，却答在其中了。在老子看来，名誉与自身两种，自身更可爱；财货与自身两种，自身更可贵。从贵身的观点看，得名货与失名货比起来，得名货的弊病更大一些。所以下文说："甚爱必大费，多藏必厚亡，知足不辱，知止不殆，可以长久。"其中包含的贵身思想是显而易见的。"甚爱必大费，多藏必厚亡"说明了物极必反的道理，同第四十二章"物或损之而益，或益之而损"的思想可以相互发明。

第四十五章

大成若缺，其用不弊(一)，大盈若盅，其用不穷(二)，大
直若诎，大巧若拙，大辩若呐(三)。趮胜寒，静胜炅，清
静可以为天下正(四)。

校　注

(一)"大成若缺，其用不弊。"

帛书甲本同此。乙本全脱损。河本"缺"作"軟"。傅本
"弊"作"敝"。今从甲本。

按："缺"，或作"鈌"，或作"軟"。马叙伦曰："'缺'、
'軟'并'缺'之讹，六朝俗书'缶'旁与'垂'旁往往相乱。《庄
子·天地》篇'以二缶钟惑'，司马本作'垂'是其例证。'缶'
写成'坙'，因复误为'金'也。"其说是。

"弊"，帛书甲本及河、王本同，傅本及其他有关本子作
"敝"。毕沅曰："'敝'，河上公、王弼作'獘'，是毕所见河、
王本作'獘'。按：'弊'与'敝'通，《玉篇》：'敝，或作弊。'
《说文》有'獘'无'弊'，段注'獘'，本因犬仆制字，假借为
凡仆之称，俗又引申为利弊字，遂改其字作'弊'，训'困'也，
'恶'也，此与改'獎'为'奬'正同。"则"弊"、"獘"、"敝"三

字可通，此从帛书作"弊"。"弊"，竭也。《管子·侈靡》"泽不弊而养足"注："弊，竭也。"

"大成"，马叙伦训为"大器"，曰："'成'为'盛'省。《说文》曰：'盛，黍稷在器中以祀者也。'引申谓器曰盛。《礼记·丧大记》'食粥于盛'是也。此文'盛''缺'相对，《说文》'缺，器破也'。"蒋锡昌曰："'大成'与下文'大盈'，'大直'，'大巧'，'大辩'词例一律，如解'成'作'器'，则'成'为实物，而与下文词例不类矣。马说非是。四十一章'大器晚成'是'成'乃指器而言，非'成'即'器'也。'大成若缺，其用不弊'言器之大成者若破缺，而用之不敝也。"钊按：此"大成"恐非指大成之器，而是从个别中抽象出的一般，宜直译为"完善"。"成"，可训为"善"，《礼记·少仪》："毋訾衣服成器。"旧注："成，善也。"是成有"善"义，引申为完善、完美。

"若"，与第四十一章"明道如费"之"如"同，亦当训作"有"。

本句意为：最完美中包含缺陷，其作用不可尽竭。

(二) "大盈若盅，其用不穷。"

帛书甲本"盅"作"湓"，"穷"作"窷"。许抗生曰："'窷'即'窘'字。窘，穷迫受限制之义，窘、穷义相近。"按：此句似以"穷"字为优。"穷"、"盅"为韵。今从众本作"穷"。乙本脱损严重，仅存"盈如冲其"四字。河、王本"盅"作"冲"，余同校文。傅本"盈"作"满",余同校文。

钊按:"盈"、"满"互通,此文作"盈"是,马叙伦曰:"盈字是故书",蒋锡昌曰:"满"字以汉惠帝讳而改。

又按:"盅"、"冲"二字,当以"盅"字为优。俞樾训第四章之"盅"曰:"《说文·皿部》:'盅',器虚也。老子曰'道盅而用之'。'盅'训'虚',与'盈'正相对,作'冲者'假字也。"此说亦适于本章,作"盅"是。帛书写作"淦",疑抄写者先写作"冲",后又见下有一"皿"字,于是再补上,遂成"淦"字。蒋锡昌曰:"'冲'当据范本改'盅'。《说文》:'盅','器虚也','大盈若冲,其用不穷',言器之大盈者若空虚,而用之不穷也。上二句与此二句皆以器为喻,以明道以虚无为用也。"钊按:此"大盈"亦恐非指大盈之器,仍是从个别中抽象出的一般,宜直译为:"最充盈"。

本句意为:最充盈中包含空虚,其作用不会穷尽。

(三)"大直若诎,大巧若拙,大辩若呐。"

傅本同此。帛书甲本此段作"大直如诎,大巧如拙,大赢如炳",乙本脱损严重。仅存第二句"巧如拙"三字及末尾一个"绌"字。按:甲本"如"字,河本、王本及傅本均作"若",且甲本上二句皆用"若"字,为使语词一律,此三句亦当用"若"字。今从河、王诸本作"若"。又"大赢如炳",各本并作"大辩若呐"。许抗生将"大赢如炳"一句校作"大辩如呐,大赢如绌"两句,云:"赢,有余利也;绌,不足也。"虽亦可通,然至今未见四句并写之本，难作定论，今录之以备一说。此句仍从众本作"大辩若呐"。

"诎"，傅本同，河、王本作"屈"。按："屈"、"诎"古通，《广雅·释诂》："诎，屈也。"今依帛书作"诎"。

孙诒让曰："《韩诗外传》九引《老子》……'大巧若拙'句在'大辩若呐'下，又有'其用不屈'四字。以上文'其用不弊'，'其用不穷'二句例之，则有者是也。韩所据者，犹是先秦西汉古本，故独完备。魏晋以后本皆脱此句矣。"

奚侗曰："《韩诗外传》九引'大巧若拙'句在'大辩若呐'句下，而又有'其用不屈'四字，例以上文'其用不敝'，'其用不穷'二句，知'大直若诎'，'大辩若呐'句下，仍有挩简。"

蒋锡昌曰："《淮南·道应训》作'大直若屈，大巧若拙'，知'大直若屈'下并无'其用不屈'四字，则'大直若屈'三句当为古本无疑。盖本章文字，'大成若缺'四句为一段，'大直若屈'三句又为一段，文法本不相同，安能强而齐之乎？孙说非是。"从之。

本段意为：最刚直难免有委曲，最明智难免有笨拙，最善辩难免有语言迟钝。

㈣"趮胜寒，静胜炅，清静可以为天下正。"

帛书甲本"静"写作"靓"，"清"误作"请"。乙本全脱损。河、王本此段作"躁胜寒，静胜热，清静为天下正"。傅本作"躁胜寒，靖胜热，知清靖以为天下正"。

按："静"、"靓"、"靖"互通。《同源字典》："靖，与静同。"又《说文》段注："靓者，静字之假借。"此从众本作"静"。

"炅"，诸本作"热"。"炅"，从日从火，当有热义。《素问·举痛论》"得炅则痛立止"，王冰注："炅，热也。"此文当从帛书甲本作"炅"（音炯），与"为天下正"之"正"为韵。

"趮"，诸今本作"躁"。按："趮"为"躁"之古字，动也。今从帛书作"趮"。

蒋锡昌按："此文疑作'静胜躁，寒胜热'，二十六章'静为躁君'，'静'、'躁'对言，其证一也。六十章王注'躁则多害，静则全真'；六十一章王注'雄躁动贪欲，雌常以静，故能胜雄也'；七十二章王注'离其清静，行其躁欲'，皆'静'、'躁'对言，其证二也。《管子·心术上》'趮者不静'，《淮南·主术》'人主静漠而不躁'，亦'静'、'躁'对言，其证三也……'躁'乃扰动之义，正与'静'字相反。'静胜躁，寒胜热'言静可胜动，寒可胜热也。"此言极是。"静胜趮"，突出一个"静"字；"寒胜热"，突出一个"寒"字。故后句"清静可以为天下正"，正是对前两句的概括总结。"清"，通"清"，寒也。此"清"乃应"寒胜热"句；"静"，应"静胜趮"句。如作"趮胜寒，静胜热"，则后句当为"趮静为天下正"，此与老旨相违甚远。故此文当从蒋说。遗憾的是，至今无本可据，暂存疑，以待未来考古有新的发现。此姑按传统文句作"趮胜寒，静胜热"译之。

本段意为：运动可以战胜寒冷，安静可以战胜暑热，清静无为可以作为平治天下的准则。

简　析

这一章再一次表达了老子朴素的辩证法思想。

（1）老子认为世界上没有绝对纯的事物，任何事物都处于相互对立的矛盾之中，而且矛盾的一方总是包含着矛盾的另一方。完美之中有缺陷，盈满之中有空虚，刚直之中有委曲，巧妙之中有笨拙，善辩之中有语言迟钝，这是符合辩证法的。它从一个侧面揭示了矛盾的同一性问题。在辩证法看来，"一切对立的成份都是这样，因一定的条件，一面互相对立，一面又互相联结，互相贯通，互相渗透，互相依赖，这种性质叫做同一性。"仔细研究一下老子"大成若缺"等命题，不难看出它已猜测到了矛盾双方"互相贯通、互相渗透"的特性，这在古代多么难能可贵。

（2）老子的"微妙玄通"之处，不仅在于他意识到了矛盾的一方包含着矛盾的另一方，更在于他明确地意识到被包含者恰是包含者存在和发展的前提。"大成若缺，其用不弊。""大盈若冲，其用不穷。"这两个命题都清楚地表达了上述思想。在老子看来，事物总是在相互对立中成就自己，因此，对立面存在不仅是不可避免的，而且它还是事物自身继续发展的内在依据。所以，完善之中包含着缺陷，盈满之中包含着空虚，这都不是坏事，而是好事，用老子的话说叫做"其用不弊"，"其用不穷"。这一辩证思维的逻辑，对于那些头脑为形而上学所禁锢的人来说，是无法理解的。

第四十六章

天下有道，却走马以粪；天下无道，戎马生于郊㈠。罪莫大于可欲，福莫大于不知足，咎莫憯于欲得㈡，故知足之足恒足矣㈢。

校　注

㈠ "天下有道，却走马以粪；天下无道，戎马生于郊。"

帛书甲本同此，惟"却"字脱损（据乙本和通行本补）；乙本语首三字及"粪"前之"以"字脱损，第二句无"天下"二字。河本、王本并同甲本，傅本"以粪"作"以播"，明太祖注本及吴澄本"粪"下有"车"字。今从帛书甲本。

蒋锡昌曰："此言人主有道，则兵革不兴，故却还走马于农夫，使服耕载之役；人主无道，戎马悉被征发入阵，故驹犊生于战地之郊也。"

"却"，退也；"走马"，善走之马。（吴澄说）

"以粪"，犹以之送粪。

本段意为：天下人主拥有大道，那就退还善走之马用于送粪；天下人主无有大道，那就战马生小驹于郊外。

㈡"罪莫大于可欲，祸莫大于不知足，咎莫憯于欲得。"

帛书甲本同此，惟祸写作"懲"。乙本脱损严重，仅存"罪莫大可欲祸"六字。按："祸"字从乙本。王本无"罪莫大于可欲"一句，明太祖本、吴澄本"祸莫大于不知足"在"咎莫大于欲得"句下。傅本同帛书，河本近似帛书，惟"咎莫憯于欲得"作"咎莫大于欲得"。刘师培曰："《韩非子·解老·喻老》二篇引'咎莫大于欲得'句，'大'均作'憯'。……'憯'与'痛'同，犹言'祸莫痛于欲得也'。《老子》古本亦必作'憯'，傅本犹然。今本作'大'，盖后人以上语'大'字律之耳。"刘说是。今帛书作"憯"，又其证也。此"憯"宜直训为"甚"。马叙伦曰："'甚'借为'憯'，声同侵类。《说文》'糂'重文作'糣'，是其例证。"朱谦之云："'憯'与'甚'通。"

按：孙诒让曰："《韩诗外传》引'可欲'作'多欲'，义较长。"高亨曰："'可'，当作'多'，孙说是也。盖罪莫大于可欲，义不可通。因罪属于人，而可欲属于物。若云人之罪莫大于可欲之物，直不成辞。韩非子据误本曲解，非也，当从《韩诗》引改。"此说似有理，然高氏谓韩非子据误本似亦无据，今帛书正与韩本同，足证"可欲"当为古本所有。此"可欲"与第三章"不见可欲"之"可欲"义同，即"多欲"是也。盖"可"古与"多"相通，《广释词》："可，犹多，数量形容词。"高谓"可欲"应作"多欲"，其思路是对的，然不知此"可欲"可训"多欲"，而谓韩非"据误本"则失之。

本段意为：罪过莫大于欲望过多，祸患莫大于不知满足，咎灾莫甚于欲求所得。

(三)"故知足之足恒足矣。"

此句帛书甲乙本均严重脱损，甲本仅存"恒足矣"三字，乙本则仅存"足矣"二字。今据河、王、傅本补齐。"恒"，各本作"常"。今从帛书。河本无末尾"矣"字，司马光《道德真经论》本无"知足"二字，《韩非·喻老》引作"知足之为足矣"。今依河、王、傅诸通行本。"知足之足"，"之"，当训"而"，犹"知足而足"是也。

本句意为：知道满足而满足，那就能永远满足。

简　析

本章也反映了老子的战争观。

老子对于一般的战争是持反对态度的。他说："天下有道，却走马以粪，天下无道，戎马生于郊。"此"天下"，指的是天下的人君。在老子看来，天下之人君"有道"，就不去制造战争，因而把善走之马给农民用于送粪，从事农业生产；天下之人君"无道"，那就乐于用兵打仗，把田野变成战场，乃至"戎马生于郊"。这里赞成什么，反对什么，其观点是很鲜明的。《盐铁论·未通》篇云："闻往者未伐胡越之时，繇赋省而民富足，温衣饱食，藏新食陈，布帛充用，牛马成群，农夫以马耕战，而民莫不骑乘，当此之时，却走马以粪。其后师旅数发，戎马不足，牸牝入阵，故驹犊生于战地，六畜不育于家，五谷不殖于野，民不足于糟糠。"这段话正好作为老子此章的注疏，其中包含着反对战争的思想是不言而喻的。

老子不仅反对一般的战争，而且对于战争的根源有所揭示。他说："罪莫大于可欲，祸莫大于不知足，咎莫憯于欲得。"所谓"可欲"、"不知足"、"欲得"都是引起战争的祸根，老子称之为"罪"、"祸"、"咎"，主张消除，代之以"知足"二字，说："知足之足常足矣。"吴澄曰："罪愆恶咎祸皆灾殃，而祸重于咎。兵端之起，其罪由于知土地之为可欲，务求得之，则贪夺矣，此灾殃之始也。得之不知厌足，得陇望蜀，则战争无已时，此灾殃之极也。倘以各有分地，不求广辟为心，知自足之为足，则不贪夺战争，而常自足矣。"老子把统治者的贪欲作为战争的根源，带有某种合理性，它在一定程度上揭露了统治者为谋私利而制造战争的罪恶行径。

第四十七章

不出于户，以知天下；不窥于牖，以知天道㈠。其出也弥远，其知也弥少㈡。是以圣人弗行而知，弗见而名，弗为而成㈢。

校　注

㈠"不出于户，以知天下；不窥于牖，以知天道。"

帛书甲本同此，惟"窥"简作"规"。乙本大致同甲本，惟"窥"写作"𥦗"，"牖以"二字脱损。河本无二"于"字和二"以"字，"知天道"作"见天道"。王本同河本，惟"窥"写作"闚"。傅本亦无二"于"字，二"以"字前并有"可"字。《吕氏春秋·君守篇》二"以"字作"而"字。《淮南·主术训》无二"于"字，"以"并作"而"。今一律依帛书甲本。

"窥"，一本作"闚"。毕沅曰："《韩非子》作'不闚于牖，可以知天道'，《说文解字》曰：'窥，小视也。''闚，闪也。''闪，窥头门中也。'《方言》：'凡相窃视，南楚谓之闚。'沅以为穴中窃视曰窥，门中窃视曰闚，应用'窥'字。老子楚人，用楚语矣。韩非是。"毕说虽言之成理，然"窥"、"闚"古通，《玉篇》："'闚'，相视也，与'窥'同。"似可不必强作

"阒"，今仍依帛书。

"牖"，即窗户。

本段意为：不出家门，能通晓天下事理；不看窗外，能掌握天象的自然规律。

(二) "其出也弥远，其知也弥少。"

此句帛书甲乙本均有脱损，甲本仅存"其出也弥远其"等六字，乙本作"其出篲远者其知篲□"，河、王本此句并作"其出弥远，其知弥少"。今以甲本为基础，参阅河、王本补正。并据前"也"字，在"其知"后添一"也"字，使上下句协调。

"弥"，河、王本及帛书甲本并同，傅本作"瓕"，乙本作"篲"。按："弥"，为"瓕"之今字。《说文》段注："'瓕'，今作'弥'，盖用弓部之'彌'而又省'玉'也。'弥'行而'瓕'废矣。"是傅本之"瓕"为"弥"之古写，二字相通。乙本之"篲"，乃为"籋"之异体字（见《集韵》）。"籋"，《辞海》："筿〔籋〕（mí 迷），竹篾。"是"篲"当为"弥"之假字，此从甲本作"弥"。

又"少"字，傅本作"尠"，马叙伦曰："此当作'少'，'尠'为俗字。'少'与'道'为韵。"

本句意为：他走出越远，他所知的事理就越少。

(三) "是以圣人弗行而知，弗见而名，弗为而成。"

帛书甲乙本此段并严重脱损，甲本仅存末句之"为而"二字，乙本仅存"而名弗为而成"六字。河、王、傅本此段均为"是以圣人不行而知，不见而名，不为而成"。今据以补正帛书，并据乙本"弗为而成"句，将三"不"字改作"弗"，以保持帛书本色。

按："名"张嗣成本、危大有本及王守正本等并作"明"。罗运贤曰："《释名·释言语》：'名'，明也。"蒋锡昌曰："'名'、'明'古虽通用，然老子作'明'不作'名'。二十三章'不自见，故明'，五十二章'见小曰明'，皆'见''明'连言，均其证也，此当据张本改。"其说是，"名"当读为"明"。盖此段乃对上文的总结。上文说"不出于户，以知天下"，即此所谓"弗行而知"也；上文说"不窥于牖，以知天道"，即此所谓"弗见而明"也（不窥，犹"不视"、"不见"），"弗为而成"一本作"无为而成"，盖本章之宗旨，是对全文的概括。

本段意为：所以，圣人不远行而能知，不见外物而能明，不亲手作为而能取得成功。

简　　析

本章反映了老子的认识原则。

人们究竟怎样取得认识？历来有两种不同的看法。一种认为人的认识是依赖感官对客观事物作出反映，另一种认为认识是自己的头脑里固有的，是主观自生的东西，前者称为唯物主义的反映论，后者称为唯心主义的先验论。老子的认识路线属于后者，他说"不出于户，以知天下；不窥于牖，以知天道"，认为不出门户，就能认识天下事理；不看外面，就可以明白天道的运行规律。这就实际上否定了感性认识的必要性，使认识成为先于经验而主观自生的东西，陷入了唯心主义。

不过，老子的认识论，不同于孔子"圣人生而知之"的先验论，他强调"静观"在认识过程中的作用。"静观"，是老子认识事物的重要方法。他把"心"看作"玄鉴"，即玄妙的镜子，认为有了这面镜子，就可以直接照知万物，而不要感官对客观外界作出反映。他认为人们只要保持心境的虚静状态，就可以通过心的直观达到主观和客观的绝对同一，即达到"玄同"的境界。因而他认为"圣人不行而知，不见而名，不为而成"。这就使圣人的认识带上了神秘的色彩。这与老子所处的时代有关，我们不应苛求古人。作为思维的经验教训来总结，其中仍包含着合理因素。老子提倡不出户，不窥牖的"静观"的认识方法，意味着他试图追求一种理性直观来达到主观和客观的绝对同一。其失足之处在于割裂了感性认识和理性认识的辩证关系，丢掉了感性认识，夸大了理性认识。但是老子提倡静观的认识方法，说明他看到了感性认识的局限性，表面性，也注意到了理性认识的相对性和有限性，试图超越两者之上追求一种更高的认识方法，这在认识史上无疑是一个勇敢的探索。

关于本章的宗旨，学术界还有另一种理解，认为老子在这里谈的不是认识论问题，而是君主的"南面之术"问题。就是说，作为君主，要深居简出，运筹于帏幄之内，决胜于千里之外。虽然不出门户，却依靠臣下作"耳目"，而能知天下事；虽然不看外面，却能依靠臣下的智力，而懂得天道运行的规律。相反，如果君主离开臣下，孤军作战，那么必将是"其出弥远，其知弥少"。如张舜徽所指出的："此言人君一己之聪明不足恃，虽出外日行千里，而所闻见者甚少也。《韩非子·八经》篇云：'力不敌众，智不尽物，与其用一人，不如用一国。'《吕氏春秋·贵公》篇云：'智而用私，不若愚而用公。'皆言善为君者，要在任人而不任智，'不贵恃一己之耳目以自贤也'。强调'任人而不任智'，所以可以实现'圣人不行而知，不见而名，不为而成'。"因此，老子所讲的"不见"、"不行"、"不为"，指的是君主一人，而不是所有人。惟其如此，所谓"不行而知，不见而名，不为而成"，就不怎么奇怪了。这些看法持之有据，言之成理，不失为一家之言，记之于兹，供研究者参考。

第四十八章

为学者日益，闻道者日损㈠。损之又损，以至于无为，无为而无不为㈡。将欲取天下也，恒无事；及其有事也，又不足以取天下矣㈢。

校　　注

㈠　"为学者日益，闻道者日损。"

帛书甲本仅存语首一个"为"字，余皆脱损，乙本同校文，惟"损"写作"云"。今据通行本正作"损"。傅本同校文。河本、王本并无二"者"字，范应元曰："傅奕、严遵与古本有'者'字。"马叙伦曰："《庄子·知北游》篇引有'者'字。"蒋锡昌按："二十章王注'下篇为学者日益，为道者日损'系引此章经文，可证王本二'日'上亦有'者'字，当据补正。"钊按：有"者"字是，今帛书有"者"字，又其证也。

河上公曰："'学'，谓政教礼乐之学也；'日益'者，情欲文饰日以益多。'道'，谓自然之道也，'日损者'，情欲文饰日以消损。"钊按：此"学"当指儒墨之学，儒家提倡学礼乐，墨家提倡传巧智，其学都贵有为，故曰"为学日益"也；此"道"当指老子无为之道，从行无为之道的角度看，礼乐巧智等越少越好，故曰"闻道者日损"也。此同"绝圣弃智"、"绝仁弃义"、"绝巧弃利"的宗旨是一致的。

本段意为：从事学习的人，智识日益增加；闻道的人，智识日益减少。

(二)"损之又损，以至于无为，无为而无不为。"

帛书甲本此段全脱损。乙本"损"写作"云"，第二句"无"字下全脱损，余同校文。河本、王本概同校文。傅本、范应元本第二"损"字下有一"之"字，且"而"作"则"。严遵本无"以"字及末句"无为"二字，唐人写本残卷己本无"于"字。龙兴碑本"而无"作"无所"，明太祖本、宋徽宗本末句"不为"下有"矣"字，顾欢本"不为"下有"也"字。今依帛书和王本。

王弼曰："有为则有所失，故无为乃无所不为也。"

吴澄曰："为道者减损其有为之事，损之又损，乃损之既尽，而无复有可损，则至于无为也。彼有为者，为一事不过一事，为十事不过十事而已，其未为之事，何啻千万，不可胜穷，岂能事事而为之哉。惟无为者，一事不为，故能事事无不为也。"

本段意为：减少而又减少，乃至达到无为的境界。坚持无为，就没有什么事不可为。

(三)"将欲取天下也，恒无事；及其有事也，又不足以取天下矣。"

帛书甲本脱损严重，仅存"取天下也恒"五字。乙本大致同校文，惟"将欲"及末句"又不"、"下矣"诸字脱损。今据傅本补。傅本"将欲取天下恒无事"句中无"也"字。河本、王本无"将欲"二字，"取天下也恒无事"作"取天下常以无事"，无"也"、"又"、"矣"诸字。宋徽宗注本、吕惠卿本等"取"前有一"故"字，范应元本无"欲"字，"取"下有"于"字。今依帛书及傅本。

河上公曰："取，治也。治天下常当以无事，不畜烦劳也。及其好有事，则政教烦，民不安，故不足以治天下也。"

"及"，高亨曰："犹若也。"

本段意为：想要治理天下，那就要永久保持"无事"的状态。如果有所事事，那就难于治好天下。

简　析

本章讲的是无为之道。"为学日益，为道日损"，本意在于把自己的"道"同儒家、墨家的"政教礼乐之学"区别开来。老子认为，从事儒墨之学，礼乐巧智等将一天天增加；而按照自己的无为之道的要求，礼乐巧智等则一天天减少。老子取后者而不取前者。如陈鼓应所指出的："老子认为'政教礼乐之学'实足以产生机智巧变，戕伤自然的真朴。老子要人走'为道'的路子，减损私欲妄见，返归真纯朴质，'以至无为'。"

第四十九章

圣人恒无心，以百姓之心为心㈠，善者善之，不善者亦善之，德善也㈡；信者信之，不信者亦信之，德信也㈢。圣人之在天下，惵惵焉，为天下浑心㈣。百姓皆注耳目焉，圣人皆孩之㈤。

校　注

㈠ "圣人恒无心，以百姓之心为心。"

帛书乙本大致同此，惟首"圣"字脱损，"姓"写作"省"，音近而误。甲本上句全脱，下句为"以百□之心为□"。河、王、傅本"恒无心"均作"无常心"，且无"之"字，余同校文。景龙碑本，唐人写本残卷己本，顾欢本无"恒"（常）字。马叙伦曰："《书抄》七引'姓'下无'心'字。"今依帛书。

河上公曰："圣人重改更，贵因循，若自无心，百姓心之所[之]，便因而从之。"

蒋锡昌曰："此言圣人治国，无常心于有为，而任百姓之自化，故以百姓为心也。《庄子·天下》篇述老聃之道曰：'关尹老聃乎，古之博大真人哉；芴漠无形，变化无常。'太史公《自序》曰：'圣人不巧，（原作'朽'，此依王念孙《杂志》校改），时变是守。'并与此谊相明。"

本段意为：圣人永远没有自己的心愿，他们以顺从百姓的心愿为心愿。

　　㈡ "善者善之，不善者亦善之，德善也。"

　　帛书甲本脱损末尾四字，余同校文。乙本仅存首 "善" 字及末尾 "善也" 二字，余皆脱损。河、王本二 "者" 字下均有 "吾" 字，无末尾 "也" 字。傅本同河本相近，惟末尾有一 "矣" 字，"德" 作 "得"。校文以甲本为主，甲本缺字，据乙本及傅本补。

　　钊按：本段及下段各本均有 "吾" 字，惟帛书无 "吾" 字。从文意看，无 "吾" 字是。"善者善之，不善者亦善之"，"信者信之，不信者亦信之"，紧承上句 "圣人恒无心，以百姓之心为心"，故 "善者善之" 等不是 "吾" 所为，而是 "圣人" 所为。河上公注 "善者吾善之" 等句曰："百姓为善，圣人因而善之，百姓虽有不善，圣人化之德善也；百姓德化圣人为善。" 其 "善之"、"亦善之" 都指 "圣人"，并非指 "吾"。据此知河上本原亦无 "吾" 字，今 "吾" 字乃后人妄加耳。当依帛书删去此 "吾" 字，下同。

　　蒋锡昌曰："'德' 假为 '得'，此言民之善与不善，圣人一律待之以善而任其自化，则其结果皆得善也。"

　　本段意为：百姓中善的人，圣人以善待他；不善的人，圣人也以善待他，从而得到了善的结果。

㈢"信者信之，不信者亦信之，德信也。"

帛书乙本同此，甲本脱损严重，仅存末尾"信也"二字。河本、王本二"者"字下均有"吾"字，末尾并无"也"字，傅本"也"作"矣"，"德"作"得"，余同河本。今从帛书。按："德"，当读作"得"。

河上公注："百姓为信，圣人因而信之；百姓为不信，圣人化之使信也；百姓德化圣人为信。"

蒋锡昌曰："此言民之信与不信，圣人一律待之以信，而任其自化，则其结果皆得信也。此与上文词异谊同。"

本段意为：百姓中守信的人，圣人以信待他；不守信的人，圣人也以信待他，从而得到了信的结果。

㈣"圣人之在天下，愉愉焉，为天下浑心。"

帛书甲本大致同此，惟"圣人"二字脱损："歙"写作"翕"。乙本首句"天下"后有一"也"字，"歙"作"欿"，"为天下浑心"五字脱损。河本此句作"圣人在天下怵怵，为天下浑其心"。王本无"之"、"焉"二字，"浑"后有"其"字。傅本"浑心"作"浑浑焉"。开元御注本、陆本等多种本子"歙"作"憟"。

"在"，刘师培曰："'在'，疑'任'字之讹。"此说有理，"任"、"在"二字形近易误，且从文意看，亦以"任天下"为优。"在天下"，语意平淡；"任天下"即"以天下为己任"，突出了圣人崇高的历史使命，故古本当作"任天下"，译文宜取此意。

　　"歙"，王本同，甲本作"翕"，疑为"愶"之异体字，乙本作"欱"，乃"歙"之省写。盖"合"古与"翕"通，《尔雅·释诂》："'翕'，合也。"则"欱"乃为"歙"之省简无疑。此从王本作"歙"，甲本之"翕"（"愶"）当是"歙"之假字。"歙"，河本写作"怵"，开元御注本作"惵"，乃因"歙"古与"惵"通。《集韵》："歙，惧貌，或作惵。""怵"，亦含有恐怖之义，河上公说："圣人在天下怵怵，常恐怖，富贵不敢骄奢。"是"怵"及"歙"、"惵"皆有恐惧之义，可通用。

　　本段意为：圣人以天下为己任，常恐慎不安，欲使天下人心归于浑朴。

　　㈤"百姓皆属耳目焉，圣人皆孩之。"

　　帛书甲本脱"孩之"二字，余同校文。乙本仅存"生皆注其"四字，余皆脱损。河本"皆属耳目"作"皆注其耳目"，余同校文。王本无"百姓皆属耳目"句；傅本"属"作"注"，"孩"作"咳"，余同校文。今依帛书甲本，甲本脱文由河本补。

　　按："属"，各本均作"注"。"注"、"属"古通。《汉书·燕刺王旦传》："是时天雨，虹下属宫中。"师古注："属，犹注也。"今从甲本作"属"。《说文》："属，连也。""连"，通"联"。"皆属耳目"意为联合耳目，即充分发挥耳目的作用，王弼所谓"各用聪明"是也。释德清曰："百姓皆注其耳目者，谓注目而视，倾耳而听，司其是非之昭昭。"与上意并同。"注"

一本作"淫"，形近而误。

又，王弼本无"圣人皆属耳目"句，当补。盖"百姓皆属耳目"与"圣人皆孩之"两句为对文，无上句则下语失其依。（据刘师培说）

"孩"，或作"咳"，或作"㧁"，或作"骇"，今从河本作"孩"。"圣人皆孩之"王弼注曰："皆使和而无欲，如婴儿也。"蒋锡昌曰："言圣人皆以小儿待之，而不分别其善不善，信不信也。"此从蒋说。

本段意为：百姓都充分发挥耳目的功用，圣人却把他们都看做婴孩。

简　析

本章讲的是爱民之道。

春秋战国之际，新兴封建主为了扩展自己的势力，"辟草莱"，"漫其经界"，大量经营私田，这就有一个吸收劳动力的客观需求。而当时大量劳动力控制在奴隶主手里，这就迫使新兴封建主同奴隶主展开争民的斗争。在这个斗争中，不同阶级的思想家都围绕"争民"提出了自己的主张，孔子提出"泛爱众"（《论语·学而》）；墨子提出"兼爱"（《兼爱》），并主张"饥者得食，寒者得衣，劳者得息"（《非命下》），老子则明确提出"爱民治国"的口号，本章就是这一思想的具体发挥。

怎样"爱民"？曰："圣人恒无心，以百姓之心为心。"认为圣明的君主治国，不把自己的思想强加于百姓，而要体察百姓的脉搏，想他们所想，思他们所思，一切顺从百姓的心愿。不仅如此，还必须本着与民为善的宗旨，"善者善之，不善者亦善之"；"信者信之，不信者亦信之"。百姓中善良的人，以善良待他，不善良的人也要以善良待他；百姓中守信的人，要以信待他，不守信的人，也要以信待他。这样，既得到了"善"的结果，也得到了"信"的结果。老子认为，圣明的君主治理天下，必须表现为"歙歙焉"，即常处于恐惧不安的状态，不敢骄恣，意在把天下百姓引向无为的境界。即使百姓好用智慧，自己也要把他看作婴孩，倍加爱护。这样的"爱民"，的确是孔、墨所不能比的。

第五十章

出生入死，生之徒十有三，死之徒十有三㈠，而民之生生而动，动皆之死地亦十有三㈡。夫何故也？以其生生也㈢。盖闻善执生者，陵行不避兕虎，入军不被兵革。兕无所投其角，虎无所措其爪，兵无所容其刃㈣，夫何故也？以其无死地焉㈤。

校　　注

㈠ “出生入死，生之徒十有三，死之徒十有三。”

帛书甲、乙本此段皆严重脱损，甲本仅存首句"生"字，二句"有"字，以及末尾四字；乙本"出"字及"生之"以下五字脱损，余同校文。河本、王本、傅本概同校文。唐人写本残卷己本二"十"字均作"什"。今从河、王诸本。

"出生入死"，王弼曰："出生地，入死地。"

"徒"，类也。（据河上公说）

"十有三"，王弼注："犹云十分有三分。"

本段意为：在生死之地出入，属于生存一类十分中有三分，属于死亡一类十分中有三分。

（二）"而民之生生而动，动皆之死地亦十有三。"

傅本同此，帛书甲本"而民"下无"之"字，"生生"下无"而动"二字，"亦"作"之"字，"动皆之"之"动"写作"勤"。乙本同甲本，惟"动"作"僮"。按：帛书与傅本相较，似以傅本近古本。顾广圻曰："《韩非》作民之生生而动，动皆之死地十有三。"则傅本与韩本同，惟语首无"而"字，"地"下无"亦"字。毕沅曰："河上、王弼作'人之生动之死地亦十有三'。"似毕见河本"地"下有"亦"字。

易顺鼎曰："王本及韩非似皆有误。《文选》鲍照《代君子有所思行》注引《老子》作：'人之生生之厚，动皆之死地，十有三。'所引似为可据。盖以'人之生生之厚'六字共为一句。老子意谓人求生太厚，遂动之死地。故下文又申明之云：'夫何故？以其生生之厚。'夫生，十有三；死，十有三；其数本各居半，至于求生过厚，而死之数遂多于生矣。若作'人之生，生而动'，语近于不可解。观王注亦云'而民生生之厚，更之无生之地焉'，是'动之死地'之上，有'生生之厚'四字之证。"此说虽有理，然韩本、帛书等较古的本子：此段均无"生生之厚"语，易氏所据仅《文选》注引文，尚难作为定论。姑存之以备一说。

"生生"，求生（据陈鼓应说）。

"动"，作为也（据吴澄说）。

本段意为：而老百姓为求生而作为，这种作为走向死地的也是十分中有三分。

㈢"夫何故也？以其生生也。"

帛书甲本同此，乙本脱损"夫"字，无后"也"字。河、王本作"夫何故，以其生生之厚"，其他各本与河、王本大致相同，"生生"下并有"之厚"二字。范应元本"故"作"哉"。今依帛书。

本段意为：这是什么原因呢？因为他们太贪生啊！

㈣"盖闻善执生者，陵行不避兕虎，入军不被兵革。兕无所投其角，虎无所措其爪，兵无所容其刃。"

帛书甲本"闻善"二字及"避"字脱损，"兕"误作"矢"，"投"作"㯺"，"措"写为"昔"，"爪"作"蚤"。乙本"避"写为"辟"，"兕无"下脱损八字，"爪"亦写为"蚤"。傅本"执生"作"摄生"，"陵行"作"陆行"，"兵革"作"甲兵"，余同校文。河本"执生"亦作"摄生"；"陵行"亦作"陆行"；"不避兕虎"、"不遇兕虎"、"不被兵革"作"不避甲兵"。王本近河本，惟河本"不避甲兵"王本作"不被甲兵"。今从帛书并据傅本补正。

按："执生"，各本概作"摄生"，"摄"、"执"互通，《说文》："摄，引持也。"《集韵》："执，持也。"则二字并有"持"义，"持"保持"执生"或"摄生"均为保生之意。今从帛书。

"陵行"各本均作"陆行"，似以帛书"陵行"为优。"陵"，

《尔雅·释地》："大阜曰陵。"《说文》："阜，山无石者。"《释
名》："土山曰阜，言高厚也。"则"陵"即无石之土山也，今言
丘陵即指此。"陵行"，即在山中行走，山中才有兕虎，故曰"陵
行不避兕虎"。作"陆行"不如"陵行"贴切。

"兕虎"，即指兕与老虎。"兕"，《说文》："兕，状如野牛
而青，象形，本作'㄄'。"《尔雅·释兽》："'兕似牛'。注：
'一角，青色，重千斤。'疏：'其皮坚厚可制甲……角长三尺余，
形如马鞭柄。'"当是一种猛兽。

本段意为：听说善于保生的人，在山中行走不用回避兕与老
虎；进入战斗的行列，不用披戴护身的兵甲。兕无法用角伤害他，
老虎无法用爪伤害他，兵器无法用刃伤害他。

㈤"夫何故也？以其无死地焉。"

帛书甲本及傅本并同此，惟甲本脱损"夫"字。乙本脱损严
重，仅存"也以其无"四字。河本、王本无"也"、"焉"二字。

本段意为：这是什么原因呢？因为他心里没有死的地盘啊！

简　析

本章讲的是执生（或作"摄生"）之道。

怎样"执生"呢？这就是要顺乎自然法则。在老子看来，生
与死有合乎自然者，有不合乎自然者。合乎自然的正常之生，十
分中有三分；合乎自然的正常之死，十分中有三分。此外，还有

不合乎自然的非正常死亡。这就是那些"生生"者即贪生者，他们为贪生而作为，这种作为是违反自然的，因而也有十分之三走向死亡之地。老子的本意，是要人们安时处顺，置生死于度外。若做到了这一点，就可以达到"陵行不避兕虎，入军不被兵革。兕无所投其角，虎无所措其爪，兵无所容其刃"的特殊境界。这样的"善执生"者，似乎不可理解。但只要把握道家超然物外的基本思想，也就不奇怪了。道家置生死于度外，当然不用防避猛兽的伤害与刀刃的杀害。庄周把置生死于度外之人称为"至人"，说："至人神矣，大泽焚而不能热，河汉沍而不能寒，疾雷破山、飘风振海而不能惊。若然者，乘云气，骑日月，而游乎四海之外，死生无变于己，而况利害之端乎？"（《齐物论》）又说："至人潜行不窒，蹈火不热，行乎万物之上而不慄。"（《达生》）把庄子的这些话同老子"陵行不避兕虎"等语相比较，可知他们的基本思想是一致的：只要超然于生死之外，还有什么可怕呢！高延第曰："真善摄生者，安时处顺，虚己游世，无害物之心者，物亦不得而害之，故无死地。……读《庄子》之《养生主》、《人间世》二篇，足尽此章之旨，非真谓饥虎可尾也。"此说抓住了问题的本质。

第五十一章

道生之而德畜之，物刑之而器成之，是以万物尊道而贵德㈠。道之尊也，德之贵也，夫莫之爵而恒自然也㈡。道生之，德畜之，长之遂之，亭之毒之，养之复之㈢。生而弗有也，为而弗侍也，长而弗宰也，是谓玄德㈣。

校　　注

㈠ "道生之而德畜之，物刑之而器成之，是以万物尊道而贵德。"

帛书甲本同此，惟末尾脱一 "德" 字，据乙本补。乙本无前 "而" 字，余同校文。河本、王本、傅本无前后二 "而" 字，"器成之" 作 "势成之"，"万物" 下有 "莫不" 二字。程大昌《易老通言》"是以" 引作 "故"；开元御注本 "万物" 作 "圣人"。

钊按：帛书 "器成之" 与通行本 "势成之" 相较，似以帛书为优。高亨曰："'物形之，势成之' 二句义不可通，文必有误。疑此四句当作 '物，道生之，形之；德畜之，成之。' 盖转写 '物' 字窜入下文，'形之' 二字亦窜入下文，读者以意增 '势' 字耳。" 张松如曰："高说固颖，而臆断无据。今帛书作 '器'，正好把这一矛盾解决了。'器'，就是器械，就是工具。万物各因物赋形，而又由'器'以成之也。……韩非《解老》所谓'凡物之有形者，易裁也，易割也'……裁之割之，非由'器'乎？此物不正是'物形之而器成之吗？'"张说是，从之。

又按：河、王、傅诸本末句"万物"下均有"莫不"二字，今帛书甲乙本及唐人写本残卷己本、严遵本均无此二字，当是古本如此，应依帛书。"之"，指万物。"刑"，通"形"。"物"，指各类生物不同形的物种而言。

本段意为：道生出万物而德畜养万物，物种形范万物而器具成全万物。所以万物尊崇道而重视德。

(二)"道之尊也，德之贵也，夫莫之爵而恒自然也。"

帛书乙本同此，惟"爵"后多一"也"字（甲本无此"也"字，据删）。甲本"道"字脱损，"尊"下无"也"字，"爵"省为"时"，今依乙本。河本、王本无三"也"字，"爵"作"命"，"恒"作"常"。按："爵"，傅本及开元御注本、唐人写本残卷己本等多种版本同，当是古本如此，今依帛书。"莫之爵"乃倒语，犹"莫爵之"，意为没有谁给它爵位。"之"，指代"道"和"德"。

本段意为：道之所以受到尊崇，德之所以受到重视，并没有谁给它们爵位，而只是恒久因任自然罢了。

(三)"道生之，德畜之，长之遂之，亭之毒之，养之复之。"

帛书甲、乙本此段均有脱损。甲本无"德"字，"毒之"之"毒"及"毒之"下四字脱损。乙本亦无"德"字，"畜"字下四字及末"之"字脱损。校文由甲、乙本互补而成，甲、乙本均缺则据今本补正。按："德畜之"，之"德"，河、王本及傅本并有，帛书无，明太祖注本等多种版本亦无。从全章看，上文有"道生之而德畜之"句，此处乃重申明上意，亦当有"德"字，今据补。"长之遂之，亭之毒之"河本作"长之育之，成之熟之"，王本、傅本并作"长之育之，亭之毒之"，傅本"养之复之"作"盖之复之"，今依帛书。按："长之遂之"，各本作"长之育之"，似以帛书为优。"遂"，《广韵》："成也。""长之遂之"即"长之成之"也。如作"长之育之"，则"育之"与下文"养之"重复。"育"，《广韵》："养也。"今依帛书作"遂之"。

"亭之毒之"：奚侗曰："'亭之毒之'，谓定之安之也。《说文》：'亭，民所安定也。'引申有安定谊。《文选》谢灵运《初去郡诗》注引《仓颉篇》：'亭，定也。'《广雅·释诂》：'毒，安也。'它本'亭毒'或作'成熟'。"

"养之复之"，吴澄曰："复，谓反本复命也。"

本段意为：道生出万物，德畜养万物，使万物滋长成熟，安稳定形，得到保养，直至反本复命。

(四)"生而弗有也，为而弗侍也，长而弗宰也，是谓玄德。"

帛书甲本"生而"二字脱损，"侍"作"寺"，"弗宰"作"勿宰"，"是谓玄德"作"此之谓玄德"。乙本此段脱损严重，仅存"弗宰是胃玄德"六字。校文以甲本为基础，参阅乙本补正。"弗侍"，乙本脱，甲本作"弗寺"，校正文"侍"据乙本第二章"为而弗侍"句而定。河、王、傅本此段无"也"字，三"弗"字并作"不"，"侍"作"恃"，余同校文。唐人李约《道德真经新注》本无"长而弗宰"句，今依帛书。

奚侗曰："四句已见第十章，此复出。"

"为"：施为。

玄德：即上善之德。（参见第十章《校注》）

本段意为：生出万物而不占有它们，对万物有所施为而不恃望其报，助长万物而不去宰割它们。这就是上善之德。

简　析

本章集中体现了老子关于天道无为的思想。

仔细研读本章，可知老子关于"无为"的含义有如下几层意思：

首先，"无为"主要指因任自然。老子说："道生之而德畜之，物刑之而器成之，是以万物尊道而贵德。道之尊也，德之贵也，夫莫之爵而恒自然也。"这里所说的"道生"、"德畜"、"物刑"、"器成"，都是顺乎自然法则的自然过程。没有任何勉强作为。在老子看来，人们之所以尊道贵德，不是由于"道"和"德"受有爵位，而是由于它们"恒自然也"。因此，万物尊道贵德，实际上尊崇、看重因任自然这一重要法则。

其次，老子的"无为"，不是简单的不作不为。过去，不少人把老子的无为，简单地归结为不作不为，这是不合老旨的。这一点，本章的文字作了明确的答复。老子说："道生之，德畜之，长之遂之，亭之毒之，养之复之。"这里所说的"生"、"畜"、"遂"、"亭"、"毒"、"养"、"复"都是动词，它们都是"道"或"德"的作为。可见，老子的"无为"，不是什么也不作不为，而是有所为的，不过，这种"为"，是顺乎自然而为。刘安所谓"循理而举事，因资而立功"，即合此意。

再次，老子所说的"无为"，还包含着"无私"的意思。"生而弗有也，为而弗恃也，长而弗宰也，是谓玄德。"这里所谓"弗有"，"弗恃"、"弗宰"含义都是相通的，即"无私"是也。王安石说："此三者皆出于无我，故谓之玄德。""无我"亦即"无私"。刘安所谓："若吾所谓无为者，私志不得入公道，嗜欲不得枉正术。"正是对老子这一思想的发挥。

最后，老子把"无私"称之为玄德，这是很有价值的见解。说明他意识到人类社会的上善之德具有"无私"的特征。老子对无私之德无比向往，他反复强调"我无欲而民自朴"、"复归于朴"。此"朴"正是指的朴实无华的上善之德，其中包含"无私"。

第五十二章

天下有始，以为天下母㈠。既得其母，以知其子；既知其子，复守其母，没身不殆㈡。塞其兑，闭其门，终身不堇；启其兑，济其事，终身不救㈢。见小曰明，守柔曰强㈣。用其光，复归其明，无遗身殃，是谓袭常㈤。

校　注

㈠ "天下有始，以为天下母。"

帛书甲乙本及河本、王本均同此，傅本"以"上多一"可"字，今从帛书。

奚侗曰："道先天地而生，即为天下万物之母。"

蒋锡昌曰："二十五章'有物混成，先天地生，寂兮寥兮，独立不改，周行而不殆，可以为天下母，吾不知其名，字之曰道'，是'始'即'道'也。道先天地生，故为天下万物之母也。"

本段意为：天下有一个始祖（道），可以作为天下万物的母亲。

㈡ "既得其母，以知其子；既知其子，复守其母，没身不殆。"

帛书乙本同此，惟"殆"作"佁"，形近而误。甲本无"既知其子"一句，考通行诸本均有此句，疑甲本抄写时脱误，当据补。甲本"既"作"慁"。按："慁"，古"爱"字，因上半"既"与"既"同而误。河本"既得"作"既知"，"以知"作"复知"；景龙碑等本"得"作"知"，"以"作"又"。景福本"得"、"守"并作"知"。王本，傅本同校文。

奚侗曰："道为母，万物为子，既因物之所以生以得其母，亦因道之所以生者以知其子。万物为道之子，道以无为，使各遂其生。我守无为之道，万物恃我而生而不辞，则没身无危殆矣。"

本段意为：既然得知这一母亲，那就可以知道它的儿子；既然知道它的儿子，那就要返回来守住这个母亲。这样终身没有危殆。

（三）"塞其兑，闭其门，终身不堇；启其兑，济其事，终身不救。"

帛书甲本前"兑"写作"闧"，后"兑"写作"闷"，"不救"二字脱损。乙本"兑"作"垸"，"济"省作"齐"，"事终身"三字脱损，"不救"作"不棘"。"堇"，河、王诸本作"勤"，此依帛书。"堇"、"勤"均为"瘽"之借字，病也。"启"，河、王诸本作"开"，"开"、"启"互通，今从帛书。

钊按："兑"，王本、傅本同，河本作"兊"，陆德明曰："兑，河上作锐。"则陆见河本为"锐"，景龙碑亦作"锐"。今从王、傅本作"兑"。"兑"，奚侗曰："《易·说卦》：'兑为口。'引申凡有孔窍者皆可为兑。《淮南·道应训》。'王者欲久持之，则塞民于兑'高注：'兑，耳目口鼻是也。'"按：奚侗将本章之"兑"释为"耳目口鼻"恐不确。本章"兑"当为"悦"之借字。《说文》段注："《道德经》'塞其兑，闭其门'，'兑'即'阅'之省。"而"阅"通"悦"，《诗·蜉蝣》："蜉蝣掘阅。"《疏》："阅者，悦怿之意。"又《易·说卦》："兑，说也。"《同源字典》引师古说："说，读为悦。"是"兑"通作"悦"，《广雅·释诂》："悦，喜也。"帛书甲本作"闉"，当为"阅"之形误；乙本作"垸"，当为"悦"之形误。据此，"兑"当读为"悦"。"塞其兑"，即堵塞喜悦之情。

"闭其门"，"门"，借为"闷"。《说文》："闷，懑也。从心，门声。"则"门"、"闷"同声可以通假。"闷"与"悦"为对文。"塞其悦，闭其闷"，即取消喜悦忧闷等情欲是也。去掉情欲可以保生是道家的重要观念。《管子·内业》："凡心之刑，自充自盈，自生自成。其所以失之，必以忧、乐、喜、怒、欲、利。能去忧、乐、喜、怒、欲、利，心乃反济。""彼心之情，利安以宁，勿烦勿乱，和乃自成。"《淮南·原道》篇也说："夫喜怒者，道之邪也；忧悲者，德之失也；好憎者，心之过也；嗜欲者，性之累也。人大怒破阴，大喜坠阳，薄气发瘖，惊怖为狂，忧悲多恚，病乃成积。"可见，喜怒哀乐等情欲，都会使人致病。惟其如此，所以老子主张"塞其兑，闭其闷"，认为这样就可以"终身不瘽"。

"济"，河上公注："益也，益情欲之事。"恐不确。按：此"济"当训为"忧"。扬子《方言》："忧，陈楚或曰湿，或曰济。"则"济其事"犹"忧其事"也。此义正与前句"闭其闷"相呼应。

"救",治也(据奚侗说)。

本段意为:堵塞那喜悦之情,关闭那忧闷之门,终身不会害病;放纵那喜悦之情,忧伤那世间之事,终身不可救治。

(四)"见小曰明,守柔曰强。"

帛书甲本脱损"见"、"明"二字,余同校文。乙本脱损"柔曰"二字,余同校文。王、傅本与校文同。河上公本后"曰"作"日",明太祖注本、吴澄本前后"曰"并作"日"。吴澄曰:"'日',或作'曰',传写之误。"蒋锡昌曰:"五十五章,'知和曰常,知常曰明,益生曰祥,心使气曰强',文例与此一律,可证《老子》古本作'曰',不作'日',吴说非是。"今帛书亦作"曰",当从之。

"小",吴澄曰:"犹前章'微'字。"

本段意为:预见到微妙之处,可称之为明智;坚守柔弱,可称之为刚强。

(五)"用其光,复归其明,无遗身殃,是谓袭常。"

帛书甲本同此,惟"殃"省作"央";"遗",讹为"道";"谓",省作"胃"。乙本"用"下脱损七字,"袭"字亦脱损,"殃"亦省作"央","谓"亦简为"胃"。傅本同校文,河、王本"袭"作"习"，王本"谓"作"为"，余同校文。马叙伦曰："袭习古通，《周礼·胥师》注曰：'故书袭为习。'是其例证。"今依帛书作"袭"。罗振玉曰："'谓'，今本作'为'，以全书例字，当作'谓'。"蒋锡昌："《道藏》王本'为'作'谓'，当据改正。二十七章'是谓袭明'词例与此一律，可证'习'亦当改'袭'。'为'之与'谓'，'习'之与'袭'，古虽并通，然王本作'谓'不作'为'，作'袭'不作'习'也。"今帛书正作"是谓袭常"，当从之。

"光"，即五十八章"光而不耀"之光，虽有光，却"不耀"，则此光乃为温柔之光，实即微妙的智慧。

"袭常"即因袭常道是也。

本段意为：运用那微妙的智慧之光，复归到玄通之明，不留下危及自身的祸殃。这就叫做因袭常道。

简　析

本章宗旨亦是强调守道。

老子曰："天下有始，以为天下母。既得其母，以知其子；既知其子，复守其母，没身不殆。"这段话的关键，是强调"复守其母"。薛蕙曰："惟得母以知子者，斯能无所不知矣。然得其母者，岂徒欲知其子？正欲'复守其母'。使知子而不守其母，则舍本趋末，终亦多方丧生耳。智虽（落）[络]天地，辩虽雕万物，能虽穷海内，不足贵也……守其母者，固深根固蒂，长生久观之道也。"

　　老子所说的"守母"，也就是守"道"，即坚守无为之道。在老子看来，只要坚守无为之道，就能达到微妙玄通的境界，从而，"用其光，复归其明"。何谓"光"？何谓"明"？薛蕙曰："光者，明之发，心之感，通之用也；明者，光之本，心之知，觉之体也。""用其光，复归其明"，就是最好地发辉"无为"的智慧之光，复归到大道的玄通之明。

第五十三章

使我介然有知，行于大道，唯施是畏㈠。大道甚夷，民甚好解㈡。朝甚除，田甚芜，仓甚虚。服文采，带利剑，厌饮食，资财有余，是谓盗竽㈢。盗竽，非道也哉㈣！

校　注

㈠ "使我介然有知，行于大道，唯施是畏。"

帛书乙本无"然"字，"施"写作"也"，余同校文。甲本"介"作"摮"，亦无"然"字，"知"下有"也"字，"行于"及"施是畏"诸字脱损。河、王、傅诸今本"介"下皆有"然"字，从之。

按："介"，古今注家解说殊异，有训为"大"者（河上公），有训为"小"者（成玄英），有训为"耿介"者（唐玄宗），有训为"准确"者（张松如），如此等等，不一而足。从文意看本文"介"字，似以训"画"为宜。《说文》："介，画也。"段注："画部曰：'画，畍也。'"按："畍也"当是本作"介也"，"介"与"画"互训。"介然"即"画然"。"画"，分也。"使我介然有知"，意为"使我分然有知"。此"分"，指划分"正"与"邪"。

"施"，王念孙曰："'施'，读为'迤'。'迤'，邪也。言行于大道之中，唯惧其入于邪道也。下文云：'大道甚夷，而民好径。'河上公注：'径，邪不正也。'是其证矣。"钊按："施"直解为"邪"是也，不必转读为"迤"。钱大昕曰："'施'，古音斜字。《史记·贾生列传》：'庚子日施兮'，《汉书》作'斜'，'斜'、'邪'音义同也。""使"，假设之词。

本段意为：假使我正邪划分得很清楚，那么，行走在正道上，唯独害怕走上邪道。

(二)"大道甚夷，民甚好解。"

帛书乙本同此，惟"解"写为"懈"。甲本脱损"大道"二字，余同校文。"民甚好解"河、王、傅本作"而民好径"，唐人写本残卷己本作"其民好径"。"民"，景龙碑本、唐人李约本、龙兴碑本并作"人"，今依帛书。

按："好解"诸今本作"好径"，河上公注："径，邪不平正也。""好径"犹好行邪道是也。今帛书作"好解"，此"解"当训为"脱"。《礼记·曲礼》："解履不敢当阶。"注："解，脱也。"此"脱"即解脱之"脱"，引申为脱离。"而民好解"，犹"而民好脱"即好脱离大道而行邪道是也。此意与"好径"一致，今从帛书作"解"。

"民"，通"人"，指下文"服文采，带利剑"的贵族。

本段意为：大道很平坦，而贵族们却好脱离大道而行邪道。

（三）"朝甚除，田甚芜，仓甚虚，服文采，带利剑，厌饮食，而资财有余，是谓盗竽。"

帛书甲本此段"利"下脱损严重，仅存"食货"二字。乙本"财"下脱损六字，其"资"写作"齎"，"厌饮食"之"饮"字无。河本、王本后二句作"财货有余，是谓盗夸"，无"而"字。

按："资"，帛书甲本脱，乙本作"齎"。"齎"，古与"资"通，《周礼·天官·掌皮》："岁终则会其财齎。"《疏》："郑司农云'齎，或为资'。"今写作"资"。"资财"明太祖本、宋徽宗本、吕惠卿本等均同，河、王本作"财货"，傅本、范应元本作"货财"，今从帛书。

"盗竽"，帛书甲、乙本均脱损，流行本多作"盗夸"。俞樾曰："'夸'字无义，《韩非子·解老》篇作'盗竽'，其解曰：'竽也者，五声之长者也。故竽先，则钟瑟皆随；竽唱，则诸乐皆和。今大奸作，则俗之民唱。俗之民唱，则小盗必和。故服文采，带利剑，厌饮食，而资货有余者，是之谓盗竽矣。'盖古本如此，当从之。"蒋锡昌曰："《说文》：'竽，管三十六簧也，从竹，于声。'《释名·释乐器》：'竽，笙类，所以导众乐者也。'《释名》所释，正与《韩非》'竽先，则钟瑟皆随，竽唱则众乐皆和'之义相合，竽为众乐之导，故老子谓奸盗之导为盗竽。"均言之有理。疑此"竽"为本字，在流传中，或写作"芋"。"芋"与"竽"通，均有"大"义。《同源字典》引《广雅·释诂一》："芋，大也。"又引《吕氏春秋》："调竽笙壎箎。"注：

"竽，声之大也。"是"芋"、"竽"并有"大"义，二字同源，故能通用。古谓"芋根"为"魁"，故"芋"或可引申为"魁"。疑河、王本之"盗夸"，原作"盗魁"，"魁"、"夸"一声之转，故误耳。此从韩本作"盗竽"。

"朝甚除"，高亨曰："'除'读为'涂'。《文选·西都赋》李注引《广雅》：'涂，污也。''除'、'涂'同声系，古通用。《韩非子·难一》篇'左右请除之'，《淮南子·齐俗》篇作'左右欲涂之'，即其证。"此说有理，从之。"污"，有腐败之义，"朝甚除"，即朝政甚为腐败是也。

本段意为：朝政甚为腐败，田园甚为荒芜，仓库甚为空虚。身着锦绣之衣，带上锋利之剑，饱餐美味的饮食，有着用不完的资财，这种人可称为强盗头子。

㈣"盗竽，非道也哉！"

帛书甲本此句全脱损，乙本仅存"非"、"也"二字。今按照傅本补上，惟傅本之"盗夸"今从韩本作"盗竽"。河本无"也"字，其"盗夸"二字未重叠，故此句仅为"非道哉"三字。王本"盗夸"二字亦未重叠，经文作"非道也哉"。今除"竽"字从韩本外，其余依傅本。

本句意为：做强盗头子，不合于道啊！

简　析

本章深刻揭露了奴隶主贵族的荒淫无道。

　　过去，有人说老子代表奴隶主贵族的利益，从本章来说，这个结论是很难成立的。在本章，被老子骂得最痛快的，恰恰是奴隶主贵族。老子说："朝甚除，田甚芜，仓甚虚，服文采，带利剑，厌饮食，资财有余，是谓盗竽。"这里老子所痛斥的"盗竽"即强盗头子，指的是统治阶级无疑。问题在于，这个统治阶级是没落的奴隶主贵族，还是新兴的地主阶级呢？从文意上看，应当指的是奴隶主贵族。因为这个统治阶级正在走向没落。你看，他们荒淫无道，腐朽不堪，面对着田园荒芜，仓库空虚，却还要穷奢极欲，身着锦绣之衣，腰挂锋利之剑，饱餐美味的饮食，供其挥霍的资财不可计数，照此下去，哪里还有出路呢？显然，老子所痛斥的是那些日暮途穷，朝不保夕，正在走向灭亡的奴隶主贵族，而不是新兴地主阶级。我们知道，春秋战国时期的新兴地主阶级，正处于上升时期，他们政治上勤勉谨慎，积极进取，呈现一派奋发向上的景象，这同奴隶主贵族形成鲜明的对照。《左传》所谓"鲁君世从其失，季氏世修其勤"，正好揭示了奴隶主阶级腐朽堕落，新兴地主阶级勤勉于政的客观情况。由此可见，老子的批判锋芒，指的正是"世从其失"的奴隶主贵族，把他们称为强盗头子，实在是令人痛快。过去，奴隶主贵族把敢于反抗的劳动人民称为"盗"（如"盗跖"），老子在这里却反其道而行之，把奴隶主贵族称为"盗"，这在当时的社会里，无疑是一种十分勇敢的行为。

第五十四章

善建者不拔，善抱者不脱，子孙以祭祀不绝㈠。修之身，其德乃真；修之家，其德乃余；修之乡，其德乃长；修之邦，其德乃丰；修之天下，其德乃普㈡。以身观身，以家观家，以乡观乡，以邦观邦，以天下观天下㈢。吾何以知天下之然哉？以此㈣。

校 注

㈠"善建者不拔，善抱者不脱，子孙以祭祀不绝。"

帛书甲本此段首句脱"建"下二字，次句全脱，末句脱"不绝"二字。乙本首句脱"不拔"二字，次句全脱，余同校文。王本与校文相近，惟"不绝"作"不辍"。河本无"以"字，余同王本，傅本"抱"作"襄"，余同河本。唐人写本残卷己本，龙兴碑本无二"者"字，范应元本"脱"作"挩"，今从帛书，帛书损脱之字据河、王本补。

按："不绝"，诸今本作"不辍"。河上公注"子孙祭祀不辍"曰："为人子孙……祭祀先祖宗庙无绝时。"则"不辍"犹"不绝"也。此从帛书作"不绝"。

"建"，河上公曰："立也。"

"不拔"，犹不可移易也。

本段意为：善于建立的不可移易，善于抱执的不会脱下，子子孙孙祭祀不会断绝。

(二)"修之身，其德乃真；修之家，其德乃余；修之乡，其德乃长；修之邦，其德乃丰；修之天下，其德乃普。"

帛书甲本此段严重脱损，仅存"余，修之"三字。乙本"乃余"作"有余"，"邦"作"国"，"丰"作"峯"，"普"作"博"，余同校文。

按：河、王本"修之"下均有"于"字，但傅本及韩非《解老篇》无"于"字，与帛书相合。易顺鼎曰："《周易集解》虞氏注引《老子》曰：'修之身，德乃真。'《诗·序·正义》曰：《老子》云：'修之家，其德乃余；修之邦，其德乃丰。'皆无'于'字。"王弼注曰："修之身则真。"似王本亦无"于"字。无"于"字符合古本，当从之。

又按："其德乃余"，河、王、傅诸今本概同，帛书作"有余"，恐误。盖"乃余"与"乃真"、"乃长"、"乃丰"、"乃普"辞例正同，作"有余"，则句例不一，今据改。

又，"修之邦"，帛书甲本此句脱，从下文"以邦观邦"句可知其作"修之邦"；乙本作"修之国"，乃避汉高祖刘邦讳而改，河、王本作"国"，是沿袭汉人而用。韩非《解老》亦作"邦"。蒋锡昌曰："邦、丰为韵。"则"邦"字为古本用字，当从之。

又按："普"，帛书作"博"，傅本作"溥"，河王本及韩非《解老》均作"普"。"普"、"溥"、"博"三字互通。《同源字典》："'溥'、'普'实同一词。"又《增韵》："博，普也。"是"溥"、"博"二字并通"普"，此从韩本作"普"。

"修之身"之"修"，当训"治"，《玉篇》："修，治也。""之"，当训"其"，《经传释词》："之，其也。""修之身"，犹"治其身"是也，下文"修之家"、"修之邦"等并同此例。

本段意为：以道治其身，他的德就纯真；以道治其家，他的德就富余；以道治其乡，他的德就高大；以道治其邦，他的德就丰硕；以道治其天下，他的德就广博。

(三)"以身观身，以家观家，以乡观乡，以邦观邦，以天下观天下。"

帛书甲本此段首句脱"观"字，末句作"以天□观□□"。余同校文。乙本脱第二句末"家"字及第三句前三字，"邦"作"国"。河、王诸本语首均有"故"字，"邦"作"国"，傅本语首亦有"故"字，余同校文。

钊按：本段文义古今注家解说不一，河上公注曰："'以身观身'，以修道之身观不修道之身，孰亡孰存也；'以家观家'，以修道之家观不修道之家也……"林希逸曰："即吾之一身，而可以观他人之身；即吾之一家，而可以观他人之家，即吾之一乡，而可以观他人之乡……"陈鼓应译为："从（我）个人观照（其他的）个人，从（我）家观照（其他的）家，从（我）的乡观照（其他的）乡……"这些解说各个相殊，但有一点是共同的，即都从"我"与"人"之比较上来阐明"以×观×"，这一点可供借鉴。从上下文来看，老子在这里确实运用了"推己及人"的类比法。

本段意为：以我之治身，来观察认识别人治身；以我之治家，来观察认识别人治家；以我之治乡，来观察认识别人治乡；以我之治邦，来观察认识别人治邦；以我之治天下，来观察认识别人治天下。

㈣"吾何以知天下之然哉？以此。"

帛书甲本此句全脱。乙本脱损"何"下"以"字及末尾"此"字，"哉"作"兹"，今一并据河、王、傅本补正。

本段意为：我怎么知道天下之是非呢？用这个方法。

简　析

本章着重讲无为之道的贯彻与认识事物的方法。

经文一开头就指出："善建者不拔，善抱者不脱。"那么，老子心目中所要"建"、"抱"的是什么呢？奚侗曰："建谓建德，抱谓抱德。"此说恐非是。老子所崇尚的是自然之德，这种德是自然而然形成的，并非"建抱"所能达到。愚以为老子所要建抱的乃是无为之道。在老子看来，君主只要把无为之道贯彻到底，他的"德"就会日益丰厚。用无为之道来治身，他的德就纯真；用无为之道来治家，他的德就富余；用无为之道来治乡，他的德就高大；用无为之道来治邦，他的德就丰硕；用无为之道来治天下，他的德就广博。由此可见，随着无为之道的逐渐贯彻到"身"、"家"、"乡"、"邦"乃至"天下"，则德就可以由"真"到"余"，由"余"到"长"，由"长"到"丰"，由"丰"到"普"。可见，德之多与少，关键在于无为之道推广贯彻的程度。因此，老子所要建抱的乃是无为之道。有了"道"，也就有了"德"。

此外，本章还粗略地表达了老子研究和认识社会现象的方法。他说："以身观身，以家观家，以乡观乡，以邦观邦，以天下观天下。"这是一种推己及人的方法，即提倡以自我之治身、治家、治乡、治邦、治天下，来观察认识他人治身、治家、治乡、治邦、治天下。其认识模式是：通过认识自我，来推知认识他人，是一种类比的方法。这个方法有助于我们认识同类事物共同的规律与法则，并能帮助我们从个别中抽象出一般，无疑有其合理因素。但是，"人"和"我"各有特殊性，完全以"自我"来认识他人，难免有"主观臆测"之弊。老子所谓"不出户，知天下"，同他的这种简单类比的认识方法不无关联。

第五十五章

含德之厚者，比于赤子㈠。蜂虿虫蛇弗螫，攫鸟猛兽弗搏㈡。骨弱筋柔而握固，未知牝牡之合而朘怒，精之至也㈢。终日号而不嚘，和之至也。知和曰常，知常曰明，益生曰祥，心使气曰强㈣。物壮则老，谓之不道，不道早已㈤。

校　　注

㈠ "含德之厚者，比于赤子。"

帛书乙本同此。甲本"含德"二字及"者"字脱损，余同校文。河本、王本无"者"字，傅本作"含德之厚者，比之于赤子"。今依帛书。

"赤子"，《汉书·贾谊传》刘奉世注曰："婴儿本色赤，故曰赤子耳。"

"于"，蒋锡昌曰："《经传释词》'于'，犹'之'也，此言圣人含德之厚，可比之赤子也。"

"含德"，"德"，韩非曰："身以积精为德。""含德"，指含有积存的精气。

本段意为：积有丰富精气的人，可用婴儿来比譬。

(二)"蜂虿虫蛇弗螫，攫鸟猛兽弗搏。"

"蜂虿虫蛇弗螫"，帛书甲本作"逢俐螾地弗螫"，乙本作"螽疠虫蛇弗赫"，傅本作"蜂虿不螫"无"虫蛇"二字，王本作"蜂虿虺蛇不螫"，有"虫蛇"二字，惟"虫"写作"虺"。河本及景龙碑本、开元御注本、唐人写本残卷己本等，本句并作"毒虫不螫"。校文据王本，唯"虺"写作"虫"。

"蜂虿"，王、傅本同。甲本作"逢俐"，乙本作"螽疠"。按："蜂"，古文写作"螽"，亦作"蠭"。《说文》："蠭，飞虫螫人者。"甲本作"逢"，乃"蠭"之借字，乙本作"螽"乃"蜂"之古字，今从王、傅本作"蜂"。"虿"，《说文》："毒虫也。""虿"，古又写作"蠆"（见《集韵》）。乙本之"疠"疑为"虿"之误。盖"疠"古又写作"癘"（见《集韵》），"蠆"与"癘"形近而误。甲本之"俐"，疑为"蜊"之形误。"蜊"与"蠆"音近而误。"虫蛇"，帛书乙本同，王本作"虺蛇"。按：《玉篇》："'虫'，此古文'虺'字也。"今从帛书乙本作"虫"。甲本作"螾地"疑为"虺蛇"之误。

又"攫鸟猛兽弗搏"，甲本和龙兴碑本同，乙本"攫"作"据"；"猛"，写作"孟"；"搏"，作"捕"，疑"捕"为"博"字下部损坏所致，今从甲本。"攫"，王本同，河本作"玃"，按："玃"、"攫"古通，《集韵》："攫，搏也。或从犬。"今从帛书作"攫"。此句范应元本作"猛兽攫鸟不搏"；河、王、傅本作"猛兽不据，攫鸟不搏"；严遵本作"攫鸟不搏，猛兽不据"。今依帛书甲本。

"攫鸟"，吴澄曰："鹰隼之属。"

"猛兽"，吴澄曰："虎豹之属。"

本段意为：蜂虿虫蛇不刺伤他，雄鹰猛兽不搏击他。

㈢ "骨弱筋柔而握固，未知牝牡之合而朘怒，精之至也；终日号而不嚘，和之至也。"

帛书乙本"骨弱筋柔"作"骨筋弱柔"，"合"作"会"，"终"作"冬"，末尾三字脱损。甲本"牝"下六字及"精"后"之"字脱损，"嚘"作"发"，余同校文。河本与校文大致相同，惟"朘"作"峻"，"嚘"作"哑"；王本"朘"作"全"，"嚘"作"嗄"。傅本"不嚘"作"嗌不嗄"，余同校文。

按："嚘"，帛书乙本同此，甲本作"发"，《帛书甲本释文》注曰："'发'，当为'忧'之省，犹'爵'省为'旪'……此读为嚘（yōu）。严遵本作'嚘'。《玉篇·口部》：'嚘'，《老子》曰：'终日号而不嚘，气逆也。'……通行本《老子》此字多作'嗄'（shà），《庄子·庚桑楚》引亦作'嗄'，司马彪注：'楚人谓啼极无声曰嗄。'"毕沅曰："扬雄《太元经》：'柔儿于号，三月不嚘。'《玉篇》：'嚘'是'嗳'之异字。'嗄'与'嚘'形近，或者误'嚘'为'嗄'，又转'嗄'为'哑'耳。"由此可见，傅本作"嗳"乃"嚘"之本字，王本作"嗄"乃"嚘"之形误。河本作"哑"乃由"嗄"转化而来。又《道德真经集注》云："弼本'嗄'作'噎'。"又引弼注："无争欲之心，故终日出声而不噎也。"是弼本"嘎"作"噎"。蒋锡昌曰:"噎为暗字之假,《说文》'暗,宋齐谓貌泣不止曰暗'。暗,哑也,盖儿泣不止,自成哑之无声也。"则"嘎"、"哑"、"暗"皆有啼极无声之义,或许"暗"由"嘎"、"哑"转化而成。本文"嗄"、"歇"、"嘎"、"哑"、"暗"皆通,今从帛书作"嘎"。又傅本"不歇"前有一"嗌"字,黄茂才曰:"古本无'嗌'字,而'嗌不嘎'庄子之文也,后人乃增于《老子》之书,今不取。"从之。

又按:"朘",帛书甲本脱坏,乙本同"朘",河本作"峻",王本作"全"。范应元曰:"'朘',傅奕与古本同,今诸本多作'峻'。《玉篇》朘字注:'亦作峻、屡',系三字通用,并子雷切,赤子阴也。"

又按:"怒",今本为"作",蒋锡昌曰:"作,挺举也。"指的是小儿阴茎翘起。"怒",古可训"动",《鬼谷子·摩篇》:"怒者动也。"则"朘怒"犹"朘动",此与"朘作"义近,言小儿阴茎发动是也。今从帛书作"怒"。

本段意为:婴儿筋骨柔弱,而小拳头却握得紧紧的,他们不知男女结合之事,而阴茎却常常翘动,这是精气极充满的表现啊!他们终日啼哭而不因气逆而哑,这是"和"达到了完美的程度啊!

(四)"知和曰常,知常曰明。益生曰样,心使气曰强。"

帛书甲本"和"前无"知"字,乙本首句前三字及"生"下之"曰"字损坏,余皆同校文。王本同校文,傅本"曰强"作

"则彊"。河本"曰强"作"日强"。

　　按：高亨曰："知和曰常，义不可通，疑'知'当作'精'，盖'精'字转写脱去，读者依下句增'知'字耳。前文云'精之至也'，又云'和之至也'，故此总之曰'精和曰常'，'常'乃自然之义……此句言'精'与'和'乃性之自然也。"高亨言之极是，可惜至今未见此种本子，今录之以备一说。此校文据今本姑作"知和曰常"。张舜徽曰："帛书甲本无'知'字，盖原文如此。"恐非。帛书乙本此句脱坏，作"□□□常"，从脱字数看，此句当为四字，"和曰常"为三字，甲本抄写致漏。然此种情况说明高亨所谓"盖'精'字转写脱去"之推测不无道理。

　　"祥"，吴澄曰："祥，妖也。"奚侗曰："祥当训眚，《易·复》'有灾眚'，子夏《传》'妖祥曰眚'，是'祥'有眚谊。灾眚连语，眚亦灾也。《庄子·德充符》篇'常因自然而不益生'，盖以生不易益，益之则取乎自然而灾害至矣。"奚说是，从之。

　　"强"，蒋锡昌曰："强，乃强梁也。"

　　"曰"、"则"通用（马叙伦说）。

　　本段意为：知道"和"则合乎常道，知道常道，则心明眼亮。贪求丰厚的物质生活，则必遭殃；用心机而鼓锐气，则为强梁。

　　㈤"物壮则老，谓之不道，不道早已。"

　　帛书乙本"壮"字脱损，"谓"写为"胃"，"早"写为"蚤"。甲本此句作"□□即老，胃之不道，不□□□"。河本、王本、傅本均同校文。明太祖、范应元本等"谓之"作"是谓";唐人写本残卷已本,龙兴碑本等二"不"并作"非",金代寇才质本"已"作"死",今均依河、王本。

吴澄曰:"凡物壮必老,是不得常道者也。不得道者,早终而不能久。常如赤子则不壮,恶乎老?既不老,恶乎已?"

本段意为:事物壮大了,则必过早衰老。这叫做不合于道。不合于道必然提前消亡。

简　析

本章突出了一个"和"字。

"和"按照车载的理解,有"统一"的意思。他说:"和所表示的统一,包含着对立在内,是有永恒性的。所以说'知和曰常'。"(参阅《论老子》,上海人民出版社 1959 年版,第 69 页)把"和"理解为"统一",是符合老旨的。在《老子》书中,谈到"和"的地方有两处值得重视。一为四十二章"冲气以为和",二为本章"和之至也"。检这两处"和"字,皆有"统一"之意。"冲气以为和。"高亨注:"《说文》'冲,涌摇也',《广雅·释诂》'为,成也',冲气以为和者,言阴阳二气涌摇交荡以成和气也。"可见,"冲气以为和",讲的是矛盾双方(阴与阳)的相互作用而得到统一,"和",是统一的表现。本章"和之至也",讲的是婴儿"终日号而不嚘",即终日啼哭而不逆气。揣摩其意,此"和"似有"和谐"之意,即"统一"是也。

老子关于"和"的思想是对前人思想的继承与发挥。西周末年的史伯，曾提出"和实生物，同则不继"的观点，认为万物都是由不同事物和合而成，而不是由同类事物的简单凑合。后来春秋时期的晏婴继承了这一思想，提出了"和与同异"、"可否相济"的思想，说："和如羹焉，水火醯醢盐梅以烹鱼肉，燀之以薪，宰夫和之，齐之以味，济其不及，以泄其过，君子食之，以平其心。君臣亦然：君所谓可，而有否焉；臣献其否，以成其可。君所谓否，而有可焉，臣献其可，以去其否。……今据（指齐臣梁丘据）不然；君所谓可，据亦曰可；君所谓否，据亦曰否。若以水济水，谁能食之？若琴瑟之专壹，谁能听之？同之不可也如是。"细读晏婴的这一段话，不难看出，他所说的"和"指的是对立统一。君之"否"必须与臣之"可"统一起来，臣之"否"亦必与君之"可"统一起来，这才叫"和"。如果君曰可，臣亦曰可；君曰否，臣亦曰否，那就不是对立统一体，而是形而上学的绝对等同，晏婴称之为"同"。史伯、晏婴的这些思想，已在《老子》书中得到发展。老子不仅把"和"，看作矛盾统一，而且认为"和"是"常道"，他说："知和曰常"、"知常曰明"。认为懂得事物统一性，就掌握了常道，掌握了常道，就是真正的聪明。

第五十六章

知者弗言，言者弗知⑴。塞其兑，闭其门；挫其锐，解
其纷；和其光，同其尘。是谓玄同⑵。故不可得而亲，
亦不可得而疏；不可得而利，亦不可得而害；不可得而
贵，亦不可得而贱，故为天下贵⑶。

校　注

㈠ "知者弗言，言者弗知。"

帛书乙本同此，甲本"知者"二字脱损，余同校文。河、王
本"弗"作"不"，余同校文。傅本语尾有"也"字，余同河本。
今从帛书。

"知"，陈鼓应曰："'知'作'智'解。严灵峰说：'此两
智字，原俱作知，似当读去声，作智慧之智。'"恐非是。按
"智"，《老子》用为贬义，如第十九章"绝圣弃智"，此"智"是
被"弃"的对象；第五十七章"民多智慧，邪事滋起"，此"智
慧"是引起"邪事滋起"的根源，当去之；第六十五章"以智治
国，国之贼也；以不智治国，国之德也"，此"智"是治国之祸
害，亦当去之，故第十章曰"爱民治国，能无以智乎"，第三章
说"使夫智者不敢为"，此"智者"是限制的对象。第三十三章说

"知人者智，自知者明"，这里"知人"与"自知"相较，老子主张"自知"而不提倡"知人"，则"知人者"之"智"不如"自知者"之"明"。以上说明，老子对"智"持否定态度。相反，老子对"知"则基本是肯定的，第八十一章"知者不博，博者不知"，陈和详注曰："知者守一，故不博；二（当作博）者多见闻，不能守一，失其要真，故不知。"可见，"知者"即达道之人也。故河上公注曰："知者谓知道之士。"本章"知者弗言"之"知者"，亦当与八十一章之"知者"同义，指的是达道之人，如作"智者"则违背老子本意。

本段意为：达道之人不实行言教，实行言教之人尚未达道。

㈡"塞其兑，闭其门；挫其锐，解其纷；和其光，同其尘，是谓玄同。"

帛书甲、乙本此段"和其光，同其尘"句并在"挫其锐，解其纷"句之前。但诸今本"和光同尘"句均在"挫锐解纷"句后，且第四章帛书甲、乙本亦为"挫锐解纷"在前，疑本章有误，今从众本。乙本"兑"作"垸"，"尘"作"麈"，"挫"作"銼"，"谓"作"胃"，"锐"作"兑"，"解"前有"曰"字；甲本"兑"写作"阅"，"门"、"和"二字脱损，"尘"作"鏊"，"挫"作"坐"，"锐"作"阅"。傅本同校文。"闭"，河本作"闲"；"纷"，帛书甲、乙本同，王本作"分"，景龙碑本、景福本等作"忿"，今从帛书。

"塞其兑，闭其门"，已见于五十二章，参看该章校注。马叙伦曰：" '塞其兑'二句乃五十二章文，读者因 '门'字与'纷'、'尘'音协，因而误记于此。校者不敢删，遂复出矣。"此说有理，"塞兑闭门"与下文"挫锐解纷"、"和光同尘"文义不相联贯，"塞兑闭门"讲的是养身之道，"挫锐解纷"、"和光同尘"则属于守柔之道，二者有明显差异，不能杂凑一起。

按："挫其锐，解其纷，和其光，同其尘"，已见于第四章。第四章此四句乃为本章之文，因错简而误入该章。理由已在第四章中阐明，可参看该章校注。易顺鼎谓此四句为第四章文，非是。本章着重阐明不言之教，无为之道，而"挫锐、解纷、和光、同尘"正明此意，故本章不能没有此四句。

车载说："锐、纷、光、尘就对立说，挫锐、解纷、和光、同尘就统一说。"钊按："挫锐解纷和光同尘"虽也有"统一"之意，但其调和矛盾的思想似更突出。"挫其锐"者，使"锐"与"不锐"合而为一；"解其纷"者，使"纷"与"不纷"合而为一；"和其光"者，使"光"与"不光"合而为一；"同其尘"者，使清与浊合而为一。这里合而为一的过程诚然也是矛盾统一的过程，但老子的本意在于要人们把矛盾消解于"挫"、"解"、"和"、"同"之中。这是问题的关键所在。"是谓玄同"，是对"挫锐"、"解纷"、"和光"、"同尘"的概括总结。上面说锐与不锐，纷与不纷，光与不光、清与浊俱合而为一，即一切的一切都已混为一体了，故老子总之曰："是谓玄同。"此"同"有"齐同"之意；"玄"，通"元"，"元"即始也。"玄同"即原始之同，指的是天地剖判未分时的混沌状态。处于混沌状态时，当无"锐"与"不锐"、"纷"与"不纷"、"光"与

"不光"、"清"与"不清"的区别，即《庄子·齐物论》中所谓"天地与我并生，而万物与我为一"是也。

本段意为：堵塞那喜悦之情，关闭那忧闷之门，挫折那显露之锐，消解那是非之争；调和那光的亮度，混同那清浊的区分，这就叫做"玄同"。

㈢"故不可得而亲，亦不可得而疏；不得而利，亦不可得而害；不可得而贵，亦不可得而贱，故为天下贵。"

帛书甲本同此，惟第五个"得"字脱损，"贱"误作"浅"。乙本脱损严重，第二句脱"不可"和"疏"字，第三句"不可"、第四句"亦不可"均脱损，首句"亲"下有"也"字，余同校文。河本同校文。王本无三"亦"字，傅本无首"故"字，余亦同校文。

吴澄曰："我既玄同，则人不能亲疏利害贵贱我矣。恩虽如骨肉，而人与之相忘，不可得而亲也；邈然如涂人，而人不忍相远，不可得而疏也；外名位货财，而人莫能相益，不可得而利也；外死生祸福，而人莫能相损，不可得而害也；势若如君长，而人与之相狎，不可得而贵也；眇然如匹夫，而人不敢相慢，不可得而贱也。凡此六者，人所不能，己独能之，故为天下之最高贵。"此说可以参考。

"而"，当训"其"。《古书虚字集释》云："'而'犹'其'也。"

本段意为：所以，不可能得其亲，也不可能得其疏；不可能得其利，也不可能得其害；不可能得其贵，也不可能得其贱。所以"玄同"为天下人所珍贵。

简　析

本章着重阐明"玄同"的思想。

"玄同"，即原始之同（有人训为"大同"亦通），讲的是没有差别的境界。老子哲学，主要倾向是朴素辩证法，但他包含有形而上学的因素。

本章所强调的"玄同"境界，就有消解矛盾的意思。诚然，老子也看到了锐与不锐、纷与不纷、光与不光、清与不清的矛盾，但他主张通过"挫"、"解"、"和"、"同"的途径，达到没有矛盾的"玄同"境界，这就不能不陷入形而上学。

老子的"玄同"思想，对庄子影响很大，庄子的《齐物论》，就是由老子"玄同"思想演化而来。《庄子·齐物论》通篇讲的是一个"齐"字，"齐"，即"齐同"。在庄子看来，世界上千差万别的事物，从"道"的观点来看，并无差别，他说："故为是举莛与楹，厉与西施，恢诡憰怪，道通为一。"小的与大的，丑的与美的，千奇百怪，都可以通而为一。这同老子所讲的"玄同"一脉相通。

老子大讲"玄同"，意在推行"无为"之道，因为既然一切矛盾都可以通过自我修养的"挫"、"解"、"和"、"同"的途径而消除，那么就没有是非之争了。既然消解了矛盾，当然也就无"亲"与"疏"，"利"与"害"，"贵"与"贱"的区别了，故老子曰："不可得而亲，亦不可得而疏；不可得而利，亦不可得而害；不可得而贵，亦不可得而贱。"亲与疏、利与害、贵与贱都不能左右我，这样就可以超脱一切，逍遥于物外了。故庄子《齐物论》又说："圣人不从事于务，不就利，不违害，不喜求，不缘道，无谓有谓，有谓无谓，而游乎尘垢之外。"主张超然于物外，追求脱离现实人生，这无疑是消极的。

第五十七章

以正之邦，以奇用兵，以无事取天下㈠。吾何以知其然也哉㈡？夫天下多忌讳，而民弥贫；民多利器，而邦家滋昏；人多智慧，而奇物滋起；法物滋彰，而盗贼多有㈢。是以圣人之言曰：我无为而民自化，我好静而民自正，我无事而民自富，我无欲而民自朴㈣。

校　　注

㈠ "以正之邦，以奇用兵，以无事取天下。"

帛书甲本"奇"作"畸"。乙本"之邦"作"之国"，"奇"亦作"畸"，余同校文。河本、王本、傅本"以正之邦"均作"以正治国"。按："邦"字是，作"国"者，乃避汉高帝刘邦讳而改。"之邦"，帛书甲本同，考龙兴碑本、日本奈良圣语本，亦作"之邦"。马叙伦曰："奈卷作'之'，谳河上注曰'以，至也'，似以'至'字释句首'以'字。'以'字古无'至'训。奈卷引河上注曰：'之，至也。'则'以'为'之'之讹。是河上'治'作'之'，今作'治'者，后人据别本改也。"马说是，河本当作"之国"，河上公注曰："天使正身之人使至有国也。"此"有国"，正由"之国"演化而来。《广释词》："'之'，犹'有'，内动词。训见《古书虚字集释》。"是河本原作"之国"与帛书相合。当从帛书。"之国"，"之"训"为"，"为"者，治也。是"之国"犹"治国"也。

"奇"，帛书甲、乙本均作"畸"，开元御注本作"其"。刘师培曰："'奇''正'对言，'奇'义同'衺'。"是以作"奇"为优。御注本作"其"，乃"奇"之音讹；帛书作"畸"乃"奇"之借字。《说文》："畸，残田也，从田，奇声。"《正字通》："井田为正，零田不可井者为畸，地势多邪曲。井田取正方，则田必畸零，划井者必计零以足其数。"是"畸"亦与"正"相对，且有"邪"义（"地势多邪曲"）。今从众本作"奇"。

"正"，一本作"政"。按"正"与"奇"相对，当作"正"。作"政"者，乃用假字。蒋锡昌曰："'正'，谓清静之道也。'以正治国'，言以清静之道治国也。"恐不确。"以正治国"如解作"以清静之道治国"，则与下文"以无事取天下"语意重复。"正"似以河上公释为"正身之人"为优。第十三章曰："故贵以身为天下者，若可寄天下矣；爱以身为天下者，若可托天下矣。"这里"贵以身为天下者"、"爱以身为天下者"，都是善于正身之人，故可以把天下"寄"、"托"于他。此意正同以正身之人治理国家相一致。当从河上公说。

"取"，蒋锡昌曰："治也。"

"无事"，吴澄曰："无事者，三皇无为之治。"

本段意为：以正身之人治理国家，以奇巧之术用兵打仗，以无为之道平治天下。

(二)"吾何以知其然也哉?"

帛书乙本同此,唯"哉"写为"才"。甲本"吾"下脱损五字,"也哉"作"也戈"。河、王本此句并作"吾何以知其然哉?以此。"傅本作"吾奚以知天下其然哉?以此。"均比帛书多出"以此"二字。考明太祖本,宋徽宗本等多种版本,亦无"以此"二字,当是原本如此。俞樾曰:"此数句(指从'以正治国'到'以此'一段),当属上章。如二十一章曰,'吾何以知众甫之然哉,以此',五十四章曰'吾何以知天下之然哉,以此',并用'以此'二字为章末结句,是其例矣。下文'天下多忌讳而民弥贫',乃别为一章,今误合之。"此说非是。盖原文本不分章,则所谓章节之划分云云,均无依据。本文"吾何以知其然也哉?"之下紧接上"夫天下多忌讳而民弥贫……法物滋彰而盗贼多有",一问一答,文字紧严。如增"以此",实为画蛇添足。且二十一章与五十四章之"以此",并非指下文,而是指上文。该二章之"以此"用得贴切。本章之"以此"则纯属赘语,当依帛书删去"以此"二字。

本句意为:我怎么知道这样作是对的呢?

(三)"夫天下多忌讳,而民弥贫;民多利器,而邦家滋昏;人多智慧,而奇物滋起;法物滋彰,而盗贼多有。"

"夫天下多忌讳,而民弥贫。"帛书乙本同此,甲本脱"多忌"二字,余同校文。河、王本此句无"夫"字,傅本"弥"作

"臥"；景龙碑本、龙兴碑本"民"作"人"。今依帛书。

"忌讳"，即防禁（河上公说）。

"民多利器，而邦家滋昏。"帛书甲本"滋"作"兹"。乙本后句脱四字。河、王、傅本"邦"并作"国"；景龙碑等本"民"作"人"。此从帛书。

"人多智慧，而奇物滋起。"帛书乙本此句全脱损，甲本作"人多知而何兹□"，"知"当作"智"，"何"当为"倚"字之误，"兹"为"滋"之假字，脱损之字当为"起"字。则此句为"人多智而奇物滋起"。考前后句"人多利器"、"法物滋彰"，均为四字一句，则此句亦当为四字，"智"下疑掩一"慧"字。今傅本、陆希声本并作"智慧"，当从之。"人"，傅、陆等作"民"；"智慧"，河、王本作"伎巧"；"奇物"，傅本作"衺事"。今并依帛书。

"法物滋彰，而盗贼多有。"帛书甲本此句脱损严重，仅存"盗贼"二字，乙本作"□物兹章而盗贼□□"。参阅河本，此句当为"法物滋彰，而盗贼多有"，河本无"而"字，此依帛书。"法物"，王本、傅本等多种本子均作"法令"，似以河本、帛书作"法物"为优。河上公注曰："法物，好物也。珍好之物滋生彰著，则农事废，饥寒并至，故盗贼多有也。"此说似亦可通。然此"法物"似当释为"著有法律条文的实物"为宜。春秋末年，统治者为了平治天下，常把法律条文写在实物上，以宣示于民。如《左传》所记"郑人铸刑书"、"晋国铸刑鼎"都是把刑律铸于实物之上，这些实物可称之为"法物"，叔向针对子产在郑国铸刑书批评曰："夏有乱政，而作禹刑；商有乱政，而作汤刑；

周有乱政，而作九刑。三辟之典皆叔世也。今吾子相郑国，作封洫，立谤政，制参辟，铸刑书，将以靖民，不亦难乎？……将弃礼而征于书，锥刀之末，将尽争之，乱狱滋丰，贿赂并行，终子之世，郑其败乎！"这是说，子产在郑国铸刑书，必将导致"乱狱滋丰，贿赂并行"。此意正同"法物滋彰，盗贼多有"相类似。孔子针对晋国铸刑鼎也批评说："晋其亡乎，失其度矣。夫晋国将守唐叔之所受法度，以经纬其民，卿大夫以序守之。……今弃是度也，而为刑鼎。民在鼎矣，何以尊贵？贵何业之守？贵贱无序，何以为国？"亦认为"刑鼎"将导致天下大乱，此与"法物滋彰，盗贼多有"亦可相互发明。由此可见，老子所讲的"法物"，当是"刑鼎"之类的写有法律条文的实物。

本段意为：政府限制过多，老百姓就会更加贫困；民众拥有很多武器，国家就会动荡不安；人们巧智过多，奇异的货物就会泛滥起来；著有法律条文的实物加多，盗贼将日益猖獗。

(四)"是以圣人之言曰：我无为而民自化，我好静而民自正，我无事而民自富，我无欲而民自朴。"

帛书甲本"圣"字脱损，末句"我无欲"作"我欲不欲"。甲本首句和末句均脱损，第四句"自富"二字亦脱损。河本、王本、傅本"是以圣人之言曰"并作"故圣人云"，余均同校文，唯傅本"静"写作"靖"。景龙碑本此段"民"作"人"，无"而"字。今依帛书。

按："我无欲"通行诸本概同，帛书甲本脱，乙本作"我欲不欲"，似以诸今本为优。此段并列名句"我无为"、"我好静"、"我无事"均是三字起辞，如作"我欲不欲"，则辞例不一律，今从众本。

本段意为：所以，圣人有这样的名言：我坚持无为，则老百姓就会自己开化；我喜好清静，则老百姓就会自己端正；我无所事事，则老百姓就会自己富裕；我没有欲望，则老百姓就会自己纯朴。

简　析

本章着重讲无为之道。

全章紧紧扣住"以无事取天下"一语，从两方面阐发这一旨意：从"天下多忌讳"到"盗贼多有"，写的是"有为"所带来的坏处。其中"天下多忌讳"、"人多利器"、"人多智慧"、"法物滋彰"等，讲的都是"有为而治"；这些有为之治，带来了"而民弥贫"、"邦家滋昏"、"奇物滋起"、"盗贼多有"等弊端，显然，有为之治是不可取的。接着，老子又正面写了"无为"的好处。句中所谓"我无为"、"我好静"、"我无事"、"我无欲"等讲的都是一个宗旨，即"无为"。这样做，结果是收到了"民自化"、"民自正"、"民自富"、"民自朴"的好处。显然，无为而治是可取的。这样，把"有为"与"无为"对比，有利于加深人们的认识。

老子在中国哲学史上第一次提出了让人民"自化"、"自正"、"自富"、"自朴"的思想，这是非常难能可贵的。自从奴隶社会出现以后，统治阶级总是不断地强化对劳动者的专政，奉行高压政策，春秋战国时期尤为突出。当时统治者，"厚作敛于百姓，暴夺民衣食之财，以为锦绣文彩靡曼之衣"，"以为美食刍豢蒸炙鱼鳖"（《墨子·辞过》），而人民却过着"饥而不得食，寒而不得衣，劳而不得息"（《墨子·非命下》）的悲惨生活，面对着统治阶级不顾老百姓死活的现实，老子针锋相对地提出了让人民"自化"、"自正"、"自富"、"自朴"的主张，这无疑如同在黑夜里射出一颗照明弹，放射出灿烂的火花。它的积极意义在于：能够敦促统治阶级减少对人民的压迫，为人民争取休养生息提供理论依据。胡适说："凡无为的治道观，大都是对于现时政治表示不满意的一种消极抗议。好像是说：'你们不配有为，不如歇歇吧，少做少错，老百姓受不了啦，还是大家自动休息吧。'"这个评述是有一定道理的。

老子的无为而治，在中国历史上产生了深远的影响。汉初的黄老之治，就是从积极方面对老子无为而治思想的继承与发挥。陆贾（《新语》）云："君子之为治也，块然若无事，寂然若无声，官府若无吏，亭落若无民，闾里不讼于巷，老幼不愁于庭，近者无所议，远者无所听：邮驿无夜行之吏，乡闾无夜召之徵。"陆氏这里说的可能是他关于无为而治的政治理想，至于汉初的现实生活恐怕还未能达到这一步。不过，据史书记载，无为而治在汉初现实生活中的确起着相当重要的作用。曹参于孝惠帝元年任齐相时，"闻胶西有盖公，善治黄老言，使人厚币请之，既见盖公，盖公为言治道贵清静而民自定，推此类俱言之，参于是避正堂，拾盖公焉。其治要用黄老术，故相齐九年，齐国安集，大称贤相。"

后来，汉相国萧何死，"参代为汉相国，举事无所变更，一遵萧何约束"，"出入三年，卒……百姓歌之曰：'萧何为法，顜若画一；曹参代之，守而勿失；载其清静，民以宁一。'"（见《史记·曹相国世家》）足见黄老之学在汉代政治生活中占有多么重要的地位。据史学家范文澜考证，"西汉前期黄老形名之学在政治上居指导地位"，无为而治推行的结果，"农民得到五六十年的休养生息，社会经济繁荣了"，"汉景帝末年，地方官府的仓里装满了粮食，库里装满了铜钱。朝廷所藏的钱，积累到好几百万万，钱串子断了，散钱无法计算，朝廷所藏的粮食，新旧堆积，一直堆到露天地上，让它腐烂"。真称得上是太平盛世。这说明老子提出的无为而治，曾在中国封建政治经济生活中产生过相当重要的作用。

第五十八章

其政闷闷，其民屯屯；其政察察，其民缺缺㈠。祸，福之所倚；福，祸之所伏。孰知其极？其无正也㈡。正复为奇，善复为妖。人之迷也，其日固久矣㈢。是以圣人方而不割，廉而不刺，直而不肆，光而不眺㈣。

校　注

㈠"其政闷闷，其民屯屯；其政察察，其民缺缺。"

帛书甲本前二句脱损，后二句保存完整，"政"实为"正"，"其民缺缺"作"其邦夬夬"。乙本末句脱损后三字，"政"亦写为"正"。"闷闷"作"閡閡"，余同校文。河本，"闷闷"作"闷闷"，"屯屯"作"醇醇"，"缺缺"作"鈌鈌"，余同校文；王本"闷闷"亦作"闷闷"，"屯屯"作"淳淳"，余亦同校文。傅本"闷闷"同校文，"屯屯"作"偆偆"，"察察"作"詧詧"。

按："闷闷"，犹惛惛也。"闷"《集韵》："闷，通作顐。"又曰："'顐'，或从'昏'。"是"顐"与"顐"通。《玉篇》："顐，不晓也，亦作惛。"是"闷"通"惛"。又《集韵》："'闷'，莫困切，或作惛。"是"闷"、"闷"、"惛"互通，则"闷闷"犹"惛惛"也。《正韵》："惛，心不明也。"今从傅本作"闷闷"。

按："察察"，傅本作"詧詧"，"察"、"詧"古通。《玉篇》："'察'，或作'詧'。"《同源字典》："'察'、'詧'实同一词。"《尔雅》："明明斤斤，察也。"《疏》："察者，《释诂》云'审也'。《释言》云'清也'，清审皆明晰之义。"是"察"有"明"义。"察察"，与"闷闷"对言，"闷闷"不明；"察察"，分明也。

"屯屯"，犹"敦敦"。《集韵》："'屯'，通作'敦'。"第十五章"敦呵其若朴"，帛书乙本"敦"写为"沌"。"敦"，《五经文字》："敦厚也。""屯屯"，今本用字殊异，或作"醇醇"（如河上公本），或作"淳淳"（如王弼本，浙江版王本作"滷滷"），或作"偆偆"（如傅奕本），或作"淳谆"（如林志坚本），或作"醕醕"（如景龙碑本），或作"蠢蠢"（如龙兴碑本）等。蒋锡昌曰："'滷'即'淳'字，'醕'即'醇'字。'淳'、'偆'、'蠢'并为'惇'字之假。《说文》'惇，厚也'。"是"敦"及"惇"（包括诸假字）均有"厚"义。今从帛书作"屯屯"。

"缺缺"，与"屯屯"相对，"屯"有"厚实"之义，则"缺"有欠缺之意。《玉篇》："缺，亏也。"《说文》"亏，气损也"，引申之凡损、欠缺、毁失皆曰亏。此"缺"指道德上的欠缺、不足，今言"缺德"是也。

本段意为：他在政治上昏昏不明，他的百姓就归于惇朴；他在政治上明察不苟，他的百姓就道德欠缺。

㈡"祸，福之所倚；福，祸之所伏，孰知其极？其无
正也。"

帛书甲本后两句全脱损，前两句同校文，惟"祸"写作"旤"。
按"祸"，古文为"㾊"，帛书"旤"疑为"㾊"之异体字。今从
众本作"祸"。乙本无"祸，福之所倚"句，当是抄写致误而掩，
第二句"祸"字及末句"其"字均脱损。河、王、傅本首二句概作
"祸兮，福之所倚；福兮，祸之所伏"。末句河王本均无"也"字。
傅本"也"作"裹"，景龙碑本、龙兴碑本首二句同帛书，末句亦
无"也"字，今从帛书。

"正"，朱谦之曰："'其无正'，'正'读为'定'，言其无定
也。《玉篇》：'正，长也，定也。'此作'定'解，言祸福奇伏，
孰知其所极？其无定，即莫知其所归也。"

本段意为：祸啊，福依凭着它；福啊，祸藏伏在其中。谁知
道它们转化的终极点？这个终极点是没有定准的。

㈢"正复为奇，善复为妖。人之迷也，其日固久矣。"

帛书甲本此段全脱损。乙本首句"正"下三字及第二句
"妖"字第三句"人"字均脱损，"迷"，写作"悉"。傅本同校
文，唯"妖"写作"祅"。河本"妖"作"訞"，"人"作"民"。
王本无末尾"矣"字，余同校文。按："妖"，"祅"，"訞"三
字互通，《说文》段注："'祅'，经传通作'妖'。"又《广

韵》:"祅,于乔切,音妖,同妖。"则"祆","祅"并与"妖"通,此从王本作"妖"。

按:此段中"正"与"奇"对言,"善"与"妖"对言。"正",指事物的正常状态;"奇",指事物的奇异状态。"善",指吉祥之事,与妖为对。

"人",河本作"民",检河上公注:"言人君迷惑失正以来其日已固久。"是河上原本亦当作"人",今当据王本、傅本改作"人"。

本段意为:正常复返为奇异,吉祥复返为妖孽。人们对这种转化迷惑不解,时日已经很久了。

(四)"是以圣人方而不割,廉而不刺,直而不肆,光而不眺。"

帛书甲本此段全脱损,乙本无"圣人"二字,"廉"写作"兼","肆"写作"绁"。河本"不刺"作"不害","眺"作"曜",余同校文。王本"不刺"作"不刿","眺"作"燿";傅本"不刺"亦作"不刿"。

按:"不刺",河本作"不害",王本作"不刿"盖"刺"、"害"、"刿"三字义近。《说文》"刺,直伤也";又"刿,利伤也";又"害,伤也",是三字并有"伤"义,可以互借,今从帛书作"刺"。又"肆",古通"剔",《集韵》:"'剔',或作'肆'。"此段"割"、"刺"、"剔"三字均为"刀"旁,皆可伤人,故"肆"当训"剔"。

又按："眺"，帛书乙本如此，他本或作"耀"，或作"曜"，或作"爥"，或作"爥"，此从帛书作"眺"。按："眺"，疑为"刟"之借字，《集韵》："刟，剔也。"本文"不割"、"不刺"、"不肆"、"不眺"都是一个意思，即有了好的品德，而不应伤害于人。

"圣人"二字河本、王本、傅本等流行今本有，帛书无此二字，疑抄写脱漏，今据通行诸本补正。张松如谓《韩非·解老》无"是以圣人"四字。按：《解老》乃引文，引文可以不引全文，且《解老》引"方而不割……"等四句时，前加有"故曰"二字，在"故曰"下，再讲"是以圣人"云云，有语赘之嫌。

本段意为：所以，圣人方正而不割伤人，廉清而不刺伤人，正直而不剔伤人，光明而不眩伤人。

简　析

本章集中表现了老子的朴素辩证法思想。

老子从朴素的辩证法思想出发，不仅意识到宇宙间万事万物都在发生变化，而且在一定程度上看到了事物变化有自身固有的规律性，所谓"反者道之动"，就是他对事物变化之规律的概括总结。在老子看来，事物总是要向着相反的方面转化，"祸，福之所倚；福，祸之所伏。""正复为奇，善复为妖。"这两个命题都包含着深刻的哲理。"祸，福之所倚；福，祸之所伏"，其中一个"倚"字，一个"伏"字，画龙点睛地揭示了"祸"与"福"即矛盾双方相互依存、相互包含的关系；"正复为奇，善复为妖"，其中两个"复"字，恰到好处地说明了"正"与"奇"，"善"与"妖"即矛盾双方相互转化的特性。可见，"在一定条件下，坏的东西可以引出好的结果，好的东西也可以引出坏的结果"。老子在二千多年前就透露了这一辩证法的思想火花。

老子讲的祸福转化，常被人指责为没有讲转化的条件性。孤立地看，似乎如此。但是，只要我们把《老子》全书联系起来看，就会发现：关于祸福转化的条件，在别的章节讲到了。第九章说："富贵而骄，自遗其咎。"这里就是把"骄"看作由福向祸转化的条件。老子还说过："祸莫大于轻敌，轻敌几丧吾宝。"（六十九章）"祸莫大于不知足，咎莫大于欲得。"（十六章）这里的"轻敌"、"不知足"、"欲得"也都是产生灾祸的条件。

关于祸福转化的条件，韩非在《解老》中阐述得比较清楚。但是，韩非的论述正是以老子思想为基础的。比如，韩非在论述福向祸转化时说："人有福则富贵至，富贵至则衣食美，衣食美则骄心生。骄心生则行邪僻而动弃理。行邪僻则身死妖，动弃理则无成功。夫内有死妖之难，而外无成功之名者，大祸也。而祸本生于有福，故曰'福兮，祸之所伏'。"韩非在这里把"骄心生"、"行邪僻"、"动弃理"作为"福"向"祸"转化的条件，正是对老子的"富贵而骄，自遗其咎"等思想的继承与发挥。

河上公在注解老子的"福兮祸之所伏"时也说："祸伏匿于福中，人得福而为骄恣，则福去祸来。"河上公在这里把"骄恣"看作"福去祸来"的条件。也当是以老子关于"富贵而骄，自遗其咎"等思想为依据的。因此，老子并没有否认转化需要条件。无庸讳言，老子关于矛盾转化的条件确实强调得不够，这一点后来给庄子的相对主义哲学产生了直接影响。

第五十九章

治人事天莫若啬，夫唯啬，是以早服⑴。早服谓之重积德，重积德则无不克，无不克则莫知其极，莫知其极可以有国⑵。有国之母可以长久。是谓深根固蒂，长生久视之道也⑶。

校　注

⑴ "治人事天莫若啬，夫唯啬，是以早服。"

傅本同此。帛书乙本亦大致同此，惟"早"写为"蚤"，二字古通，此从傅本。甲本全脱损，河本、王本"是以"作"是谓"。吴澄本"服"作"复"。按："服"，古又写作"腹"，《集韵》："'服'，或作'腹'。"吴本之"复"，疑为"腹"之借字，帛书之"服"为"腹"之本字，当从帛书作"服"。

"治人"，指的是治理老百姓，亦即"治国"。

"事天"，奚侗曰："《吕览·先己》篇：'所事者，末也。'高注：'事，治也。'又《本生》篇：'以全其天也。'高注：'天，身也。'"则"事天"犹"治身"是也。

"啬"，爱惜也。《左传·僖公二十一年》："臧文仲曰：'务穑劝分。'注：'穑，俭也。'疏：'啬，是爱惜之义，故为'俭'。""俭"是老子的一个重要范畴，第六十七章所言"三宝"，其中之一是"俭"。"啬"与"俭"字殊而义同。《韩非·解老》："众人之用神也躁，躁则多费，多费之谓侈。圣人之用神也静，静则少费，少费之谓啬。"韩非以"少费"解"啬"，同《左传》注疏以"俭"解"啬"完全一致。董思靖曰："啬，乃啬省精神而有敛藏贞固之意。"高亨曰："此'啬'字谓收藏其神形而不用，以归于无为也。"

又按："早服"，古今注家解说不一，河上公谓："早，先也；服，得也。夫独爱民财，爱精气，则能先得天道。"王弼注曰："早服，常也。"劳健曰："'早服'犹云早从事。"张松如曰：'早服'云者，犹今言'预见'之谓。"似都于义未安。愚意以为，"服"古可训"治"。《集韵》："'服'，一曰'事'也。""事"，古与"治"通。是"服"犹"治"。据此，则"早服"犹"早治"，即早有所治。六十四章所谓"为之于未有，治之于未乱"正合此意。这正好与首句"治人事天"相呼应。在老子看来，无论是"治人"还是"事天"，都应当做到一个"早"字。治人者，早日注意省民力，节民财，则可使民不受侵扰，乃至国泰民安；事天者，早日注意啬省精神，则精力充沛，深根固蒂，乃至长生久视。

本段意为：治国治身最重要的是注重啬省。惟其能注重啬省，所以才能早有所治。

(二)"早服是谓重积德，重积德则无不克，无不克，则莫知其极，莫知其极可以有国。"

帛书甲本此段严重脱损，仅存末句"可以有国"四字。乙本首句脱"德"字，第二句全脱，第三句脱"无不克则"四字及"极"字，第四句脱"极可以"三字。今据傅本补正。按：傅本第三句"克"下无"则"字。似以有"则"字为优，今据河上公本补一"则"字。"是谓"河、王本并作"谓之"；"克"，河本作"尅"。

"重"，多也。（吴澄说）

"克"，胜也。（河上公说）

"莫知其极"，极，终极也，犹言不知其生存的终极。

"有国"，有，保有；国，指社稷，"有国"即保有社稷。（据河上公说）

本段意为：早有所治可称为"多积德"。"多积德"则无往而不胜；无往而不胜，就不知其生存的终极；不知其生存的终极，就可以保有社稷。

㈢"有国之母，可以长久。是谓深根固蒂，长生久视之道也。"

帛书甲本此段"长"下脱四字，"谓"写为"胃"，"深根固蒂"作"深槿固氏"。乙本"可"下"以长"二字及"深"字脱损，"谓"亦写为"胃"，"蒂"亦作"氏"。河、王、傅本末尾无"也"字。"蒂"，河本同，王、傅本作"柢"。按：徐错曰："华叶之根曰蒂，木之根曰柢。"是"蒂"、"柢"并有"根"义。然此文似以"蒂"字为优。"深根固蒂"，"深根"

之"根"，当是讲的木之根；"固蒂"之"蒂"，当是讲的花叶之根，故前者用"深"字，后者用"固"字。如作"固柢"则与前"根"字义重。

蒋锡昌按："'有国之母'，犹言'有母之国'，此文以'母'、'久'、'道'为韵，故倒言之耳。河上注：'母，道也。'盖即指上文之啬道而言。'有国之母'言有啬道之国也。'可以长久'言可以长久不衰也。'是谓深根固柢，长生久视之道'，言以啬治国，乃深根固柢之道；以啬治身，乃长生久视之道也。"

本段意为：有道的社稷，可以长治久安。这叫做"深根固蒂，长生久视"的方术。

简　析

本章着重讲"长生久视"之道。

从文意看，"长生久视"，指的是两个方面，一是指国家长治久安，二是指形体长生不死。那么，怎样可以达到"长生久视"呢？老子用一句话来概括，叫做"治人事天莫若啬"，即治国和治身最好的方法莫过于"啬省"。"治国"能啬省，就可以不做那些伤精费神的"有为"之事，归于"无为"，就能达到"无不为"。"治身"能啬省，就能"重积德"，即多积存精气，使自身精力充沛，如同树根之深，花蒂之固，长生不死。故苏辙曰："以啬治人，则可以有国者是也；以啬事天，则深根固蒂者是也。古之圣人，保其性命之常，不以外耗内，则根深而不可拔，蒂固而不可脱，虽以长生久视可也，盖治人事天，虽有内外之异，而莫若啬则一也。"

第六十章

治大国若亨小鲜㈠。以道莅天下，其鬼不神㈡。非其鬼不神也，其神不伤人也；非其神不伤人也，圣人亦不伤人也㈢。夫两不相伤，故德交归焉㈣。

校　注

㈠"治大国若亨小鲜。"

　　帛书甲本此句全脱，乙本同校文，河本、王本、傅本"亨"作"烹"，余同校文。严遵本、范应元本等"国"下有"者"字。"亨"景龙碑本、唐人写本残卷辛本同帛书，开元御注本作"亨"。按：陆德明曰："烹，不当加火。"马叙伦曰："'亨'、'章'本一字。然'亨'实为烹煮本字。"今从帛书作"亨"。

　　又"鲜"，唐人写本残卷辛本、龙兴碑本作"腥"，范应元本作"鳞"。"鲜"、"腥"、"鳞"均指鱼类，皆通。此从帛书。

　　蒋锡昌曰："夫烹小鱼者不可扰，扰之则鱼碎；治大国者当无为，为之则民伤，故云，'治大国若烹小鲜也'。"

　　本句意为：治理大国，如同烹煮小鱼。

㈡"以道莅天下，其鬼不神。"

帛书甲本脱"以道莅"三字，乙本"莅"写作"立"，余同校文。河本、王本同校文，傅本"下"后有"者"字。

按："莅"古与"隶"通，《集韵》："'隶'，或作'莅'、'莅'、'位'。"《说文》："隶，临也。"

本句意为：用道来莅临天下，那些"鬼"也显不了神灵。

㈢"非其鬼不神也，其神不伤人也；非其神不伤人也，
圣人亦不伤人也。"

帛书甲本大致同此，唯第三句"神"简为"申"，第四句"不"作"弗"，"伤"后脱一字。乙本第四句脱损"圣人亦"三字，"不"亦为"弗"。"伤人也"作"伤也"。按：帛书甲、乙本前三句均用"不"字，惟第四句并用"弗"，此据河上公本改作"不"；河本、王本、傅本无诸"也"字，余同校文。"人"，开元御注本作"民"，明太祖注本作"之"。第四句"人"字，元张嗣成本无。此从帛书。

按："圣人亦不伤人"，当作"圣人之不伤人"。朱谦之曰："'亦'字诸本同，惟敦煌辛本作'之'。并云：诸本皆作亦字，惟张系天（按：强本成疏'天'作'师'）陆先生本作'之'字。然'之'、'亦'二字形似，故写者误作'亦'字，今用'之'为是。言非此鬼之不伤物，但为人以道莅天下，能制伏耶（顾本、强本成疏'耶'作'邪'）恶，故鬼不复伤害于人，力在圣治

（顾本成疏'治'作'理'），故云'圣人之不伤人也'。"

本段意为：不是那些"鬼"不能显神灵，而是它的神灵不能伤害于人；不是那些神灵不能伤害于人，而是圣人（以道莅天下）不伤害于人。

（四）"夫两不相伤，故德交归焉。"

帛书甲本此段作"□□不相□□德交归焉"，乙本脱一"不"字，余同校文。河本、王本、傅本概同校文。

"德交归焉"，注家解释各异，韩非曰："德交归焉，言其德上下交盛，而俱归于民也。"王弼注曰："神圣合道，交归之也。"吴澄曰："两者不相伤，皆由于圣人之德，故皆归德于圣人也。"蒋锡昌曰："言天下有道，神与圣人两不相伤，故德交归于民也。"张松如释为："他们的功德就互相结合起来。"任继愈译为："所以互相得到好处。"陈鼓应译为："所以彼此能相安无事。"按：以上诸家之说似都不确。夫"两不相伤"，当承上意而发，前言"其神不伤人也"、"圣人亦不伤人也"，故此"两不相伤"，当指"圣"与"神"两不伤于人；"圣"与"神"两不伤于人，乃是由于"以道莅天下"，是"道"给人们带来好处，故其"德"当归交于"道"。其本意在于突出"道"的巨大作用。

本段意为：圣人和鬼神都不伤人，所以他们的德应归交于道。

简　析

　　本章通过肯定"道"的权威，来贬低鬼神作用。

　　老子曰："以道莅天下，其鬼不神。非其鬼不神，其神不伤人。"王弼注曰："道洽，则神不伤人。神不伤人，则不知神之为神。"有了"道"，就"不知神之为神"，这正说明"道"可以制服鬼神。郭沫若说："有了道，在智者看来，鬼神也就失其威严。"（《郭沫若全集·历史编》第一卷第352页）可见，在"道"面前，鬼神无以施其技，无以逞其威，无以显其灵，可谓"魔高一尺，道高一丈"。在鬼神权威占统治地位的春秋战国时期，老子独树一帜地以"道"的权威来挫折鬼神的地位，无疑具有进步意义。

第六十一章

大邦者下流也，天下之交也⑴。天下之牝，牝恒以静胜牡，为其静也，故宜为下也⑵。故大邦以下小邦，则取小邦；小邦以下大邦，则取于大邦⑶。故或下以取，或下而取⑷。故大邦者不过欲兼畜人，小邦者不过欲入事人。夫皆得其欲，则大者宜为下⑸。

校　注

⑴ "大邦者下流也，天下之交也。"

帛书甲本首句同校文，末句"交"作"牝"。河、王本"邦"作"国"，无二"也"字，余同校文。傅本"邦"亦作"国"，"者"后有"天下"二字，无二"也"字。按："邦"字依甲本，乙本及诸今本作"国"，乃因避汉高帝刘邦讳而改。

"大邦者下流"，高亨曰："此句当作'治大国若居下流'，转写挩'治'字、'若'字，而'居'字又讹为'者'字也。河上注'治大国当如居下流'，是河上本原作'治大国若居下流'，其证一也；王注：'江海居大而处下，则百川流之，故曰大国下流也。'末句当作'故曰治大国若居下流也'，转写脱字。盖王以江海之处下喻大国之处下，即释经文'若'字，'处下'即释

'居下'，是王本原有'若'字、'居'字，无'者'字，明矣。其证二也；《释文》'蒕'字、'牝'字之间出'治'字，云：'直吏反'，是陆所据王本原有'治'字，明矣，其证三也。'治大国若居下流'与上章'治大国若烹小鲜'句法一律，文有讹脱，遂不可读矣。《论语·阳货》篇：'恶居下流而讪上者。'《子张》篇'君子恶居下流'，可证'居下流'为古代习用语。居下流者，不敢自满自傲，故老子取焉。"此说言之成理，可以参考。

"天下之交"，河、王、傅本概同，帛书作"天下之牝"，恐误。盖"天下之交"，是为了说明"大邦者下流"一语，作"天下之牝"则文意难通。"交"，交汇也，此指众水交汇之处。第六十六章曰："江海所以能为百谷王者，以其善下之，故能为百谷王。"众水交汇之处亦即"江海"是也。上文说大国若居下流，下文用众水交汇即江海来说明下流，文字紧严不可分割。

本段意为：大国好比居住下流，是天下众水交汇之处。

㈡ "天下之牝，牝恒以静胜牡，为其静也，故宜为下也。"

帛书甲本"牝"作"郊也"，"静"写作"靓"，"宜"前脱二字，末尾无"也"字。乙本"牝"亦作"交也"，"胜"作"朕"，余同校文。河、王本此段作"天下之牝，牝常以静胜牡，以静为下"，傅本此段作"天下之牝，牝常以靖胜牡，以其靖，故为下也"，范应元本此段作"天下之牝，牝常以静胜牡，以其静，故为下也”。校文以帛书为基础，参阅范本订正而成。

按："天下之牲"今本多作"天下之牝"，帛书甲、乙本并作"天下之交（或'郊'）"，惟范应元本作"天下之牲"。通观上下文，似以"牲"字为宜。"牲"，在此泛指畜类，古人"六畜"亦称"六牲"。"畜"，有雌有雄，故下文说："牝恒以静胜牡"，如作"天下之牝"，则下文"牡"未能概括进去，今从范本作"牲"。河、王诸本作"牝"，乃由"牲"与"牝"形近而误；帛书作"交"，乃由上文误入下文。帛书上段"天下之交"作"天下之牝"，乃先由下文之"牲"误为"牝"，再由"牝"误入上文。

"牝恒以静胜牡"，吴澄曰："牝不先动以求牡，牡常先动以求牝。动求者招损，静俟者受益，故曰'以静胜牡'。动求者居上，静俟者居下，故曰'以静为下'。"此说切合老旨。

"为其静也，故宜为下也"，帛书甲、乙本并同此，河、王本作"以静为下"，恐有夺误。傅本、范本作"以其静，故为下也"，文义与帛书一致，今依帛书。

本段意为：天下的畜类，雌的常常以安静胜过雄的。正因为它安静，所以甘愿谦下。

⑶ "故大邦以下小邦，则取小邦；小邦以下大邦，则取于大邦。"

帛书甲本首句脱"以"字和第二个"邦"字，语首无"故"字，余同校文。乙本"邦"并作"国"，首句第二"国"字脱，余同校文。河、王本无"于"字，傅本有二"于"字。（"取于小国""取于大国"）按：陶方琦曰："详文义，似上句应无'于'字，下句应有'于'字"。今帛书甲、乙本正合此说，有后"于"而无前"于"，当从之。

俞樾曰："古'以'字与'而'字通。……'大国以下小国，则取小国；小国以下大国，则取大国'犹曰'大国而下小国，则取小国，小国而下大国，则取大国'也。"

本段意为：大国而对小国谦下，则能取得小国；小国而对大国谦下，则有取于大国。

㈣"故或下以取，或下而取。"

帛书甲本同此。乙本"下而取"前脱损三字。河、王本同校文，傅本语首无"故"字。严遵本"以"作"而"，上"取"下有"之"字。今依帛书。

按：俞樾曰："'故或下以取，或下而取'两句义无别，疑有夺误。当云'故或下以取小国，或下而取大国'，盖即承上文而申言之，因下文有'大国不过欲兼畜人'句，两'大国'字适相连属，古人遇重文每省不书，止于字下作二画识之，此本'故或下以取小国，或下而取大国，大国不过欲兼畜人，小国不过欲入事人'，古文两'大国'字不重书，止作'大 = 国 ='后人传写夺之，因以大国字属下句，而以'或下而取'四字为句，并上小国字亦删去之，使两句一律，而其谊不可晓矣。"此说可供参考。

本段意为：所以，或者以谦下而取得小国，或者以谦下而有取于大国。

㈤"故大邦者不过欲兼畜人，小邦者不过欲入事人。夫皆得其欲，则大者宜为下。"

帛书甲本"大邦"前脱"故"字，"其欲"下脱损五字，余同校文。乙本二"过"字及"皆得"二字脱损，"兼"作"並"，余同校文。按："兼"，并也。

本段意为：大国不过想兼并管理小国，小国不过想作大国的属国而求得保护。大国和小国都达到了目的，所以大国应当谦下。

简　析

本章是献给大国之君的南面术。

老子从"谦受益，满招损"的原则出发，认为大国之君要达到自己的政治目的，必须以谦下为本，做到像雌性动物那样，安静柔弱。他说："天下之牝，牝恒以静胜牡。""牝"，象征柔弱；"牡"，象征刚强。"牝恒以静胜牡"，即柔弱总是战胜刚强之谓。在老子看来，大国和小国"谦下"都可以得到好处，"大邦以下小邦，则取小邦，小邦以下大邦，则取于大邦。"虽然都有所"取"，但归根到底，大国所取的更多一些，大国达到的目的，是兼并畜养小国，小国达到的目的，是使大国成为自己的保护国。两相比较，大国占了更多的便宜，所以老子的结论是：

"大者宜为下"。如林希逸所指出的："此句乃一章之结语，其意但谓强者须能弱，有者须能无，始为知道。一书之意，往往如此。"

第六十二章

道者，万物之注也。善人之宝也，不善人之所保也㈠。美言可以市，尊行可以加人。人之不善也，何弃之有也㈡。故立天子，置三卿，虽有共璧，以先四马，不若坐而进此道㈢。古之所以贵此道者，何也？不谓求以得，有罪以免与？故为天下贵㈣。

校　　注

㈠ "道者，万物之注也。善人之宝也，不善人之所保也。"

帛书甲本脱损"道"字，"宝"、"保"并写作"蕔"。乙本"宝"作"蕔"，余同校文。河本、王本"注"作"奥"，无"也"字。傅本"注"亦作"奥"，"宝"前有"所"字，后二句无"也"字。

按："注"，今本作"奥"。"注"与"奥"义近，河上公曰："奥，藏也。""藏"，蓄也，积聚也。"注"亦有"聚"义。《周礼·兽人》："令禽注于虞中。"《疏》："'注'，犹聚也。"则"奥"与"注"盖有"聚"义，此从帛书作注。"万物之注"犹万物所积聚也。

"宝"，诸今本并同。帛书甲、乙本并作"蕔"，字书无此字，疑"蕔"为"葆"之俗字或笔误。"葆"，通"宝"。《史记·留侯世家》："果见谷城山下黄石，取而葆祠之。"注："葆犹宝。"则帛书之葆（葆）借为"宝"。

"保"，河、王、傅本概同，帛书乙本亦同，甲本作"葆"（葆），按："葆"，古与"保"通，《礼记·礼器》："不乐葆大。"《释文》云："'葆'，本又作'保'。"此从乙本及河、王诸本作"保"。保，保身也。

本段意为：道是万物所积藏的对象。善人把它看作宝贝，不善的人也要用它来自保。

　　㈡"美言可以市，尊行可以加人。人之不善也，何弃
　　之有也。"

帛书甲本"加"，写作"贺"，末句作"何弃也□有"。乙本"加"亦作"贺"，末句作"何□□□"，河本、王本无二"也"字，傅本前二句作"美言可以于市，尊言可以加于人"，后二句亦无"也"字。《淮南子·道应训·人间训》引此文并作"美言可以市尊，美行可以加人"。

奚侗曰："'市'，当训'取'，《国语·齐语》'市贱鬻贵'，高注'市，取也'；'加'当训'重'，《尔雅·释诂》'加，重也'，此言'美言可以取人尊敬，美行可以见重于人……'，各本挩下'美'字，而断'善言可以市'为句，'尊行可以加人'为句，大谬。"

钊按：奚说虽亦有理，然帛书甲、乙本并作"美言可以市，尊行可以（贺）[加]人"。帛书比《淮南子》更早，且与诸今本

相合，当是原本如此。《淮南》作"美言可以市尊，美行可以加人"，疑为引者所改。奚侗释"美言可以市尊，美行可以加人"为"美言可以取人尊敬，美行可以见重于人"。虽也能说得过去，但终有牵强之嫌。盖老子此二句，意在贬"美言"而褒"尊行"，而从奚氏译文看，似老子既褒尊行又褒美言，此与老子"行不言之教"的旨意相悖，不可取也。且"美言可以市，尊行可以加人"，直译下去，文通理顺。"美言"，指华丽的言辞；"市"，买卖也，买卖为交易之事，是"市"有"交易"之义；"尊"，《广韵》"重也，贵也"；"加人"，帛书"加"写作"贺"。张舜徽曰："此由古读'加'与'贺'音近，因误作'贺'耳。"此说恐不确。"贺"、"加"古可通用，《玉篇》："贺，何佐切，以礼物相庆加也。"《仪礼·士丧礼》"带用靷贺之"注："贺，加也。"则"贺"与"加"可通假，本段"加"为本字，"贺"为借字，此从众本作"加"。"加"，当训为"益"，《论语·子路》"又何加焉"，皇疏："加，益也。""加人"，即有益于人。则"美言可以市，尊行可以加人"，意为华丽的言辞可以用于社会交易，可贵的行为有益于人。语意清楚明白，突出了以行感人，行不言之教的意旨，可证经文无误。

"人之不善"，"之"，"若"也。《经传释词》："之，犹若也。""人之不善"，犹"人若不善"是也。

"何弃之有"，河上公曰："人虽不善，当以道化之，盖三皇之前无有弃，民德化淳也。"

本段意为：华丽的言辞可以作交易，高尚的行为则有益于人。人若有了不善的德行，何必把他抛弃呢？

㈢"故立天子，置三卿，虽有共璧，以先四马，不若
　坐而进此道。"

　　本段甲本大致同校文，惟"虽有共璧"作"虽有共之璧"，"不
若坐而进此道"，作"不善坐而进此"。乙本"三卿"写作"三郷"
（当是形近致误，此据甲本），"虽有"下脱二字，余同甲本。河、
王本此段并作"故立天子，置三公，虽有拱璧，以先驷马，不如
坐进此道"。傅本末句作"不如进此道也"，无"坐"字。校文以
甲、乙本为基础，参阅河、王本补正。

　　按：帛书甲本"虽有共之璧"，张舜徽曰："'之'字疑衍。"
从之。又甲本"不善"，恐误，乙本作"不若"，河、王诸本作
"不如"，"如"、"若"互通，此从乙本作"不若"。又甲、乙本
末句均无"道"字，考诸今本概有"道"字，似以有"道"字为优，
今据补。

　　"三卿"，今本作"三公"。按："三公"古制说法不一，
《书·周官》："立太师、太傅、太保，兹惟三公。"又《公羊
传·隐公五年》："天子三公者何：天子之相也……自陕而东
者周公主之；自陕而西者召公主之，一相处乎内。"又《辞源》
云"西汉以大司马、大司徒、大司空为三公"。则"三公"之说
有三。"三卿"据周制当指"司徒、司马、司空"。《礼记·王
制》："大国三卿，皆命于天子……"《疏》："三卿者，依周制
而言，谓立司徒兼冢宰之事，立司马兼宗伯之事，立司空兼司
寇之事。"是汉制之"三公"与周制之"三卿"义同，盖指司徒、

司马、司空。则"三卿"当为古义,"三公"乃汉以后人所改,当从帛书作"三卿"。

"四马",今本作"驷马",按:"驷",《玉篇》:"驷,四马一乘也。"此"四马"已有"驷"义,如再作"驷马",则文赘,似以"四"字为优,作"驷"者,乃后人妄改,当依帛书。

"共璧",河、王、傅本作"拱璧",范应元本作"珙璧",按:"共"、"拱"、"珙"古可相通。《集韵》:"'珙',大璧也,读或作'拱'。"则"拱"与"珙"通,指"大璧"。又《集韵》:"拱,或省'扌'。"则"共"亦可假为"拱"。本段"珙"为本字,"拱"或"共"乃为借字,此依帛书作"共"。

本段意为:所以设立君王,安置大臣,虽有珠璧之贵,车马之良,不如坐下来向人们进献修身之道。

(四)"古之所以贵此道者,何也?不谓求以得,有罪以免与?故为天下贵。"

帛书甲本无"道"字,"谓"写作"胃","与(舆)"写为"舆",脱"求"下之"以"字。乙本"古"下脱损九字,"谓"亦写为"胃",余同校文。河上公"不谓求以得"作"不曰以求得",王本作"不曰以求得",傅本作"不曰求以得"。按:王本、傅本作"不曰"与帛书作"不谓"义通,惟河本作"不日"不通,"日"为"曰"字之误。今从帛书作"谓"。"谓",《经传释词》:"谓,犹为也,此'为'字读去声……《盐铁论·忧边》篇曰:'有一人不得其所,则谓之不乐。'谓之,为之也。"

"求以得"帛书及傅本并同，河、王本作"以求得"，今从帛书。"以"，所也。

本段意为：古人重视这个"道"，是为什么呢？不正是为了求其所得和求有罪而得免除吗？所以，"道"为天下人所重视。

简　析

本章着重阐明道的重要作用。

首先，肯定万物离不开"道"。老子说："道者，万物之注也。"把"道"看作万物积聚的对象，这实际上肯定了万物无不得到"道"，"道"是构成万物的基本材料。可见，没有"道"，也就没有万物。

其次，不仅"万物"离不开"道"，人类社会也离不开"道"。不论是善的人或是不善的人，都要尊重"道"。善的人把"道"看作法宝，不善的人也要借"道"以保身。"人之不善也，何弃之有也？"人有了"不善"的德行，不必抛弃他，要用"道"来化育他。与金银财宝相比，"道"更可贵。因此君王与大臣与其以珙璧车马赠给人们，不如坐下来进献"此道"。如苏辙所指出的："立天子，置三公，将以道救人耳。虽有拱璧之贵，驷马之良而进之，不如进此道之多也。"有了"道"，不仅可以追求所希望得到的，而且可以消灾减祸。所以，"道"为天下人所看重。

第六十三章

为无为，事无事，味无味，大小，多少（，报怨以德）㈠。图难乎于其易，为大乎于其细。天下之难事必作于易，天下之大事必作于细㈡。是以圣人终不为大，故能成其大㈢。夫轻诺必寡信，多易必多难。是以圣人犹难之，故终于无难㈣。

校　注

㈠"为无为，事无事，味无味，大小，多少（，报怨以德）。"

帛书甲本同此，唯后"味"字误为"未"。乙本仅存"为无为"三字。河本、王本、傅本概同甲本。吴澄本无"大小多少，报怨以德"八字。

"大小多少"，注家多认为字有脱漏不可解，陈鼓应曰："严灵峰根据《韩非子·喻老》补成为'大生于小，多起于少'，（见《老子达解》）与下句'图难于其易，为大于其细'文义可相联。"此说是。《韩非子·喻老》曰："有形之类，大必起于小；行久之物，族必起于少。故曰'天下之难事必作于易，天下之大事必作于细'。"可见"大小多少"是为下文"天下之难事"与"天下之大事"两句提供理论依据的，故"大小多少"当与下文句法一致，严氏释为"大生于小，多起于少"甚为确切，当从之。不仅如此，上文"为无为，事无事，味无味"的逻辑结构亦当与此一致，可仿效之。

"报怨以德"与本章上下文不相关联，疑为错简。陈鼓应曰："'报怨以德'马叙伦认为当在七十九章'和大怨'上，严灵峰认为当在七十九章'必有余怨'句下，兹依严说移入七十九章。"陈取严说，甚是。"报怨以德"句当在七十九章"必有余怨"句下。该章首三句曰："和大怨，必有余怨，安可以为善。"细读此文，似亦语意不全，"必有余怨"怎么可以"为善"呢？如加上"报怨以德"，则全文为"和大怨，必有余怨，报怨以德，安可以为善"。（"安"，"乃"也）"报怨以德"下，接上"乃可以为善"，语意清楚明白，当从严说把"报怨以德"句移入七十九章。

本段意为：有为生于无为，有事起于无事，有味源于无味，大生于小，多起于少。

㈡"图难乎于其易，为大乎于其细。天下难事必作于易，天下之大事必作于细。"

帛书甲本"图难乎"下脱损九字，后二句无二"事"字及二"必"字；乙本脱损最重，仅存"乎其细也天下之"、"易天下之大"等字，傅本同校文。河本、王本前二句无二"乎"字，接二句无二"之"字。前二句：《韩非子·喻老》篇和《续汉书·五行志》所引《马融集》并作"图难于其易也，为大于其细也"，此依傅本。

本段意为：解决困难的问题，要从容易的问题着手；成就大业，要从一点一滴做起；天下困难的事情，必然通过作容易的事情来解决；天下的大事，必然通过作细小之事来完成。

(三)"是以圣人终不为大，故能成其大。"

帛书甲本"终"写作"冬"，后三字脱损。乙本此段全脱损。河本、王本、傅本概同校文。

奚侗曰："二句乃三十四章文复出于此。"钊按：此二句虽在三十四章出过，但在此文中亦不可少。

"终不为大"意为总是不作大事，即今言安于平凡细小之事。

本段意为：所以，圣人总是安于平凡细小之事，但却能成就其大业。

(四)"夫轻诺必寡信，多易必多难，是以圣人犹难之，故终于无难。"

此段帛书甲、乙本均严重脱损。甲本之首句全脱，后三句为："□□必多难，是□□人猷难之，故冬于无难。"乙本"必寡"二字，"犹难"二字及"终于无难"四字皆脱损，"诺"作"若"。王本大致同校文，唯末句"故终于无难"作"故终无难矣"。河本亦近校文，唯末句作"故终无难"，无"于"字。傅本末句同王本，但首句"轻诺"及二句"多易"下各有一"者"字。此依王本，唯末句依帛书，并据众本将"冬"正为"终"。

本段意为：凡是轻率许诺，必将带来不信任；经常轻易从事，必将造成更多困难。圣人总是不回避困难，所以最终没有困难。

简　析

本章表达了量变引起质变的辩证法思想。

老子多次讲到矛盾双方相互转化的问题，那么，怎样实现转化呢？本章和下章较明确地回答了这个问题，这就是通过量的积累，实现转化。"图难乎于其易，为大乎于其细。天下之难事必作于易，天下之大事必作于细。"这是说，完成艰难的任务，是通过作许许多多不艰难的事情实现的；成就大的事业，是通过作许许多多细小的事情实现的。天下的难事总是从容易的事情入手的；天下的大事总是由小事作起的。因此，作小事可以成就大事业，作容易的事情可以达到做好艰难的事情的目的。无论是从小到大，或从易到难，都有一个量的积累的过程。这里已经透露了量变引起质变的思想。这一思想，在下章讲得更明确，该章说："合抱之木，生于毫末；九层之台，作于垒土；千里之行，始于足下。""合抱"的大树，是由"毫末"即小树苗生长起来的；九层的高台，是由一堆堆泥土堆积起来的；千里的远行，是由脚下一步步走到的，这里都包含着由量向质的转化。

过去，人们常持这样一种观点：老子虽讲转化，却否认转化需要条件。这一点，我们在第五十八章已作过反驳。本章和下章又再次说明老子并未否认转化需要条件。所谓"图难乎于其易，为大乎于其细"，既讲到了转化，也讲到了转化需要条件，条件就是"图"、"作"、"为"，如果不"图"，不"作"，不"为"，那就不可能实现上述转化。同理，"合抱之木，生于毫末；九层之台，作于垒土；千里之行，始于足下"，也既讲了转化，又讲到了转化的条件。其中，"生"，是"毫末"向"合抱之木"转化的条件，"作"是"垒土"向"高台"转化的条件，"行"是"足下"向"千里"转化的条件。可见，说老子否认转化需要条件，是不合于老子书的客观内容的。当然，老子对转化的条件阐述得不够，这是不容忽视的。

第六十四章

其安也，易持也；其未兆也，易谋也；其脆也，易判也；其微也，易散也㈠。为之于未有，治之于未乱㈡。合抱之木，生于毫末；九成之台，作于累土；千里之行，始于足下㈢。为之者败之，执之者失之。是以圣人无为也故无败也，无执也故无失也㈣。民之从事也，恒于几成而败之。故曰慎终若始，则无败事矣㈤。是以圣人欲不欲，而不贵难得之货；学不学，而〔不〕复众人之所过。能辅万物之自然而弗敢为㈥。

校　注

㈠ "其安也，易持也；其未兆也，易谋也；其脆也，易判也；其微也，易散也。"

帛书乙本此段全脱损，甲本首句同校文，第二句存"易谋"二字，其余全脱损。傅本此段作"其安易持，其未兆易谋，其脆易判，其微易散"。缺文据傅本补，并参阅甲本"其安也易持"句式，在各子句后增一"也"字，以与首句一律。河、王本大致同傅本，惟"判"河本作"破"，王本作"泮"、"判"、"破"古并通，《周礼·地官·媒氏》"掌万民之判"注："判，半也。"又《诗·泮水》"既作頖宫",《释文》注:"'頖',音判,本多作'泮'。泮宫,诸侯之学也。泮,半也,半有水半无水也。"是"泮"、"判"并有"半"义,可以互假。又《玉篇》:"泮,普旦切,散也,破也。"则"破"亦与"泮"通。《说文》:"判,分也,从刀,半声。"此文"判"、"散"为韵,似以"判"或"泮"为优,此从傅本作"判"。

"脆",蒋锡昌曰:"'脆'为'脃'字之俗,《说文》:'脃,小臡易断也。'"

"兆",朕兆,指事态尚未发作之时也。

本段意为:事物处于安稳时容易保持,事变尚未发作时容易谋划,事物比较脆弱时容易分裂,事物体积微小时容易消散。

㈡"为之于未有,治之于未乱。"

此二句帛书甲本并脱损,校文据河、王本,傅本作"为之乎其未有,治之乎其未乱"。六朝写本残卷庚本两"于"下并有"其"字。

本段意为:防患工作要做在事故未有发生之时,治乱工作要做在祸乱未有发生之日。

㈢"合抱之木,生于毫末;九成之台,作于累土;千里之行,始于足下。"

帛书甲本脱损前六字及末尾一"下"字,"累"写作"羸",

"千里之行"作"百仁之高","始"作"台"。乙本脱损前三字"生于"之"生"误为"作","累"作"纍","千里之行"作"百千之高"。河本、王本"成"作"层",余同校文。傅本"抱"作"褒",余亦同校文。按"抱"与"褒"互通(见《集韵》),此从河本作"抱"。

"成",河、王本作"层",唐人写本残卷辛本、严遵本以及龙兴碑本作"重"。朱谦之云:"《说文》:'层,重屋也。'《吕览·音初》篇:'有娀氏有二佚女,为之九成之台。'高注:'成,犹重也。'又《尔雅》以丘一重、再重为一成,《楚辞·九问》'璜台十成','十成',即十重也。'成'、'层'、'重'义同。"今从帛书作"成"。

"累",河、王、傅本并同,元李道纯本作"壘",帛书甲本作"嬴",乙本写作"纍",按:帛书甲本之"嬴"古与"累"通,《释名·释言语》:"'嬴',累也。"毕沅曰:"累,本作蔂。"皮锡瑞曰:"古蔂、嬴通。"则"嬴"与"累"、"蔂"并通,此从河、王诸本作"累"。高亨曰:"'累',当读为'蔂',土笼也,起于累土,犹言起于黄土也。《淮南子·说山训》'针成幕,蔂成城,事之成败,必由小生',高注:'蔂,土笼也。'字亦作蔂。《孟子·滕文公》篇:'蔂梩而掩之'。刘熙注:'蔂,盛土笼也。'(《音义》:'蔂或作蔂。')字又作堥。《越绝书》:'越王使干戈人一堥土以葬之。'司马贞曰:'堥,小竹笼以盛土也。'又或作籆。《管子·山国轨》篇:'梩笼籆籆'(原作捍笼籆籆,据王念孙《读书杂志》校改)是也。'籆'即'累'之正字。"帛书乙本"纍"当是"蔂"之异体。

"千里之行"，帛书甲本作"百仁之高"，乙本作"百千之高"，帛书甲本《释文》校作"百仞之高"，唐人写本残卷辛本亦作"百仞之高"。马叙伦曰："言远亦得称仞。然古书言仞，皆属于高。疑上'九层'句，盖有作'百仞'者，传写乃以误易'千里'耳。"其说是。本句如作"百仞之高"，则与上文"九层之台"义重，且"千里之行，始于足下"，已成为我国各族人民老孺皆知的古格言，故此句仍作"千里之行"为优，不必依帛书。

本段意为：合抱的大树，是从幼小的树苗生长起来的；九层的高台，是从一筐筐泥土堆建起来的；千里的远行，是用双脚一步步走到的。

㈣"为之者败之，执之者失之。是以圣人无为也故无败也，无执也故无失也。"

帛书甲本前二句脱损，后二句作"□□也□无败□无执也故无失也"。乙本第二句"执"下无"之"字，后二句仅存"是以圣人无为"六字。河本、王本、傅本并作"为者败之，执者失之，圣人无为故无败，无执故无失"。校文"为之者败之"乙本同，"执之者失之"，乙本无前"之"字，参阅上句补一"之"字，使二句句式一律。"无为也故无败也"，甲、乙本均不全，今参阅河本"无为故无败"与甲本"无执也故无失也"之句式，整理而成。

钊按："为之者败之，执之者失之。是以圣人无为也故无败也，无执也故无失也"四句奚侗、马叙伦并疑为二十九章误入此章。奚侗曰："四句与上下文谊不相属，此第二十九章中文，彼章挩下二句，误属于此。"马叙伦曰："'为者'两句为二十九章文，此重出。'是以'两句乃二十九章错简。"奚、马之说皆言之成理，可惜无故本可据，今暂存疑，录之以备一说。

本段意为：强行作为，必然失败；强行抱住，必然丧失。所以，圣人不强行作为，也就无所谓失败；圣人不强行抱住，也就无所谓丧失。

㈤"民之从事也，恒如几成而败之。故曰慎终若始，则无败事矣。"

帛书乙本"几"作"其"，"终"写为"冬"，余同校文。甲本脱损末尾四字，"几成"作"几成事"，余同校文。河本、王本、傅本无"也"、"矣"二字，"恒"作"常"，余同校文。

"从"，为也。（河上公说）

"几"，将近。

本段意为：人们做事情，常常在快要成功的时候而失败了。结尾时同开头一样谨慎，就不会有失败的结局。

㈥"是以圣人欲不欲，而不贵难得之货；学不学，而复众人之所过。能辅万物之自然而弗敢为。"

帛书乙本同此，唯"复"前无"而"字，此据甲本补一"而"

字，甲本脱损"是以圣人"四字，及"弗敢"前二字，"货"写作"賵"。许抗生曰："'賵'，疑为'賮'，《说文》：'賮'资也，或曰此古'货'字。"今据乙本作"货"。河本、王本无前二"而"字，"能辅"作"以辅"，"弗"作"不"。傅本"而复"，作"以复"；"复"，一本作"备"，此从帛书。

"欲不欲"，即以不欲为欲。（据吴澄说）

"学不学"，即以不学为学。（据吴澄说）

钊按："而复众人之所过"，疑"而"字为"不"字之误。高亨曰："'以复众人之过'与'不贵难得之货'句法略同。"据"不贵难得之货"之句例，则下句当为"不复众人之过"，则上下对偶，此其一证也；"不"、"而"篆文形近易误，第十五章"故能蔽不新成"，原文当作"故能蔽而新成"（参阅该章校注，此不赘。），"而"误为"不"，此其二证也；从文意上看，老子是要把"圣人"与"众人"区别开来，故曰"不复众人之过"，即不重复众人所犯的错误。唐人写本残卷辛本"复"作"备"，备，防也，则以备众人之所过，犹以防众人所犯的过错，义与"不复众人之过"一致，此其三证也。

"能辅万物之自然而不敢为"，朱谦之云："焦竑《考异》曰：'以恃万物之自然而不敢为。''恃'，旧作'辅'，非。今案作'辅'是也。《韩非子·喻老》篇引'恃万物之自然而不敢为'，刘师培谓'恃，盖待字之讹，义辅字为长'。《广雅·释诂》'辅，助也'，《易·象传》'辅相天地之宜'，《论衡·自然篇》曰：'然虽自然，一须有为辅助之也。'此即老子'以辅万物之自然'之旨。"其说是。此"辅"当训为"助"字。

"不敢为"，"敢"，借为"譀"，"不譀为"，犹"不妄为"也（参见第三章校注）。

本段意为：所以圣人之欲就是无欲，他们不看重难得的货物；圣人之学就是不学，他们不重复众人所犯的过错。因而，他们能辅助万物顺着自然法则而不妄为。

简　析

本章除继续阐明量变引起质变的辩证法思想外，还着重阐明了"无为"的思想。

"无为"，是贯串老子全书的一个基本思想，高亨云："《老子》极言圣人无为，二章曰'圣人处无为之事'，三十八章曰'上德无为而无不为'，四十三章曰'无为之益，天下希极之'，四十七章曰'圣人不为而成'，四十八章曰'为学日益，为道日损，损之又损，以致于无为，无为而无不为'，五十七章曰'圣人云："我无为而民自化"'，本章亦曰'圣人无为故无败'，其无为之义颇令人眩惑，而本章乃明揭而出之曰：'以辅万物之自然而不敢为。'始知《老子》所谓圣人无为者，只是辅万物之自然而已。辅万物之自然则万物自生自成、皆生皆成，故能无不为也。"高氏的这段文字，是深得老旨的。

"无为"，过去常被人看作是"无所作为"，读了上章和本章之后，可知这个看法是片面的。

（1）老子讲"无为"，绝不是提倡什么也不作为。上章说"天下之难事必作于易，天下之大事必作于细"，这里两次强调

"必作"，说明老子并未否认"作"的必要性；本章说"为之于未有，治之于未乱"，这里强调"为之于未有"，说明老子并未否定"为"的必要性。可见老子既肯定了必要的"作"，也肯定了必要的"为"，一句话，老子所讲的"无为"，不能简单看作"不作不为"。

（2）老子所讲的"无为"，是"能辅万物之自然而不敢为"，即辅助万物顺着自然规律而不妄为。细读本章文字，这个思想是很明确的。他说："其安也，易持也；其未兆也，易谋也；其脆也，易判也；其微也，易散也。"讲了这段话之后，便得出结论曰："为之于未有，治之于未乱。"显然老子这里说的"为"与"治"，都不是随意而"为"，随意而"治"，而是要顺着"其未兆易谋"的规律去"为"去"治"。老子讲了"合抱之木，生于毫末；九层之台，作于累土；千里之行，始于足下"这段话后，马上接上"为者败之，执者失之。是以圣人无为也，故无败也；无执也，故无失也。"其寓意也是极为深刻的，它告诉我们：事物的发展都有一个由量向质的转化，我们必须顺着这一规律办事，如果违背这一规律，而去干一些类似"揠苗助长"的蠢事，那就必然遭到失败。可见，老子所反对的"有为"，是指违背规律办事，即"妄为"。这种"妄为"，也就是《淮南·修务训》所说的"以火熯井，以淮灌山"等"用己而背自然"之类的胡作妄为。反对这种妄为，恰恰表现了老子尊重规律的唯物主义态度。

第六十五章

古之善为道者，非以明民也，将以愚之也㈠。民之难治也，以其智也。故以智治邦，邦之贼也；以不智治邦，邦之德也㈡。恒知此两者，亦稽式也。恒知稽式，是谓玄德㈢。玄德深矣远矣，与物反矣，乃至大顺㈣。

校　注

㈠"古之善为道者，非以明民也，将以愚之也。"

帛书甲本"古之善为道者"作"故曰为道者"，余同校文。乙本无"善"字，"明"下脱损五字，据甲本补。河、王、傅本此段无二"也"字，余同校文。景龙碑本"民"作"人"。

朱谦之按："'愚'字《武内》、《敦》本作'娱'，《说文》'娱，乐也'，《诗·出其东门》'耶可与娱'，张景阳《咏史诗》'朝野多欢娱'，娱字义长。"按：此说非是。此文"愚"与"智"对言，如作"娱"则下文"民之难治也，以其智也"即失其依矣。

本段意为：古时善于行道的人，不是要使人聪明，而是要使人愚朴。

㈡"民之难治也，以其智也。故以智治邦，邦之贼也；
以不智治邦，邦之德也。"

帛书甲本"智"写作"知"，"治邦"作"知邦"，"知"、"治"
音近而误。"民之难治"之"治"字脱损，"邦之德也"，"邦之"
二字亦脱损。乙本"智"亦作"知"；"治邦"，写作"知国"，余
同校文。河本此段作"民之难治，以其智多，以智治国，
国之贼，不以智治国，国之福"。王本"以智治国"上有"故"字，余同河
本。傅本"以其智也"作"以其多智也"，"贼"、"福"下各有一
"也"字，余同王本。

"德"，诸今本多作"福"，龙兴碑本、《文子·原道》篇引文
亦作"德"。易顺鼎谓"贼"与"福"为韵，朱谦之从其说，云：
"此宜作福。"此说恐不确，查韵书，"德"与"贼"二字正好同韵。
当依帛书作"德"。

本段意为：老百姓之所以难于治理，原因在于治国者好用巧
智。所以，用巧智来治理国家，将给国家带来害处；不用巧智来
治理国家，将给国家带来好处。

㈢"恒知此两者，亦稽式也。恒知稽式，是谓玄德。"

帛书甲、乙本并同此，唯"是"，甲本作"此"，"谓"，两
本并写为"胃"。河本无前"恒"字，后"恒"作"常"字，亦无
"也"字，"稽式"作"楷式"。王本"稽式"同帛书，余同河本。
傅本前"恒"作"常"，后"恒"作"能"，余同帛书。

"两者"，指上述"以智治邦邦之贼也，以不智治邦邦之德"。

"稽式"，河上公等作"楷式"，蒋锡昌曰："'稽'为'楷'之借字，'稽'、'楷'一声之转，《广雅·释诂一》'楷，法也'，是'稽式'即法式。"从之。

本段意为：经常懂得上述两个方面，也就掌握了治国的法式。经常掌握这个法式，就可称为上善之德。

㈣"玄德深矣远矣，与物反矣，乃至大顺。"

帛书甲本脱损"反"字及末尾"至大顺"三字，乙本脱损一"与"字，"反矣"作"反也"，余同校文。河本"乃至"下有一"于"字，王本"乃至"前有"然后"二字。傅本末句作"乃复至于大顺。"

"反"，通作"返"。

"大顺"，大道也。

本段意为：上善之德无比深远，它同万物都要返回本根，直至归于大道。

简　析

本章着重讲治国之道。

以什么方法来治国呢？老子从"古之善为道者，非以明民，将以愚之"的作法中得到启示，反对"以智治国"，主张"以不智治国"。认为"以智治国"是"国之贼"，"以不智治国"是

"国之德"。此所谓"以不智治国"即"以愚治国"是也。以愚治国，就是要求君主在治国中不要玩弄巧诈，而要行无为而治。第十八章所谓"其政闷闷，其民屯屯；其政察察，其民缺缺"与本章含意一致。"以愚治国"，必然是"其政闷闷，其民屯屯"；"以智治国"，必然是"其政察察，其民缺缺"。

老子反对以智治国，这在一定程度上抨击了统治阶级运用巧诈欺骗愚弄老百姓的丑恶行径，对于揭露当时社会的黑暗面有一定的积极作用。但是，老子在反对"以智治国"的同时，却又主张"非以明民，将以愚之"。诚然，老子所说的"愚"，有愚朴之意，但是，此"愚"亦可释为"愚昧"，易于导致愚民之弊。吴澄曰："老子生于衰世，见上古无为而治，其民纯朴而无知。后世有为而治，其民浇伪而有知。善为道者，化民为淳朴。非欲使之明，但欲使之愚而已。此愤世矫枉之论，其流之弊，则为秦之燔经书以愚黔首。"这个评述切中要害。

第六十六章

江海所以能为百谷王者，以其善下之，是以能为百谷王⑴。是以圣人之欲上民也，必以其言下之；其欲先民也，必以其身后之⑵。故居上而民弗重也，居前而民弗害也。天下皆乐推而弗厌也⑶。非以其无争欤？故天下莫能与争⑷。

校　　注

⑴"江海所以能为百谷王者，以其善下之，是以能为百谷王。"

帛书甲本脱损句首"江"字，"谷"写为"浴"，余同校文。乙本脱损前"百谷"下三字及"善"字，"谷"亦写为"浴"，"之"下有"也"字。河本无"其"字，"是以"作"故"。王本"是以"亦作"故"，傅本近王本，惟"之"下有"也"字。此依帛书。

吴澄曰："百川之水同归江海，如天下之人同归一王也。江海之位，在水下流，能下众水，故能兼受百谷之水为之王也。王之所以能兼有天下之人者亦若是。"

本段意为：江海之所以能成为众河之王，原因在于它们善于处下，所以能成为众河之王。

（二）"是以圣人之欲上民也，必以其言下之；其欲先民也，必以其身后之。"

帛书甲、乙本并同校文，惟甲本第三句脱"民也"二字。河本作"是以圣人欲上民，必以言下之；欲先民，必以身后之"。王本无"圣人"二字，余同河本。傅本无"也"字，"欲先民"前无"其"字，余同校文。"民"，景龙碑本作"人"，因避唐帝李世民讳而改"民"为"人"，此依帛书。

本段意为：所以圣人想要居于老百姓之上，必须通过言语表现出谦下；想要居于老百姓之前，必须暂时把自身置于后面。

（三）"故居上而民弗重也，居前而民弗害也，天下皆乐推而弗厌也。"

帛书乙本大致同此，惟"害"下无"也"字，"推"误作"谁"。"厌（厭）"写作"猒"。（按："猒"通"厭"，《集韵》："厭，或省作'猒'。"）甲本"居前"句在"居上"句前，"推"误作"隼"，"厭"亦作"猒"，"民"，景龙碑等本仍作"人"。按：查考诸今本，"居上"句均在"居前"句前，与乙本同，今从乙本。

本段意为：所以居于老百姓之上，老百姓不感到有压力；居于老百姓之前，而老百姓不感到有损害。所以天下的老百姓都乐于推举他而不厌倦。

㈣"非以其无争欤？故天下莫能与争。"

帛书甲本"故"下脱损五字，"争"写作"诤"，余同校文。乙本"非"作"不"，"以"字脱损，余同校文。河、王本并作"以其不争，故天下莫能与之争"，傅本"非"作"不"，余同校文。

本段意为：不是由于他不争吗？所以天下人谁也不能与他抗争。

简 析

本章同第七章相关联，讲的都是以屈求伸的策略思想。

老子一贯强调处柔守弱，然而"柔"与"弱"并非他的目的，他的目的是要通过"柔"变成"刚"，通过"弱"要成"强"，即"以屈求伸"是也。这一点在本章表现得尤为明显。他以江海为喻，认为江海之所以能成为"百谷"之"王"，原因在于它善于谦下。他由此而悟出一个诀窍：谦下可以达到称"王"的政治目的。因而他得出结论说："其欲上民也，必以其言下之；其欲先民也，必以其身后之。"其目的清楚明白："以言下之"，是为了实现"欲上民"的野心；"以身后之"，是为了达到"欲先民"的企图。这同第七章所谓"退其身而身先"，"外其身而身存"的思想是一致的。

　　过去，人们常把老子看作一个政治上无所作为、消极退隐的处士，认为老子"与世无争"。这个看法显然是不确切的。诚然，老子是讲"无争"，然而他的"无争"，并非目的，而是手段，他希望通过"无争"而达到"天下莫能与争"的目的，这叫做以柔克刚，以弱胜强。正如许抗生所说："老子处处表现出自己是一位弱者，表示自己愿意甘居于人后，居于谦下之处（'知其雄，守其雌，为天下溪；知其白，守其辱，为天下谷'）。然而他的愿意居于人后，不过是想以此作为手段，为的是达到其居于民上的目的。"（《帛书〈老子〉注译与研究》，浙江人民出版社，1982年版，第141页）这个评述是很中肯的。

　　老子虽然强调居民之"上"，居民之"前"，但是，他却又主张"居上而民弗重"，"居前而民弗害"，明确要求统治者不给人民施加压力，不给人民带来灾害。这对抨击统治者的高压政策，为人民争取生存的权利，有一定的积极作用。

第六十七章

天下皆谓我大，大而不宵，夫唯不宵，故能大；若宵，久矣其细也夫㈠。我恒有三宝，市而保之：一曰慈，二曰俭，三曰不敢为天下先㈡。夫慈，故能勇；俭，故能广；不敢为天下先，故能为成器长㈢。今舍其慈且勇，舍其俭且广，舍其后且先，则死矣㈣。夫慈以战则胜，以守则固。天将救之，以慈卫之㈤。（此章帛书甲、乙本均排在八十一章下）

校　注

㈠ "天下皆谓我大，大而不宵，夫唯不宵，故能大；若宵，久矣其细也夫。"

　　帛书乙本同此，惟"皆"字脱损，"谓"写为"胃"。甲本脱去前八字，后存字句为"夫为□故不宵，若宵细久矣"。河本此段为："天下皆谓我大，似不肖。夫唯大，故似不肖，若肖久矣其细夫。"（一本"夫"字属下读）。王本"我"下有一"道"字，"夫"上有一"也"字，余同河本。傅本"我"作"吾"，"夫"上亦有一"也"字，余同河本。

　　钊按："宵"，今本多作"肖"，唐人写本残卷辛本、龙兴碑本及成玄英疏本"宵"俱作"笑"。此从帛书作"宵","宵"古与"肖"通,《汉书·刑法志》:"夫人宵天地之貌。"师古注"'宵'义与'肖'同。""肖",犹今言"像似"也。本文"肖"为本字,"宵"为假字。

本段意为:天下人都说"我"大,大而却不像大。正因为大而不像大,所以能成就大。假如像大,早就变成细小的了。

  ㈡"我恒有三宝,市而保之:一曰慈,二曰俭,三曰不敢为天下先。"

帛书乙本"宝"写作"琛"(《说文》无此字,疑"琛"为"葆"之异体字,"葆"通"宝");"保",亦作"琛",当是"保"之形误,"慈"写为"兹","俭"作"检"(形近而误,或音近而讹,今从河、王诸本作"俭")。甲本"二曰俭"以下全脱损,"恒有三宝,市而保之"作"恒有三葆之",其文当有脱漏。"慈"亦写为"兹"。河本前二句作"我有三宝,持而宝之",余同帛书。王本无"恒"字,第二句"保"同校文,余同河本;傅本"我"作"吾",余同河本。

钊按:"市而保之",有作"保而持之"或"宝而持之"。"市",乙本同,甲本脱掩,诸今本概作"持",细审文义,似以"市"字为优。《风俗通》:"市,恃也,养赡老小,恃以不匮也。"是"市"犹"恃","市而保之",即"恃而保之",意为依恃他们而自保也,今本作"持",当为"恃"之借字。

又"保",王本同,甲本作"葆",乙本作"琛",河本、傅本等作"宝"。劳健曰："'宝'、'保'二字，古文近同，互通。"今从王本作"保"。

吴澄曰："慈，柔弱哀闵而不刚强；俭，寡小节约而不侈肆；不敢先，谦让退却而不锐进。"

本段意为：我有三件法宝，依持它们以自保：第一件叫做慈柔，第二件叫做俭约，第三件叫做不敢占天下人之先。

㈢"夫慈，故能勇；俭，故能广；不敢为天下先，故能为成器长。"

帛书乙本"俭"作"检"，"故能广"之"故"作"敢"。乃涉下文"敢"字而误。甲本"故能广"以上全脱损，"成器长"作"成事长"。河本、王本无"夫"字及"成"前之"为"字，余同校文。傅本"成"前无"为"字，余同校文。

"为器长"，乙本同，甲本作"为成事长"。河、王诸本无"为"字。俞樾曰："《韩非子·解老》篇作'不敢为天下先，故能为成事长'。'事'、'器'异文，或相传之本异，或彼涉上文'事无（不）事'句而误，皆不可知，至'故能'下有'为'字则当从之。盖'成器'二字相连为文，襄十四年《左传》'成国不过半，天子之军'，杜注曰'成国，大国'，昭五年《传》'皆成县也'，'成县'亦谓大县。然则，'成器'者，大器也。二十九章'天下神器，不可为也'。《尔雅·释诂》'神，重也'，'神器'，为重器，'成器'，为大器，二者并以天下言。质言之，则止是不敢为天下先，故能为天下长耳。"此说是，"不敢为天下先，故能为天下长"，正与上章"欲先民，必以身后之"及第七章"后其身而身先"旨意相合。

本段意为：慈柔，所以能勇敢；俭约，所以能宽广；不敢占天下之先，所以能成为天下之长。

㈣ "今舍其慈且勇，舍其俭且广，舍其后且先，则死矣。"

帛书乙本"今"字脱损，"慈"作"兹"，"俭"作"检"，"捨"作"舍"（二字互通）。甲本无"捨其俭且广"句（当是抄写致漏，此据乙本），"慈"亦作"兹"，"捨"亦作"舍"。河本、王本无三"其"字，傅本"则死矣"作"是谓入死门"，今从帛书。

钊按："且勇"、"且广"、"且先"之"且"字，疑为"取"之误。此文"捨"、"取"对言，作"且"字则对仗不工。或曰"且"，取也。然"且"训"取"，古无此训。当是讹误所致。究其原因，或曰"且"、"取"音近而误；或"取"缺坏只存左边"耳"，而误为"且"。帛书第十二章"去彼取此"之"取"，正作"耳"，可证。

本段意为：若舍弃慈柔，追求勇敢；舍弃俭约，追求宽广；舍弃甘为天下人之后，追求居天下人之先，必然是死路一条。

㈤ "夫慈以战则胜，以守则固，天将救之，以慈卫之。"

河、王本并同校文。帛书甲本"以战"二字脱损，"救"作"建"，"慈"写为"兹"，"卫"作"垣"，末句"以"上有一"女"（通"如"）字。乙本"慈"亦作"兹"，"战（戰）"简作"単"，"救"亦作"建"，"胜"作"朕"、"卫"作"垣"，末句"以"前有一"如"字。傅本"以战则胜"作"以陈则正"，余同校文。

按："救"，诸今本概同，帛书甲、乙本并作"建"，"救"、"建"一声之转，疑为音近而误，今从诸今本作"救"。许抗生从帛书作"建"，译"天将建之"为"天要把一个东西建树起来"，亦通。然"救"与后"卫"字联系紧密，"卫"，护也。"救护"正好相联，似以作"救"字为优。

又"如"，诸今本概无。此句有"如"或无"如"，其义无异。从句式看，似以无"如"字为佳。此段"以战则胜"、"以守则固"，"天将救之"，"以慈卫之"均是四字一句，增一"如"字，则后句为五字，与上各句不相称耳。今从众本删去"如"字。

"卫（衛）"，诸今本概同，帛书甲、乙本并作"垣"，许抗生注："垣，即卫也。《释名·释宫室》：'垣，援也，人可依阻以为援也。'"是"垣"有"卫"义，此从众本作"卫"。

本段意为：慈柔，用于指导战争，必然赢得战争胜利；用于指导防守，必然使防守牢固；天要拯救某物，总是用慈柔来保护它。

简 析

本章讲的是贵柔守弱的人生哲学。

贵柔守弱是老子人生哲学的主干，本章这一点表现得尤为明显。老子把"慈"、"俭"、"不敢为天下先"作为治国、修身的三件法宝，正是他贵柔守弱的集中体现。"慈"、"俭"、"不敢先"，用字虽殊，精神实质则完全一致，意在以柔克刚，以弱胜强。

"慈"，即慈柔或慈爱。老子取"慈"重"慈"，意在以弱胜强。蒋锡昌曰："老子谈战，谈用兵，其目的与方法不外'慈'之一字。人君用兵之目的，在于爱民，在于维护和平，在于防御他国之侵略。其方法在以此爱民之心感化士兵，务使人人互有慈爱之心，入则守望相助，出则疾病相扶，战则危难相惜。夫能如此，则此兵不战则已，战则无有不胜者矣。""俭"，即俭约。老子取"俭"守"俭"，旨在由"俭"而"广"。苏辙曰："世以广大蓄物，而以俭约为陋，不知广大之易穷，而俭约之易足，其终必至于广也。""不敢为天下先"，即在与人相处时，自觉地退后谦下。老子在"后"与"先"的矛盾对立中，取后而不敢先，意在以屈求伸。赵秉文云："世以进锐为能，而以不敢先为耻。不知进锐之多恶于人，而不敢先之乐推于世，其终卒为器长也。"

老子提倡以柔克刚、以弱胜强是有他的哲学基础的。他相信"反者道之动"的自然法则，相信事物会向对立面转化，处柔守弱，就能由柔弱变为刚强。他把"慈"、"俭"、"不敢先"看作三件法宝，正说明他通达事物转化之法则。吴澄曰："慈者似怯而不勇，乃所以为勇；俭者似狭而不广，乃所以能广；……不敢先者，居人后而不为长，然自后者人先之，乃所以首出庶物之上，而为器之长也。舍而不用慈、俭、退后之宝，而刚强以为勇，侈肆以为广，锐进以求为先，则将不能保其生，皆死之徒也。"因此，从"慈"中求"勇"，从"俭"中求"广"，从"后"中求"先"，乃是老子思想的真谛。老子反对丢掉"慈"而求"勇"，丢掉"俭"而求"广"，丢掉"后"而求"先"，认为这样只能是没有出路。这说明老子在一定程度上认识到，事物是在矛盾双方相互制约、相互作用的过程中前进的，是相辅相成的，丢掉矛盾一方而求另一方，是不可能取得成功的。

第六十八章

善为士者不武，善战者不怒，善胜敌者不与，善用人者
为之下㈠。是谓不争之德，是谓用人之力，是谓配天，
古之极也㈡。

校　注

㈠ "善为士者不武，善战者不怒，善胜敌者不与，善
用人者为之下。"

帛书甲本"不与"之"不"作"弗"，"与"字脱损，余同校
文。乙本首句前有一"故"字，"战（戰）"写作"單"，"胜"写
作"朕"，"不与"亦作"弗与"，余同校文。"弗与"，河、王
本并作"不与"。且帛书上二句为"不武"、"不怒"，为使句
式一律，此从河王本作"不与"。王本同校文，河本"敌"作
"战"。按：河上注曰："善以道胜敌者……不与敌争而敌自服
也。"从注文看，似原文作"敌"，写为"战"乃涉上句"善战者"
之"战"而误，今帛书同王本作"敌"，当从之。傅本"善为士
者不武"作"古之善为士者不武也"；"不与"作"不争"，此从
王本。

按："不与"，景龙碑本、开元御注本、唐本残卷辛本及六朝残卷庚本等四十多种本子概作"不争"，但河上、王弼本作"不与"，与帛书同，姑从帛书。河上公注曰："不与敌争。"王弼注曰："不与争也"则"不与"即"不争"是也。朱谦之云："古谓对敌为与。《左传》襄公二十五年：'一与一'谁能惧我。是'与'即'争'也。劳健、高亨引证所见亦同。'与'与'武'，'怒'、'下'为韵，作'争'则无韵。"

"士"，注家解说殊异，王弼注："士，卒之帅也。武，尚先陵人也。"吴澄谓："古者车战为士，甲士三人在车上，左执弓，右持矛，中御车掌旗鼓，皆欲其强武。"蒋锡昌谓"士，君也"。此从王弼之说作"将帅"。"善为士者不武"与第二十七章"善行者无彻迹"等句语意相一致。"善为士者不武"，意为善于作将帅的人不先用武力。

"不怒"之"怒"，注家多训为"忿怒"之"怒"，恐不确。愚意以为此"怒"当训为"威怒"，盖指军威。《礼记·曲礼》："急缮其怒。"注："怒，坚劲军之威怒也。"则此"怒"指强军劲旅之威严，与"慈"正相反对。"不怒"，是以慈柔指导战争的表现，故曰"善战者不怒"，此意与上章"慈以战则胜，以守则固"，含意一致。

本段意为：善于作将帅的人不先使用武力，善于作战的人不临阵施军威，善于克敌的人不与敌交锋，善于用人的人常谦下于人。

㈡"是谓不争之德，是谓用人之力，是谓配天，古之极也。"

帛书甲本首句"是"字脱损，"争"作"诤"，二句无"之力"二字，三句无"配"字，"谓"写为"胃"。乙本"德"前"之"字脱损，二句亦无"之力"二字，"配"误作"肥"，"谓"亦写为"胃"。河本、王本无末尾"也"字，傅本全同校文。按：句尾有"也"字为优。华钟彦曰："第六十八章王弼本'是谓配天古之极'很难理解。傅奕本'极'下有'也'字，稍给读者以启示，今观甲、乙本都有'也'字，得此有力的证据，便可重新断为'是谓配天，古之极也'，成为二句，词意尽通。"

张舜徽曰："各本作'是谓用人之力，是谓配天古之极。'帛书甲、乙本无'之力'二字，但作'是谓用人，是谓配天，古之极也'，详审文义，甲、乙本与通行本均重出'是谓'二字，今径删去，写定为'是谓用人配天，古之极也'，用人配天，独云以人配天。……此以人道配天道，乃自古君道之极则也。"此说虽亦可通，然删去"是谓"二字证据不足，难免有以意改经之嫌，为注家所忌，不可取也。此宜从通行诸本作"是谓用人之力，是谓配天"，不宜删去"是谓"二字。

本段意为：这叫做"不争"的德行，叫做利用人们的力量，叫做符合天道，是古圣人的最高原则。

简　析

本章着重讲"不争之德"。

　　"善为士者不武，善战者不怒，善胜敌者不与，善用人者为之下。"此文中"不武"、"不怒"、"不与"、"为之下"用字虽殊，其义一致，盖"不争"是也。唯其不争，故能胜彼之争。所以，"不武"乃"善为士"，"不怒"乃"善战"，"不与"乃"善胜敌"，"为之下"乃"善用人"。这正是"夫唯不争，故天下莫能与之争"之谓也。老子所讲的"不争之德"，实即"无为之道"。他认为这种"无为之道"，可以"配天古之极"，足见其在老子哲学中的地位。

第六十九章

用兵有言曰：吾不敢为主而为客，不敢进寸而退尺（一）。是谓行无行，攘无臂，执无兵，乃无敌矣（二）。祸莫大于轻敌，轻敌近亡吾宝矣（三）。故抗兵相若，则哀者胜矣（四）。

校　注

（一）"用兵有言曰：吾不敢为主而为客，不敢进寸而退尺。"

帛书乙本同此，甲本"不敢进"作"吾不进"，"退"写作"芮"，此依乙本。傅本同校文，河、王本无"曰"字。范应元本"兵"下有"者"字。唐人写本残卷壬本"敢"作"能"，龙兴碑本二"敢"下并有"求"字。此依帛书。

吴澄曰："'为主'，肇兵端以伐人也；'为客'，不得已而应敌也。"

本段意为：用兵有这样的名言：我不敢先挑战，而宁愿最后应战；不敢前进一寸，而宁愿后退一尺。

（二）"是谓行无行，攘无臂，执无兵，乃无敌矣。"

帛书甲本"谓"作"胃","攘"写为"襄",余同校文。乙本"谓"亦作"胃"。河本"乃"作"仍",无"矣"字,其"仍无敌"在"执无兵"句上。王本"乃"作"扔",余同河本。傅本"乃"作"仍",无"矣"字,余同校文。

"行无行",此有二"行"字,第一"行"字当作"行动"之行解;第二个"行"字似应训为迹。《广雅·释诂》曰:"行,迹也。"则"行无行"即"行无迹"也。

"攘",《广韵》:"揎袂出臂曰攘。"

陶绍学曰:"'执无兵'句应在'扔无敌'句上,弼注曰:'犹行无行,攘无臂,执无兵,扔无敌也。'是王同此。"钊按:陶说是。今帛书甲、乙本"执无兵"句并在"乃无敌"句上,又其证也。"乃",今本作"仍"或"扔",似以帛书作"乃"为优。"乃无敌矣"即"于是无敌矣",是对上三句"行无行,攘无臂,执无兵"的概括总结。"矣"字见于帛书甲本,为他本所无,尤为珍贵。有此"矣"字,更能说明"乃无敌矣"句为结束语。是"乃"当从帛书。今本作"仍"盖因"仍"古与"乃"可通假,《尔雅义疏》:"'乃'又通作'仍'。"作"扔"者,当是"仍"之音假,或涉第三十八章"攘臂而扔之"之"扔"而误。

本段意为:这叫做已经行动,却示人以没有行动的痕迹;奋臂而准备拼搏,却示人以无臂可搏;紧握兵器,却示人以没有兵器,于是无敌于天下。

㈢"祸莫大于轻敌,轻敌近亡吾宝矣。"

帛书甲本"祸"写作"旤"（疑为古"𢟺"之异体字）；"大于（於）"误为"於於"，"轻敌"作"无适"（借为"敌"），"近亡"作"斤亡"，"吾宝"作"吾吾葆"（衍一"吾"字）；乙本"轻敌"作"无敌"，"宝"作"琛"。河本、王本"近亡"作"几丧"，傅本"轻敌"同帛书作"无敌"，第二个"无敌"下有"则"字，"近亡"作"几亡"。

按："轻敌"河、王本并同，帛书甲、乙本及傅本均作"无敌"。此句似以"轻敌"为优。如作"无敌"，则与上句"乃无敌矣"语意相悖。上句"无敌"含有褒义，此句"轻敌"乃贬义，作"无敌"于义难安。疑"无敌"乃涉上句"无敌"而误，当从河、王诸本作"轻敌"。轻敌者"骄"也，骄兵必败，故老子曰："轻敌近亡吾宝矣。"

又"近亡"，帛书乙本同，甲本作"斤亡"，疑"斤"为"近"之损坏。河、王本作"几丧"，与"近亡"义同，傅本作"几亡"亦通，此从帛书作"近亡"。

本段意为：灾祸最大的莫过于轻敌，轻敌近于丧失我的法宝。

㈣"故抗兵相若，则哀者胜矣。"

帛书甲本"抗兵"作"称兵"，余同校文。乙本"哀"作"依"，"胜"作"朕"，"矣"字脱损。傅本全同校文。

按："相若"，帛书及傅本并同，河、王本作"相加"。张舜徽曰："盖原文作'若'，声转为'如'，传写者又由'如'讹作'加'耳。"此说是。当从帛书作"相若"。

"抗兵"，帛书乙本及诸今本概同，甲本作"称兵"。张舜徽曰："称与抗皆可训举，义相通也。"此从乙本及诸今本作"抗兵"。

本段意为：所以，举兵力量相当，哀痛的一方必胜。

简　析

本章着重讲兵法。

一般说来，老子是不赞成战争的，但是，老子并不反对一切战争。他认为，当敌人把战争强加于自己的时候，那就不得不战，用他的话说叫做"不得已"。正是从这一基本思想出发，他提出了一套以弱胜强的战略战术。这种战略战术由本章可以览其大概：

（1）是所谓"不敢为主而为客，不敢进寸而退尺"。这里所说的"主"，指的是率先挑战，主动进犯，相当于我们今天所说的"先发制人"；所说的"客"，指的是安于退守，不得已而应战，相当于我们今天所说的"后发制人"。在老子看来，不为主而为客，不进寸而退尺，就可以无敌于天下。理由何在？吕吉甫曰："主逆而客顺，主劳而客逸，进骄而退卑，进躁而退静。以顺待逆，以逸待劳，以卑待骄，以静待躁，皆非所敌也。"这是讲得很中肯的。以顺待逆，以逸待务，以卑待骄，以静待躁，盖属于"后发制人"的战争策略，是老子柔弱胜刚强思想在战争中的具体运用。

（2）是所谓"行无行，攘无臂，执无兵，乃无敌"。这一段话，过去不少注家多从消极方面来解说，认为老子所说的"行"，就是"不行"；所说的"攘"，就是"不攘"；所说的"执"，就是"不执"。显然，未得真谛。老子在这里谈的，乃是一种策略，意在以"有"示人以"无"，以"实"示人以"虚"，原文当译作：已经行动，却示人以没有行动的痕迹；已经卷袖准备臂搏却示人以无臂可搏；已经紧握兵器，却示人以没有兵器。这表现了老子"以奇用兵"的战争策略。《孙子兵法》曰："微乎微乎，至于无形；神乎神乎，至于无声，故能为敌之司命。"认为在战争中，做到"无形"、"无声"就可以大显神通，乃至牵着敌人的鼻子走。孙子的这段话，正可以同老子的话相互发明，其本意都在强调军事行动要作到隐蔽，以麻痹敌人，迷惑敌人，打乱敌人的部署，以实现"后发制人"。

（3）是所谓"祸莫大于轻敌，轻敌近亡吾宝"。老子虽持"三宝"以守柔处弱，但他对敌人的侵犯还是保持着高度警惕的。因此，他反对"轻敌"，认为轻敌将会丢掉治国修身的法宝。上文所谓的"行"、"攘"、"执"都是不轻敌的具体表现。他所说的"宝"，即前面六十七章所讲的"一曰慈，二曰俭，三曰不敢为天下先"是也。一方面强调"慈"、"俭"、"不敢先"，另一方面又要求保持高度警惕、反对麻痹轻敌，这是很耐人寻味的，说明老子的柔中有刚。

（4）是所谓"抗兵相若，则哀者胜矣"。老子认为，两军对阵，常是哀痛的一方取胜。这也包含着很深的哲理。苏辙曰："两敌相加，而吾出于不得已，则有哀心，哀心见而天人助之，虽欲不胜，不可得也。"

第七十章

吾言甚易知也，甚易行也；而人莫之能知也，莫之能行也（一）。夫言有宗，事有君。其唯无知也，是以不我知（二）。知我者希，则我贵矣。是以圣人被褐而怀玉（三）。

校　注

（一）"吾言甚易知也，甚易行也；而人莫之能知也，莫之能行也。"

帛书甲本大致同此，惟后句"莫"前有"而"字，但乙本无"而"字，此据乙本删去后"而"字。乙本二"易"前无"甚"字，"人"作"天下"，此从甲本。河本、王本此段并作"吾言甚易知，甚易行；天下莫能知，莫能行"。傅本无"也"字，余同校文。

王弼曰："可不出户、窥牖而知，故曰'甚易知'也；'无为而成'，故曰'甚易行'也。惑于躁欲，故曰'莫之能知'也；迷于荣利，故曰'莫之能行'也。"

吴澄曰："老子教人，柔弱谦下而已，其言甚易知，其事甚易行也。世降俗末，天下之人莫能知其言之可贵，莫能行谦下柔弱之事者。"

以上二说皆可参考。

本段意为：我讲的道理容易掌握，也容易实行。但世俗之人谁也不懂得我讲的道理，谁也不能实行它。

㈡"夫言有宗，事有君，其唯无知也，是以不我知。"

帛书乙本大致同此，惟"有"用假字"又"，"其"作"夫"。甲本"夫言有宗，事有君"作"言有君，事有宗"无"夫"字，"宗"、"君"二字位置恰好颠倒。末句"我知"二字脱损。河、王本句首无"夫"字。第三句"其"并作"夫"。傅本"君"作"主"，"不我知"作"不吾知也"，第三句"其"亦作"夫"。校文以乙本为底本，并据甲本和诸今本补正。

按："其唯无知也"帛书甲本同此，其他各本"其"作"夫"。似以作"其"字为优。"其唯无知"乃倒句，顺为"唯其无知"，故下文曰"是以不我知也"。当从甲本作"其"。作"夫"者，乃涉上"夫"字而误。

本段意为：说话有根据，办事有准则。正因为世人不知道这些，所以也不知道我的为人。

㈢"知我者希，则我贵矣。是以圣人被褐而怀玉。"

帛书甲本首句"知我者希"及第二句"则"字全脱损，"怀（懷）"作"裏"，余同校文。按：《同源字典》"懷、裏、褢实同一词"。则"裏"通"怀"。此从今本作"怀"。乙本"知"下无

"我"字，"怀"亦作"襄"，余同校文。河本、王本"则我贵矣"
并作"则我者贵"，后句无"而"字。傅本"希"作"稀"，余同
校文。景福本"则"作"明"。此依帛书。

"则我贵矣"，傅本及帛书乙本并同（甲本脱"则"字），河、
王本作"则我者贵"，语不可通。蒋锡昌曰："《道德真经集注》
引王弼注：'故曰，知我者希，则我贵也。'是王本作'则我贵
矣'，当据改正。今本经、注'贵'上并衍'者'字，谊不可说。
《蜀志·秦宓传》与《汉书·扬雄传》颜注均作'知我者希，则我
贵矣'。"今帛书亦如此，当从之。

《说文》："褐，一曰粗衣。"

本段意为：知道我的人稀少，我就更显得尊贵。所以，圣人
穿粗衣而怀美玉。

简　　析

本章乃老子发泄其"道"之不为人知，不为人行的苦衷。

老子曰："吾言甚易知也，甚易行也；而人莫之能知也，莫
之能行也。"既然其言易知、易行，为什么却又"莫能知"、"莫
能行"呢？这个问题是颇令人深思的。王弼解释说："惑于躁欲，
故曰'莫之能知'也。迷于荣利，故曰'莫之能行'也。"吕吉甫
曰："而天下不能知，不能行，何耶？以言有宗，事有君，而天
下不知其宗与君，是以不吾知也。何谓宗？无为而自然者，言
之宗也。自其宗而推之，则言虽不同，皆苗裔而已矣，其有不
知者乎？何谓君？无为而自然者事之君也，得其君而治之，则事

虽不同，皆臣妾而已矣，其有不行者乎？"这些说法，虽亦不无
道理，然仍未接触问题的实质。根本的问题在于老子的那一套理
论，不符合当时统治阶级的口味。春秋战国之际，统治阶级都忙
于称雄争霸，沉沦于"有为而治"，谁愿意接受老子的"无为而
治"呢？于是老子只有自我安慰："知我者希，则我贵矣。"似乎
有点阿Q精神。不过，"正言若反"，提倡不为人知，正符合老
子的无为之道。

第七十一章

知，不知，尚矣；不知，知，病矣㈠。圣人之不病也，以其病病也。夫唯病病，是以不病㈡。

校　注

㈠“知，不知，尚矣；不知，知，病矣。”

帛书乙本同此，甲本第二句作“不知，不知，病矣”衍一“不”字，此依乙本。河本、王本“尚”作“上”，无“矣”字。傅本全同校文。

钊按：本段文意历来有不同解释，河上公注曰：“知道言不知，是乃德之上；不知道言知，是德之病。”宋人陈旉《农书》曰：“能知其所不知者，上也；不能知其所不知者，病矣。”陈鼓应综合上说，译作：“知道自己有所不知道，最好；不知道却自以为知道，这是缺点。”仔细思索，以上解说似都未得真谛。盖此段文意直接承上章“知我者希，则我贵矣。是以圣人被褐而怀玉”之旨而发的，因此，顺上文之意，本段当译为：

“有知识而不为人知道，最好；没有知识，人却知其名，是弊病。”（这样译，正符合上文“知我者希，则我贵矣”的旨义。）

　　㈡ "圣人之不病也，以其病病也。夫惟病病，是以不病。"

　　此段甲本作"是以圣人之不病以其□□□□□□"，乙本作"是以圣人之不□也，以其病病也，是以不病"。河、王本作"夫唯病病，是以不病，圣人不病，以其病病，是以不病"。傅本近河、王本，惟"圣人"下多一"之"字，"不病"作"不吾病"。

　　按：河、王、傅本两次出现"是以不病"句，疑文有误衍。蒋锡昌曰："《御览·疾病部》引作'圣人不病，以其病病，夫惟病病，是以不病'，较诸本为长，当据改正。盖'夫惟'之句当承上句之意而重言之，此老子特有文例也。今试以全书证之。二章'功成而弗居，夫唯弗居，是以不去'，'夫惟弗居'二句系承上句'弗居'之意而重言之，例一；八章'水善利万物而不争……夫惟不争，故无尤'，'夫惟不争'二句系承上句'不争'之意而重言之，例二；十五章'保此道者不欲盈，夫惟不盈，故能蔽不新成'，'夫惟不盈'二句系承上句'不欲盈'之句而重言之，例三；七十二章'无厌其所生，夫惟不厌，是以不厌'，'夫惟不厌'二句系承上句'无厌'之意而重言之，例四。此文'夫惟病病，是以不病'二句，误倒在'圣人不病，以其病病'二句上，又衍末句'是以不病'四字，致失古本之真也。"此说有理，当据《御览·疾病部》之引文正误。

　　本段意为：圣人之所以没有弊病，是因为他把弊病看作弊病。正因为他把弊病看作弊病，所以他没有弊病。

简　析

本章继续阐发上章"被褐怀玉"的旨意。

上章说："知我者希，则我贵矣。是以圣人被褐而怀玉。"圣人外表虽然粗朴，而内里却怀有大道。正是从这一思想出发，老子反对表现自己，认为"知，不知，尚；不知，知，病"。有知识而不为人知道，最好；没有知识而人却知其名，实为弊病。前者朴实而无华，故老子曰"尚"；后者华而不实，故老子曰"病"。

有人曾把老子提倡的"知，不知，尚；不知，知，病"，同孔子提倡的"知之为知之，不知为不知，是知也"相提并论，认为两者立意大体相同。其实，这是不正确的。孔子探讨的是求知的态度问题，认为在求知过程中，应当实事求是，知道就知道，不知道就不知道，不要强不知以为知。老子探讨的则是做人之道，他提倡一个人有了知识，应当被褐怀玉，安于虚静无为；反对胸无点墨而却虚名在外的漂浮作风。《史记·老子韩非列传》记老子教训孔子之言曰："吾闻之，良贾深藏若虚，君子盛德，容貌若愚，去子之骄气与多欲，态色与淫志，是皆无益于子之身。"这段告诫，同老子的基本思想是一致的，本章所谓，"知，不知，尚；不知，知，病"，正体现了"良贾深藏若虚，君子盛德，容貌若愚"的思想，是老子的为人之道。这同孔子所讲的求知的态度问题，是两个不同的问题，不能混为一谈。如果硬要把孔子所论同老子本章的旨意相比，那么《论语·学而》篇倒有一句话与老子本章旨意相近，即："人不知，而不愠，不亦君子乎？"意为人家不知道我，我并不因此而不高兴。这才算得上"正人君子"。讲的也是为人之道。不过，这不是孔子的主导思想，孔子自己也并不这样做。他之求学，乃是为用之于世，故多次出游，以待价而沽，曾"喟然叹曰：'莫知我夫！'"(《史记·孔子世家》)

第七十二章

民之不畏威，则大威将至矣㈠。毋狎其所居，毋厌其所生。夫唯弗厌，是以不厌㈡。是以圣人自知而不自见也，自爱而不自贵也。故去彼取此㈢。

校　　注

㈠ "民之不畏威，则大威将至矣。"

帛书甲本此段脱损严重，仅存"畏畏则"及末尾一"矣"字。乙本二"威"字并作"畏"，余同校文。河本无"之"、"则"、"将"三字，王本近河本，惟末尾无"矣"字。傅本无"之"、"将"二字，余同校文。

按："威"字河、王、傅诸本概同，帛书甲、乙本及六朝写本残卷庚本并作"畏"，焦竑曰："'威'、'畏'古通用。"此从诸今本作"威"。

"民"，唐玄宗御注本、龙兴碑本等作"人"。马叙伦曰："此'民'字当作'人'，唐人避讳，于'民'字均改作'人'；后世复之，转于'人'字误改为'民'，此其一也。"蒋锡昌曰："'民'，当改'人'，乃指人君言也。"钊按：马、蒋之说并非。马氏谓此"民"字乃唐以后之人误改，今帛书作"民"，则马说失其依矣。蒋氏谓"民"为"人"，并以"人"指人君，亦非是。须知此段正由于有此"民"字，才蕴含着告诫君主之意。它是说，老百姓一旦不害怕统治者的权威，则统治者就要大祸临头。二"威"字用意不同，前"威"指权威而言，后"威"指祸害而言，河上公曰："威，害也。"

本段意为：老百姓一旦不害怕权威，则国君将要大祸临头。

（二）"毋狎其所居，毋厌其所生。夫惟弗厌，是以不厌。"

帛书甲本"狎"作"闸"，"厌（厭）"作"猒"，后三字脱损。乙本"狎"作"伊"，"厌"亦作"猒"，余同校文。河本"毋"作"无"，"狎"作"狭"。王本"毋"亦作"无"，余同校文。傅本"厌"亦作"猒"，后二句作"夫唯无猒，是以无猒"。

按："狎"，王本、傅本并同，帛书甲本作"闸"，乙本作"伊"，"闸"或"伊"当为"狎"之音假。河本作"狭"，《说文》无"狭"字，奚侗曰："狭即《说文》之'陕'字，隘也。'隘'有迫谊。'厭'，《说文》：'笮也。'此言治天下者无狭迫人民之居处，使不得安舒；无厌笮人民之生活，使不得顺适。"此说有理，从之。"狭"、"狎"互通（参见《玉篇》）。"厌"、"猒"互通（参见六十六章校注）。后二"厌"字，许抗生谓"前一句的'厌'指压迫言，后一句的'厌'，指厌恶而言"。非是，此二"厌"字，并作"压迫"解，意为人君不压迫老百姓，老百姓也不会对人君施加压力。

本段意为：不要迫使老百姓不能安居，也不要迫使老百姓不能生存。只有国君不压迫老百姓，老百姓才不会对国君施加反抗的压力。

㈢ "是以圣人自知而不自见也，自爱而不自贵也。故去彼取此。"

帛书乙本同校文，唯"圣"写作"耴"，"彼"写作"罷"。甲本首句全脱损，二句脱"自爱"二字，末句无"而"字。河本、王本无"而"、"也"诸字，傅本无"也"字及后句"而"字，余同校文。

蒋锡昌曰："'自知'与'自爱'词异谊同，'自见'与'自贵'词异谊同。'自爱'即清静寡欲，'自贵'即有为多欲。此言圣人清静寡欲，不有为多欲，故去后者而取前者也。"

高延第曰："不自见谓不自暴其所长，不自贵谓不矜夸于众人。至人无己，圣人无名，正被褐怀玉之事也。"

以上二家之说均可参考。

本段意为：所以圣人有自知之明而不自我表现，有自爱之道而不自显高贵。因而要去掉自我表现和自显高贵，保留自知之明，自爱之道。

简　析

本章是老子对统治者的告诫。

老子说："民之不畏威，则大威将至矣。"意思是说，统治者对人民使用权威不要太过分，过分了人民就会有朝一日不害怕权威了，那时统治者的大难就要临头。这同第七十四章所说的"民不畏死，奈何以死惧之"的旨意是一致的。因此，老子告诫统治者对人民要给予生路，要"毋狎其所居，毋厌其所生"，让人民安居乐业。这样，统治者不压迫人民，人民就不会反抗统治者。否则，难免有"大威将至矣"的结局。因此，统治者不能为所欲为而置人民的死活于不顾。贾谊《新书》曰："故夫民者，至贱而不可简也，至愚而不可欺也。故自古至于今，与民为仇者，有迟有速，而民必胜之！"又曰："故夫民者，大族也，民不可不畏也。故夫民者，多力而不可适（敌）也。呜呼！戒之哉！与民为敌者，民必胜之。"贾谊的这些论述，是对秦政权废亡的经验总结，其基本思想同老子"民之不畏威，则大威将至矣"之意相通，都是民本思想的体现。

第七十三章

勇于敢者则杀，勇于不敢者则活㈠。此两者，或利或害。
天之所恶，孰知其故㈡？天之道不争而善胜，不言而善应，
不召而自来，繟然而善谋㈢。天网恢恢，疏而不失㈣。

校 注

㈠ "勇于敢者则杀，勇于不敢者则活。"

帛书乙本无"者"字，"活"写作"栝"，形近而误，甲本脱
损首句"则杀"二字及第二句"勇"字，"活"亦误作"栝"，余同
校文。河本、王本、傅本等均无"者"字。按："者"，甲本有，
诸今本无，似以有"者"字义胜，今从甲本。

高延第曰："敢谓强梁，不敢谓柔弱。强梁者死之徒，故杀；
柔弱者生之徒，故活。"从之。

本段意为：勇而称强的人必遭凶杀；勇而守柔的人，则可活身。

㈡ "此两者，或利或害。天之所恶，孰知其故？"

此段帛书甲本全脱损，乙本脱"此"字，"恶"写作"亚"，
余同校文。河本、王本、傅本并同校文。

河上公注："'此两者'，谓敢与不敢也。'或利或害'，活身为利，杀身为害。'天之所恶'，恶有为也；'孰知其故'，谁能知天意之故而不犯。"

薛蕙曰："天道好善恶不善，勇于敢者，乃天之所恶，故有害而无利。而民之迷无有知其故者。"

蒋锡昌曰："'此两者或利或害'，言勇于柔弱则利，勇于坚强则害，其勇虽同，然所得结果异也。'天之所恶，孰知其故？'言坚强何以必为天之所恶，世之人君有谁知其故而肯决然舍弃之邪？"

本段意为："称强"与"守柔"这两样东西，"守柔"能得利，"称强"必遭害。称强为天道所厌恶，谁又能知道其中的缘故？

(三)"天之道，不争而善胜，不言而善应，不召而自来，繟然而善谋。"

帛书甲本此段"不言"以前脱损，"繟"误作"弹"，无"然"字。乙本"争"作"单"，"胜"写作"朕"，"不召"作"弗召"，"繟"作"单"亦无"然"字。河本、王本同校文，傅本"繟然"作"默然"，宋徽宗、明太祖、吕惠卿诸家本"繟然"作"坦然"。

钊按：本段之前，河、王、傅诸本均有"圣人犹难之"一句。今帛书甲本脱损严重，乙本无此句（从甲本脱字之数与乙本相较，测知其亦无此句）。奚侗、马叙伦、高亨、张舜徽等均谓此句为衍文，高亨曰："'是以圣人犹难之'句，严遵本、六朝写本残卷、景龙碑、龙兴观碑并无之。此句乃后人引六十三章以注此文者，宜据删。"张舜徽曰："帛书乙本并无此句，知为传写者窜入无疑，今据删。老子言'夫轻诺必寡信，多易必多难，是以圣人犹难之，故终于无难。'已见上文。传写者援彼文句附注于此，后又误入正文耳。"其说是，从之。

"不争"，通行诸今本并同。帛书甲本脱，乙本作"不单"。"单"，帛书乙本《释文》正为"战"。"战"、"争"谊近，今从众本作"不争"。

"繟然"帛书甲、乙本并无"然"字，"繟"，甲本作"弹"，乙本作"单"，疑为"繟"之形误或音假。陆德明："'繟'音'阐'；'坦'，吐但反。梁·王尚、钟会、孙登、张嗣成本有此。'坦'平大貌。河上作'埑'。'埑'，宽也。"是陆所见河本"繟"作"埑"。"埑"、"繟"并有"宽"义，互通。奚侗曰："'繟'，《说文》：'带缓也。'引伸有宽缓谊，与下'恢恢'相应。或作'默'或作'坦'，皆非。"蒋锡昌谓作"坦"是，曰："《释文》既出'繟'字，又出'坦'字。作'繟'不应出'坦'。盖陆本只出'坦'字，'繟'乃'坦'下注语，而误出于'坦'字上也。"钊按：此文"繟"、"埑"、"坦"均有"宽"义，三字用于本章，并通。今从王本作"繟"。

本段意为：天道不争强，却善于取胜；不言语，却善于回应；不召唤，而能自己到来；宽坦无私却善于谋划。

(四)"天网恢恢，疏而不失。"

帛书甲本此段脱损，乙本"恢恢"作"巠巠"。河本、王本、傅本概同校文，惟河本"疏"写作"疎"。

按："恢恢"，诸今本概同，帛书乙本作"巠巠"，许抗生曰："《说文》无'巠'字而有'坙'字，云：'坙，大也'与'恢'义同，故'巠'应读为'坙'。"此说有理，《说文》段注："'坙'与'恢'音义皆同。"则"恢"、"坙"古可通假。今从众本作"恢恢"，河上注："恢恢，甚大。"

本段意为：天道之网甚为广大，虽然稀疏而不会漏失。

简　析

本章着重讲"天道"问题。

老子在这里所讲的"天道"，实即自然规律。自然规律是不以人们意志为转移的。老子说："天之道……不召而自来，繟然而善谋。天网恢恢，疏而不失。"自然规律，用不着你召唤，却能自己到来，冬天去了是春天，春天去了是夏天，无不是自己如此，自然而然。天道宽坦无私，却能把万事万物安排得井井有条，这不是什么神的作用，而是自然规律的表现。吕吉甫曰："天何言哉？四时行焉，百物生焉，其行其生未尝差也。"因此，在自然规律面前，万事万物都要听其主宰，该死的死，该生的生，"物或行或随，或歔或吹，或强或羸，或载或隳"，（第二十九章）都为自然规律所支配，"天网恢恢，疏而不失"。

第七十四章

民恒不畏死，奈何以杀惧之也㈠！若民恒畏死，则而为奇者，吾将得而杀之，夫孰敢矣㈡？恒有司杀者，夫代司杀者杀，是代大匠斫也。夫代大匠斫者，则希不伤其手矣㈢。

校　　注

㈠ "民恒不畏死，奈何以杀惧之也！"

此段帛书甲本首句脱损，第二句同校文。惟"惧"作"愳"（按：《集韵》："'惧'古作'愳'。"）。乙本"民恒不畏死"作"若民恒且不畏死"，"奈何"作"若何"，"惧"写作"曤"。河本、王本此段并作"民不畏死，奈何以死惧之"，傅本作"民常不畏死，如之何其以死惧之"。

按：校文"民恒不畏死"，依傅本"民常不畏死"整理而成，"恒"、"常"互通，今本作"常"者，帛书均作"恒"，据改。帛书甲本此句作"若民恒且不畏死"疑涉下文"若民恒且"等字而误。此句不应有"若"字，加"若"字则首句变为假设句，在"假设"的条件下，提出"奈何以杀惧之也"的反向，于理不当，此从傅本、王本等删去"若"字。"且"字在文中无义，亦宜据傅本删去。

"奈何",帛书甲本及河、王诸本同,乙本作"若何",傅本作"如之何",义并同,此从帛书甲本。

"以杀惧之也"帛书甲、乙本并同,河、王、傅本等作"以死惧之",此依帛书。

本段意为:老百姓常不怕死,为什么要用杀来吓唬他们呢?

㈡"若民恒畏死,则而为奇者,吾将得而杀之,夫孰敢矣?"

帛书甲本大致同此,惟"畏"写作"是",形近而讹;"为"下无"奇"字,但乙本及今本并有"奇"字,当据补。乙本"若民恒畏死"作"使民恒且畏死",第二句无"则"字,"奇"写作"畸"。第三句"吾"字脱损,无"将"字。此从甲本。河本、王本此段并作"若使民常畏死而为奇者,吾得执而杀之,孰敢?"傅本与河、王本相近,惟无"孰"字。

吴澄曰:"奇,不正也。""不正",即走邪道,指干坏事。

本段意为:如果老百姓常怕死,我把那些捣乱者抓来杀了,谁还敢作乱?〔但无济于事啊!〕

㈢"恒有司杀者,夫代司杀者杀,是代大匠斲也。夫代大匠斲者,则希不伤其手矣。"

帛书甲、乙本大致同此,甲本"代"字误为"伐"字,"希"

字脱损。乙本"有"写为"又"，无"矣"字，余同校文。河本首句"恒"作"常"；二句无后"杀"字；三句"是"下有一"谓"字，语尾无"也"字；末句作"希有不伤手者矣"。王本近河本，惟一、二句尾各有一"杀"字，末句"手者"作"其手"。傅本第二句"夫代"作"而代"，三句作"是代大匠斲"，末句作"稀不自伤其手矣"，余同王本，今依帛书。

按：此段之前，帛书甲、乙本并有"若民恒且必畏死"（甲本"恒且"二字脱损）句，考河、王、傅及其他诸今本，均无此句。疑传抄致误，当从今本，删去此句，同时删去首句"恒"前一"则"字。

河上公曰："司杀者天，居高临下，司察人过，天网恢恢，疏而不失也。天道至明，司杀者常，犹春生夏长，秋收冬藏，斗杓运移，以节度行之。人君欲代杀之，是犹拙夫代大匠斲木，劳而无功也。人君行刑罚犹拙人代大匠斲，则方圆不得其理还自伤。代天杀者失纪纲，不得其纪纲，还受其殃也。"

本段意为：经常有主管刑杀者（"天"），代替主管刑杀者来施行刑杀，那如同代替木匠砍木料；凡代替木匠砍木料的人，很少有不砍伤手指的。

简　　析

本章是《老子》对统治者任意杀人的罪恶行为的强烈控诉。

老子生活于春秋末年，其书成于战国前期（为后人整理而成）。春秋战国之际统治阶级对劳动者的杀害仍然十分残酷，据记载，当时"天子杀殉,众者数百,寡者数十;将军大夫杀殉,众者数十,寡者数人"(《墨子·节葬下》)。老子在本章反对杀人,正是针对统治阶级乱杀无辜而发的,正如林希逸所云:"此章因当时嗜杀,故有此言。"

全文分三个层次申明旨意:

首先,开门见山地向统治者提出质问:"民恒不畏死,奈何以杀惧之?"老百姓经常不怕死,为什么还要用杀来吓唬他们呢?言下之意,是说面对着不怕死的老百姓,用"杀"是不能解决问题的。

接着,老子用假设语说明"设"不能使天下太平,"若民恒畏死,则而为奇者吾将得而杀之,夫孰敢矣?"如果老百姓经常怕死,则我把那些捣乱者抓来杀了,谁还敢继续捣乱?但实际上并没有达到目的。如李息斋所云:"使民果畏死,有为奇者执而杀之,则杀一人足以为治矣,然愈杀而愈不可禁,则刑之不足恃也。"明朝开国皇帝朱元璋读此经文后曾感慨地说:"朕自即位以来,罔知前代哲王之道,问道诸人,人皆我见。一日试览群书,有《道德经》一册,见其文浅而意奥,久之见本经云'民不畏死,奈何以死惧之',当是时,天下初定,民顽吏弊,虽朝有十人弃市,暮有百人仍为之。如此者岂不应经之所云?朕乃罢极刑而囚役之,不逾年而朕心减恐。朕知斯经乃万物之至根,王者之上师,臣民之极宝,非金丹之术也。"(转引自薛蕙《老子集解》)明太祖的这段自述说明把捣乱者抓来杀掉,并不能平息祸乱,"虽朝有十人弃市,暮有百人仍为之",越"杀"越出乱子。

最后,老子用比喻的方法说明杀人有害,曰:"恒有司杀者,夫代司杀者杀，是代大将斲也。夫代大将斲，希有不伤其手矣。"生杀应当任其自然，如果国君司刑杀，那就如同不做木匠的人代替木匠砍木料，很少有不砍伤手指的。警告统治者不要专司杀之权。薛蕙曰："上言杀人之无益，此言杀人之有祸。"故人君不可不戒。

对于本章的内容，有的论者过去作了曲解，他们根据"若民恒畏死，则而为奇者吾将得而杀之，夫孰敢矣"等语句，说老子主张对人民实行"血腥镇压"，认为只要实行屠杀，人民就不会造反了。这种望文生义的解释，实在缺乏依据。我们评价《老子》书，必须依据老子的基本思想。众所周知，老子是主张无为而治的，如果老子真的主张靠杀人治理天下，那他的"无为而治"的主张，岂不全落空？我们还知道，老子是主张处柔守弱的，他曾痛骂"强梁者不得其死"。而"杀人"正是"强梁"的表现，如果老子真的主张血腥镇压劳动者，那他岂不是鼓吹作"强梁"？可见，说老子主张杀人，同老子的基本思想相悖，不能成立。

第七十五章

民之饥也，以其上取食税之多也，是以饥(一)；民之不治也，以其上之有以为也，是以不治(二)；民之轻死也，以其上求生之厚也，是以轻死(三)。夫唯无以生为贵者，是贤于贵生也(四)。

校　注

(一)"民之饥也，以其上取食税之多也，是以饥。"

帛书甲、乙本"民"并作"人"，无"上"字；"税"，甲本写为"说"，乙本写为"跷"。河本、王本此段并作"民之饥，以其上食税之多，是以饥"。傅本前"也"作"者"，无"取"字，余同校文。

按："民"，河本、王本、傅本及景福、庆阳、楼正、顾欢、赵志坚诸家本概同，帛书甲乙本及唐玄宗御注本、唐人写本残卷辛本、严遵本、龙兴碑本等均作"人"。"人"、"民"古通，此段以作"民"为优，作"人"者，亦当训为"民"。此从河、王、傅诸家本作"民"。

"以其上"帛书甲、乙本并无"上"字，考诸今本均有"上"字，有"上"字义胜。盖取食税者，非一般人，乃居上位之统治阶级。此据今本增补一"上"字。

吴澄曰："食，谓君所食于民者；税，则民之所出以供上之食者也。上多取于民，则民饥且贫矣。"

本段意为：老百姓之所以饥饿，由于君上夺取食税过多，所以饥饿。

(二)"民之不治也，以其上之有以为也，是以不治。"

帛书甲、乙本"民"并作"百姓"，甲本第二句无"之"字，脱损"也"字；乙本"是"字脱损，余并同校文。河、王本作"民之难治，以其上之有为，是以难治"，傅本近河、王本，惟首句"治"下有一"者"字，第二句"为"下有一"也"字。

按："民"，河、王、傅诸家本并同，开元御注本、龙兴碑本等作"人"，帛书甲乙本及唐人写本残卷辛本、赵志坚本、严遵本等作"百姓"。按："百姓"、"民"、"人"在此章含义相同，今从河、王诸本作"民"，以与上文一致。

"不治"，帛书及严遵本同，河、王、傅诸今本概作"难治"，此"不治"与"难治"文异谊同。"不治"，犹不易治，即难治是也，此依帛书。

"有以为"，今本概作"有为"，此依帛书。"以"，所也。"有以为"，即有所为也。

本段意为：老百姓之所以不好治，是由于君上有所作为，所以不好治。

（三）"民之轻死也，以其上求生之厚也，是以轻死。"

帛书乙本无"上"字，余同校文。甲本亦无"上"字，"轻"作"巠"，首句无"也"字，余同校文。河、王本无"也"字，余同校文。傅本前"也"作"者"，"其"下有"上"字，"生"作"生生"。

"轻死"，把死看得很清淡，犹言不怕死是也。

"以其上"，傅本同，帛书及河、王诸本均无"上"字，此句有"上"字义胜，今从傅本。

"求生之厚"，帛书及河、王诸本并同，景龙碑本、唐人写本残卷辛本、明太祖注本等作"生生之厚"，傅本作"求生生之厚"，此依帛书。"求生之厚"，犹言贪求生活享乐的财货过于丰厚。

本段意为：老百姓之所以把死看得很淡，是由于君上贪求享乐过于丰厚，所以把死看得很淡。

（四）"夫惟无以生为贵者，是贤于贵生也。"

傅本同此，帛书甲、乙本前句无"贵"字，后句无"于"、"也"二字。河、王本前句亦无"贵"字，后句亦无"也"字，但有"于"字，今从傅本。

"无以生为贵"，傅本同，河、王本作"无以生为"，唐人写本残卷辛本作"无以生为生"。"无以生为贵"与下文"是贤于贵生"相呼应，其义为优，当从之。

吴澄曰："贤，犹胜也；贵生，贵重其生，即生生之厚。求生之心重，养太过，将欲不死，而适以易死。至人非不爱生，顺其自然，无所容心，若无以生为者。然外其身而身存，贤于重用其心，以贵生而反易死也。"

本段意为：不以生为重的人，胜过那些太看重生的人。

简　析

本章集中揭露了当时社会的黑暗面。

全章通过对"民之饥"、"民之不治"、"民之轻死"等社会现象进行追根求源的分析，矛头所向，直指当权者——"上"。"民"为什么"饥"呢？"以其上取食税之多"，这就一针见血地揭露了统治阶级对劳动者敲骨吸髓的剥削罪行。由于他们的剥削（"取食税"），造成了民不聊生的社会问题。"民"为什么不"治"呢？"以其上之有以为也"。由于统治阶级的倒行逆施，"苛政猛如虎"，人民无法生存下去了。不得不起来造反，这是造成"民之不治"的又一社会问题；"民"为什么"轻死"呢？"以其上求生之厚也。"由于统治阶级追求"生之厚"，贪得无厌地吸食民脂民膏，弄得人民饥不得食，寒不得衣，劳不得息，因此老百姓普遍对生感到厌倦，乃至"轻死"而不好"治"了。这些不正是统治者的罪过吗？

通过三方面的揭露，老子得出了一个结论："夫惟无以生为贵者，是贤于贵生也。"不看重生超过看重生，因此统治者应当少私寡欲，清静无为。

第七十六章

人之生也柔弱，其死也坚强㈠；万物草木之生也柔脆，其死也枯槁㈡。故曰：坚强者死之徒也，柔弱者生之徒也㈢。是以兵强则不胜，木强则折㈣。故强大居下，柔弱居上㈤。

校　注

㈠"人之生也柔弱，其死也坚强。"

帛书甲本末句作"其死也𦡳仞贤强"，乙本末句作"也𦡳信坚强"。许抗生曰："甲本'贤强'应作'坚强'。""𦡳仞"、"𦡳信"，诸今本概无。帛书甲本释文注云："𦡳，当即《说文》之桓（gèn），《广雅·释诂》：'挺、桓、终、碎（zú），竟也。'乙本之'信'即'伸'。此句言人死后尸体挺直坚强。"乙本释文注云：""𦡳信'二字通行本无，甲本作'𦡳仞'。'𦡳'从骨恒声，字书不见，疑其义与鲠（gěng）近。𦡳信指身体挺伸。"其说虽亦有理，然以"𦡳"代"𦡳"，以"鲠"代"𦡳"无字书可据，似不宜妄改。今姑存疑，校文据诸今本删去"𦡳用"或"𦡳信"。

本段意为：人活着时肢体柔软，死了后躯体僵硬。

（二）"万物草木之生也柔脆，其死也枯槁。"

"枯槁"，帛书甲本作"棋蘽"，乙本作"椁槁"。"脆"，乙本作"椊"。河本、王本同校文，景龙碑本无"也"字，"之生"作"生之"，傅本无"万物"二字，余同校文。

本段意为：万物草木活着时柔软脆弱，死了后就干硬枯槁。

（三）"故曰：坚强者死之徒也，柔弱者生之徒也。"

帛书乙本无二"者"字，余同校文。甲本前句有"者"字，后句无"者"字，"柔弱"下多"微细"二字。傅本无"曰"字，余同校文。河、王本近傅本，惟无"也"字，按：校文以乙本为基础，并据甲本及河、王、傅诸本增二"者"字。

蒋锡昌曰："《淮南·原道训》作'柔弱者生之榦也，而坚强者死之徒也'，《文子·道原》篇作'柔弱者生之榦，坚强者死之徒'，《说苑·敬慎》篇作'柔弱者生之徒也，刚强者死之徒也'，《列子·黄帝篇》作'柔弱者生之徒，坚强者死之徒'，《御览·木部》作'柔弱生之徒，刚强死之徒'，皆'坚强'句在'柔弱'句下，疑《老子》古本如此。盖上文先言'柔弱'，后言'坚强'，此文正从上文而言也。"蒋氏之说似亦有理，然此二句孰前孰后于义无妨。今帛书甲、乙本均"坚强"句在前，"柔弱"句在后，与河、王、傅诸今本同，不必改动。

薛蕙曰："脆，软也；徒，类也。"人生则柔弱可以屈伸，和气之使然也。死则强直，和气去之矣，草木之生死亦然。以此见坚强者乃死之类，柔弱者乃生之类也。

本段意为：所以说，坚强的东西属于死亡一类，柔弱的东西属于生存一类。

㈣"是以兵强则不胜，木强则折。"

帛书甲本此段作"兵强则不胜，木强则恒"，乙本作"□以兵强则不朕（胜），木强则兢"。河本、傅本作"是以兵强则不胜，木强则共"，王本前句同河本，后句作"木强则兵"。"折"，龙兴碑本作"拱"，李道纯本作"栱"。

按："木强则折"，《列子》引文、《文子·道原》篇、《淮南·原道训》并同（《文子》"则"作"即"，二字互通），当从之。黄茂材曰："《列子》载老聃之言曰：'兵强则灭，木强则折。'《列子》之书，大抵祖述《老子》之意，且其世相去不远。'木强则折'其文为顺。今作'共'，又读如'拱'，其说不通，当从《列子》之书为正。"俞樾曰："'木强则兵'于义难通，河上公本作'木强则共'更无义矣。《老子》原文当作'木强则折'，因'折'字缺坏，止存右旁之'斤'，又涉上句'兵强则不胜'而误为'兵'耳。'共'字则又'兵'字之误也。《列子·黄帝篇》引老聃曰'兵强则灭，木强则折'，即此章之文，可据以订正。"俞说有理。今帛书乙本作"木强则兢"，甲本作"木强则恒"，疑"兢"与"折"字，"右"旁"斤"音近而误；"恒"涉前文"恒"字或与"斤"音近而误，当据改。

本段意为：所以，兵强反会失败，木强反会折断。

㈤"故强大居下，柔弱居上。"

帛书乙本同此，甲本作"强大居下，柔弱微细居上"。河本、王本作"强大处下，柔弱处上"，傅本"强大"作"坚强"，余同河、王本。严遵本"柔弱"作"小弱"。此依帛书乙本。

本段意为：因此强大的事物必居下位，弱小的事物必居上位。

简　析

本章集中体现了柔弱胜刚强的思想。

"柔弱胜刚强"是老子的一个基本思想。

在中国哲学史上，老子第一个提出"柔弱胜刚强"的命题，这是一个很大的贡献。从事物发展的长过程来看，后来居上是事物新陈代谢的普遍规律，新生事物总是要战胜没落事物，暂时弱小的有前途的事物，总是要战胜貌似强大的刚强事物，这是不以人们意志为转移的客观规律，"柔弱胜刚强"从一个侧面揭示了这一规律，有其真理的颗粒。它同那些只看到刚能克柔、强能胜弱、大能制小的思想认识比起来，更加深刻。从某种意义来说，它给了正在升起的新生事物以信心和力量。

但是，"柔弱胜刚强"的命题也有片面性。如方克所指出的："诚然，唯物辩证法在理论上和实践上也非常重视以小胜大，以弱胜强，后来居上这一类生动的辩证规律；但是在唯物辩证法看来，只有新生的力量，只有正在前进中的事物才能实现这种转化一切没落的、垂死的事物是根本谈不上这种转化的，而《老子》把'柔弱胜刚强'这一命题绝对化了，似乎世上一切柔者、弱者、小者、后者、下者都可以自然地胜过刚者、强者、大者、前者、上者，甚至还说'守柔曰强'（第五十二章），这就完全抹煞了客观事物的质的规定性，取消了事物相转化的'度'，为相对主义开辟了道路。战国时期的庄周正是利用了《老子》辩证法中的这一弱点，从而走向相对主义的。"（《中国辩证法思想史》，人民出版社，1985 年版，第 191—192 页）这个批评是很中肯的。

第七十七章

天之道，犹张弓也：高者抑之，下者举之，有余者损之，不足者补之(一)。故天之道损有余而益不足(二)。人之道则不然，损不足而奉有余(三)。夫孰能有余而有以取奉于天下者乎？唯有道者(四)。是以圣人为而弗有，成功而弗居也。若此，其不欲见贤也(五)。

校　　注

(一)"天之道，犹张弓也：高者抑之，下者举之，有余者损之，不足者补之。"

帛书甲本"天之道，犹张了也"脱损严重，残为"天下□□□□□者也"；"抑"误为"印"，"损"写作"败"。乙本大致同校文，唯"犹"讹为"西"，"抑"误作"印"，"损"作"云"，"补之"二字脱损。河本"也"作"乎"，"犹"前多一"其"字，"补之"作"与之"。王本"犹"前亦多一"其"字，"也"作"与"，余同校文。傅本"犹"前亦有"其"字，"也"作"者欤"，余同校文。严遵本"抑"作"案"，李道纯本"下"作"低"，景福本后二句无"者"字，景龙碑本等"补之"作"与之"。今依帛书，并据河、王诸本纠正误字。

严君平云:"夫弓之为用也,必在调和,弦高急者,宽而缓之;弦弛下者,摄而上之;其余者,削而损之;其有不足者,补而益之。弦质相任,调和为常,故弓可用而矢可行。"严氏之说恐不确,老氏在此所讲的张弓之道,当是指"矢"与"的"之间的关系,并非单言弦之调和。张弓时,如"矢"射出而高于所射之"的",则应将弓弦之位压下,即"高者抑之";如"矢"射出而低于所射之"的",则应将弓弦之位抬高,即"下者举之";如"矢"射出超过了所射之"的",则应把射力减小即"有余者损之";如"矢"射出达不到所射之"的",则应把射力加大,即"不足者补之"。这样,才能做到不高、不低、不远、不近,恰到好处地射中目的。老氏用此张弓之道,来比喻天之道,意在说明天道均平,常处中和。

本段意为:天之道如同张弓射箭,射高了就将弓弦压下,射低了就将弓弦抬起,射过头了就减少射力,达不到目的就增加射力。

(二)"故天之道损有余而益不足。"

帛书甲、乙本此句并有脱损,甲本为"故天之道敚□□□□"。乙本作"□□□□云有余而益不足"。校文由二本整理而成,并据今本改正误字。河本、王本、傅本并无"故"字,"益"作"补"。开元御注本、景福本等无"而"字,"益"亦作"补",此依帛书。

本句意为:所以,天之道总是减少有余者而增加不足者。

㈢"人之道则不然，损不足而奉有余。"

帛书甲本此段有损脱，残为"□□□□不然，败□□□奉有余"，乙本无"则不然"三字，"有"写为"又"。按：从甲本残文看，当有"则不然"（"则"字脱损）三字，今以乙本为基础，并据甲本增"则不然"三字。河本、王本、傅本接近校文，唯"而"字作"以"字，"以"、"而"古通，今从帛书。

本句意为：人之道却不是这样，它总是减少不足者而供奉有余者。

㈣"夫孰能有余而有以取奉于天下者乎？唯有道者。"

帛书甲本大致同此，惟无"夫"字，"唯有道者"四字脱损。乙本作"夫孰能又余而□□奉于天者，唯又道者乎"，今以甲本为基础，据乙本补一"夫"字及"唯有道者"四字。河本、王本并作"孰能有余以奉天下，唯有道者"，傅本作"孰能损有余而奉不足于天下者，其惟道者乎"。今依帛书。

"以"，所也。"有以取"，犹言"有所取"也。

本段意为：谁能以有余之财物而奉献给天下不足之人呢？惟有得道的圣人。

㈤"是以圣人为而弗有，成功而弗居也。若此，其不欲见贤也。"

帛书乙本同此，唯"有"用假字"又"。甲本仅存"见贤"二字，余皆损脱。河本、王本此段并作"是以圣人为而不恃，功成而不处，其不欲见贤"。傅本近河本，惟"处"作"居"，末尾有一"邪"字。"见"，顾欢本作"示"；"其不欲见贤"唐人写本残卷辛本作"其欲退贤"，龙兴碑本作"斯欲贵贤"，此依帛书乙本。

吴澄曰："圣人之功能盖天下，此有余者也；不恃其所为之能而若无能；不居其所成之功而若无功；不欲显示其功能之贤于人皆损己之有余也。"薛蕙曰："见，贤遍反。……圣人为而不恃，若无能者；功成而不居，若无功者，正不欲自见其贤也。此非圣人以私意而过为谦，天道当如是尔。"以上二家之说可参考。

本段意为：所以圣人有所施为而不求占有，取得成功而不居功自傲。这样作，是因为他们不愿显露自己的贤德。

简　析

本章表达了老子原始的平均主义思想。

"天之道损有余而益不足，人之道则不然，损不足以奉有余"，一方面赞美天之道，另一方面批判人之道，表明老子向往"损有余而益不足"的社会经济生活。

"损有余而益不足"，既要求"损有余"，又要求"益不足"，这正是"均贫富"思想的原始形态，对后来平均主义思想的形成和发展有一定的影响。商鞅所谓"治国之举，贵令贫者富、富者贫"，《晏子春秋·内篇问上》所谓"权有无，均贫富"等，都同《老子》本章的思想有着血缘关系。历代农民起义领袖更把"均贫富"作为重要的政治纲领。北宋王小波云："吾疾贫富不均，今为尔辈均之。"南宋钟相、杨么提出："等贵贱，均贫富。"太平天国洪秀全在《天朝田亩制度》中更提出"有田同耕，有饭同食，有衣同穿，有钱同使，无处不均匀，无人不饱暖"的政纲，把平均主义思想推到了最高度。探其思想渊源，亦当与《老子》"损有余而益不足"的思想有关。

　　要求平均，是对当时社会极不平均的黑暗现实的抨击。春秋战国之际，阶级矛盾日益尖锐，统治者和被统治者之间的差距越来越大。"庖有肥肉，厩有肥马，民有饥色，野有饿莩。"（《孟子·梁惠王上》）面对这种极不平等的社会现实，老子发出"损有余而益不足"的呐喊，反对"损不足以奉有余"，这在一定的意义上，反映了劳动者的要求，无疑有一定的进步性。高延第曰："王者衣租食税……以天下奉一人犹以为不足，违天道矣。"可见老子的呐喊，是对统治阶级的有力鞭挞。

第七十八章

天下莫柔弱于水，而攻坚者莫之能胜，以其无以易之也(一)。柔之胜刚也，弱之胜强也。天下莫弗知也，而莫之能行也(二)。故圣人之言云：受邦之诟，是谓社稷之主；受邦之不祥，是谓天下之王，正言若反(三)。

校　注

(一)"天下莫柔弱于水，而攻坚强者莫之能胜，以其无以易之也。"

此段帛书甲、乙本均有脱损，甲本为"天下莫柔□□□□□坚强者莫之能□也，以其无□易□"。乙本首句、末句同校文，第二句全脱损。河本此段为"天下柔弱莫过于水，而攻坚强者莫之能胜。其无以易之"。王本近校文，唯末句无前"以"字，及后"也"字。傅本"胜"作"先"，余同校文。

按"胜"，帛书甲、乙本均脱坏，河本、王本并作"胜"，景龙碑本、唐人写本残卷辛本等作"先"，检上下文，似以作"胜"为优。作"胜"与下文"柔之胜刚"、"弱之胜强"相关照，今从河、王诸本作"胜"。

"以其无以易之"，"易"，轻易，引申为轻视。

本段意为：天下最柔弱莫过于水，而攻下坚强的东西没有何物能胜过它。因而不能轻视水的这种特性。

㈡"柔之胜刚也，弱之胜强也，天下莫弗知也，而莫之能行也。"

帛书甲本脱损严重，断续残存"胜强"、"天"、"行也"五字，乙本"柔"作"水"（疑涉上文"水"字而误，今据傅本及其他诸本改作"柔"），"胜"写作"朕"，"莫之能行"四字脱损（据傅本补）。傅本近校文，惟"弗"作"不"，无四"也"字。河本、王本首句和二句次序颠倒，作"弱之胜强，柔之胜刚，天下莫不知，莫能行"。按：似以帛书及傅本文序为优，先言"柔"后言"弱"，先言"刚"，后言"强"，与我们习惯所说的"柔弱胜刚强"，语序一致。刘师培曰："《淮南·道应训》引《老子》曰：'柔之胜刚也，弱之胜强也，天下莫不知，而莫之能行'当为古本。"刘说是，今帛书与其近同，当从之。

河上公曰："水能灭火，阴能消阳；舌柔齿刚，齿先舌亡。知柔弱者长久，刚强者折伤也。"

吴澄曰："水为至柔弱之物，而能攻至坚强之金石。此柔弱能胜刚强。天下之人莫不知之，而莫有能行柔弱之事者，盖叹之也。"

本段意为：柔的能胜过刚的，弱的能胜过强的，天下人没有谁不知道这一道理，而却没有谁去实行。

㈢"故圣人之言云：受邦之诟是谓社稷之主，受邦之
不祥，是谓天下之王。正言若反。"

帛书甲本"云"下有"曰"字，"诟"作"訽"，"谓"作"胃"，
"正言"二字损脱。乙本"云"下亦有"曰"字，"诟"作"訽"，
"谓"亦作"胃"，"邦"作"国"，余同校文。河本此段为："故
圣人云，受国之诟是谓社稷主，受国之不祥是谓天下王。正言若
反。"王本近河本、惟末句无"之"字。傅本此段为："故圣人之
言云：受国之诟是谓社稷之主；受国之不祥，是谓天下之王。正
言若反也。"

按："故圣人之言云"，傅本同，帛书甲、乙本"云"下并有
"曰"字，疑衍。"曰"、"云"义同，增一"曰"字，则文意重复，
此据傅本删去"曰"字。

"诟"，河、王、傅诸今本作"垢"，帛书甲本作"訽"，乙
本亦作"訽"。"訽"，即"诟"也。《说文》："诟"，"从言，后
声"。又曰："垢或从句。"段注："后、句同部。"此文以作"诟"
（或"訽"）为优。《说文》："诟，謑诟也。"又曰："謑，诟耻。"
《玉篇》："诟，耻辱也。"又"垢"，《说文》："浊也，从土，后
声。"此"受邦之诟"即受邦之辱。《左传·宣公十五年》："国
君含诟。"杜注："忍垢辱"，是"垢"指"辱"，当从"诟"。作
"垢"者，当为"诟"之假字。帛书甲、乙本作"訽"，"訽"乃
"诟"之异体字。张舜徽曰："帛书甲本作'受国之诟'由与'垢'
形近而误；乙本作'受国之訽'，则又由'诟'而误为'訽'耳。"
其说不确。

本段意为：所以，圣人有这样的名言："忍受国家的诟辱，可以成为国家的君主；承受国家的祸殃，可以成为天下的诸侯王。"这是正面的话，却如同反面的话。

简　析

本章承八章、六十六章之旨，继续以水为譬，说明柔弱胜刚强的道理。在老子看来，天下最柔弱的东西莫过于水了，但攻克坚强的事物，谁也比不过它。这话说得并不过分。如河上公所指出的："水能怀山襄陵，磨铁消铜，莫能胜水而成功也。"吴澄曰："金石至坚强，然磨金石皆须用水，是水为攻坚强之第一，物莫有能先之者；虽欲以他物易之，而无可易之者也。"吕吉甫曰："天下之物，唯水为能因物之曲直方圆而从之，则是柔弱莫过于水者也。而流大物，转大石，穿突陵谷，浮载天地，唯水为能，则是攻坚强者无以先之也。"可见，老子抓住"水"这个为人们所熟知的事物，生动地说明了柔弱胜刚强的哲理。

老子之所以要反复说明上述哲理，其本意是要人们接受他的"知雄守雌"的无为之道。他说："受邦之诟，是谓社稷主；受邦之不祥，是谓天下王。"认为"社稷主"必须蒙受天下最大的诟辱，必须承受国家最大的不幸。这在君权至上的古代确实叫人难以理解，因而难免被人看作反话。如李贽所云："此盖若反于正言，其实天下之正言也，不可不察也。"魏源曰："国君含垢……此言若反乎俗情，而实合乎正道。""君王"在古代社会一向被看作是最高贵者，而老子却要求他"受邦之诟"、"受邦之

不祥"，一句话，忍辱负重是也。诚能如此，则其无为之道不言
自明矣！

第七十九章

和大怨，必有余怨。［报怨以德，］焉可以为善㈠。是以
圣人执左契而不以责于人；故有德司契，无德司彻㈡。
天道无亲，恒与善人㈢。（帛书此章是《德经》最后一段）

校　注

㈠“和大怨，必有余怨，［报怨以德，］焉可以为善。”

帛书甲本无“报怨以德”句，余皆同此，乙本脱损严重，仅
存语首“禾大”及语尾“为善”四字。河本、王本、傅本亦无“报
怨以德”句，“焉”作“安”。

按：“报怨以德”见于第六十三章，该章说：“大小多少，报
怨以德。”陈鼓应据严灵峰之说将“报怨以德”句移之于此。严灵
峰说：“‘报怨以德’四字，系六十三章之文，与上下文谊均不
相应。陈柱曰：‘六十三章“报怨以德”句，当在“和大怨，必有
余怨”句上。’陈说是，但此四字，应在‘安可以为善’句上，并
在‘必有余怨’句下；文作‘和大怨，必有余怨，报怨以德，安
可以为善’。”陈鼓应按：“严说可从，‘报怨以德’原在六十三
章，但和上下文毫不关联，无疑是本章的错简，移回这里、文义
相通。”从之。但陈氏将后二句译为“用德来报答怨恨，这怎能

算是妥善的办法呢？"恐非是。老子对"以德报怨"是肯定而不是否定。本段的意思是说，调和大的怨恨，必然还有余怨存在。怎样才能消除余怨呢？那就是"以德报怨"，即以恩德来报答怨者，这样才可以"为善"，即妥善地解决问题。下文"执左契而不责于人"，正是"以德报怨"的具体作法。陈氏之所以作了上述误译，盖由于他把"焉"误译为"怎样"。按："焉"，今本多作"安"，"安"、"焉"古通，乃也，于是也。王念孙注十七章"焉有不信"句言："'焉'，于是也。"《词诠》："安，承接连词，乃也。""安"，亦作"案"，《词诠》："案，承接连词，乃也，于是也。"

本段意为：调和大的怨恨，必然还有余怨存在。只有用恩德来报答怨恨，方可以得到完善的结局。

(二)"是以圣人执左契而不以责于人，故有德司契，无德司彻。"

帛书甲本作"是以圣右介而不责于人故有德司介□德司觩"，疑文有掩误。乙本"契"作"芥"，"有"作"又"，"彻"亦作"觩"。河本、王本首句无后"以"字，中句无"故"字，余同校文。傅本首句无后"以"字，余同校文。

"左契"，河、王、傅诸今本概同，乙本作"左芥"，甲本作"右介"。按："芥"通"介"，二字并可读为"记"，"记"、"契"音近而误，今据众本改作"契"。甲本"右介"疑"右"字误。高亨曰："《说文》：'契，大约也，券契也。'古者契券以右为尊。《礼记·曲礼》：'献粟者执右契。'郑注：'契，券要也，右为尊。'《商子·定分》篇：'以左券予吏之问法令者，主法令之吏，谨藏其右券木柙以室藏之。'《战国策·韩策》'操右契而为公责德于秦魏之王'，并其证也。圣人所执之契，必是尊者，何以此文云执左契？今谂三十一章曰'吉事尚左，凶事尚右'，用契券者，自属吉事，可证老子必以'左契'为尊。盖左契、右契孰尊孰卑，因时因地而异，不尽同也。"其说有理，此文当以执左契为是，今从乙本作"左"。

"不以责于人"，帛书甲、乙本并同，河、王、傅诸今本均作"不责于人"无"以"字。"不以责于人"，犹言不以左契责于人也。今从帛书。高亨曰："《说文》：'责，求也。'凡贷人者执左契，贷于人者执右契。贷人者可执左契以责贷于人者，令其偿还。圣人执左契而不责于人，即施而不求报也。"

"无德司彻"，帛书及诸今本概同，惟"彻"，帛书甲、乙本并作"𥄎"。许抗生曰："'𥄎'即'彻'也。""司彻"，蒋锡昌曰："《广雅·释诂三》：'司，主也。'《释诂二》：'彻，税也。'《论语·颜渊》篇：'盍彻乎。'郑注'周法什一而税谓之彻'，《孟子·滕文公》篇：'夏后氏五十而贡，殷人七十而助，周人百亩而彻，其实皆什一也。'是'彻'乃周之税法。"

刘毓璜曰："这里提到的'彻'，是出现于奴隶制解体时期的，'履亩而取什一'的旧法，便于直接榨取；所谓'契'，是创行于封建社会开端时，以上下合符为特点的新法……从'司彻'到'司契'将近两个世纪的交替过程，标志着新旧时代的过渡。"（《论老子其人和老子其书》，载《历史学》1979年第三期）此说可供参考。

本段意为：所以圣人收藏"左契"而不以左契求之于人。因此，有德之人主张契制，无德之人主张彻法。

（三）"天道无亲，恒与善人。"

帛书甲本语首有一"夫"字，余同校文。乙本全脱，从所脱的字数推测，其无"夫"字，当据删。"恒"，诸今本作"常"，此依帛书。

钊按：此"恒与善人"疑字序有误，似应作"恒善与人"。在老子看来，天道不亲谁，也不疏谁，它总是善于施与给人的。第七十七章说"天之道，犹张弓也。高者抑之，下者举之，有余者损之，不足者补之，故天之道损有余而益不足"，此所谓"损有余而益不足"正是天之"善与"的表现。第八章说"与善天"，言水像天那样，善于给予，施而不求报；第八十一章说"天之道利而不害"，此"利而不害"，亦是天之"善与"的表现。如作"恒与善人"，则与全书之旨不相符合。七十七章所谓"天之道损有余而补不足"是自然规律的作用，自然法则不讲什么"善人"或"恶人"，只要有"余"就"损"，"不足"就"补"，即"天道亏盈而益谦"是也。第五章"天地不仁以万物为刍狗"，既然"以万物为刍狗"，那还有什么"恒与善人"呢？第四十九章曰"善者，吾善之；不善者，吾亦善之"，可见老子并不偏心于"善人"，作"恒与善人"，实际上把"天道"看作有意志的神，与老子哲学的无神论思想亦相悖。"恒善与人"变为"恒与善人",当是信奉天命之俗人所为,此误当在汉代以前,惜无版本可证,记述如此,以待未来有识之士正之。释文姑将"恒与善人"译作永远给予善于行道之人。

本段意为:天地无有亲疏之别,但却经常施与给善于行道之人。

简　析

本章重点表现老子主张契法的思想。

"契"和"彻"分别代表两种不同的剥削制度,"彻"法较"契"法为早。据刘毓璜所云,"彻"出现于奴隶制解体时期,"契"创行于封建社会开端之时,后者较前者进步。魏宗禹说:"在《老子》一书中,对于新出现的封建制的生产关系,表现出积极支持和热情关注的态度;对于没落奴隶制的经济制度,却表现出强烈反对和极憎恶的态度。在关于'契'和'彻'的问题上表明了这种政治倾向:'是以圣人执左契而不以责于人,故有德司契,无德司彻……'老子把'执左契'者即新兴地主阶级,称为'圣人',称为'有德';对奴隶主贵族,则斥之为'无德',即缺德的人,并且公然宣告'契'的正当性和'彻'的非法性,这是他拥护封建统治者,反对奴隶制及奴隶主贵族的一个具体表现。"(《试论老子哲学的阶级属性》,载《中国哲学史论》,山西人民出版社,1981年版)这个评述是有一定道理的。

第八十章

小邦寡民，使十百人之器毋用㈠，使民重死而不远徙㈡，有舟车无所乘之，有甲兵无所陈之，使民复结绳而用之㈢。甘其食，美其服，乐其俗，安其居㈣，邻邦相望，鸡犬之声相闻，民至老死不相往来㈤。（此章帛书排在六十六章下）

校　　注

㈠ "小邦寡民，使十百人之器毋用。"

帛书甲本同此，乙本 "邦" 作 "国"，"使" 下有 "有" 字，"器" 上无 "之" 字。"毋用" 作 "而勿用"。河本作 "小国寡民，使有什百人之器而不用"，王本无 "人" 字，余同河本。傅本 "使" 下有 "民" 字，末尾有 "也" 字，余同王本。此依帛书甲本。

按："邦"，帛书甲本同，乙本及诸今本作 "国"，当以 "邦" 字为是。

"十百人之器"，河本作 "什佰人之器"。按："什"，古者十人为 "什"；"佰"，古者百人为 "佰"。故 "什佰" 犹 "十人百人" 之谓也。帛书甲、乙本简作 "十百人"，"十百人之器”即“什佰之器”（王本同此），此文，或作“什佰之器”，或作“十百人之器”皆通，惟有作“什佰人之器”不通。疑河本“什佰人之器”之“人”字为衍，盖“什佰”即“十百之人”，“什佰”下再加“人”字，则文意重叠。“十百人之器”，即十人、百人合用之器。俞樾谓：“‘什佰之器’乃兵器也。”其实此“十百人之器”，不一定指兵器，“十百人之器”言其“器”之大也，需十人百人合用。十人、百人盖约数，言其人之多也。“十百人之器”，很可能指古代手工业作坊里之大型器物，如炼铁炉、鼓风机之类是也。据传，春秋末年吴国干将及其妻莫邪在铸造宝剑时，仅参加“鼓橐装炭”者就有“童男童女三百人”，此“橐”即可称之为十百人之器。此章前言“小邦寡民”，后言“使十百人之器毋用”，正相呼应。“寡民”者，言其民之少也；“十百人之器”者，言用此器需人多也。人少不能用人多之器，故曰“使十百人之器毋用”也。

　　本段意为：小的国家，少的人民，使众多之人合用之器而无所用。

　　㈡“使民重死而不远徙。”

　　河、王、傅诸本均同。帛书甲、乙本并无“不”字，甲本“远徙”作“远送”。许抗生曰：“‘不’字疑后人增。‘重’与‘远’为对文，皆为助词。远徙，即把迁徙看成很远，当作不应做的事。”照许氏之说，此“远”有疏远之意，《论语·雍也》篇“敬鬼神而远之”之“远”当与此同。此解亦通。然“远徙”还可以被理解为"远远地迁徙"，这样，文意完全相反。因此，如无"不"字，则文意容易产生歧义，不如有"不"字义明，今从众本作"不远徙"。

"重死"与"轻死"相对，轻死，谓不怕死；重死，把死看得很重，言其怕死，即贵生是也。

本段意为：使人民贵生而不向远方迁徙。

(三)"有舟车无所乘之，有甲兵无所陈之，使民复结绳而用之。"

帛书乙本同此，惟"有"写为"又"，"舟"误为"周"。甲本"舟车"误为"车周"，"陈之"之"之"字及末句前七字脱损。河、王、傅本两"有"字上并有"虽"字，"车"作"舆"，今据帛书乙本，并依河王诸本改"周"为"舟"。

本段意为：有车船，而不必使用；有盔甲兵器，而不必摆布，让老百姓回复到结绳而用的境况。

(四)"甘其食，美其服，乐其俗，安其居。"

帛书甲、乙本并同此，河、王本"安其居"在"乐其俗"句上，傅本作"至治之极，民各甘其食，美其服，安其俗，乐其业"。《庄子·胠箧》篇引文及《文选·魏都赋注》以及严遵本并同帛书，当是古本如此，从之。

"其"，指民。

本段意为：使老百姓饮食甘甜，衣服美观，习俗欢乐，住所安适。

(五)"邻邦相望，鸡犬之声相闻，民至老死不相往来。"

帛书乙本大致同此，惟"邻"写作"叜"，"邦"作"国"，"闻"前脱"声、相"二字。甲本"邻"写作"粼"，"望"作"壁"、"犬"作"狗"，末句严重脱损，仅存一"民"字。河本"邦"作"国"，"犬"作"狗"，王本"邦"亦作"国"，余同校文。傅文"邦"亦作"国"，末句"民"上有一"使"字。校文据帛书甲、乙本并参阅河、王诸本而定。

本段意为：邻国相互望得见，鸡鸣犬吠之声相互听得到，但老百姓却到老到死而互不交往。

简　析

本章集中体现了老子"小国寡民"的政治理想。

老子关于"小国寡民"的政治理想，约而言之，就是所谓"四无"和"甘、美、安、乐"的生活图景。"四无"，一是无机械操作，"使十百人之器毋用"；二是无交通和外交联系，"有舟车无所乘之"，"邻国相望，鸡犬之声相闻，民至老死不相往来"；三是无战争侵夺，"有甲兵无所陈之"；四是无文化教育，"使民复结绳而用之"。"甘美安乐"，即"甘其食，美其服，乐其俗，安其居"。

　　以上的理想，不过是一种桃花源式的乌托邦，是永远无法实现的。因为一个无文化教育，无交通和外交联系，无机械操作的社会，只能是一种愚昧无知的社会，这样的社会，生产力极端低下，人们只能过着"茅茨不翦，采椽不斲，粝粢之食，梨藿之羹，冬日麑裘（兽皮），夏日葛衣"（《韩非·五蠹》）的艰苦生活，哪有什么"甘食"、"美服"、"乐俗"、"安居"可言呢？老子还向往一种"无战争"的生活，从抽象来看，似乎是对的。但是，战争并不全是坏的，其中也有进步战争。例如自卫战，当着外敌侵入时，不能通过战争进行自卫，则"甘食"、"美服"、"安居"、"乐俗"的平静生活，亦无保障。

　　老子"小国寡民"的政治理想，是他的"无为而治"思想的必然归宿。

　　首先，要实现"无为而治"，必须"以不智治国"。他说"以智治国，国之贼也，以不智治国，国之德也"。"以不智治国"，即以愚治国，这就不能不"绝圣弃智"、"绝仁弃义"、"绝巧弃利"。从这些原则出发，必然要"使民复结绳而用之"，"使十百人之器毋用"，从而把人们引导到"愚而朴"的路上去。

　　其次，要实现"无为而治"，就必须"不贵难得之货"。"难得之货"，多是从外地进口的稀有之物。为堵塞"难得之货"的输入，必然要断绝交通、外交，做到"有舟船，无所乘之"，"民至老死不相往来"。

　　最后，"无为而治"同战争是不相容的。老子认为，战争就是灾难，"师之所处，荆棘生焉"，"天下有道，却走马以粪；

天下无道，戎马生于郊"，因此，他提倡"以无事取天下"，从这一原则出发，必然主张取消战争，故"有甲兵无所陈之"。

"无为而治"要求通过"无为"、"好静"、"无事"、"无欲"的道路，实现老百姓"自化"、"自正"、"自富"、"自朴"（即"我无为而民自化，我好静而民自正，我无事而民自富，我无欲而民自朴"），而"甘食"、"美服"、"安居"、"乐俗"正是"自化"、"自正"、"自富"、"自朴"原则的具体化。

老子"小国寡民"的政治理想，除了同他的"无为而治"思想有必然联系外，还与当时的社会现实有关，是当时社会现实折射的反映。例如，他的"小国寡民"是针对当时"广土众民"的政策而发的（参阅胡寄窗《中国经济思想史》，上海人民出版社，1962 年版，第 214 页）；他的"有甲兵无所陈之"的思想，是针对战国时期战争频繁，人心思安的情况而发的；他的"有舟车无所乘之"的思想，是针对当时商业大地主阶级"贵难得之货"而发的；他的"使十百人之器毋用"，是针对当时手工业作坊不断扩大，同农业争夺劳动力的情况而发的；他的"使民复结绳而用之"的思想，是针对当时养士成风，不同阶级的知识分子参与政治活动，造成"百家异说"、"诸侯异政"的分裂局面而发的。因此，老子"小国寡民"的政治理想，是当时社会存在折射的反映。如胡寄窗所批评的："小国寡民的理想与当时的历史任务是背道而驰的，不可能解决历史所提出的问题。其次，他们反对大国兼并的战争，反对工艺技术，否定文化知识发展的作用，这些就是他们所理解的时代问题的主要内容。他们解决所谓时代问题的方法，是回到早已崩溃的农村公社成稳定的小天地生活。这些所谓时代问题及他们所能提出的解决方案凑合起来，即幻化为小国寡民的政治理想。"这个评述是有一定的道理的，不过，说老子希望回到早已崩溃的农村公社则未必确切。

第八十一章

信言不美，美言不信㈠；知者不博，博者不知㈡；善者不多，多者不善㈢。圣人无积，既以为人己愈有，既以予人己愈多㈣。故天之道，利而不害，圣人之道，为而弗争㈤。（本章帛书排在第六十七章之上）

校　注

㈠ "信言不美，美言不信。"

帛书甲本此二句严重脱损，仅存后一"不"字，乙本及河、王、傅诸今本均同校文。

河上公曰："信者如其实；不美者，朴且质也。滋美之言者，孳孳华词；不信者，饰伪多空虚也。"

王弼曰："'信言不美'，实在质也；'美言不信'，本在朴也。"

按："信言"、"美言"，俞樾谓"言"当作"者"，蒋锡昌非其说，谓"信言"、"美言"为是，今检帛书，蒋说相合，当从之。

本段意为：朴实的言语不华美，华美的言语不朴实。

（二）"知者不博，博者不知。"

帛书乙本同此，甲本有脱损，作"□者不博，□者不知"。河本、王本、傅本此二句在"善者"二句下，今从帛书。

薛蕙曰："知者不博，知其要者不务多识也。"

本段意为：知识专深的人，所知不广博；知识广博的人，所知不专深。

（三）"善者不多，多者不善。"

帛书乙本同此，甲本有脱损，前句仅存一"善"字，后句脱损"多"字。河本、王本"多"作"辩"，傅本"善者"作"善言"，"多"亦作"辩"，且何、王、傅诸本此二句在"知者"二句上，此依帛书。

按："善者不多，多者不善"较"善者不辩，辩者不善"或"善言不辩，辩言不善"为优。"不多"，犹不多积也；"多者"，犹多积也。"善者不多，多者不善"，与"圣人无积"之旨相一致，且帛书此二句恰好在"圣人无积"句上，前后贯通，不可分割，当是原本如此。今本作"善者（或作'言'）不辩，辩者（或作'言'）不善"，与首二句"信言不美，美言不信"语意相近，疑为后人所改，应从帛书。

本段意为：有德之人不多积，多积的人少有德。

（四）"圣人无积，既以为人己愈有，既以予人己愈多。"

帛书乙本大致同此，惟"愈"作"俞"，后"人"字下多一"矣"字，疑衍，据今本删去。甲本脱损严重，仅断续残存"圣人无"、"以为"五字，余皆损坏。河本、王本、傅本"无积"作"不积"，"予"作"与"，余同校文。

蒋锡昌曰："四十四章'多藏必厚亡'此言圣人无藏。《庄子·天下》篇：'以有积为不足……无藏也，故有余'也。"

"既"，尽也。（据《广雅·释诂》）

本段意为：圣人没有积藏。他们全力为人，自己反而更富有；他们尽量施与人，自己反而更增多。

㈤"故天之道，利而不害；圣人之道，为而弗争。"

帛书乙本无"圣"字，余同校文。甲本此段全损脱。河本、王本、傅本均无"故"字，"人之道"并作"圣人之道"，"弗争"皆作"不争"。钊按：帛书"人之道"，当依今本作"圣人之道"。盖老子"人之道"与"圣人之道"在用法上有区别，第七十七章"天之道损有余而益不足，人之道则不然，损不足而奉有余"，此"人之道"与"天之道"相背；第四章"天地不仁，以万物为刍狗；圣人不仁，以百姓为刍狗"，此"圣人之道"与"天地之道"相合；本章"天之道利而不害，圣人之道为而弗争"，此"圣人之道"与"天之道"亦相合，当依今本作"圣人之道"。

薛蕙曰："天道育万物有利而无害，圣人之道济天下功成而不居……此固老子为书之大旨，是以二篇之中屡伸之至，于卒章而复以是终焉，呜呼，深哉！"

"为"，高亨云："为，亦施也。"

本段意为：天的法则是利万物而不伤害他们，圣人的原则是施与而不争利。

简　析

本章着重阐明"圣人无积"的思想。

"无积"是老子哲学的一个重要范畴，它与"无私"、"无欲"、"无争"含义一致，是其无为之道的重要组成部分。照老子哲学的逻辑，"无私"中有"私"，"无欲"中有"欲"，"无争"中有"争"，一句话，"无"中有"有"。这同本章"既以为人己愈有，既以与人己愈多"的旨意完全相合。其精神实质都是从"不争"中求"有争"，所以他概括说："故天之道利而不害，圣人之道为而弗争。"老子把"不争"作为全书的结束语，寓意尤深。

朱伯崑曰："在老子所推崇的美德中，以不争为最重要，前三者（指"贵柔"、"知足"、"不敢为天下先"——引者注）都可以归结为'不争'。所谓'不争'，包括不争功名，不争地位，不争利益以及不同敌人争战。……老子推崇的这些品德，也可以说是其道德原则的具体化，是以无为无欲为主导思想，从当时的生活经验和政治斗争的教训中概括出来的。他对这些品德的论述，由于渗透着辩证思维，显得十分深刻。这些品德加以批判地改造，对提高人民的思想境界也是有益的。就不争这一点来说，如果处于敌强我弱的情况下，对敌人一味地好胜逞强，就要遭到损害；

或者处于胜利的条件下，骄傲自满，就会引向失败，即所谓'骄兵必败'。就处理人与人之间的关系说，不争个人名利，不居功自伐，也是一种谦虚的美德。但是，老子提出的这些德目，就其精神实质说，是讲守柔而不要刚强，讲知足而不要进取，讲不敢为先却甘居落后，讲不争却反对任何斗争，这就违反辩证法了，其结果这些德目便成了维护个人利益的工具。"这个评述是有道理的。不过，说老子"讲不争却反对任何斗争"，恐怕言过其实。第三十六章云"将欲歙之必故张之；将欲弱之，必故强之；将欲去之，必故举之；将欲夺之，必故与之"，这里斗争锋芒毕露，怎能说老子反对任何斗争呢？

附录一

帛书《老子》甲本、乙本文字对照

（一）《德經篇》

【老子甲本】

□□□□□□□□□□□□□
□□□德上德無□□無以爲也
上仁爲之□□以爲也上義爲之
而有以爲也上禮□□□□□
□□攘臂而乃之故失＝道＝矣
而後德失德而後仁失仁而後義
□義而□□□□□□□□□□
而亂之首也□□□道之華也而
愚之首也是以大丈夫居亓厚而
不居亓泊居亓實不居亓華故去
皮取此

【老子乙本】

上德不德是以有德下德不失德
是以無德上德無爲而無以爲也
上仁爲之而無以爲也上德爲之
而有以爲也上禮爲之而莫之應
也則攘臂而乃之故失道而後德
失德而句仁失仁而句義失義而
句禮夫禮者忠信之薄也而乱之
首也前識者道之華也而愚之首
也是以大丈夫居□□□居亓泊
居亓實而不居亓華故去罷而取
此

（以上通行本爲第三十八章）

昔之得一者天得一以清地得□
以寧神得一以霝浴得一以盈侯
□□□而以爲正亓至之也胃天

昔得一者天得一以清地得一以
寧神得一以霝浴得一以盈侯王
得一以爲天下正亓至也胃天毌

毋已清將恐□胃地毋□□將恐
□胃神毋已霝□恐歇胃浴毋
已盈將將恐渇胃侯王毋已貴
□□□□□故必貴而以賤爲本
必高矣而以下爲丕夫是以侯王
自胃□孤寡不粟此亓賤□□與
非□故致數與無與是故不欲
□□若玉硌□□□

已清將恐蓮地毋已寧將恐發神
毋□□□恐歇谷毋已□將渇侯
王毋已貴以高將恐欮故必貴以
賤爲本必高矣而以下爲坛夫是
以侯王自胃孤寡不粟此亓賤之
本與非也故至數與無與是故不
欲祿＝若玉硌＝若石

（以上通行本爲第三十九章）

□□□□□□□□□□□□□□
□□□□□□□□□□□□□□
□□□□□□□□□□□□□□
□□□□□□□□□□□□□□
□□□□□□□□□□□□□□
□□□□□□□□□□□□□□
□□□□□□□□□□□□□□
□道善□□□□

上□□道董能行之中士聞道若
存若亡下士聞道大笑之弗笑
□□以爲道是以建言有之曰明
道如費進道如退夷道如類上德
如浴大白如辱廣德如不足建德
如□質□□□大方無禺大器免
成大音希聲天象無刑道褒無名
夫唯道善始且善成

（以上通行本爲第四十一章）

□□□道之動也弱也者道之用
也天□□□□□□□□□□□

反也者道之動也□□者道之用
也天下之物生於有＝□於無

（以上通行本爲第四十章）

□□□□□□□□□□□□□□
□□□□□□□中氣以爲和天
下之所惡唯孤寡不橐而王公以
自名也勿或敗之□□□之而敗
故人□□□夕議而教人故強良
者不得死我□以爲學父

道生一＝生二＝生三＝生□□
□□□□□□□□□□以爲和
人之所亞□□寡不橐而王公以
自□□□□□□□云＝之而益
□□□□□□□□□□□□□□
□□□吾將以□□父

（以上通行本爲第四十二章）

天下之至柔□粤於天下之致堅
無有入於無間五是以知無爲□
□益也不□□教無爲之益□下
希能及之矣

天下之至□馳騁乎天下□□□
□□□□□□無間吾是以□□
□□□□也不□□□□□□□
□□□□□□□矣

（以上通行本爲第四十三章）

名與身孰親身與貨孰多得與亡
孰病甚□□□□□□□□亡故
知足不辱知止不殆可以長久

名與□□□□□□□□□□□
□□□□□□□□□□□□□□
□□□□□□□□□□□□□□

（以上通行本爲第四十四章）

大成若缺亓用不幣大盈若盅亓
用不窮大直如詘大巧如拙大贏
如炳趮勝寒靚勝炅請靚可以爲
天下正

□□□□□□□□□盈如冲亓
□□□□□□□巧如拙□□
□□□□□□拙趮朕寒□□□□
□□□□□□□□

（以上通行本爲第四十五章）

·天下有道□走馬以糞天下無
道戎馬生於郊·罪莫大於可欲
禍莫大於不知足咎莫憯於欲得
□□□□□恒足矣

□□□道却走馬□糞無道戎馬
生於郊罪莫大可欲禍□□□□
□□□□□□□□□□□□□
□足矣

（以上通行本爲第四十六章）

不出於戶以知天下不規於牖以
知天道亓出也彌遠亓□□□□
□□□□□□□□□□□□爲
而□

不出於戶以知天下不覝於□□
知天道亓出籥遠者亓知籥□□
□□□□□□□□□而名弗爲
而成

（以上通行本爲第四十七章）

爲□□□□□□□□□□□□□
□□□□□□□□□□□□□□
□取天下也恒□□□□□□□
□□□□□□□

爲學者日益聞道者日云＝之有
云以至於無□□□□□□□□
□□取天下恒無事及亓有事也
□□足以取天□□

（以上通行本爲第四十八章）

□□□□□以百□之心爲□善
者善之不善者亦善□□□□□
□□□□□□□□□□信也□
□之在天下翕＝焉爲天下渾心
百姓皆屬耳目焉聖人皆□□

□人恒無心以百省之心爲心善
□□□□□□□□□□□□善也信
者信之不信者亦信之德信也耵
人之在天下也欲＝焉□□□□
□□生智注亓□□□□□□□□

（以上通行本爲第四十九章）

□生□□□□□有□□□徒
十有三而民生＝勤皆之死地之
十有三夫何故也以亓生＝也蓋
□□執生者陵行不□矢虎入軍
不被甲兵矢無所樁亓角虎無所
昔亓蚤兵無所容□□□何故也
以亓無死地焉

□生入死生之□□□□之徒
十又三而民生＝僮皆之死地之
十有三□何故也以亓生＝蓋聞
善執生者陵行不辟㹜虎入軍不
被兵革㹜無□□□□□□□□□
亓蚤兵□□□□□□□也以
亓無□□□

（以上通行本爲第五十章）

·道生之而德畜之物刑之而器
成之是以萬物尊道而貴□□之
尊德之貴也夫莫之时而恒自然
也·道生之畜之長之遂之亭之
□之□□□□□弗有也爲而
弗寺也長而勿宰也此之謂玄德

道生之德畜之物刑之而器成之
是以萬物尊道而貴德道之尊也
德之貴也夫莫之爵也而恒自然
也道生之畜□□□□之亭之毒
之養之復□□□□□□□□□
□□弗宰是胃玄德

（以上通行本爲第五十一章）

天下有始以爲天下母愻得亓母
以知亓□復守亓母没身不殆·
塞亓闧閉亓門終身不堇啓亓悶
濟亓事終身□□□小曰□守柔
曰強用亓光復歸亓明毋道身央
是胃襲常

天下有始以爲天下母既得亓母
以知亓子既○知亓子復守亓母
没身不佁塞亓垸閉亓門冬身不
堇啓亓垸齊亓□□□不棘見小
曰明守□□強用□□□□□□
□遺身央是胃□常

（以上通行本爲第五十二章）

·使我挈有知也□□大道唯□
□□□□甚夷民甚好解朝甚除
田甚蕪倉甚虛服文采帶利□□
食貨□□□□□□□□
□

使我介有知行於大道唯他是畏
大道甚夷民甚好懈朝甚除田甚
蕪倉甚虛服文采帶利劍猒食而
齎財□□□□盜□□□非□也

（以上通行本爲第五十三章）

善建□□拔□□□□□子孫以
祭祀□□□□□□□□□□□
□□□□餘修之□□□□□□□
□□□□□□□□□□□□□□
□以身□身以家觀家以鄉觀鄉
以邦觀邦以天□觀□□□□□
□□□□□□□□

善建者□□□□□□□子孫以
祭祀不絕脩之身亓德乃真脩之
家亓德有餘脩之鄉亓德乃長脩
之國亓德乃夆脩之天下亓德乃
愽以身觀身以家觀□□□□國
以天下觀天下吾何□知天下之
然兹以□

（以上通行本爲第五十四章）

□□之厚□此於赤子逢猵蝎地
弗螫攫鳥猛獸弗搏骨弱筋柔而
握固未知牝□□□□□精□
至也終日號而不㕧和之至也和
曰常知和曰明益生曰祥心使氣
曰強□□卽老胃之不=道□□
□

含德之厚者比於赤子蟲癘蟲蛇
弗赫據鳥猛獸弗捕骨筋弱柔而
握固未知牝牡之會而朘怒精之
至也冬日號而不嚘和□□□□
□□常知常曰明益生□祥心使
氣曰強物□則老胃之不=道=
蚤已

（以上通行本爲第五十五章）

□□弗言＝者弗知塞亓閔閉亓
□□其光同亓塦坐亓閱解亓紛
是胃玄同故不可得而親亦不可
得而疏不可得而利亦不可得而
害不可□而貴亦不可得而淺故
爲天下貴

知者弗言＝者弗知塞亓垸閉亓
門和亓光同亓塵銼亓兌而解亓
紛是胃玄同故不可得而親也亦
□□得而□□□得而〇利□□
□得而害不可得而貴亦不可得
而賤故爲天下貴

（以上通行本爲第五十六章）

·以正之邦以畸用兵以無事取
天下吾□□□□也戈夫天下
□□諱而民彌貧民多利器而邦
家兹昏人多知而何物兹□□□
□□□盜賊□□□□□□□□
□我無爲也而民自化我好靜而
民自正我無事民□□□□□□
□□□□

以正之國以畸用兵以無事取天
下吾何以知亓然也才夫天下多
忌諱而民彌貧民多利器□□□
□昏□□□□□□□□□□物
兹章而盜賊□□是以□人之言
曰我無爲而民自化我好靜而民
自正我無事而民自富我欲不欲
而民自樸

（以上通行本爲第五十七章）

□□□□□□□□其正察＝其
邦夬＝懸福之所倚福禍之所伏
□□□□□□□□□□□□□
□□□□□□□□□□□□□
□□□□□□□□□□□□□
□□□□

亓正閎＝亓民屯＝亓正察＝亓
□□□福□之所伏孰知亓極□
無正也正□□□善復爲□□之
恙也亓日固久矣是以方而不割
兼而不剌直而不絏光而不眺

（以上通行本爲第五十八章）

□□□□□□□□□□□□
□□□□□□□□□□□□
□□□□□□□□□□□□
□可以有=國=之母可以長久
是胃深槿固氐長□□□□道也

治人事天莫若嗇夫唯嗇是以蚤
=服=是胃重=積□□□□□
□□□□□□莫=知=亓=□
=□□有=國=之母可□□久
是胃□根固氐長生久視之道也

（以上通行本爲第五十九章）

□□□□□□□□□天下亓
鬼不神非亓鬼不神也亓神不傷
人也非亓申不傷人也聖人亦弗
傷□□□不相□□德交歸焉

治大國若亨小鮮以道立天下亓
鬼不神非亓鬼不神也亓神不傷
人也非亓神不傷人也□□□弗
傷也夫兩□相傷故德交歸焉

（以上通行本爲第六十章）

大邦者下流也天下之牝天下之
郊也牝恒以靚勝牡爲亓靚□□
宜爲下大邦□下小□則取小=
邦=以下大邦則取於大邦故或
下以取或下而取□大邦者不過
欲兼畜人小邦者不過欲入事人
夫皆得亓欲□□□□□爲下

大國□□□□□□□牝也天下
之交也牝恒以靜朕牡爲亓靜也
故宜爲下也故大國以下□國則
取小=國=以下大國則取於大
國故或下□□□下而取故大國
者不□欲並畜人小國不□欲入
事人夫□□其欲則大者宜爲下

（以上通行本爲第六十一章）

□者萬物之注也善人之葆也不善人之所葆也美言可以市尊行可以賀人＝之不善也何棄也□有故立天子置三卿雖有共之璧以先四馬不善坐而進此古之所以貴此者何也不胃求□得有罪以免興故爲天下貴

道者萬物之注也善人之葆也不善人之所保也美言可以市尊行可以賀人＝之不善何□□□□立天子置三鄉雖有□□璧以先四馬不若坐而進此古□□□□□□□□□不胃求以得有罪以免與故爲天下貴

（以上通行本爲第六十二章）

·爲無爲事無事味無未大小多少報怨以德圖難乎□□□□□□□□天下之難作於易天下之大作於細是以聖人冬不爲大故能□□□□□□□□□必多難是□□人猷難之故冬於無難

爲無爲□□□□□□□□□□□□□□□□□乎其細也天下之□□□易天下之大□□□□□□□□□□□夫輕若□□信多易必多難是以耵人□□之故□□□□

（以上通行本爲第六十三章）

·亓安也易持也□□□□易謀□□□□□□□□□□□□□□□□□□□□□□□□□□□□□□□毫末九成之台作於赢土百仁之高台於足□□□□□□□□□□□□□□□□也

□□□□□□□□□□□□□□□□□□□□□□□□□□□□□□□□□□□□□木作於毫末九成之台作於纂土百千之高始於足下爲之者敗之執者失之是以耵人無爲

□無敗□無執也故無失也民之
從事也恒於亓成事而敗之故慎
終若始則□□□□□□欲不
欲而不貴難得之膚學不學而復
眾人之所過能輔萬物之自□□
弗敢爲

□□□□□□□□□□□民
之從事也恒於亓成而敗之故曰
慎冬若始則無敗事矣是以耶人
欲不欲而不貴難得之貨學不學
復眾人之所過能輔萬物之自然
而弗敢爲

（以上通行本爲第六十四章）

故曰爲道者非以明民也將以愚
之也民之難□也以亓知也故以
知＝邦＝之賊也以不知＝邦□
□德也恒知此兩者亦稽式也恒
知稽式此胃玄＝德＝深矣遠矣
與物□矣乃□□□

古之爲道者非以明□□□□□
之也夫民之難治也以亓知也故
以知＝國＝之賊也以不知＝國
＝之德也恒知此兩者亦稽式也
恒知稽式是胃玄＝德＝深矣遠
矣□物反也乃至大順

（以上通行本爲第六十五章）

□海之所以能爲百浴王者以亓
善下之是以能爲百浴王是以聖
人之欲上民也必以亓言下之亓
欲先□□必以亓身後之故居前
而民弗害也居上而民弗重也天
下樂隼而弗厭也非以亓無諍與
故□□□□□諍

江海所以能爲百浴□□□亓□
下之也是以能爲百浴王是以耶
人之欲上民也必以亓言下之亓
欲先民也必以亓身後之故居上
而民弗重也居前而民弗害天下
皆樂誰而弗厭也不□亓無爭與
故天下莫能與爭

（以上通行本爲第六十六章）

·小邦寡民使十百人之器毋用
使民重死而遠送有車周無所乘
之有甲兵無所陳□□□□□□
□用之甘亓食美亓服樂亓俗安
亓居鄰邦相壑鷄狗之聲相聞民
□□□□□□□

小國寡民使有十百人器而勿用
使民重死而遠徙又周車無所乘
之有甲兵無所陳之使民復結繩
而用之甘亓食美亓服樂亓俗安
亓居𡏲國相望鷄犬之□□聞民
至老死不相往來

（以上通行本爲第八十章）

□□□□□□不□□者不博□
者不知善□□□者不善·聖
人無□□以爲□□□□□□
□□□□□□□□□□□□□
□□□□□□□

信言不美＝言不信知者不博＝
者不知善者不多＝者不善耵人
無積既以爲人己俞有既以予人
矣己俞多故天之道利而不害人
之道爲而弗爭

（以上通行本爲第八十一章）

□□□□□□□□夫唯□故不
宵若宵細久矣我恒有三葆之一
曰兹二曰檢□□□□□□□□
□□□□□□故能廣不敢爲天
下先故能爲成事長今舍亓兹且
勇舍亓後且先則必死矣夫兹□
□則勝以守則固天將建之女以
兹垣之

天下□胃我大＝而不宵夫唯不
宵故能大若宵久矣亓細也夫我
恒有三琛市而琛之一曰兹二曰
檢三曰不敢爲天下先夫慈故能
勇檢敢能廣不敢爲天下先故能
爲成器長□舍亓兹且勇舍亓檢
且廣舍亓後且先則死矣夫兹以
單則朕以守則固天將建之如以
兹垣之

（以上通行本爲第六十七章）

善爲士者不武善戰者不怒善勝
敵者弗□善用人者爲之下□胃
不諍之德是胃用人是胃天古之
極也

故善爲士者不武善單者不怒善
朕敵者弗與善用人者爲之下是
胃不爭□德是胃用人是胃肥天
古之極也

（以上通行本爲第六十八章）

·用兵有言曰吾不敢爲主而爲
客吾不進寸而芮尺是胃行無行
襄無臂執無兵乃無敵矣䄠莫於
於無＝適＝斤亡吾吾葆矣故稱
兵相若則哀者勝矣

用兵又言曰吾不敢爲主而爲客
不敢進寸而退尺是胃行無行攘
無臂執無兵乃無敵禍莫大於無
＝敵＝近○亡吾琛矣故抗兵相
若而依者朕□

（以上通行本爲第六十九章）

吾言甚易知也甚易行也而人莫
之能知也而莫之能行也言有君
事有宗亓唯無知也是以不□□
□□□□□我貴矣是以聖人被
褐而裹玉

吾言易知也易行也而天下莫之
能知也莫之能行也夫言又宗事
又君夫唯無知也是以不我知二
者希則我貴矣是以耴人被褐而
裹玉

（以上通行本爲第七十章）

知不知尚矣不＝知＝病矣是以
聖人之不病以亓□□□□□□

知不知尚矣不知＝病矣是以耴
人之不□也以亓病＝也是以不

病

（以上通行本爲第七十一章）

□□□畏＝則□□□□矣·毋
闸亓所居毋猒亓所生夫唯弗猒
是□□□□□□□□□□□
□□□□而不自貴也故去被取
此

民之不畏＝則大畏將至矣毋伸
亓所居毋猒亓所生夫唯弗猒是
以不猒是以耵人自知而不自見
也自愛而不自貴也故去罷而取
此

（以上通行本爲第七十二章）

·勇於敢者□□□於不敢者則
栝□□□□□□□□□□□□
□□□□□□□□□□□□不
言而善應不召而自來彈而善謀
□□□□□□□□

勇於敢則殺勇於不敢則栝□兩
者或利或害天之所亞孰知亓故
天之道不單而善朕不言而善應
弗召而自來單而善謀天網經＝
疏而不失

（以上通行本爲第七十三章）

□□□□□□□奈何以殺思之
也若民恒是死則而爲者吾將得
而殺之夫孰敢矣若民□□必畏
死則恒有司殺者夫伐司殺者殺
是伐大匠斲也夫伐大匠斲者則
□不傷亓手矣

若民恒且○不畏死若何以殺曜
之也使民恒且畏死而爲畸者□
得而殺之夫孰敢矣若民恒且必
畏死則恒又司殺者夫代司殺者
殺是代大匠斲夫代大匠斲則希
不傷亓手

（以上通行本爲第七十四章）

·人之饑也以亓取食逆之多也
是以饑百姓之不治也以亓上有
以爲□是以不治·民之至死以
亓求生之厚也是以至死夫唯無
以生爲者是賢貴生

人之饑也以亓取食跣之多是以
饑百生之不治也以亓上之有以
爲也□以不治民之輕死也以亓
求生之厚也是以輕死夫唯無以
生爲者是賢貴生

（以上通行本爲第七十五章）

·人之生也柔弱其死也㯂仞賢
強萬物草木之生也柔脆亓死也
棟橐故曰堅強者死之徒也柔弱
微細生之徒也兵強則不勝木強
則恒強大居下柔弱微細居上

人之生也柔弱亓死也䐃信堅強
萬□□木之生也柔椊亓死也棟
槁故曰堅強死之徒也柔弱生之
徒也□以兵強則不朕木強則兢
故強大居下柔弱居上

（以上通行本爲第七十六章）

天下□□□□者也高者印之
下者舉之有餘者敗之不足者補
之故天之道敗有□□□□□□
□□□不然敗□□□奉有餘孰
能有餘而有以取奉於天者乎□
□□□□□□□□□□□□□
□□□□□□□□□□見賢也

天之道酉張弓也高者印之下者
舉之有餘者云之不足者□□□
□□□云有餘而益不足人之道
云不足而奉又餘夫孰能又餘而
□□奉於天者唯又道者乎是以
𦔞人爲而弗又成功而弗居也若
此亓不欲見賢也

（以上通行本爲第七十七章）

天下莫柔□□□□□堅強者莫

天下莫柔弱於水□□□□□□

之能□也以亓無□易□□□□　　　　□□□以亓無以易之也水之朕
□□□勝強天□□□□□□　　　　剛也弱之朕強也天下莫弗知也
行也故聖人之言云曰受邦之詢　　而□□□□也是故叵人之言云
是胃社稷之主受邦之不祥是胃　　曰受國之詢是胃社稷之主受國
天下之王□□若反　　　　　　　之不祥是胃天下之王正言若反

（以上通行本爲第七十八章）

和大怨必有餘怨焉可以爲善是　　禾大□□□□□□□□爲善是
以聖右介而不以責於人故有德　　以叵人執左芥而不以責於人故
司介□德司鍥夫天道無親恒與　　又德司芥無德司鍥□□□□□
善人　　　　　　　　　　　　　□□□

（德三千冊一）

（以上通行本爲第七十九章）

（二）《道經篇》

【老子甲本】　　　　　　　　## 【老子乙本】

·道可道也非恒道也名可名也　　道可道也□□□□□□□□□
非恒名也無名萬物之始也有名　　恒名也無名萬物之始也有名萬
萬物之母也□恒無欲也以觀其　　物之母也故恒無欲也□□□□
眇恒有欲也以觀其所噭兩者同　　恒又欲也以觀亓所噭兩者同出
出異名同胃玄之有玄衆眇之□　　異名同胃玄之又玄衆眇之門

（以上通行本爲第一章）

· 451 ·

天下皆知美爲美惡已皆知善訾
不善矣有無之相生也難易之相
成也長短之相刑也高下之相盈
也意聲之相和也先後之相隋恒
也是以聲人居無爲之事行□□
□□□□□□□也爲而弗志
也成功而弗居也夫唯居是以弗
去

天下皆知美之爲美亞已皆知善
斯不善矣□□□□生也難易之
相成也長短之相刑也高下之相
盈也音聲之相和也先後之相隋
恒也是以耶人居無爲之事行不
言之教萬物昔而弗始爲而弗侍
也成功而弗居也夫唯弗居是以
弗去

（以上通行本爲第二章）

不上賢□□□□□□□□□□
□民不爲□不□□□□民不爪
是以聲人之□□□□□□□□
□□□強其骨恒使民無知無欲
也使□□□□□□□□□□□
□□

不上賢使民不爭不貴難得之貨
使民不爲盜不見可欲使民不爪
是以耶人之治也虛亓心實亓腹
弱亓志強亓骨恒使民無知無欲
也使夫知不敢弗爲而已則無不
治矣

（以上通行本爲第三章）

□□□□□□□盈也瀟呵始萬
物之宗銼亓解其紛和其光同
□□□□□或存吾不知□子也
象帝之先

道沖而用之有弗盈也淵呵佁萬
物之宗銼亓兌解亓芬和亓光同
亓塵湛呵佁或存吾不知亓誰之
子也象帝之先

（以上通行本爲第四章）

天地不仁以萬物爲芻狗聲人不
仁以百省□□狗天地□間□猶
橐籥輿虚而不淈蹱而俞出多聞
數窮不若守於中

天地不仁以萬物爲芻狗耵人不
仁□百姓爲芻狗天地之間亓猷
橐籥輿虚而不淈蹱而俞出多聞
數窮不若守於中

（以上通行本爲第五章）

浴神□死是胃玄＝牝＝之門是
胃□地之根緜＝呵若存用之不
堇

浴神不死是胃玄＝牝＝之門是
胃天地之根緜＝呵亓若存用之
不堇

（以上通行本爲第六章）

天長地久天地之所以能□且久
者以其不自生也故能長生是以
聲人芮其身而身先外其身而身
存不以其無□輿故能成其□

天長地久天地之所以能長且久
者以亓不自生也故能長生是以
耵人退亓身而身先外亓身而身
先外亓身而身存不以亓無私輿
故能成其私

（以上通行本爲第七章）

上善治水＝善利萬物而有靜居
衆之所惡故幾於道矣居善地心
善潚予善信正善治事善能蹱善
時夫唯不静故無尤

上善如水＝善利萬物而有爭居
衆人之所亞故幾於道矣居善地
心善淵予善天言善信正善治事
善能動善時夫唯不爭故無尤

（以上通行本爲第八章）

植而盈之不□□□□□□之□
之□可長葆之金玉盈室莫之守
也貴富而驕自遺咎也功述身芮
天□□□

揸而盈之不若亓已掘而允之不
可長葆也金玉□室莫之能守也
貴富而驕自遺咎也功遂身退天
之道也

（以上通行本爲第九章）

□□□□□□□□□□□□
能嬰兒乎脩除玄藍能毋疵乎愛
□□□□□□□□□□□□
□□□□□□□□□□□□生
之畜之生而弗□□□□□□
□德

戴營袙抱一能毋離乎槫氣至柔
能嬰兒乎脩除玄監能毋有疵乎
愛民栝國能毋以知乎天門啓闔
能爲雌乎明白四達能毋以知乎
生之畜之生而弗有長而弗宰也
是胃玄德

（以上通行本爲第十章）

卅□□□□□其無□□之用□
然埴爲器當其無有埴器□□□
□□□當其無有□之用也故有
之以爲利無之以爲用

卅楅同一轂當亓無有車之用也
燃埴而爲器當亓無有埴器之用
也鑿戶牖當亓無有室之用也故
有之以爲利無之以爲用

（以上通行本爲第十一章）

五色使人目明馳騁田臘使人□
□□難得之贖使人之行方五味
使人之口啁五音使人之耳聾是
以聲人之治也爲腹不□□故去

五色使人目盲馳騁田臘使人心
發狂難得之貨〇使人之行仿五
味使人之口爽五音使人之耳□
是以耵人之治也爲腹而不爲目

罷耳此　　　　　　　　　故去彼而取此

（以上通行本爲第十二章）

龍辱若驚貴大梡若身苟胃龍辱
若驚龍之爲下得之若驚失□若
驚是胃龍辱若驚何胃貴大梡若
身吾所以有大梡者爲吾有身也
及吾無身有何梡故貴爲身於爲
天下若可以迊天下矣愛以身爲
天下女可以寄天下

弄辱若驚貴大患若身何胃弄辱
若驚弄之爲下也得之若驚失之
若驚是胃弄辱若驚何胃貴大患
若身吾所以有大患者爲吾有身
也及吾無身有何患故貴爲身於
爲天下若可以橐天下□愛以身
爲天下女可以寄天下矣

（以上通行本爲第十三章）

視之而弗見名之曰聲聽之而弗
聞名之曰希捪之而弗得名之曰
夷三者不可至計故㡉□□□一
者其上不㣎其下不惚尋＝呵不
可名也復歸於無物是胃無狀之
狀無物之□□□□□□□□□
□□□而不見其首執今之道以
御今之有以知古始是胃□□

視之而弗見□之曰微聽之而弗
聞命之曰希○捪之而弗得命之
曰夷三者不可至計故緄而爲一
＝者亓上不謬亓下不惚尋＝呵
不可命也復歸於無物是胃無狀
之狀無物之象是胃忽望隋而不
見亓後迎而不見亓首執今之道
以御今之有以知古始是胃道紀

（以上通行本爲第十四章）

□□□□□□□□□□深不可
志夫唯不可志故强爲之容曰與

古之□爲道者微眇玄達深不可
志夫唯不可志故强爲之容曰與

呵其若冬□□□□□畏四□
□呵其若客渙呵其若凌澤□呵
其若樸涆□□□□□□□若浴
濁而情之餘清女以重之餘生葆
此道不欲盈夫唯不欲□□以能
□□□成

呵亓若冬涉水猷呵亓若畏四哭
嚴呵亓若客渙呵亓若凌澤沌呵
亓若樸涆呵亓若濁莊呵亓若浴
濁而静之徐清女以重之徐生葆
此道□□欲盈是以能襒而不成

（以上通行本爲第十五章）

至虛極也守情表也萬物旁作吾
以觀其復也天物云云各復歸於
其□□□＝是胃復＝命＝常也
知常明也不知常市＝作凶知常
容＝乃公＝乃王＝乃天＝乃道
□□□泏身不怠

至虛極也守静督也萬物旁作吾
以觀亓復也天物耘＝各復歸於
亓根曰静＝是胃復＝命＝常也
知常明也不知常芒＝作兇知常
容＝乃公＝乃王□□天＝乃道
＝乃没身不殆

（以上通行本爲第十六章）

大上下知有之其次親譽之其次
畏之其下母之信不足案有不信
□□其貴言也成功遂事而百省
胃我自然

大上下知又□亓□親譽之亓次
畏之亓下母之信不足安有不信
猷呵亓貴言也成功遂事而百姓
胃我自然

（以上通行本爲第十七章）

故大道廢案有仁義知快出案有
大偽六親不和案有畜茲邦家閬

故大道廢安有仁義知慧出安有
□□六親不和安又孝茲國家閬

乳案有貞臣　　　　　　　　　　爪安有貞臣

（以上通行本爲第十八章）

絕聲棄知民利百負絕仁棄義民　　絕耴棄知而民利百倍絕仁棄義
復畜茲絕巧棄利盜賊無有此三　　而民復孝茲絕巧棄利盜賊無有
言也以爲文未足故令之有所屬　　此三言也以爲文未足故令之有
見素抱□□□□□　　　　　　　所屬見素抱樸少□而寡欲

（以上通行本爲第十九章）

□□□□唯與訶其相去幾何美　　絕學無憂唯與呵亓相去幾何美
與惡其相去何若人之□□亦不　　與亞亓相去何若人之所畏亦不
□□□□□□□□□□□衆人巸　　可以不畏人望呵亓未央才衆人
＝若鄉於大牢而春登台我泊焉　　巸＝若鄉於大牢而春登台我博
未佻若□□□□纍呵如□□□　　焉未姚若嬰兒未咳纍呵佁無所
□□皆有餘我獨遺我禺人之心　　歸衆人皆又餘我愚人之心也湷
也惷＝呵鬻□□□□□□胃呵　　＝呵鬻人昭＝我獨若閶呵鬻人
鬻人蔡＝我獨閭＝呵惚呵其若　　察＝我獨閩＝呵沕呵亓若海望
□壑呵亓若無所止□□□□□　　呵若無所止衆人皆有以我獨門
□□□以悝吾欲獨異於人而貴　　元以鄙吾欲獨異於人而貴食母
食母

（以上通行本爲第二十章）

孔德之容唯道是從道之物唯墜　　孔德之容唯道是從道之物唯望
唯物□□□呵中有象呵墜呵惚　　唯沕＝呵望呵中又象呵望呵沕

呵中有物呵瀯呵鳴呵中有請呫
其請甚真其中□□自今及古其
名不去以順眾仪吾何以知眾父
之然以此

呵中有物呵幼呵冥呵亓中有請
呵亓請甚真亓中有信自今及古
亓名不去以順眾父吾何以知眾
父之然也以此

（以上通行本爲第二十一章）

炊者不立自視不章□見者不明
自伐者無功自矜者不長其在道
曰粽食贅行物或惡之故有欲者
□居

炊者不立自視者不章自見者不
明自伐者無功自矜者不長亓在
道也曰粽食贅行物或亞之故有
欲者弗居

（以上通行本爲第二十四章）

曲則金枉則定洼則盈敝則新少
則得多則惑是以聲人執一以爲
天下牧不□視故明不自見故章
不自伐故有功弗矜故能長夫唯
不爭故莫能與之爭古□□□□
□□□語才誠金歸之

曲則全汪則正洼則盈斃則新少
則得多則惑是以取人執一以爲
天下牧不自視故章不自見也故
明不自伐故有功弗矜故能長夫
唯不爭故莫能與之爭古之所胃
曲全者幾語才誠全歸之

（以上通行本爲第二十二章）

希言自然飄風不多朝暴雨不冬
日孰爲此天地□□□□□□於
人乎故從事而道者同於道德者
同於德者者同於失同於德□道

希言自然剽風不冬朝暴雨不冬
日孰爲此天地而弗能久有兄於
人乎故從事而道者同於道德者
同於德失者同於失同於德者道

亦德之同於□者道亦失之　　　亦德之同於失者道亦失之

（以上通行本爲第二十三章）

有物昆成先天地生繡呵繆呵獨　　有物昆成先天地生蕭呵謬呵獨
立□□□可以爲天地母吾未知　　立而不玹可以爲天地母吾未知
其名字之曰道吾强爲之名曰大　　元名也字之曰道吾强爲之名曰
□曰筮＝曰遠□□□□□□天　　大＝曰筮＝曰遠＝曰反道大天
大地大王亦大國中有四大而王　　大地大王亦大國中有四大而王
居一焉人法地□法□＝法□□　　居一焉人法地＝法天＝法道道
法□□　　　　　　　　　　　　法自然

（以上通行本爲第二十五章）

□爲巠根清爲趮君是以君子衆　　重爲輕根静爲趮君是以君子冬
日行不離其甾重唯有環官燕處　　日行不遠元甾重雖有環官燕處
□□若＝何萬乘之王而以身巠　　則昭若＝何萬乘之王而以身輕
於天下巠則失本趮則失君　　　　於天下輕則失本趮則失君

（以上通行本爲第二十六章）

善行者無𥈑迹□言者無瑕適善　　善行者無達迹善言者無瑕適善
數者不以檮筴善閉者無闡籥而　　數者不用檮笇善○閉者無關籥
不可啓也善結者□□約而不可　　而不可啓也善結者無纆約而不
解也是以聲人恒善㤹人而無棄　　可解也是以耵人恒善㤹人而無
人物無棄財是胃神明故善□□　　棄人物無棄財是胃曳明故善＝
□之師不善人善人之賚也不貴　　人＝之師不善人善人之資也不

其師不愛其齎唯知乎大眯是胃
眇要

貴亓師不愛亓資雖知乎大迷是
胃眇要

（以上通行本爲第二十七章）

知其雄守其雌爲＝天＝下＝溪
＝恒＝德＝不＝鷄＝復歸嬰兒
知其白守其辱爲＝天＝下＝浴
恒德＝乃＝□□□□□□知其
守其黑爲＝天＝下＝式＝恒德
＝不＝貸＝復歸於無極楃散□
□□□人用則爲官長夫大制無
割

知亓雄守亓雌爲＝天＝下＝鷄
＝恒＝德＝不＝離＝復□□□
□□亓白守亓辱爲＝天＝下＝
○浴＝恒＝德＝乃＝足＝復歸
於樸知其白守亓黑爲＝天＝下
＝式＝恒＝德＝不＝貸＝復歸
於無極樸散則爲器耴人用則爲
官長夫大制無割

（以上通行本爲第二十八章）

將欲取天下而爲之吾見其弗□
□□□□器也非可爲者也爲者
敗之執者失之物或行或隨或炅
或□□□□□或壞或撱是以聲
人去甚去大去楮

將欲取□□□□□□□□□得
已夫天下神器也非可爲者也爲
之者敗之執之者失之○物或行
或隋或熱或挫或陪或墮是以聖
人去甚去大去諸

（以上通行本爲第二十九章）

以道佐人主不以兵強□天下□
□□□□□所居楚朸生之善者
果而已矣毋以取強焉果而毋驕

以道佐人主不以兵強於天下亓
□□□□□□□棘生之善者
果而已矣毋以取強焉果而毋驕

果而勿矜果而□□果而毋得已　　　　果而勿矜果□□伐果而毋得已
居是胃□而不強物壯而老是胃　　　　居是胃果而強物壯而老胃之不
之不＝道＝蚤已　　　　　　　　　　＝道＝蚤已

（以上通行本爲第三十章）

夫兵者不祥之器□物或惡之故　　　　夫兵者不祥之器也物或亞□□
有欲者弗居君子居則貴左用　　　　　□□□□□□子居則貴左用兵
兵則貴右故兵者非君子之器也　　　　則貴右故兵者非君子之器兵者
□□不祥之器也不得已而用之　　　　不祥□器也不得已而用之銛襲
銛襲爲上勿美也若美之是樂殺　　　　爲上勿美也若美之是樂殺人也
人也夫樂殺人不可以得志於天　　　　夫樂殺人不可以得志於天下矣
下矣是以吉事上左喪事上右是　　　　是以吉事□□□□□是以偏
以便將軍居左上將軍居右言以　　　　將軍居左而上將軍居右言以喪
喪禮居之也殺人衆以悲依立之　　　　禮居之也殺□□□□□立□□
戰勝以喪禮處之　　　　　　　　　　朕而以喪禮處之

（以上通行本爲第三十一章）

道恒無名椢唯□□□□□□□　　　　道恒無名樸唯小而天下弗敢臣
□王若能守之萬物將自賓天地　　　　侯王若能守之萬物將自賓天地
相谷以俞甘洛民莫之□□□□　　　　相合以俞甘洛□□□令而自均
焉始制有□□□□有夫□□□　　　　焉始制有名＝亦既有夫亦將知
□□□所以不□俾道之在□□　　　　＝止＝所以不殆卑□□在天下
□□□浴之與江海也　　　　　　　　也猷小浴之與江海也

（以上通行本爲第三十二章）

知人者知也自知□□□□□者
有力也自勝者□□□□□也
強行者有志也不失其所者久也
死不忘者壽也

知人者知也自知明也朕人者有
力也自朕者強也知足者富也強
行者有志也不失亓所者久也死
而不忘者壽也

（以上通行本爲第三十三章）

道□□□□□□□□遂事而
弗名有也萬物歸焉而弗爲主則
恒無欲也可名於小萬物歸焉□
□爲主可名於大是□聲人之能
成大也以其不爲大也故能成大

道灃呵亓可左右也成功遂□□
弗名有也萬物歸焉而弗爲主則
恒無欲也可名於小萬物歸焉而
弗爲主可命於大是以耴人之能
成大也以亓不爲大也故能成大

（以上通行本爲第三十四章）

執大象□□往＝而不害安平大
樂與餌過格止故道之出言也曰
談呵其無味也□□不足見也聽
之不足聞也用之不可既也

執大象天下往＝而不害安平大
樂與□過格止故道之出言也曰
淡呵亓無味也視之不足見也聽
之不足聞也用之不可既也

（以上通行本爲第三十五章）

將欲拾之必古張之將欲弱之□
□強之將欲去之必古與之將欲
奪之必古予之是胃微明柔弱勝
強魚不脱於瀟邦利器不可以視
人

將欲擒之必古張之將欲弱之必
古○強之將欲去之必古與之將
欲奪之必古予□是胃微明柔弱
朕強魚不可説於淵國利器不可
以示人

（以上通行本爲第三十六章）

道恒無名侯王若守之萬物將自
愿＝而欲□□□□□□□之以
無＝名＝之＝楃＝夫將不＝辱
＝以情天地將自正

道恒無名侯王若能守之萬物將
自化＝而欲作吾將闐＝之＝以
＝無＝名＝之＝樸＝夫將不＝
辱＝以静天地將自正

（道二千四百廿六）

（以上通行本爲第三十七章）

帛书《老子》校正文与意译文对照

（一）《道经篇》

校正文	意译文
道可道也，	一般的"道"是可以用言语表达的，
非恒道也；	但它不是"恒道"；
名可名也，	一般事物之"名"是可以称呼的，
非恒名也。	但它不是"恒名"。
无名，万物之始也；	"无名"是万物的始祖；
有名，万物之母也。	"有名"是万物的母亲。
故恒无欲也，	经常保持无欲的精神状态，
以观其妙；	就可以静观无名之道的微妙；
恒有欲也，	经常为欲念所纠缠，
以观其所徼。	则只能粗察有名之物的显露之处。
此两者，	"无名"和"有名"这两种东西，
同出而异名，	同自道出而名称各异，
同谓之玄。	它们同属于原始之气。
玄之又玄，	那原始而又原始之气，
众妙之门。	才是产生一切变化的总门。

（以上通行本为第一章）

天下皆知美之为美，	天下人都懂得什么叫做"美"，
斯恶已，	便分别出"丑"来了；
皆知善之为善，	天下人都懂得什么叫做"善"，
斯不善已。	便分别出"恶"来了。
有无之相生也，	有与无相互生成，
难易之相成也，	难与易相互成就，
长短之相刑也。	长与短相互衬托，
高下之相盈也，	高与下相互盈满，
音声之相和也，	音与声相互调和，
先后之相随，	先与后相互跟随，
恒也。	这是永恒不变的自然法则。
是以圣人居无为之事，	所以圣人按"无为"的指导思想办事，
行不言之教，	实行不言而因任自然的教育方法。
万物作而弗始也，	万物兴作而不管理它们，
生而弗有也，	万物生出而不占有它们，
为而弗恃也，	对万物有所施为而不恃望其报，
成功而弗居也。	取得成功而不居功自傲，
夫唯弗居，	正因为不居功自傲，
是以弗去。	所以天道永存不朽。

（以上通行本为第二章）

不上贤，	不崇尚贤才，
使民不争；	使老百姓不竞争；

466

不贵难得之货，	不看重难得的财货，
使民不为盗；	使老百姓不流为盗贼；
不见可欲，	不表现出多欲；
使民心不乱。	使老百姓的思想不被扰乱。
是以圣人之治也，	所以圣人治理百姓，
虚其心，	注意消除他们的欲念，
实其腹，	填饱他们饥饿的肚皮，
弱其志，	削弱他们的志气，
强其骨，	增强他们劳动的筋骨，
恒使民无知无欲也。	让老百姓经常保持无知无欲的状态。
使夫知者不敢为也，	使那些行巧智的人，也不去妄为。
为无为，	坚持无为的原则，
则无不治矣。	就什么都可以治理好。

（以上通行本为第三章）

道冲，	道虚而无形，
而用之有弗盈也。	其作用不可穷尽。
渊呵，似万物之宗。	深呵，好似万物的宗祖。
（挫其锐，	（挫折那显露的锋锐，
解其纷，	消解那是非之争，
和其光	调和那光的亮度，
同其尘。）	混同那清浊的区分。）
湛呵似或存。	它无形啊，又好似存在着。
吾不知其谁之子也，	我不知"道"是谁的儿子，

象帝之先。　　　　　　　好像它存在于天帝之前。

（以上通行本为第四章）

天地不仁，　　　　　　　天地不施仁恩，

以万物为刍狗；　　　　　把万物看作祭神用过的草狗；

圣人不仁，　　　　　　　圣人不施仁恩，

以百姓为刍狗。　　　　　把百姓看作祭神用过的草狗。

天地之间其犹橐籥与，　　天地之间好似一个鼓风箱，

虚而不淈，　　　　　　　空虚而不可穷尽，

动而俞出。　　　　　　　运动就越出越多。

多闻数穷，　　　　　　　闻见太多就会屡遭困穷，

不若守于中。　　　　　　不如守住虚静之道。

（以上通行本为第五章）

谷神不死，　　　　　　　生养之神永存，

是谓玄牝，　　　　　　　可称它为原始的母体。

玄牝之门，　　　　　　　原始的母体之门，

是谓天地之根。　　　　　就是产生天地万物的本根。

绵绵呵其若存，　　　　　连绵不绝啊，它确有存，

用之不勤。　　　　　　　用之不可穷尽。

（以上通行本为第六章）

天长地久。　　　　　　　天地长生久寿，

天地之所以能长且久者　　天地之所以能够长生久寿，

· 468 ·

| 以其不自生也，
故能长生。
是以圣人后其身，
而身先，
外其身，
而身存。
不以其无私与？
故能成其私。 | 是因为他不自我贪生，
所以能长生久寿。
所以圣人退自身于后，
自身反能占先，
置自身于外，
自身反能保存。
不是因为他没有私吗？
所以能成全他的私利。 |

（以上通行本为第七章）

| 上善如水，
水善利万物而不争。
居众人之所恶，
故几于道矣。
居善地，
心善渊，
予善天，
言善信，
正善治，
事善能，
动善时，
夫惟不争，
故无尤。 | 上善之人好比水一样，
水的德性善于利泽万物而不争。
它居于众人厌恶的卑下之处，
所以接近于道。
居处善于安居低位，
用心善于深藏若渊，
给予善于仿效天道，
说话善于寡言有信，
为政善于无为而治，
作事善于以韧取胜，
行动善于顺应时令。
正因为水不争，
所以它没有怨咎。 |

（以上通行本为第八章）

植而盈之，	将盈满之物紧紧地把持着，
不若其已；	不如将它放下；
揣而锐之，	捶打得很尖锐，
不可长葆也；	不可长久地保存；
金玉盈室，	金玉财宝堆满库室，
莫之能守也；	不能保守住；
贵富而骄，	富贵而又骄傲，
自遗咎也。	必然给自己留下灾祸。
功遂身退，	功业成就即隐身告退，
天之道也哉。	这符合天的法则。

（以上通行本为第九章）

营魄抱一，	保藏精气于形体，
能毋离乎？	能做到不散失吗？
抟气致柔，	结聚精气使骨弱筋柔，
能如婴儿乎？	能像婴儿那样吗？
涤除玄鉴，	洗刷心镜，
能毋有疵乎？	能不留一点斑疵吗？
爱民治国，	爱护人民，治理国家，
能毋以知乎？	能做到不用巧智吗？
天门启阖，	口鼻呼吸、开合，
能为雌乎？	能做到为雌守静吗？
明白四达，	明白大道，通达情理，
能毋以为乎？	能做到不行巧伪吗？

生之，	道生万物，
畜之。	德养万物。
生而弗有，	但生之而不占有，
为而弗恃，	施为而不恃望其报。
长而弗宰也，	长之而不去宰割，
是谓玄德。	这就是上善之德。

（以上通行本为第十章）

卅幅同一毂，	三十根条幅，同在一个车毂上，
当其无，	当它留有空虚之处，
有车之用也；	才有车的作用；
撚埴以为器，	揉和黏土以作器皿，
当其无，	当它留有空虚之处，
有器之用也。	才有器皿的作用；
凿户牖以为室，	开凿门窗以作房屋，
当其无，	当它留有空虚之处，
有室之用也。	才有房屋的作用。
故有之以为利，	所以，一物的实有部分对人有利，
无之以为用。	一物的空虚部分也对人有用。

（以上通行本为第十一章）

五色使人目盲，	多种色彩使人眼花缭乱，
五音使人耳聋，	多种音乐使人耳朵发麻，
五味使人口爽，	多种美味使人味口败坏，

驰骋田猎使人之心发狂，　　骑马打猎使人之心过度放荡。

难得之货使人之行妨。　　　难得的财货使人行路不便。

是以圣人之治也，　　　　　所以圣人养治身体，

为腹而不为目，　　　　　　只求饱肚皮，不求饱眼福。

故去彼而取此。　　　　　　因此要去掉后者，采取前者。

（以上通行本为第十二章）

宠辱若惊，　　　　　　　　宠与辱都能使人惊恐，

贵大患若身。　　　　　　　重视祸患在于有身。

何谓宠辱若惊？　　　　　　为何说宠与辱都会使人惊恐？

宠为上，　　　　　　　　　宠为上贵，

辱为下。　　　　　　　　　辱为下贱。

得之若惊，　　　　　　　　得到"辱"会惊恐，

失之若惊，　　　　　　　　失去"宠"亦会惊恐，

是谓宠辱若惊。　　　　　　此为宠与辱都会使人惊恐。

何谓贵大患若身？　　　　　为何说重视祸患在于有身？

吾所以有大患者，　　　　　我之所以有大患，

为吾有身也，　　　　　　　是因为我有身；

及吾无身，　　　　　　　　如我无身，

有何患？　　　　　　　　　那还有什么祸患呢？

故贵以身为天下者，　　　　重视以身服务于天下的人，

若可以寄天下矣；　　　　　则可以把天下托付于他；

爱以身为天下者，　　　　　喜好以身服务于天下的人，

若可以托天下矣。　　　　　则可以把天下托付于他。

（以上通行本为第十三章）

视之而弗见，	看它不见，
名之曰幾；	叫做"幾"；
听之而弗闻，	听它不见，
名之曰希；	叫做"希"
捪之而弗得，	摸它不着，
名之曰微。	叫做"微"。
此三者，	幾、希、微这三种特性，
不可致诘。	不可诘问。
故混而为一。	它们本来就合而为"一"。
一者，	"一"这个东西，
其上不皦，	它的上面没有光照；
其下不昧，	它的下面没有暗影。
绳绳呵不可名也。	它变化无穷啊，不可命名。
复归于无物。	又复归为无名之物。
是谓无状之状，	这叫做没有形状的形状，
无象之象，	没有形象的形象，
是谓惚恍。	这就是所谓"惚恍"。
随而不见其后，	跟着它看不见它的背后，
迎而不见其首。	迎着它，看不见它的头面。
执古之道，	掌握古道，
以御今之有。	用来治理今日之天下国家。
以知古始，	能通晓古代治术，
是谓道纪。	可称得上"道"的纲纪。

（以上通行本为第十四章）

古之善为道者，　　　　　　古代善于实行道的人，

微妙玄达，　　　　　　　　　通达玄妙深奥之理，

深不可识，　　　　　　　　　其德行深沉而不可识知。

夫唯不可识，　　　　　　　　正因为不可识知，

故强为之容。　　　　　　　　所以只能勉强描述他的状貌。

曰：豫呵，　　　　　　　　　叫做：犹豫呵，

其若冬涉水；　　　　　　　　他好像冬天涉过流水；

犹呵，　　　　　　　　　　　迟疑呵，

其若畏四邻；　　　　　　　　他好像〔做了见不得人的事〕而害怕四邻；

俨呵，　　　　　　　　　　　矜持庄重啊，

其若客；　　　　　　　　　　他好像作客；

涣呵，　　　　　　　　　　　融和而不凝滞啊，

其若凌释；　　　　　　　　　他好像积冰在融释；

敦呵，　　　　　　　　　　　敦厚啊，

其若朴；　　　　　　　　　　他好像未加工的朴素之材；

旷呵，　　　　　　　　　　　空旷啊，

其若谷；　　　　　　　　　　他的胸怀好像深谷；

浑呵，　　　　　　　　　　　浑浑然啊，

其若浊。　　　　　　　　　　他好像一潭浊水。

浊而静之，　　　　　　　　　混浊之物使其静，

徐清；　　　　　　　　　　　就会慢慢沉清；

安以动之，　　　　　　　　　静止之物使其动，

徐生。　　　　　　　　　　　就会慢慢复生。

葆此道者不欲盈，　　　　　保持这个道而不自满，

夫唯不盈，　　　　　　　　正由于不自满，

是以能敝而新成。　　　　　所以能去旧更新。

（以上通行本为第十五章）

至虚极也，　　　　　　　　把心灵之虚清推到极度，

守静笃也。　　　　　　　　使心情之静寂保持牢固。

万物并作，　　　　　　　　当万物同时兴作之时，

吾以观其复也。　　　　　　我以虚静来观察它们循环往复。

夫物芸芸，　　　　　　　　万物纷纷芸芸，

各复归于其根。　　　　　　各自都要归回到本根。

归根曰静。　　　　　　　　所归的本根叫做"精"。

静，是谓复命。　　　　　　达到"精"，就是回复生命。

复命，常也；　　　　　　　回复生命，符合常道；

知常，明也。　　　　　　　懂得常道，叫做明智。

不知常，妄；　　　　　　　不懂得常道，叫做妄为；

妄作凶。　　　　　　　　　妄为则必然遭到凶祸。

知常容，　　　　　　　　　懂得常道就能包容一切，

容乃公，　　　　　　　　　能包容一切就能公正无私，

公乃王，　　　　　　　　　能公正无私就能为天下王，

王乃天，　　　　　　　　　能为天下王就能与天通，

天乃道，　　　　　　　　　能与天通就能合乎道，

道乃久，　　　　　　　　　能合乎道就能长治久安，

没身不殆。　　　　　　　　这样，就终身没有危殆。

（以上通行本为第十六章）

太上，	太古时候的君主，
下知有之，	下面的老百姓只知道有他，
其次亲誉之，	其次是老百姓亲近、赞誉他，
其次畏之，	再次等的是老百姓害怕他，
其下侮之。	最下等的是老百姓辱骂他。
信不足，	君主的信德不充满，
安有不信。	乃有老百姓不信君主的事情发生。
犹呵，	犹豫迟疑啊，
其贵言也。	有德的君主说话很少。
成功遂事，	他取得成功，完成事业，
而百姓谓我自然。	百姓都说是自己如此，自然而然。

（以上通行本为第十七章）

故大道废，	大道被废弃以后，
安有仁义：	于是产生了仁义；
智慧出，	智慧出现以后，
安有大伪；	于是有了虚伪巧诈；
六亲不和，	六亲不和睦，
安有孝慈；	于是有了孝慈那一套说教；
国家昏乱，	国家昏暗动乱，
安有贞臣。	于是出现了正直的能臣。

（以上通行本为第十八章）

绝圣弃智，	断绝并且抛弃圣者之巧智，

民利百倍；	将给老百姓带来百倍的好处；
绝仁弃义，	断绝并且抛弃仁义的说教，
民复孝慈；	将会使老百姓恢复慈孝的美德；
绝巧弃利，	断绝并且抛弃巧诈私利，
盗贼无有。	社会上就不会有盗贼作乱。
此三言也，	以上三个方面，
以为文未足，	作为原则还不够，
故令有所属：	所以还要令其有所归属：
见素抱朴，	外表单纯、内心质朴，
少私寡欲，	减少私利、克制贪欲，
绝学无忧。	绝去政教礼乐之学，就没有忧愁。

（以上通行本为第十九章）

唯与诃，	应诺与责怒，
其相去几何？	相差能有多少？
美与恶，	美丽与丑恶，
其相去何若？	相差又有多少？
人之所畏，	众人所害怕的，
亦不可以不畏。	我也不能不害怕。
荒呵，其未央哉。	但是，〔我与世俗相违之处〕广阔得没有尽头啊。
众人熙熙，	众人皆大欢喜，
若飨于大牢，	好像享受丰盛的筵宴，
若春登台。	也好像春天登台赏景。

我泊焉未兆，	我淡泊无为而没有情欲的形兆，
若婴儿未咳。	好像婴儿还不知笑时那样质朴，
累呵似无所归。	好像疲倦的人不知归宿。
众人皆有余，	众人都情欲有余，
我独遗。	我恰恰遗弃了情欲。
我愚人之心也，	我算是"愚人"的头脑，
惷惷啊！	浑然无知啊！
众人昭昭，	众人明白四达，
我独昏昏呵；	我独暗昧无知啊；
众人察察，	众人清审明晰，
我独闷闷呵。	我独糊里糊涂啊。
惚呵，其若晦；	昏暗不明，就好像月光将尽；
恍呵，若无所止。	昏暗不明，好像没有边际呀。
众人皆有以，	众人都有作为，
我独顽且鄙。	唯独我愚顽而又无能。
吾欲独异于人，	我不同于世俗之人，
而贵食母。	而重视用"道"。

（以上通行本为第二十章）

孔德之容，	大德的形容，
惟道是从。	都是从道所出。
道之为物，	道在生化万物时，
惟恍惟惚。	呈现恍恍惚惚的状态。
惚呵恍呵，	惚惚恍恍啊，

中有象呵；	其中寓有形象；
恍呵惚呵，	恍恍惚惚啊，
中有物呵。	其中含有实物。
窈呵冥呵。	窈窈冥冥啊，
中有精呵。	其中藏有精气。
其精甚真，	那个精气极为纯真呀，
其中有信。	其中蕴含着"神"气。
自今及古，	从当今推及远古，
其名不去。	"德"的名字不会丧失。
以顺众父。	有了它，可以承受"道"。
吾何以知众父之然也？	我怎么明白"道"的情状呢？
以此。	根据"德"。

（以上通行本为第二十一章）

曲则全，	委曲而能保全，
枉则正。	屈枉而能直伸。
洼则盈，	低洼而能满盈，
敝则新。	敝旧而能更新。
少则得，	少取而能多得，
多则惑。	多得反而丧失。
是以圣人抱一以为天下牧。	所以圣人守虚处弱而为天下人所效法。
不自是，	不自以为是，
故彰：	所以彰明；
不自见，	不自我表现，

故明；	所以明智；
不自伐，	不自我夸耀，
故有功；	所以有功绩；
不自矜，	不自我矜持，
故长。	所以能长久。
夫唯不争，	正因为不争强，
故莫能与之争。	所以谁也争不赢他。
古之所谓曲则全者，	古人所说的"委曲而能保全"的道理，
岂虚哉？	难道还有假吗？
诚全归之。	真要保全就要照着办。

（以上通行本为第二十二章）

希言，自然。	少说话，听任自然。
飘风不终朝，	疾风吹不了一早晨，
暴雨不终日。	暴雨下不了一整天。
孰为此？	谁操纵这一切呢？〔自然如此。〕
天地而弗能久，	天地尚且不能长久，
又况于人乎？	何况人呢？
故从事于道者，	所以，办事像有道之人那样，
同于道，	则与"道"同体；
从事于德者，	办事像有德之人那样，
同于德；	则与"德"同体；
从事于失者，	办事像失道失德之人那样，
同于失。	则与"失"同体。

同于德者，	与德同体的人，
道亦德之；	"道"也得到了他；
同于失者，	与失同体的人，
道亦失之。	道也失去了他。

（以上通行本为第二十三章）

跂者不立，	用脚尖立地不能久立，
跨者不行。	大步跨行不能远行。
自是者不彰，	自以为是的人，不能彰明；
自见者不明，	自我表现的人，不会明智；
自伐者无功，	自我夸耀的人，没有功劳；
自矜者不长。	自我矜持的人，不能长久。
其在道也，	它们对于有道的人说来，
曰余食赘行，	叫做残汤剩饭，身上的肉瘤，
物或恶之，	使人讨厌，
故有道者弗居。	所以，有道的人不取。

（以上通行本为第二十四章）

有物混成，	有个东西混沌不分，
先天地生。	它先于天地而生成。
寂呵寥呵，	它既静且动啊，
独立而不改，	独立存在而不失其固有的本性，
周行而不殆，	循环往复地运动而不倦怠，
可以为天地母。	可以称它为化生天地万物的母体。

吾未知其名也，	我未知道它的名字，
字之曰道，	给它一个字叫做"道"，
吾强为之名曰大。	勉强给它一个名叫做"大"。
大曰逝，	大于是流逝，
逝曰远，	流逝于是远离，
远曰反。	远离于是返回。
道大，天大，	道为大，天为大，
地大，人亦大。	地为大，人也为大。
域中有四大，	宇宙内有四大，
而人居一焉。	而人是其中之一。
人法地，	人效法地，
地法天，	地效法天，
天法道，	天效法道，
道法自然。	道顺乎自然。

（以上通行本为第二十五章）

重为轻根，	厚重为轻浮的根本，
静为趮君。	安静为躁动的主宰。
是以君子终日行，	所以有德之人日常的言行举止，
不离其辎重。	总是不离开静与重。
虽有荣观，	他虽有荣华之境可供观赏
燕处超然。	却安居闲处，超然物外。
若何万乘之王，	为什么拥有万乘兵车的侯王，
而以身轻于天下，	却要在天下人面前表现轻浮呢？

轻则失本，	轻浮则将丧失根本，
趮则失君。	躁动则丧失主见。

（以上通行本为第二十六章）

善行者无彻迹，	善于行走之人，无车辙马迹；
善言者无瑕适，	善于说话之人，无语病可挑；
善数者不用梼筭；	善于计数之人，不用计算工具；
善闭者无关籥而不可启也，	善于关闭之人不用关键，却使人不可开启；
善结者无纆约而不可解也。	善于捆绑之人，不用绳子捆绑却使人难以松解。
是以圣人恒善救人，	所以圣人常善于救人，
而无弃人：	而不遗弃人；
恒善救物，	常善于救物，
而无弃物。	而不遗弃物。
是谓袭明。	这就叫做因顺常道。
故善人不善人之师；	所以，善人可作不善人的老师；
不善人，善人之资也。	不善之人，可作善人的借鉴。
不贵其师，	不看重那个"师"，
不爱其资，	不爱惜那个"资"，
虽知大迷，	虽然有智慧，却装做糊涂，
是谓妙要。	这就是妙道之要。

（以上通行本为第二十七章）

知其雄，	知道彼刚强，
守其雌，	却安守此柔弱，
为天下溪。	甘为天下最卑下者。
为天下溪，	甘为天下最卑下者，
恒德不离，	常德永远不离失。
复归于婴儿。	重新回复到婴儿的纯朴。
知其白，	知道彼光明，
守其黑，	却安守此暗昧，
为天下式。	作为天下人的法式。
为天下式，	作为天下人的法式，
恒德不贷，	常德永不差忒，
复归于无极。	重新回归于道。
知其荣，	知道彼荣耀，
守其辱，	却安守此污辱，
为天下谷。	甘为天下最卑下者。
为天下谷，	甘为天下最卑下者，
恒德乃足，	常德就会充盈，
复归于朴。	重新恢复朴实无华的本色。
朴散则为器，	万物的朴真离散，就成为具体的器物。
圣人用则为官长，	圣人运用它就能成为君人之长。
夫大制无割。	所以，用大道制御天下而没有损伤。

（以上通行本为第二十八章）

将欲取天下而为之，	想要治理天下而行有为之政，
吾见其弗得已。	我看他不可得逞。
夫天下神器也，	天下是神妙的器物，
非可为者也，	不可以强力而为，
〔非可执者也。〕	〔不可以紧抓不放。〕
为者败之，	强力而为就会失败，
执者失之。	紧抓不放就会丧失。
物或行或随，	事物有的前行，有的后随；
或歔或吹，	有的轻嘘，有的急吹；
或强或羸，	有的强大，有的瘦弱；
或载或隳。	有的安全，有的危险。
是以圣人去甚、去泰、去奢。	所以圣人办事不过分，不过极，不夸张。

（以上通行本为第二十九章）

以道佐，	人主以道自我辅佐，
人主不以兵强于天下，	不应当依靠兵力称霸于天下。
其事好还。	用兵必将得到还报。
师之所居，	用兵打仗之地，
荆棘生之。	杂草丛生。
善者果而已矣，	善于用兵的人济困救危罢了，
毋以取强焉。	而不借用兵逞强于天下。
果而勿骄；	济困救危而不骄傲，
果而勿矜，	济困救危而不矜持，

果而勿伐，	济困救危而不夸耀，
果而毋得已，	济困救危出于不得已，
是谓果而不强。	这就叫做济困救危而不称强于天下。
物壮则老，	事物壮大了则过早走向衰老，
是谓不道，	这叫做不合于道，
不道早已。	不合于道必然提前消亡。

（以上通行本为第三十章）

夫兵者不祥之器也，	兵器是不吉利的东西，
物或恶之，	人们都讨厌它，
故有道者弗居。	所以有道之人不以此安身立命。
君子居则贵左，	君子平时居家则以左方为贵，
用兵则贵右。	战时用兵则以右方为贵。
故兵者非君子之器也，	所以，兵器非君子所用，
兵者不祥之器也，	它是不吉利的东西，
不得已而用之。	只是不得已才用它。
铦袭为上，	兵器以锋利而能刺入为优，
勿美也。	不必装饰它。
若美之，	若把杀人的兵器装饰得很美，
是乐杀人也。	那是乐于杀人的表现。
夫乐杀人，	而乐于杀人的人，
不可以得志于天下矣。	是不可能使自己的志愿在天下得到实现的。
是以吉事上左，	所以吉祥之事以左方为贵，

丧事上右；	凶丧之事以右方为贵。
是以偏将军居左，	所以偏将军居于左方，
上将军居右。	上将军居于右方。
言以丧礼居之也。	这是说用行丧礼的仪式来对待用兵打仗。
杀人众，	杀人众多，
以悲哀泣之，	以悲哀的感情为之哭泣；
战胜以丧礼处之。	打了胜仗，用行丧礼的仪式来处理后事。

（以上通行本为第三十一章）

道——恒、	道，永远存在，
无名、	它没有名字，
朴、唯、小，	是原始素材，独立无匹，其体微小，
而天下弗敢臣。	而天下人谁也不能臣服它。
侯王若能守之，	侯王若能守道，
万物将自宾。	万物将自动宾服。
天地相合，	天地阴阳之气相结合，
以降甘露，	而普降下甘露，
民莫之令而自均焉。	虽无人命令，而人民却能平均地享受。
始制有名，	产生了法度就有了名分，
名亦既有，	名分有了之后，
夫亦将知止。	则当适可而止。

知止所以不殆。　　　　知道适可而止，就没有危险。

譬道之在天下，　　　　大道之于天下万物，

犹川谷之与江海也。　　譬犹大海之与江河。

（以上通行本为第三十二章）

知人者智也，　　　　　知道别人的人只是空有巧智，

自知者明也，　　　　　知道自己的长处与短处才称清明；

胜人者有力也，　　　　能战胜别人算是有力量，

自胜者强也；　　　　　能克制自己而守柔处弱才是真正的刚
　　　　　　　　　　　强；

知足者富也，　　　　　知道自我满足的人永远富有，

强行者有志也；　　　　勉强行道的人抱有大志；

不失其所者久也，　　　顺道而行的人才能长久，

死而不忘者寿也。　　　身死而道常存才算长寿。

（以上通行本为第三十三章）

道汎呵，　　　　　　　大道像浮动的流水，

其可左右也。　　　　　它或左或右无所不在。

万物恃之以生而不辞。　万物赖它而生，但它不作万物的主
　　　　　　　　　　　宰。

成功遂事而弗民有也，　取得了成功，完成了事业，而不自有
　　　　　　　　　　　其名，

万物归焉而弗为主。　　万物归顺而不为它们作主。

恒无欲也，　　　　　　经常保持无欲的状态，

· 488 ·

可名于小；	可以称之为"小"；
万物归焉而弗为主，	万物归顺而不为它们作主，
可名于大矣。	可以称之为"大"。
是以圣人之能成大也，	所以，圣人之能成就大业，
以其不为大也，	就因为他不自以为大，
故能成大。	因而能成就大业。

（以上通行本为第三十四章）

执大象，	掌握了大道，
天下往。	天下人都将归往。
往而不害，	归往而不相害，
安平太。	则国泰民安。
乐与饵，	悦耳的音乐与好吃的美食，
过客止。	待过客人以后就很快消失。
道之出，	大道所出，
言淡呵其无味也，	乃淡而无味，
视之不足见也，	视而不见，
听之不足闻也，	听而不闻，
用之不足既也。	用而不可穷尽。

（以上通行本为第三十五章）

将欲擒之，	将要牵制它，
必故张之；	必先放开它；
将欲弱之，	将要削弱它，

必故强之，	必先增强它；
将欲去之，	将要废去它，
必故举之；	必先推举它；
将欲夺之，	将要夺取它，
必故予之。	必先给予它。
是谓微明。	这中间的道理可谓微妙而彰明。
柔弱胜刚强，	柔弱可以战胜刚强，
鱼不可脱于渊，	鱼儿不可以脱离深渊，
国之利器不可以示人。	国君的"权术"不可以昭示于人。

（以上通行本为第三十六章）

道恒无为，	道永远无为，
而无不为。	而没有什么事不可为。
侯王若能守之，	侯王若能坚守无为之道，
万物将自化。	万物就可以自己变化而成。
化而欲作，	变化而欲念兴作，
吾将镇之以无名之朴。	我将用"无名"和"朴"来克制它。
镇之以无名之朴，	用"无名"和"朴"来克制它，
夫将不欲。	就能达到"无欲"的境界。
不欲以静，	"无欲"就能导致安静，
天下将自正。	从而使天下太平无事。

（以上通行本为第三十七章）

（二）《德经篇》

校正文	意译文

上德不德，　　　　　　　　上德之人不以得为事，

是以有德。　　　　　　　　所以有所得；

下德不失德，　　　　　　　下德之人持得不失，

是以无德。　　　　　　　　所以无所得。

上德无为，而无不为也；　　上德之人无为，而没有什么不可为；

上仁为之，而无以为也；　　上仁之人推行仁，而其实无所为；

上义为之，　　　　　　　　上义之人推行义，

而有以为也；　　　　　　　而不得不有所为；

上礼为之，　　　　　　　　上礼之人推行礼，

而莫之应也。　　　　　　　若无人响应，

则攘臂而扔之。　　　　　　就揎衣出臂，强行人家服从其礼。

故失道而后德，　　　　　　所以，丧失了“道”而后才有“德”，

失德而后仁，　　　　　　　丧失了“德”而后才有“仁”，

失仁而后义，　　　　　　　丧失了“仁”而后才有“义”，

失义而后礼。　　　　　　　丧失了“义”而后才有“礼”。

夫礼者，　　　　　　　　　至于那个“礼”，

忠信之薄，　　　　　　　　乃是忠信的衰薄，

而乱之首也。　　　　　　　与祸乱的开端。

前识者，　　　　　　　　　所谓“先知”，

道之华而愚之首也。	那是道的虚华与邪伪的开端。
是以大丈夫居其厚,	所以,大丈夫处身于淳厚,
而不居其薄;	而不处身于浅薄;
居其实,	处身于朴实,
而不居其华。	而不处身于虚华。
故去彼而取此。	因而,要去掉浅薄与虚华,采纳淳厚与朴实。

（以上通行本为第三十八章）

昔之得一者,	已经得到“一”的事物,〔各有所成〕:
天得一以清,	天得到“一”而清明,
地得一以宁,	地得到“一”而安宁,
神得一以灵,	神得到“一”而英灵,
谷得一以盈,	低谷得到“一”而充盈,
侯王得一以为天下正。	侯王得到“一”而成为天下的统领。
其致之一也,	如果抛弃这个“一”,
谓天毋以清将恐裂,	则天不得清明恐会崩裂,
地无以宁将恐发,	地不得安宁恐会倾堕,
神无以灵将恐歇,	神不得英灵恐会止息,
谷毋以盈将恐竭,	低谷不得充盈恐会枯竭,
侯王毋以贵高将恐蹶。	侯王不得贵高恐会废黜。
故贵必以贱为本,	所以荣贵必以低贱为根本,
高必以下为基。	高尚必以贱下为基础。

是以侯王自谓孤、寡、　　　所以，侯王称呼自己为“孤”、为

不榖。　　　　　　　　　　“寡”，为不“榖”。

此其以贱之为本与，　　　　这就是它们以低贱作为根本，

非也？　　　　　　　　　　不是吗？

故致数与无与。　　　　　　所以，使之多誉反而无誉。

是故不欲禄禄若玉，　　　　因此，不要像美玉那样闪闪发光，

硌硌若石。　　　　　　　　也不要像石头那样落落坚硬。

　　　　　　（以上通行本为第三十九章）

反也者道之动也，　　　　　向相反的方面转化是道的运动，

弱也者道之用也。　　　　　处柔守弱是道的运用。

天下之物生于有，　　　　　天下之物生于有名，

有生于无。　　　　　　　　有名生于无名。

　　　　　　（以上通行本为第四十章）

上士闻道，　　　　　　　　上士闻听到道，

勤能行之；　　　　　　　　勤苦地施行；

中士闻道，　　　　　　　　中士闻听到道，

若存若亡；　　　　　　　　有的保存，有的丧失；

下士闻道，　　　　　　　　下士闻听到道，

大笑之，　　　　　　　　　无知地嘲笑。

弗笑，　　　　　　　　　　如果他们不嘲笑，

弗足以为道。　　　　　　　那又怎么能称之为道呢！

是以建言有之曰：　　　　　所以，古格言有这样说的：

明道如費,	明白之道，包含有不明；
进道如退,	前进之道，包含有倒退；
夷道如类,	平坦之道，包含有不平；
上德如谷,	高尚之德，包含有鄙陋；
大白如辱,	最大的清白，包含有黑垢；
广德如不足,	广博之德，包含有不足；
建德如偷,	强健之德，包含有羸弱；
质（真）〔德〕如渝,	信任之德包含有不信。
大方无隅,	最方的东西无角，
大器晚成,	最大的器物后成，
大音希声,	最响的声音希微，
大象无形。	最大的形象没有形象，
道襃无名。	盛大的道没有名字。
夫惟道，善贷且善成。	唯有道，善于借贷又善于完成。

（以通行本为第四十一章）

道生一,	"道"化生混沌之气，
一生二,	混沌之气剖判为阴阳二气，
二生三,	阴阳二气发生参和，
三生万物。	参和产生万物。
万物负阴而抱阳,	万物都包含着阴阳两个对立面，
冲气以为和。	阴阳双方相互作用而成为和气。
人之所恶,	人们所厌恶的，
惟孤寡不谷,	唯有"孤"、"寡"、"不谷"等字眼，

而王公以自名也。　　　　而王侯却以它们作为自己的称呼。

故物或损之而益，　　　　所以，事物有时减少了反而增加，

或益之而损。　　　　　　有时增加了反而减少。

人之所教，　　　　　　　古圣人所教给我的，

亦议而教人。　　　　　　我也以其义旨而教给别人。

强梁者不得其死，　　　　强横之人不得好死，

吾将以为学父。　　　　　我将以它作为教人醒悟的开端。

（以通行本为第四十二章）

天下之至柔，　　　　　　天下最柔弱的东西，

驰骋于天下之至坚，　　　能攻击穿透天下最坚硬的东西。

出于无有，　　　　　　　它从"无有"中生出，

入于无间，　　　　　　　又能穿入没有缝隙的东西。

吾是以知无为之有益也。　我因此知道"无为"之道是有益的。

不言之教，　　　　　　　不言的教诲，

无为之益，　　　　　　　无为的益处，

天下希能及之矣。　　　　天下人很少能达到。

（以上通行本为第四十三章）

名与身孰亲？　　　　　　名誉与自身两者谁更值得珍爱？

身与货孰多？　　　　　　自身与财货两者谁更贵重？

得与亡孰病？　　　　　　得与失两者，谁的弊病更多？

甚爱必大费，　　　　　　过分的珍爱，必然引起更大的耗费；

多藏必厚亡。　　　　　　过多的收藏，必然带来更大的损失。

· 495 ·

故知足不辱，　　　　　　　所以，知道满足，就不会遭到垢辱；

知止不知。　　　　　　　　知道适可而止，就没有危险。

可以长久。　　　　　　　　可以长生久寿。

（以上通行本为第四十四章）

大成若缺，　　　　　　　　最完美中包含有缺陷，

其用不弊；　　　　　　　　其作用不会尽竭；

大盈若盅，　　　　　　　　最充盈包含有空虚，

其用不穷；　　　　　　　　它的作用不会穷尽；

大直若诎，　　　　　　　　最刚直难免有委曲，

大巧若拙，　　　　　　　　最灵巧难免有笨拙，

大辩若呐。　　　　　　　　最善辩难免有言语迟钝。

趮胜寒，　　　　　　　　　运动可以战胜寒冷，

静胜炅，　　　　　　　　　安静可以战胜暑热，

清静可以为天下正。　　　　清静无为可以作为平治天下的准则。

（以上通行本为第四十五章）

天下有道，　　　　　　　　天下人主拥有大道，

却走马以粪；　　　　　　　那就退还善走之马用于送粪；

天下无道，　　　　　　　　天下人主无有大道，

戎马生于郊。　　　　　　　那就战马生小驹于郊外。

罪莫大于可欲，　　　　　　罪过莫大于多欲，

祸莫大于不知足，　　　　　祸患莫大于不知满足，

咎莫憯于欲得，　　　　　　咎灾莫甚于欲求所得。

| 故知足之足， | 所以，知道满足而满足， |
| 恒足矣。 | 那就能永远满足。 |

（以上通行本为第四十六章）

不出于户，	不出家门，
以知天下；	能通晓天下事理；
不窥于牖，	不看窗外，
以知天道。	能掌握天象的自然规律。
其出也弥远，	他走出越远，
其知也弥少。	他所知的事理就越少。
是以圣人弗行而知，	所以圣人不远行而能知，
弗见而名，	不见外物而能明白事理，
弗为而成。	不亲手作为而能取得成功。

（以上通行本为第四十七章）

为学者日益，	从事学习的人，智慧日益增加；
闻道者日损，	闻听道的人，智慧日益减少。
损之又损，	减少而又减少，
以至于无为。	乃至达到"无为"的境界。
无为而无不为。	坚持"无为"，而没有什么事不可为。
将欲取天下也，	想要治理天下，
恒无事；	那就要永远保持无事的状态；
及其有事也，	如果有所事事，

又不足以取天下矣。　　　　那就难于治好天下。

（以上通行本为第四十八章）

圣人恒无心，　　　　　　　圣人永远没有自己的心愿，

以百姓之心为心。　　　　　他们以顺从百姓的心愿为心愿。

善者善之，　　　　　　　　百姓中善的人，圣人以善待他；

不善者亦善之，　　　　　　不善的人，圣人也以善待他，

德善也；　　　　　　　　　从而得到了善的结果。

信者信之，　　　　　　　　百姓中守信的人，圣人以信待他；

不信者亦信之，　　　　　　不守信的人，圣人也以信待他，

德信也。　　　　　　　　　从而得到了信的结果。

圣人之在天下，　　　　　　圣人以天下为己任，

歙歙焉，　　　　　　　　　常恐惧不安，

为天下浑心。　　　　　　　欲使天下人心归于浑朴。

百姓皆注耳目焉，　　　　　百姓都充分发挥耳目的功用，

圣人皆孩之。　　　　　　　圣人把他们都看作婴孩。

（以上通行本为第四十九章）

出生入死，　　　　　　　　在生死之地出入，

生之徒十有三，　　　　　　属于生存一类，十分中有三分；

死之徒十有三。　　　　　　属于死亡一类，十分中有三分；

而民之生生而动，　　　　　而老百姓为求生而作为，

动皆之死地之十有三。　　　这种作为走向死地的也是十分中有三
　　　　　　　　　　　　　分。

夫何故也？	这是什么原因呢？
以其生生也。	因为他们太贪生啊！
盖闻善执生者，	听说善于保生的人，
陵行不避兕虎，	在山中行走，不用回避兕与老虎；
入军不被兵革。	进入战斗的行列，不用披戴护身的兵甲。
兕无所投其角，	兕无法用角伤害他，
虎无所措其爪，	老虎无法用爪伤害他，
兵无所容其刃，	兵器无法用刃伤害他，
夫何故也？	这是什么原因呢？
以其无死地焉。	因为他心里没有死的地盘啊！

（以上通行本为第五十章）

道生之而德畜之，	道生出万物而德畜养万物，
物刑之而器成之，	物种形范万物器具成全万物。
是以万物尊道而贵德。	所以万物尊崇道而重视德。
道之尊也，	道之所以受到尊崇，
德之贵也，	德之所以受到重视，
夫莫之爵而恒自然也。	并没有谁给他们爵位，而只是恒久因任自然罢了。
道生之，	道生出万物，
德畜之，	德畜养万物，
长之逐之，	使万物滋长成熟，
亭之毒之，	安稳定形，

养之复之。	得到保养直至反本复命。
生而弗有也,	生出万物而不占有它们,
为而弗侍也,	对万物有所施为而不恃望其报,
长而弗宰也,	助长万物而不去宰割它们,
是谓玄德。	这就是上善之德。

（以上通行本为第五十一章）

天下有始,	天下有一个始祖（道）,
以为天下母。	可以作为天下万物的母亲。
既得其母,	既然得知这一母亲,
以知其子;	那就可以知道它的儿子;
既知其子,	既然知道它的儿子,
复守其母,	那就要返回来守住这个母亲,
没身不殆。	这样就终身没有危殆。
塞其兑,	堵塞那喜悦之情,
闭其门,	关闭那忧闷之门,
终身不堇;	终身不会患病;
启其兑,	放纵那喜悦之情,
济其事,	忧伤那世间之事,
终身不救,	终身不可救治。
见小曰明,	予见到微妙之处, 可称之为明智;
守柔曰强。	坚守柔弱, 可称之为刚强。
用其光,	运用那微妙的智慧之光,
复归其明,	复归到玄通之明。

无遗身殃，	不留下危及自身的祸殃，
是谓袭常。	这就叫做因袭常道。

（以上通行本为第五十二章）

使我介然有知，	假使我正邪划分得很明白，
行于大道，	那么行走在正道上，
唯施是畏。	唯独害怕走上邪道。
大道甚夷，	大道很平坦，
民甚好解。	而贵族们却好脱离大道而走邪道。
朝甚除，	朝政甚为腐败，
田甚芜，	田园甚为荒芜，
仓甚虚，	仓库甚为空虚，
服文采，	身着锦绣之衣，
带利剑，	带上锋利之剑，
厌饮食，	饱餐美味的饮食，
资财有余，	有着用不完的资财，
是谓盗竽。	这种人可称为强盗头子。
盗竽，非道也哉！	做强盗头子，不合于道啊！

（以上通行本为第五十三章）

善建者不拔，	善于建立的不可移易，
善抱者不脱，	善于抱执的不会脱下，
子孙以祭祀不绝。	子子孙孙祭祀不会断绝。
修之身，	以道治其身，

其德乃真；	他的德就纯真；
修之家，	以道治其家，
其德乃余；	他的德就富余；
修之乡，	以道治其乡，
其德乃长；	他的德就高大；
修之邦，	以道治其邦，
其德乃丰；	他的德就丰厚；
修之天下，	以道治其天下，
其德乃普。	他的德就广博。
以身观身，	以我之治身，来观察认识别人治身；
以家观家，	以我之治家，来观察认识别人治家；
以乡观乡，	以我之治乡，来观察认识别人治乡；
以邦观邦，	以我之治邦，来观察认识别人治邦；
以天下观天下。	以我之治天下，来观察认识别人治天下。
吾何以知天下之然哉？	我怎样知道天下之是非呢？
以此。	用这个方法。

（以上通行本为第五十四章）

含德之厚者，	积有丰富精气的人，
比于赤子。	可用婴儿来比譬。
蜂虿虫蛇弗螫，	蜂蝎虫蛇不刺伤他，
攫鸟猛兽弗搏，	雄鹰猛兽不搏击他，
骨弱筋柔而握固，	筋骨柔弱而小拳头却握得紧紧的。

未知牝牡之合而朘怒，	他们不知男女结合之事而阴茎却常常翘动，
精之至也。	这是精气极充满的表现啊。
终日号而不嚘，	他们终日啼哭而不因气逆而哑，
和之至也。	这是"和"达到了完美的程度啊。
知和曰常，	知道"和"则合乎常道，
知常曰明，	知道常道，则心明眼亮。
益生曰祥，	贪求丰盛的物质生活则必遭殃；
心使气曰强。	用心机而鼓锐气则为强梁。
物壮则老，	事物壮大了，则必过早衰老。
谓之不道，	这叫做"不合于道"。
不道早已。	不合于道，必然过早消亡。

（以上通行本为第五十五章）

知者弗言，	达道之人，不实行言教；
言者弗知。	实行言教之人，未达道。
塞其兑，	堵塞那喜悦之情，
闭其门；	关闭那忧闷之门。
挫其锐，	挫折那显露之锐，
解其纷；	消解那是非之争。
和其光，	调和那光的亮度，
同其尘。	混同那清浊的区分。
是谓玄同。	这就叫做"玄同"。
故不可得而亲，	所以，不可能得其"亲"，

亦不可得而疏；　　　　　　也不可能得其"疏"；

不可得而利，　　　　　　　不可能得其"利"，

亦不可得而害；　　　　　　也不可能得其"害"；

不可得而贵，　　　　　　　不可能得其"贵"，

亦不可得而贱。　　　　　　也不可能得其"贱"。

故为天下贵。　　　　　　　所以，"玄同"为天下人所珍贵。

（以上通行本为第五十六章）

以正之邦，　　　　　　　　以正身之人治理国家，

以奇用兵，　　　　　　　　以奇巧之术用兵打仗，

以无事取天下。　　　　　　以无为之道平治天下。

吾何以知其然也哉？　　　　我怎么知道这样做是对的呢？

夫天下多忌讳，而民弥　　　政府限制过多，老百姓就会更加
贫，　　　　　　　　　　　贫困；

民多利器，　　　　　　　　民众拥有很多武器，

而邦家滋昏；　　　　　　　国家就会动荡不安；

人多智慧，　　　　　　　　人们巧智过多，

而奇物滋起；　　　　　　　奇异之物就会泛滥起来；

法物滋彰，　　　　　　　　著有法律条文的实物加多，

而盗贼多有。　　　　　　　盗贼就将日益猖獗。

是以圣人之言曰：　　　　　所以，圣人有这样的名言：

我无为而民自化，　　　　　我坚持无为，则老百姓就会自己
　　　　　　　　　　　　　开化；

我好静而民自正，　　　　　我喜好清静，则老百姓就会自己端

正；

我无事而民自富，　　　　我无所事事，则老百姓就会自己富
　　　　　　　　　　　　裕；
我无欲而民自朴。　　　　我没有欲望，则老百姓就会自己纯
　　　　　　　　　　　　朴。

（以上通行本为第五十七章）

其政闷闷，　　　　　　　他在政治上昏昏不明，

其民屯屯；　　　　　　　他的百姓就归于淳朴；

其政察察，　　　　　　　他在政治上明察不苟，

其民缺缺。　　　　　　　他的百姓就道德欠缺。

祸，福之所倚；　　　　　祸啊，福依凭着它；

福，祸之所伏。　　　　　福啊，祸藏伏在其中。

孰知其极？　　　　　　　谁知道它们转化的终极点呢？

其无正也。　　　　　　　这个终极点是没有定准的。

正复为奇，　　　　　　　正常复返为奇异，

善复为妖。　　　　　　　吉祥复返为妖孽。

人之迷也，　　　　　　　人们对这种转化迷惑不解，

其日固久矣。　　　　　　时日已经很久了。

是以圣人方而不割，　　　所以，圣人方正而不割伤人，

廉而不刺，　　　　　　　清廉而不刺伤人，

直而不肆，　　　　　　　正直而不剔伤人，

光而不眺。　　　　　　　光明而不眩伤人。

（以上通行本为第五十八章）

治人事天莫若啬。	治国治身最重要的是注意啬省。
夫唯啬，	惟其能注意啬省，
是以早服。	所以才能早有所治。
早服谓之重积德，	早有所治，可称为"多积德"。
重积德则无不克，	"多积德"则无往而不胜。
无不克则莫知其极，	无往而不胜，就不知其生存的终极；
莫知其极可以有国。	不知其生存的终极，就可以保有社稷。
有国之母可以长久。	有道的社稷，可以长治久安。
是谓深根固蒂，	这叫做"深根固蒂，
长生久视之道也。	长生久视"的方术。

（以上通行本为第五十九章）

治大国若烹小鲜。	治理大国如同烹煮小鱼。
以道莅天下，	用道来莅临天下，
其鬼不神。	那些"鬼"也显不了神灵。
非其鬼不神也，	不是那些"鬼"不能显神灵，
其神不伤人也；	而是它的神灵不能伤害于人；
非其神不伤人也；	不是那些神灵不能伤害于人，
圣人亦不伤人也。	而是圣人不伤害于人。
夫两不相伤，	圣人和鬼神都不伤人，
故德交归焉。	所以他们的德应归交于道。

（以上通行本为第六十章）

大邦者下流也，	大国好比居住下流，
天下之交也，	是天下众水交汇之处。
天下之牝，	天下的畜类，
牝恒以静胜牡。	雌的常常以安静胜过雄的。
为其静也，	正因为它安静，
故宜为下也。	所以甘愿谦下。
故大邦以下小邦，	大国而对小国谦下，
则取小邦，	则能取得小国。
小邦以下大邦，	小国而对大国谦下，
则取于大邦。	则有取于大国。
故或下以取，	所以，或者以谦下而取得小国，
或下而取。	或者以谦下而有取于大国。
故大邦者不过欲兼畜人，	大国不过想兼并管理小国；
小邦者不过欲入事人，	小国不过想作大国的属国而求得保护。
夫皆得其欲，	大国和小国都达到了目的，
则大者宜为下。	所以大国应当谦下。

（以上通行本为第六十一章）

道者万物之注也，	道是万物所积藏的对象，
善人之宝也，	善人把它看作宝贝，
不善人之所保也，	不善的人也要用它来自保。
美言可以市，	华丽的言辞可以作交易，
尊行可以加人，	高尚的行为则有益于人。

人之不善也，	人若有了不善的德行，
何弃之有也？	何必把他抛弃呢？
故立天子，	所以，设立君王，
置三卿，	安置大臣，
虽有共璧，	虽有珠璧之贵，
以先四马，	车马之良，
不若坐而进此道。	不如坐下来向人们进献修身之道。
古之所以贵此道者，何也？	古人重视这个"道"是为什么呢？
不谓求以得，	不正是为了求其所得，
有罪以免与？	并求有罪而得免除吗？
故为天下贵。	所以，"道"为天下人所重视。

（以上通行本为第六十二章）

为无为，	有为生于无为，
事无事，	有事起于无事，
味无味，	有味源于无味，
大小，多少。	大生于小，多起于少。
图难乎于其易，	解决困难的问题要从容易的问题着手，
为大乎于其细，	成就大业要从一点一滴做起。
天下之难事必作于易，	天下困难的事情，必然通过做容易的事来解决；
天下之大事必作于细。	天下的大事必然通过作细小之事来完成。

是以圣人终不为大，	所以，圣人安于平凡细小之事，
故能成其大。	却能成就其大业。
夫轻诺必寡信，	凡是轻率许诺，必将带来不信任，
多易必多难。	经常轻易从事，必将造成更多困难。
是以圣人犹难之，	圣人总是不退避困难，
故终于无难，	所以，最终没有困难。

（以上通行本为第六十三章）

其安也，易持也，	事物处于安稳时容易保持，
其未兆也，易谋也；	事变尚未发作时容易谋划，
其脆也，易判也；	事物比较脆弱时容易分裂，
其微也，易散也。	事物体积微小时容易消散。
为之于未有，	防患工作要做在事故未有发生之时，
治之于未乱。	治乱工作要做在祸乱未有发生之日。
合抱之木，	合抱的大树，
生于毫末，	是从幼小的树苗生长起来的；
九成之台，	九层的高台，
作于累土；	是从一筐筐泥土堆建起来的；
千里之行，	千里的远行，
始于足下。	是用双脚一步步走到的。
为之者败之，	强行作为必然失败，
执之者失之。	强行抱住必然丧失。
是以圣人无为也故无败也；	所以圣人不强行作为，也就无所谓失败；

无执也故无失也。　　　　　圣人不强行抱住，也就无所谓丧失。

民之从事也，　　　　　　　人们做事情，

恒于几成而败之。　　　　　常常在快要成功的时候而失败了。

故曰慎终若始，　　　　　　所以说结尾时同开头一样谨慎，

则无败事矣。　　　　　　　就不会有失败的结局。

是以圣人欲不欲，　　　　　所以，圣人之欲就是无欲，

而不贵难得之货，　　　　　他们不看重难得的货物；

学不学，　　　　　　　　　圣人之学就是不学，

（而）〔不〕复众人之所过。　他们不重复众人所犯的过错。

能辅万物之自然而弗敢为。　因而他们辅助万物顺着自然法则，而不妄为。

（以上通行本为第六十四章）

古之善为道者，　　　　　　古时善于行道的人，

非以明民也，　　　　　　　不是要使人聪明，

将以愚之也。　　　　　　　而是要使人愚朴。

民之难治也，　　　　　　　老百姓之所以难于治理，

以其智也。　　　　　　　　原因在于治国者好用巧智。

故以智治邦，　　　　　　　所以，用巧智治理国家，

邦之贼也。　　　　　　　　将给国家带来害处；

以不智治邦，　　　　　　　不用巧智来治理国家，

邦之德也。　　　　　　　　将给国家带来好处。

恒知此两者，　　　　　　　经常懂得上述两个方面，

亦稽式也。　　　　　　　　也就掌握了治国的法式。

恒知稽式，	经常掌握这个法式，
是谓玄德。	就可称为上善之德。
玄德深矣远矣，	上善之德无比深远，
与物反矣，	它同万物都要返回本根，
乃至大顺。	直至归于大道。

（以上通行本为第六十五章）

江海所以能为百谷王者，	江海之所以能成为众河之王，
以其善下之，	原因在于它们善于处下，
是以能为百谷王。	所以能成为众河之王。
是以圣人之欲上民也，	所以圣人想要居于老百姓之上，
必以其言下之；	必须通过言语表现出谦下；
其欲先民也，	想要居于老百姓之前，
必以其身后之。	必须暂时把自身置于后面。
故居上而民弗重也，	因而居于老百姓之上，老百姓不感到有压力；
居前而民弗害也，	居于老百姓之前，而老百姓不感到有损害。
天下皆乐推而弗厌也。	所以天下的老百姓都乐于推举他而不厌恶。
非以其无争欤？	不是由于他不争吗？
故天下莫能与争。	所以天下之人谁也不能与他抗争。

（以上通行本为第六十六章）

天下皆谓我大，	天下人都说我大，
大而不宵，	大而却不像大。
夫唯不宵，	正因为大而不像大，
故能大。	所以能成就大。
若宵，	假如像大，
久矣其细也夫。	早就变成细小的了。
我恒有三宝，	我经常有三件法宝，
市而保之：	依恃它们以自保：
一曰慈，	第一件叫做慈柔，
二曰俭，	第二件叫做俭约，
三曰不敢为天下先。	第三件叫做不敢占天下人之先。
夫慈，故能勇，	慈柔，所以能勇敢；
俭，故能广，	俭约，所以能宽广；
不敢为天下先，	不敢占天下人之先，
故能为成器长。	所以能成为天下人之长。
今舍其慈且勇，	若舍弃慈柔，追求勇敢；
舍其俭且广，	舍弃俭约，追求宽广；
舍其后且先，	舍弃甘为天下人之后，追求居天下人之先，
则死矣。	必然是死路一条。
夫慈以战则胜，	慈柔，用于指导战争，必然赢得战争胜利；
以守则固。	用于指导防守，必然使防守牢固；
天将救之，	天要拯救某物，

以慈卫之。	总是用慈柔来保护它。

（以上通行本为第六十七章）

善为士者不武，	善于作将帅的人，不先使用武力；
善战者不怒，	善于作战的人，不临阵施军威；
善胜敌者不与，	善于克敌的人，不与敌交锋；
善用人者为之下。	善于利用别人的人，常谦下于人。
是谓不争之德，	这叫做"不争"的德行，
是谓用人之力，	叫做利用人们的力量，
是谓配天，	叫做符合天道，
古之极也。	是古圣人的最高原则。

（以上通行本为第六十八章）

用兵有言曰：	用兵有这样的名言：
吾不敢为主而为客，	我不敢先挑战，而宁愿最后应战；
不敢进寸而退尺。	不敢前进一寸，而宁愿后退一尺。
是谓行无行，	这叫做：已经行动，却示人以没有行动的痕迹；
攘无臂，	奋臂而准备拼搏，却示人以无臂可搏；
执无兵，	紧握兵器，却示人以没有兵器。
乃无敌矣。	于是无敌于天下。
祸莫大于轻敌，	灾祸最大的莫过于轻敌，
轻敌近亡吾宝矣。	轻敌近于丧失我的法宝。

· 513 ·

故抗兵相若，　　　　　　　　所以举兵力量相当，

则哀者胜矣。　　　　　　　　哀痛的一方必胜。

（以上通行本为第六十九章）

吾言甚易知也，　　　　　　　我讲的道理容易掌握，

甚易行也；　　　　　　　　　也容易实行。

而人莫之能知也，　　　　　　但世俗之人谁也不懂得我讲的道理，

莫之能行也。　　　　　　　　谁也不能实行它。

夫言有宗，　　　　　　　　　说话有根据，

事有君。　　　　　　　　　　办事有准则，

其唯无知也，　　　　　　　　正因为世人不知道这些，

是以不我知。　　　　　　　　所以也不知道我的为人。

知我者希，　　　　　　　　　知道我的人稀少，

则我贵矣。　　　　　　　　　我就更显得尊贵。

是以圣人被褐而怀玉。　　　　所以，圣人穿粗衣而怀美玉。

（以上通行本为第七十章）

知，不知，尚矣；　　　　　　有知识而不为人知道，最好；

不知，知，病矣。　　　　　　没有知识，人却知其名，是弊病。

圣人之不病也，　　　　　　　圣人之所以没有弊病，

以其病病也。　　　　　　　　是因为他把弊病看作弊病。

夫唯病病，　　　　　　　　　正因为他把弊病看作弊病，

是以不病。　　　　　　　　　所以他没有弊病。

（以上通行本为第七十一章）

民之不畏威，	老百姓一旦不害怕权威，
则大威将至矣。	则国君将要大祸临头。
毋狎其所居，	不要迫使老百姓不能安居，
毋厌其所生。	也不要迫使老百姓不能生存。
夫唯弗厌，	只有国君不压迫老百姓，
是以不厌。	老百姓才不会对国君施加反抗的压力。
是以圣人自知而不自见也，	所以，圣人有自知之明而不自我表现；
自爱而不自贵也。	有自爱之道而不自显高贵。
故去彼，	因而要去掉自我表现和自显高贵，
取此。	保留自知之明，自爱之道。

（以上通行本为第七十二章）

勇于敢者则杀，	勇而称强的人必遭凶杀，
勇于不敢者则活。	勇而守柔的人则可活身。
此两者，	称强与守柔这两样东西，
或利或害。	或者得利，或者遭害。
天之所恶，	天道所厌恶的，
孰知其故？	谁又能知道其中的缘故？
天之道不争而善胜，	天道不争，却善于取胜；
不言而善应，	不言语，却善于回应；
不召而自来，	不召唤，却能自己到来；
繟然而善谋。	宽坦而无私，却善于谋划。

天网恢恢，	天道之网甚为广大，
疏而不失。	虽然稀疏，却不会漏失。

（以上通行本为第七十三章）

民恒不畏死，	老百姓常不怕死，
奈何以杀惧之也！	为什么要用杀来吓唬他们呢？
若民恒畏死，	如果老百姓常怕死，
则而为奇者，吾将得而杀之，	我把那些捣乱者抓来杀了，
夫孰敢矣？	谁还敢作乱？〔但无济于事啊！〕
恒有司杀者，	经常有主管刑杀者（"天"），
夫代司杀者杀，	代替主管刑杀者来施行刑杀，
是代大匠斲也。	那如同代替木匠砍木料。
夫代大匠斲者，	凡代替木匠砍木料的人，
则希不伤其手矣。	很少有不砍伤手指的。

（以上通行本为第七十四章）

民之饥也，	老百姓之所以饥饿，
以其上取食税之多也，	由于君上夺取食税过多，
是以饥；	所以饥饿；
民之不治也，	老百姓之所以不好治，
以其上之有以为也，	是由于君上有所作为，
是以不治；	所以不好治；
民之轻死也，	老百姓之所以把死看得很淡，
以其上求生之厚也，	是由于君上贪求享乐过于丰厚。

是以轻死。　　　　　　　　所以把死看得很淡，

夫唯无以生为贵者，　　　　只有不以生为重的人，

是贤于贵生也。　　　　　　才胜过那些太看重生的人。

（以上通行本为第七十五章）

人之生也柔弱，　　　　　　人活着时肢体柔弱，

其死也坚强；　　　　　　　他们死了后躯体僵硬。

万物草木之生也柔脆，　　　万物草木活着时柔软脆弱，

其死也枯槁。　　　　　　　它们死了后就干硬枯槁。

故曰坚强者死之徒也，　　　所以说坚强的东西属于死亡一类，

柔弱者生之徒也。　　　　　柔弱的东西属于生存一类。

是以兵强则不胜，　　　　　所以兵强反会失败，

木强则折，　　　　　　　　木强反会折断。

故强大居下，　　　　　　　因此，强大的事物必居下位，

柔弱居上。　　　　　　　　弱小的事物必居上位。

（以上通行本为第七十六章）

天之道，犹张弓也：　　　　天之道如同张弓射箭，

高者抑之，　　　　　　　　射高了就将弓弦压下，

下者举之，　　　　　　　　射低了就将弓弦抬起，

有余者损之，　　　　　　　射过了头就减少射力，

不足者补之。　　　　　　　达不到目的就增加射力，

故天之道，损有余而益　　　所以天道总是减少有余者而增加不足

不足。　　　　　　　　　　者。

人之道则不然，　　　　　　　　人道却不是这样，

损不足而奉有余。　　　　　　　　它总是减少不足者而供奉有余者。

夫孰能有余而有以取奉　　　　　　谁能以有余之财物奉献给天下不足之

于天下者乎？　　　　　　　　　　人呢？

唯有道者。　　　　　　　　　　　惟有得道的圣人。

是以圣人为而弗有，　　　　　　　所以圣人有所施为而不求占有，

成功而弗居也。　　　　　　　　　取得成功而不居功自傲。

若此，　　　　　　　　　　　　　这样作，

其不欲见贤也。　　　　　　　　　是因为他们不愿显露自己的贤德。

（以上通行本为第七十七章）

天下莫柔弱于水，　　　　　　　　天下最柔弱莫过于水，

而攻坚强者莫之能胜，　　　　　　而攻下坚强的东西没有何物能胜过

　　　　　　　　　　　　　　　　它，

以其无以易之也。　　　　　　　　因而不能轻视水的这种特性。

柔之胜刚也，　　　　　　　　　　柔的能胜过刚的，

弱之胜强也。　　　　　　　　　　弱的能胜过强的，

天下莫弗知也，　　　　　　　　　天下人没有谁不知道这一道理，

而莫之能行也。　　　　　　　　　而却没有谁去实行。

故圣人之言云：　　　　　　　　　所以圣人有这样的名言：

"受邦之诟，　　　　　　　　　　"忍受国家的诟辱，

是谓社稷之主，　　　　　　　　　可成为国家的君主；

受邦之不祥，　　　　　　　　　　承受国家的祸殃，

是谓天下之王。　　　　　　　　　可成为天下的诸侯王。"

正言若反。	这是正面的话，却如同反面的话。

（以上通行本为第七十八章）

和大怨，	调和大的怨恨，
必有余怨，	必然还有余怨存在。
〔报怨以德，〕	〔只有用恩德来报答怨恨，〕
焉可以为善。	方可以得到完善的结局。
是以圣人执左契，	所以圣人收藏"左契"，
而不以责于人，	而不以"左契"求之于人。
故有德司契，	因此，有德之人主张契制，
无德司彻。	无德之人主张彻法。
天道无亲，	天道无有亲疏之别，
恒与善人。	却经常施与给善于行道之人。

（以上通行本为第七十九章）

小邦寡民，	小的国家，少的人民。
使十百人之器毋用。	使众多之人合用之器而无所用。
使民重死而不远徙。	使人民贵生而不向远方迁徙。
有舟车，无所乘之；	有车船，而不必使用；
有甲兵，无所陈之；	有盔甲兵器，而不必摆布；
使民复结绳而用之。	让老百姓恢复到结绳而用的境况。
甘其食，	使其饮食甘甜，
美其服，	衣服美观，
乐其俗，	习俗欢乐，

安其居。　　　　　　　　住所安适。

邻邦相望，　　　　　　　邻国相互望得见，

鸡犬之声相闻，　　　　　鸡鸣犬吠之声相互听得到，

民至老死不相往来。　　　但老百姓却到老到死而不交往。

（以上通行本为第八十章）

信言不美，　　　　　　　朴实的言语不华美，

美言不信；　　　　　　　华美的言语不朴实。

知者不博，　　　　　　　知识专深的人所知不广博，

博者不知；　　　　　　　知识广博的人所知不专深。

善者不多，　　　　　　　有德之人不多积，

多者不善。　　　　　　　多积的人少有德。

圣人无积，　　　　　　　圣人没有积藏，

既以为人己愈有；　　　　他们全力为人，自己反而更富有；

既以予人己愈多。　　　　他们尽量施与人，自己反而更加多。

故天之道，利而不害；　　天的法则是利万物而不伤害它，

圣人之道，为而弗争。　　圣人的原则是施与而不争利。

（以上通行本为第八十一章）

引用与参阅书目

（一）　　《庄子》（据郭庆藩《庄子集释》本）

（二）　　韩非：《解老》、《喻老》（据梁启雄《韩子浅解》本）

（三）　　《吕氏春秋》（据陈奇猷《吕氏春秋校释》本）

（四）　　《马王堆汉墓帛书〈老子〉》（文物出版社 1976 年版）

（五）　　《〈老子〉甲本及卷后古佚书》（文物出版社 1974 年版）

（六）　　《〈老子〉乙本及卷前古佚书》（文物出版社 1974 年版）

（七）　　《淮南子》（据浙江人民出版社影印《百子全书》本）

（八）　　《〈老子〉河上公章句》（据明嘉靖世德堂刊《六子全书》本）

（九）　　河上公：《道德真经注》（据《道藏》本）

（十）　　刘向：《说苑·敬慎》篇（据浙江人民出版社影印《百子全书》本）

（十一）　严遵：《道德旨归论》（据商务印书馆《丛书集成初编》本）

（十二）　王弼：《老子道德经注》（据楼宇烈《王弼集校释》本）

（十三）　郭象：《庄子注》（据郭庆藩《庄子集释》本）

（十四）　葛洪：《抱朴子》（据浙江人民出版社影印《百子全书》本）

（十五）　《列子》（据杨伯峻《列子集释》本）

（十六）　　《老子想尔注》（据饶宗颐《〈老子想尔注〉校笺》）

（十七）　　唐人写本残卷与六朝写本残卷（下列第七项）

　　（1）首章至第五章之首，简称甲本；

　　（2）九章之末至十四章之首，简称乙本；

　　（3）十章至十五章之首，简称丙本；

　　（4）二十七章后半至三十六章首行，简称丁本；

　　（5）三十九章至四十一章，简称戊本；

　　（6）四十一章末至五十五章，简称己本；

　　（7）六朝本残卷五十七章至八十一章，简称庚本；

　　（8）六十章至八十一章，简称辛本；

　　（9）六十三章末至七十三章，简称壬本；

　　（10）十章至三十七章，今藏伦敦英伦图书馆，简称英本；

　　（11）二十章之下至二十七章之上半，旧存北京图书馆，简称馆本。

　　（以上六朝写本一，唐人写本十，均见罗振玉《道德经考异》及《老子考异补遗》，各本之简称系采蒋锡昌《老子校诂》及朱谦之《老子校释》）

（十八）　　陆德明：《经典释文》（据中华书局影印本）

（十九）　　成玄英：《老子义疏》（蒙文通据强本成疏辑本，四川省立图书馆刊）

（二十）　　李约：《道德真经新注》（据《道藏》本）

（二十一）唐玄宗御注《道德真经疏》（据《道藏》本）

（二十二）开元《易州龙兴观御注道德经幢》（唐开元二十六年造，八面刻，全，苏灵芝书，今存河北易县）

（二十三）《易州龙兴观道德经碑》（唐景福二年造，一碑刻两面，有缺损，今存河北易县）

（二十四）《易州龙兴观道德经碑》（唐景龙二年造，一碑两面刻，有全文，今存河北易县）

（二十五）《泰州道德经幢》（唐广明元年造，八面刻，残缺，今存江苏镇江焦山）

（二十六）唐·陆希声：《道德真经传》（据《道藏》本）

（二十七）唐·李荣：《老子道德经注》（据《道藏》本）

（二十八）唐·杜光庭：《道德真经广圣义疏》（据《道藏》本）

（二十九）唐·强思齐：《道德真经玄德纂疏》（据《道藏》本）

（三十）　唐·王真：《道德真经论兵要义述》（据《道藏》本）

（三十一）顾欢：《道德经注疏》（是书旧题顾欢撰，据蒋锡昌考乃后人"杂缀而成"。见《道藏》本）

（三十二）古楼观《道德经碑》（此碑无年月，《金石萃编补略》定为唐时造，两碑各一画刻，末题"终南山古楼观立石于道祖说经之台"，今在陕西盩厔县）

（三十三）宋徽宗：《御制道德真经》（据《道藏》本）

（三十四）宋·陈象古：《道德真经解》（据《道藏》本）

（三十五）宋·吕惠卿：《道德真经传》（据《道藏》本）

（三十六）宋·邵若愚：《道德真经直解》（据《道藏)本）

（三十七）宋·司马光：《道德真经论》（据《道藏》本）

（三十八）宋·苏辙：《老子解》（据商务印书馆《丛书集成初编》本）

（三十九）宋·林希逸：《道德真经口义》（据《道藏》本）

（四十）　　宋·董思靖：《道德真经集解》（据商务印书馆《丛书集成初编》本）

（四十一）宋·彭耜：《道德真经集注》（据《道藏》本）

（四十二）宋·陈景元：《道德真经藏室纂微篇》（据《道藏》本）

（四十三）宋·李霖：《道德真经取善集》（据《道藏》本）

（四十四）宋·赵志坚：《道德真经疏义》（据《道藏》本，该书原缺卷一之三）

（四十五）宋·李荣：《道德真经义解》（据《道藏》本）

（四十六）宋·叶梦得：《老子解》（宣统辛亥三年叶德辉辑家刻本）

（四十七）宋·黄茂材：《老子解》（彭耜《道德真经集注》引）

（四十八）宋·范应元：《老子道德古本集注》（《续古逸丛书》影印傅氏双鉴楼藏宋刊本）

（四十九）宋·吕知常：《道德经讲义》（张煦《老子考异稿本》引文）

（五十）　　宋·王安石：《老子注》（据容肇祖：《王安石老子注辑本》）

（五十一）宋·白玉蟾：《蟾仙解老》（据商务印书馆《丛书集成初编》本）

（五十二）金·寇才质：《道德真经四子古道集解》（据《道藏》本）

（五十三）《太平御览》（据歙鲍崇城重校本）

（五十四）金·赵秉文：《道德真经集解》（据商务印书馆《丛书

集成初编》本）

（五十五）元·张嗣成：《道德真经章句训颂》（据《道藏》本）

（五十六）元·李道纯：《道德会元》（据《道藏》本）

（五十七）元·杜道坚：《道德玄经原旨》（据《道藏》本）

（五十八）元·吴澄：《道德真经注》（浙江人民出版社影印《百子全书》本）

（五十九）元·林志坚：《道德真经注》（据《道藏》本）

（六十）　元·刘惟永：《道德真经集义》（据《道藏》本）

（六十一）明太祖：《御注道德真经》（据《道藏》本）

（六十二）明·危大有：《道德真经集义》（据《道藏》本）

（六十三）明·焦竑：《老子翼》、《老子考异》（据商务印书馆《丛书集成初编》本）

（六十四）明·释德清：《老子道德经解》（光绪十二年金陵刻印处刊本）

（六十五）明·李贽：《老子解》（据《李氏丛书》本）

（六十六）明·沈一贯：《老子通》（明万历丁亥年刊本，北京图书馆藏）

（六十七）明·薛蕙：《老子考异》、《老子集解》（三元李锡龄，孟熙校刊本）

（六十八）明·归有光：《道德经评注》（清嘉庆九年姑苏集文堂重刊《十子全书》本）

（六十九）王夫之：《老子衍》（据中华书局《老子衍庄子通》本）

（七十）　毕沅：《老子道德经考异》（据商务印书馆《丛书集成

初编》本）

（七十一）姚鼐：《老子章义》（同治庚午冬桐城吴氏刊本）

（七十二）俞樾：《老子评议》（据中华书局《诸子评议》本）

（七十三）高延第：《老子证义》（光绪十二年刊本）

（七十四）魏源：《老子本义》（据商务印书馆《丛书集成初编》本）

（七十五）王念孙：《读书杂志》（据北京市中国书店版本）

（七十六）陶鸿庆：《读诸子杂记·老子》（中华书局本）

（七十七）孙诒让：《老子札记》（扎迻本卷四第 15～17 页）

（七十八）刘师培：《老子斠补》（《刘申叔先生遗书》第二十六册）

（七十九）《崇宁五注本》（王安石、王雱、陆佃、刘骥、刘泾五家《老子注》，据彭耜、《道德真经集注》引）

（八十）　陶绍学：《校老子》（顺德黄氏藏手稿本）

（八十一）杨树达：《老子古义》（中华书局仿宋聚珍印本）

（八十二）罗振玉：《老子道德经考异附补遗》（永丰乡人杂著续编之一）

（八十三）马叙伦：《老子校诂》（中华书局十六开大字本）

（八十四）奚侗：《老子集解》（一九二五年序刊本）

（八十五）罗运贤：《老子余义》（一九二八年成都石印本）

（八十六）曹聚仁：《老子集注》（上海群学社《国故学丛书》本）

（八十七）高亨：《老子正诂》（古籍出版社 1956 年版）

（八十八）蒋锡昌：《老子校诂》（商务印书局一九三九年版）

（八十九）《老子读本》（世界书局 1926 年《十子全书》本）

（九十）　　纪元溥：《道德真经纪氏实验辑要》（宏道堂印）

（九十一）劳健：《老子古本考》（辛巳影印手写本）

（九十二）王重民：《老子考》（一九二七年中华图书馆协会丛书第一种）

（九十三）于省吾：《老子新证》（《燕京学报》第二十期）

（九十四）朱谦之：《老子校释》（中华书局《新编诸子集成》第一辑）

（九十五）任继愈：《老子今译》（古籍出版社 1955 年版）

（九十六）任继愈：《老子新译》（上海古籍出版社 1985 年版）

（九十七）车载：《论老子》（上海人民出版社 1959 年版）

（九十八）《老子哲学讨论集》（中华书局 1959 年版，哲学研究编辑部编）

（九十九）张岱年：《老子哲学辩微》（载《中国哲学发微》一书，山西人民出版社）

（一〇〇）张松如：《老子校读》（吉林人民出版社 1981 年版）

（一〇一）许抗生：《帛书〈老子〉注译与研究》（浙江人民出版社 1982 年版）

（一〇二）詹剑峰：《老子其人其书及其道论》（湖北人民出版社1982 年版）

（一〇三）童书业：《老子思想研究》（收《先秦七子思想研究》齐鲁书社 1982 年版）

（一〇四）张舜徽：《老子疏证》（载《周秦道论发微》中华书局1982 年版）

（一〇五）陈鼓应：《老子注译及评介》（中华书局 1984 年 5 月版）

（一〇六）萧蓵父、李锦全：《老子的唯心天道观和辩证发展观》
　　　　　（载《中国哲学史》上卷，人民出版社 1982 年版）

（一〇七）苏联杨兴顺：《中国古代哲学家老子及其学说》（杨超
　　　　　译，科学出版社 1957 年版）

（一〇八）《群书治要》（日本天明本）

　　（说明：本书引用与参阅书籍除上述有关《老子》及《老子》
考、注本外，还有历代重要典籍与古今思想家的重要论著以及有
关字书、词书等等，因限于篇幅，兹不一一列出。）

新增读书目录

一、著作：

1. 黄钊：《清本〈庄子〉校训析》，崇文书局，2024 年 1 月

2. 黄钊主编：《道家思想史纲》，湖南师范大学出版社，1991年 10 月

二、论文：

1. 黄钊：试析老子书中的"一"，《湘潭大学学报》，1983 年第 4 期

2. 黄钊：不能把老子的"道"看作创世主，《湖南师范大学学报》，1984 年第 1 期

3. 黄钊：《老子》发展观的主要倾向是朴素辩证法，《湖北大学学报》，1985 年第 4 期

4. 黄钊：论《老子》哲学同《易》的血缘关系，《广西师范大学学报》，1985 年第 2 期

5. 黄钊：近年来《老子》研究综述，《求索》，1985 年第 3 期

6. 黄钊：帛书老子校注析《道经》篇剪辑，《湘潭师范学院学报》，1985 年第 2 期

7. 黄钊：论从先秦到汉初道家"无为而治"思想的演进，《湘潭大学学报》，1987 年哲学专辑

8. 黄钊：应当重视对道家思想的研究，《江西社会科学》，1988 年第 2 期

9. 黄钊：关于黄老帛书之我见，《管子学刊》，1989 年第 4 期

10. 黄钊：《老子》的伦理思想浅论，《社会科学家》，1990 年第 1 期

11. 黄钊：《老子》的政治思想浅论，《江西社会科学》，1990 年第 1 期

12. 黄钊：论《文子》的黄老新道家思想特色，《海南大学学报》，1990 年第 4 期

13. 黄钊：《淮南子》——汉初黄老之治的理论总结，《武汉大学学报》，1990 年第 4 期

14. 黄钊：道家研究的形势与展望，《武汉大学学报》，1991 年第 1 期

15. 黄钊：道家研究的新进展，《管子学刊》，1991 年第 1 期

16. 黄钊：儒、道两家学术历史作用与地位浅议，《道家思想文化》，台湾宗教哲学研究出版社，1994 年版

17. 黄钊：《老子想尔注》考论，《道家文化管窥》，江西人民出版社

18. 黄钊：简论道家学术对我国古代科学技术和养生理论的重大贡献，《管子学刊》，1997 年第 3 期

19. 黄钊：竹简《老子》应为稷下道家传本的摘抄本，《中州学刊》，2000 年第 1 期

20. 黄钊：《〈老子〉河上公章句》成书时限考论，《中州学刊》，2001 年第 2 期

21. 黄钊：关于研究出土简帛文献的方法论思考，《中国哲学史》，2001 年第 3 期

22. 黄钊：老子——道家学派的开山之作，《河南图书馆学刊》，2002 年第 3 期

23. 黄钊：论庄子"反朴归真"的道德学说及其现实价值，《中州学刊》，2002 年第 4 期

24. 黄钊：道家伦理学说的现实价值，《湛江师范学院学报》，2003 年第 2 期

25. 黄钊：注"老"及其积极效应——《老子正解》序，《湖北师范学院学报》2005 年第 4 期

26. 黄钊：论道家的和谐思想及其现代价值，《周口师范学院学报》，2006 年第 1 期

27. 黄钊：老子究竟是执"左道"还是执"今道"，《茅山道讯》，2007 年第 7 期

28. 黄钊：试析中国古代哲学家所奉行的"道"，《学习与实践》，2007 年第 4 期

29. 黄钊：论儒家和道家生态伦理优秀成果在深化与完善"科学发展观"中的现实价值，《长江论坛》，2008 年第 6 期

30. 黄钊：严遵《老子指归》道德观探析，《周口师范学院学报》，2008 年第 1 期

31. 黄钊：论中国道教形成的理论渊源，《学习与实践》,2009 年第 8 期

32. 黄钊：论道家文化与楚文化的亲缘关系，《学习与实践》，2011 年第 3 期

33. 黄钊：论楚文化对道教文化的深刻影响，《湖北社会科学》，2011 年第 3 期

34. 黄钊:《太平经》的道教思想特色浅探,《商丘师范学院学报》,2013 年第 11 期

后　记

　　本书的问世，还得从筹备全国《老子》学术思想讨论会说起。那是一九八四年春天，湖南省"中国哲学史学会"全体会员在长沙召开年会。会上，大家就筹备召开全国《老子》学术讨论会交换了意见，并分配了研究课题。当时邓潭洲先生考虑到帛书《老子》出于湖南长沙，认为应由湖南学人写一本研究帛书《老子》的专著。当他得知我对帛书《老子》有所涉猎，便建议要我承担这一任务。这恰好与我的愿望不谋而合，我欣然接受了。会后即着手筹备撰书事宜，书名定为《帛书老子校注析》。说起来容易做起来难。上马以后，我深深地感到这份担子的沉重。虽然近年来，我在研读《老子》方面费了些心力，也发表了一些有关《老子》思想研究的拙作，算是有了那么一点基础。但是，要真正把自己的心得汇成一本注老之书，这中间还有一段艰辛的路程。人所共知，注解《老子》从来就被看作是一件极困难的事。这一是由于《老子》书文约义丰，旨意玄奥，不易识其真谛；二是由于《老子》版本杂出，语多殊异，不易辨其真伪；三是由于历代注老之书繁多，异说纷纭，仁智并见，孰是孰非，不易评说。而我自己在从事哲学史研究方面，又尚处于探索阶段。以我之浅薄学力，要负起这一重任，实有力不从心之感。但既然已在会上作为计划定了下来，又不敢知难而退，便只好鼓起勇气坚持下去。

　　我的第一步计划是认真读书，主要是阅读古今有关注老解老之书。这方面的书籍，湘潭大学图书馆极为有限，我不得不往来于长沙、武汉乃至北京有关图书馆，力求把古往今来有关注老名著浏览一遍。为此，我几乎花去了七、八个月的时间。"问渠何得清如许，为有源头活水来。"这一段时间的读书，使我受益匪浅。它不仅使我对历代注解《老子》的学者及其思想概貌有所了解，而且帮助我把握了各种《老子》版本的特点、字句的殊异、人们解说的分歧之点等等。这就为我动笔写《帛书老子校注析》奠定了一个基础。

动笔之后，面临的第一个问题，是如何处理创新与继承的关系问题。我给自己提出了这样一个要求：既要充分利用和继承前人的研究成果，择善而从；又不囿于旧说，落入俗套。就是说，要以前人已经达到的高度为起点，继续攀登，力争有所前进；力戒拾人余唾，抱残守缺。正是基于这一指导思想，我孜孜不倦地追求，探索。夏日汗浸稿纸，仍然目不斜视，笔不停挥；冬日寒袭筋骨，尚在伏案凝思，潜心稽考。力求将每条校、注、析建构在翔实可靠的基础上。有时为了校正一句话或一个字，辗转反侧，翻阅了许多资料，耗去了许多宝贵时间，也在所不惜。常常头天写好的稿，翌日一读，自己感到不满意，便又推倒重写。而一旦在探索中有一星半点之得，或找到了满意的结论，不觉高兴得"手之舞之，足之蹈之"，可谓"乐在其中"矣！就这样，从春到夏，从秋到冬，终于在《老子》研讨会召开的前夕——一九八五年十月完成了初稿。蒙湘大科研处的支持，随即打印成上、下两册。

一九八五年十一月中旬，全国《老子》学术思想讨论会在湖南湘潭拉开了帷幕。我的拙稿作为一份菲薄的献礼，送到了大会。出乎我的意料，拙稿在会上受到重视。带去的 150 套打印稿，迅即索要一空。不少前辈学者和同行师友在大小会发言中，纷纷给拙稿以许多赞语，也提出了一些供我后来修改的宝贵意见。有关报纸和电视台在报道会议概况时，还特别提到拙稿"在会上受到好评"。这一切都给了我很大的鼓励和鞭策，为后来的修改增加了信心和力量。

　　拙著在写作和修改过程中，得到王沐先生、萧萐父先生、廖海廷先生、温少峰先生、傅白芦先生、邓谭洲先生、朱继武先生等的帮助和支持。廖海廷先生是已故的杨树达先生的高足，他在文字训诂以及思想史研究方面造诣很深。初稿打印好后，廖海廷先生和成都市委党校研究员温少峰先生分别为我通读了全稿，提出了许多宝贵的意见。尤其值得一提的是，中国道教协会常务理事、道教研究室研究员王沐先生，以八十余岁的高龄，热心为拙著撰《序》；我的老师，武汉大学萧萐父教授，在百忙中为拙著题辞。这一切都表达了前辈学者对我辈后学的无比关怀之情，令我感激不已。书稿能有今天这个面貌，与上述师友的帮助和指教分不开的。值此拙著出版之时，在此一并致以衷心的谢忱！由于水平所限，书中粗疏失误之处难免，敬祈海内方家指正！

黄　钊

一九八九年五月于武汉大学珞珈山"勤补书斋"

新版后记

黄钊先生的"中哲史学术人生"

我是黄钊先生的终身伴侣,我们携手走过了 54 年[1]。先生于 2022 年 5 月以 84 岁高龄仙逝。先生在生时就想在大陆再版《帛书老子校注析》(以下称《老子》,1991 年台湾学生书局出版)。感谢崇文书局和台湾学生书局助我实现先生遗愿。

中国古代有两个影响最大的哲学家,一个是孔子,一个是老子。孔子善言人道,奠定了中国伦理学基础。老子善言天道,开创了中国古代本体论学说。方克立[2]指出,"道家思想的地位和作用是不可低估的……儒道两家思想构成了中华民族文化传统的主干。"[3]湖南省社科院副院长陆魁宏也指出:"道家和儒家构成了我国传统文化的两大主干。"[4]黄钊先生一生致力于道家哲学与儒家伦理的教学与研究,在这两个领域都取得了不少学术成果。先生自 1987 年底在武汉大学从事高校德育思想道德理论教育直到终老。这期间,他专心儒家德育学说的教学与研究,撰写出版了

1　罗欣:《武大教授伉俪携手同行五十载》,《楚天都市报》2017 年 12 月 26 日。

2　方克立,南开大学哲学系教授。

3　方克立:《儒道两家思想构成了中国传统文化的主干》,《全国老子学术思想讨论会资料选辑》第 12 页。

4　同上,第 6 页。

《中国古代德育思想史论》上、下集,《儒家德育学说论纲》、《国学与儒道释文化发微》、《思想文化建设综论》以及主编《中国道德文化》、《三德教育论纲》等多部著作,这是他从事德育思想道德理论教育期间研究儒家伦理的主要成果。而先生早在 1982 年至 1987 年在湘潭大学教授中国哲学史期间就深研道家哲学。《老子》、《道家思想史纲》(以下称《史纲》)就是这一时期的成果。而在 2021 初, 即先生生命的最后时刻, 他抢写了人生最后一部著作:《清本〈庄子〉校训析》(以下称《庄子》), 仅用一年多时间, 于离世时截稿。《老子》、《史纲》、《庄子》三本中哲史著作以及数十篇中哲史学术论文, 奠定了黄钊在中国哲学史学界的学术地位。观其一生, 其教学与研究可分为两大部分:在武汉大学的儒家德育教学与研究;在湘潭大学哲学系的中国哲学史教学与研究。武大哲学学院教授李维武[5]对黄先生两个时段研究之关联作了如此恰当的评述与概括:"'黄老师在中国哲学史研究与中国德育思想史研究之间, 架起了一道由此及彼的思想之桥'……黄老师原先的哲学背景、哲学训练、哲学功力, 以及所从事的中国哲学史研究, 正是他后来开展中国德育思想史研究的'看家本领';正是这种'看家本领', 使他由中国哲学史研究者成功地转换为中国德育思想史的开拓者。'"[6]当代著名中国哲学史学者郭齐勇[7]一语总结道:"黄钊先生是著名的中国哲学史家, 著作等身, 贡

5　李维武, 武汉大学哲学学院教授, 博士生导师。

6　沈壮海主编《勤补斋学记——黄钊教授学术人生》, 湖北人民出版社, 2021 年, 第 6 页。

7　郭齐勇, 武汉大学哲学学院原院长, 武汉大学国学院原院长, 教授、博士生导师。

献甚大。"[8]

借《老子》再版后记,重点谈谈先生三部中哲史著作以及他的学品人品,以作为对一位中哲史学者——黄钊先生的纪念。

一、黄钊先生的《帛书老子校注析》

1973 年长沙马王堆文物出土,其中有帛书老子甲乙本。中国哲学史学会决定 1985 年 11 月在马王堆出土地——湖南召开一次全国性的老子学术研讨会。1984 年春,湖南省中国哲学史学会在长沙召开年会。大会认为,帛书《老子》出土于湖南长沙,应由湘人学者写一本研究"帛书老子"的专著,以彰显湖南的学术力量。湖南省社科院哲学所的邓潭洲先生知道黄钊毕业于武汉大学哲学系,当时正在湘潭大学哲学系教授中国哲学史,对《老子》有所涉猎,便建议黄钊承担这一重任。黄钊当场接受。于是,会议就决定由黄钊拿出一本研究帛书老子的专著。当他告诉我这一信息时,我还是为他捏着一把汗。黄钊 1982 年 6 月才调到湘潭大学从事中哲史专业教学,每学期都要给本科生授课。当时湘大图书资料严重缺乏,查资料不得不跑湖南省图书馆、跑北京图书馆。唯一让人安慰的是,黄钊从小饱读诗书,对四书五经也有所涉猎,还时常念着老子的"道可道,非常道",算是有一点古文基础。记得我们在武大上中哲史课程时,每逢课堂讨论,他都特别活跃,总是抢着发言。往往还和前来参加课堂讨论的当时名气

---

8 沈壮海主编《勤补斋学记——黄钊教授学术人生》,湖北人民出版社 2021 年,第 107 页。

就很大的萧萐父先生，授课的李德永老师讨论问题。那时就已经显露出他对中哲史的特别热爱。关于黄钊先生古文功底还有一个笑话：黄钊写了一篇《不能把老子的"道"看作创世主》论文投寄湖南师大学报，过了三个月还没有得到是否采用的回复。他有点急，想另投其他刊物。我借到长沙参加学术会议之机，抽空来到师大学报编辑部，看到有位女编辑（年龄大概50多岁）坐在办公室，我明知故问道："这是师大学报编辑部吗?""是。""我是来问问，湘大有位老师投给贵刊一篇论文，不知是否采用?""作者是?""黄钊。""啊，他的那篇文章准备采用。"她看着我又问道："你是他什么人啦?""我是他爱人。"女编辑立马睁大眼睛看着我，脸色也变了。"那你们是老少配?"（那是1983年，我42岁）"没有呀！我们是武大毕业的同班同学呀！""唉呀，我看那文笔应是出自一位老学者之手，我以为作者是一位老人。"回到家我将这一对话告诉黄钊，他乐得笑了。

接受写作任务后，黄钊除讲课外，把一切时间都泡在故纸堆里。为了让他多有点时间，我包揽了一切家务并照顾两个上初中的孩子。黄钊不负众望，终于在开会前夕拿出《老子》打印本。该书在会上得到与会者，特别是任继愈、萧萐父等一批著名教授的好评。上世纪80年代中期，出版读者面窄的古籍书相当困难。台湾学生书局慧眼识珠，接受出版一位当时还不知名的年轻学者的《老子》书。当得知这一喜讯时，我俩高兴得不得了。

《老子》书出版时北京大学哲学系任继愈教授署签书名。中国道教协会常务理事、研究员王沐先生为该书作"序"，他指出："这是作者对帛书研究的一大贡献，必将有助于把'老学'研究向前推进一步。""作者芟刈草莱，独辟蹊径，广猎博采，继往开来，在研究的苗圃中，辛勤浇灌。今天我们高兴地看到，'老学'这块园地，开放出新花，收获了硕果。所以本书的出版，实能扫除陈言，放一异彩。"[9]武汉大学萧萐父教授给本书题辞，称"黄钊先生研究道家思想有年，尤醉心于老学……近几年以深研帛书《老子》为中心，综覈诸家传本，较论异同得失，扬搉古今，慎重裁断；为便初学，校注之后，复加评析、今译，终于著成《帛书老子校注析》一书"，并称其是"对帛书《老子》系统校释方面又一新的成果，对推进老学研究的深化作出了一定贡献。""我读其书，深慕其找到了在学术上'大巧如拙'、'大器晚成'的可贵起点。"[10]郭齐勇读过该书后如此评述："黄老师的成名作《老子》……这一力作奠定了黄老师在中哲史学界的学术地位。"[11]李中华[12]读过《老子》后评说："黄钊先生所著《老子》一书，是这一领域的新成果。该著作资料收集之齐备、文字校正之谨严、词语诠释之细密、义理阐说之精微，以及善取众家之长的宽容态度，同流行诸家之注本比起来，确有其独到之处。"[13]可见，综上专家所言：黄钊先生《老子》一书，是"'老学'这块园地……新花……硕果"，有"扫除陈言，放一异彩"之效，"把'老学'研

---

9 引自黄钊《帛书老子校注析》，台湾学生书局，1991年，第2页。

10 同上，第6页。

11 沈壮海主编《勤补斋学记——黄钊教授学术人生》，湖北人民出版社，2021年，第108页。

12 李中华，武汉大学文学院教授。

13 沈壮海主编《勤补斋学记——黄钊教授学术人生》，湖北人民出版社，2021年，第210页。

究向前推进一步",是老学研究"又一新的成果,对推进老学研究的深化作出了一定贡献",是黄钊先生的"成名作"。

三十多年后,《老子》一书有幸在大陆再版简体字本。当代著名中国哲学史家郭齐勇为再版《老子》作序,称:"黄钊老师深耕老学,以他的史德、史才、史学、史识,对帛书《老子》作了全面、深入的研究。""在我国老学史上,长沙马王堆帛书《老子》是一颗璀璨的明珠,而在对帛书《老子》的整理与研究方面,本书是上乘之作,经受了时间的考验,也是一颗璀璨的明珠,故我乐于向学术界、读书界推荐这部佳作。""黄钊老师在本书出版之后,又主编了《道家思想史纲》一书,晚年扶病著成《清本〈庄子〉校训析》一书,此'道家三书'及数十篇论文,是他一生研究道家哲学的厚重成果。""他在中国哲学史,特别是儒道思想的源头及运用方面下了很大的功夫,成就斐然,令人感佩!他是名符其实的中国哲学史家!"

二、黄钊先生的《道家思想史纲》

黄钊在写作《老子》时就深刻认识到道家思想的丰富与在中国哲学史上重要学术地位。道家与儒家是构成中国传统文化的两大主干,而不是什么道家思想是"对儒家思想的补充"。他下决心要用自己一生精力深研道家哲学与儒家伦理。他在湘大教授中哲史短短 5 年半时间,撰著了《老子》并主编了《史纲》(52.1 万字);又抢在生命的最后时刻写完《庄子》。下面谈谈《史纲》这部著作。

　　萧萐父在《史纲》"代序"中指出："黄钊同志主编的《史纲》一书，以十编三十章的规模，从先秦到清末，结合社会运动的不同阶段，对道家思想的源流衍变进行了系统论析，对道家思想的历史地位及其文化功能作了全面评述。这部《史纲》，正是近些年来道家思想研究中引人注目的最新成果，以其史料翔实，网罗面广，评析精当，达到较高的学术水平，并具有拓荒补白的意义。"[14] 又说："《史纲》考察了道家思想发展的历史过程，这对于认识道家文化的历史作用，促进对道家文化的深入研究，无疑是很有意义的。"[15] 唐明邦教授在《史纲》"题辞"中说：史纲"对道家思想发生、发展的规律第一次进行了深入而系统的总结"。[16] "《史纲》的可贵处，在于对道家思想所固有的局限性和消极面，予以深刻揭露。"[17] "《史纲》是一部论史结合，古今贯通的力作，令人读之对道家思想刮目相看。《史纲》的问世，对于克服学术界扬儒抑道的传统偏见，批判文化思想界的历史虚无主义，均具有无可争辩的现实作用。"[18] 唐先生指出了学术界存在"扬儒抑道的传统偏见"，这是难能可贵的。黄钊非常赞同老师观点，面对当时中哲史学界存在的"扬儒抑道"现象，他决心深研道家哲学，宣传道家思想，这一初衷他一直不忘。

　　郭齐勇指出：黄老师主编的《史纲》"在当时无疑填补了我国学界关于道家思想发展史研究的学术空白……曾在海内外学界

14　黄钊：《道家思想史纲》，湖南师范大学出版社，1991 年，第 1 页。

15　同上，第 7 页。

16　同上，第 9 页。

17　同上，第 11 页。

18　同上，第 12 页。

引起较强的反响。"[19] 湖南师大出版社责任编辑刘周堂回忆起他接
到《史纲》选题时的心情:"我立即觉得这是一部填补道家思想研
究空白之作,很有出版价值。"[20] 又说:"《史纲》的突出特点是把
道家思想放在历史的长河中进行整体考察既探其源,更溯其流,
清晰地勾画出两千余年来道家思想发展演变的历史轨迹。"[21] 先
生早期弟子舒远招[22] 说,《史纲》"以 10 编 30 章宏大的规模、完
整的系统……、翔实的史实、精到的评析,来体现作者"[23] 对儒
道两家的深刻研究。又说:"作为道家思想研究的'拓荒'之作,
《史纲》为全面准确地把握道家思想乃至整个传统文化的源起流
向,提供了一条极富启迪的思路,它之试图将道家思想作为传
统文化的'深层结构'来把握的大胆尝试,值得我们予以充分关
注。"[24] 并赞其是一部"道家思想研究的'拓荒'之作"[25]。从上述
专家评说可以看出,黄钊先生主编的《史纲》堪称中国哲学史上
"古今贯通的力作",它不仅"填补了我国学界关于道家思想发展
史研究的学术空白",更是一部"'拓荒'之作",起到"拓荒补
白"的历史作用。

19　沈壮海主编《勤补斋学记——黄钊教授学术人生》,湖北人民出版社,
　　2021 年,第 108 页。

20　同上,第 176 页。

21　同上,第 227 页。

22　舒远招,湖南大学岳麓书院哲学系教授,博士生导师。上世纪八十年代
　　黄先生在湘大时,给舒远招所在的 81 级哲学班讲授中国哲学史课程。

23　沈壮海主编《勤补斋学记——黄钊教授学术人生》,湖北人民出版社,
　　2021 年,第 234 页。

24　同上,第 236 页。

25　同上。

三、黄钊先生的《清本〈庄子〉校训析》

《老子》是黄钊先生学术人生的开门之作,《史纲》紧随其后。《庄子》则是先生学术人生的绝笔之作。《老子》写作时先生于不惑之年,《庄子》写作时先生于八秩之后。其间相隔近 40 年。1987 年底,我们夫妇调入武汉大学,我在哲学系,黄钊在政教系(马院前身)。教师从事学术研究必须服务于教学需要。黄钊忍痛放下已经着手的《庄子》研究,全身心地投入思政教育。直到 2021 年春才得以腾出手来写作《庄子》,以了却他一生最后的牵挂。他不顾十余年扩心病折磨,心脏先后换过两个起搏器,以顽强毅力与病魔争分夺秒抢时间。仅用一年多,他用时常颤抖的手在电脑上敲出 30 多万字的《庄子》书稿,于 2022 年 5 月驾鹤西去。在武大人文社科院支持下,经武大中哲史专业著名学者郭齐勇、李维武、罗炽(湖北大学)、吴根友等审阅,郭齐勇撰写"序",我代书"后记",三位教授写"书评",吴根友教授和我校阅清样,由崇文书局于 2024 年 1 月出版发行。

郭齐勇在《序》中言:"黄钊先生是著名的中国哲学史家,对中国哲学及其历史的问题、方法、思潮、流派、人物、典籍的方方面面都有精深的研究,尤精于道家哲学与文化。""黄钊先生一生与老庄有缘,倾其心力解老注庄,他的一生可谓是与老庄相伴的一生。""黄钊先生在撰写此书的过程中,大胆假设,小心求证,不惧权威,唯理是从。对于资料收集,黄先生网罗古今,竭泽而渔;对于文字校勘,黄先生可谓遵循'奥卡姆剃刀'的原则,能简则简,言简意赅,但又不失严谨而理性的治学精神。综合言之，不论是从学术研究还是从文化传播上说，黄先生的《庄子》都具有重要学术价值。""黄先生一生的学术生命，始于《老子》，终于《庄子》，可谓'生于斯，终于斯'。《庄子》粹黄钊先生一生之功力，是他的炉火纯青之作、生命之作、绝笔之作。"[26]

李维武点评："黄钊教授长期致力于中国哲学研究，于道家思想情有独钟、多有研究，由之而对《老》《庄》典籍悉心钻研、详细考论、深入发微，早年撰有《老子》。两书皆学问扎实、功力深厚的煌煌大著，实可合称注解道家原典上下篇。""从考据、训诂、义理三个方面，对《庄子》文本进行了新的注疏诠释，其优点与特色主要有三：一是校《庄》有功夫……；二是训《庄》有新意……；三是析《庄》有广度和力度。""观黄钊教授是书，正为传世不尽之火也！"[27]罗炽[28]点评道：《庄子》一书写作，"这种动因，既表明了先生的学术胆识，也反映了先生对国学文化严肃、认真和负责的高尚情怀。""先生毅然抱病握笔，批糠陈迹，其勇气和精神令人敬佩。""黄先生国学素养深厚，数十年勤勉问学，深钻故纸，优秀成果累累，是可形见的；尤其可贵的是先生的治学精神……给后人留下了一颗宝珠。读此书当先理解先生的学品与人品，理解先生的为学之道。"[29]吴根友[30]点评："黄钊老师

26　郭齐勇：《序》，《清本〈庄子〉校训析》，崇文书局，2024 年，第 1、5、6 页。

27　《清本〈庄子〉校训析》，崇文书局，2024 年，第 548—548 页。

28　罗炽，原湖北大学哲学系主任、教授。

29　《清本〈庄子〉校训析》，崇文书局，2024 年，第 550—551 页。

30　吴根友，原武汉大学哲学院院长，现为浙江大学马一浮学院暨哲学院、敦和讲席教授，长江学者。

以八十以上的高龄，开展《庄子》文本的定本校定训释与分析工作，其一生奉献于学术，尤精老庄研究，老而弥坚，鼓舞着我等后辈。"黄老师这本著作将是早春的梅花。"[31]

黄钊先生一生热爱并深研中国哲学，其成果不仅得到萧萐父、任继愈、王沐等哲学界老一辈著名大家的好评，也得到当今年轻一代中哲史著名学者郭齐勇、李维武等专家们的高度赞扬，九泉下的黄钊先生此生已无遗憾！

四、黄钊先生的高洁品行与人格风范

前文已有不少学者评述涉及到先生的学品人品，下面重点看看先生的学术朋友、同事、黄门弟子眼中的黄钊：

吴光[32]读了先生的《中国古代德育思想史论》，颇有感慨道："在这里，笔者要特别赞扬《史论》作者黄钊先生孜孜以求、无怨无悔的学术精神。黄钊是著名学者，但不是学术明星……黄钊先生淡泊名利、艰苦为学，终于修成正果，完成大著。"[33]（注：《中国古代德育思想史论》上、下集是黄钊先生退休后10年面壁写作成的。）王向清[34]读了先生的《儒家德育学说论纲》，赞其"是

---

31 《清本〈庄子〉校训析》，崇文书局，2024年，第552—553页。

32 吴光，浙江省社科院哲学所研究员。

33 沈壮海主编《勤补斋学记——黄钊教授学术人生》，湖北人民出版社，2021年，第7页。

34 王向清，湘潭大学哲学系系主任、教授、博士生导师。

一部全面、系统阐述儒家德育学说的开山之作"[35]。郭齐勇赞道：
"黄老师苦学精思，上下求索，中西对比，古今贯通，终有大的
成就！他用功甚勤，为人和善，谦虚谨慎，提携后学，堪为师
表！"[36] 徐水生[37]："黄钊教授德业双修，人品作品俱佳，待人热
情真诚，乐于提携青年学子。"[38]

　　罗炽："他对传统的儒、道、释三家思想文化的会通和把握
均达到了相当的学术造诣。"[39] 在其《七律·酬挚友黄钊兄》中，
以"胸怀直谅无偏傥，性秉光明有爱憎。学海珠多因刻苦，杏坛
花好在勤耕。余年犹奋兴文笔，潇洒人间唱晚晴"[40] 来描述黄先
生为人为学在他心中的磊落品性。邵龙宝[41]："我深深感到他为
人正直、厚道，做学问一丝不苟，把诚信为美、质朴求真作为自
己做人与做学问的根本……他治学勤奋，笔耕不辍。"[42] 张武[43]：

35　沈壮海主编《勤补斋学记——黄钊教授学术人生》，湖北人民出版社，
　　2021 年，第 262 页。

36　沈壮海主编《勤补斋学记——黄钊教授学术人生》，湖北人民出版社，
　　2021 年，第 113 页。

37　徐水生，武汉大学哲学学院教授，曾任武汉大学哲学学院副院长。

38　沈壮海主编《勤补斋学记——黄钊教授学术人生》，湖北人民出版社，
　　2021 年，第 125 页。

39　同上，第 167 页。

40　同上，第 163 页。

41　邵宝龙，同济大学马克思主义学院教授、博士生导师。

42　沈壮海主编《勤补斋学记——黄钊教授学术人生》，湖北人民出版社，
　　2021 年，第 126 页。

43　张武，湖北省社会科学院研究员、博士生导师。

"黄钊教授为人师表、严于律己、坦诚待人、敬业乐群。"[44]刘兴邦[45]:"近40年来,我与黄钊教授在学术交流方面从未间断……黄老师是我的良师益友,我会永远将这份情谊铭刻在心。"[46]

骆郁廷[47]:"黄钊教授是我非常敬重的一位我国思想政治教育园地孜孜不倦、辛勤耕耘、具有深厚学术造诣和丰硕学术成果的知名专家学者。在武汉大学思想政治教育学科发展一度青黄不接的关键时期,黄钊教授带头进行学术转换,承担起精研学术、培养后学的重任,发挥了承前启后的重要作用。"[48]倪素香[49]:黄老师"不论身居何位,他总是不忘提携与关照青年教师,成为年轻人事业成长的引路人"。"黄老师不仅在教学方面扶我上马并送上一程,还在学术科研上指引着我努力的方向。""在与黄老师相识的二十多年生涯中,我不仅得到黄老师在学业和事业上的指点和指引,也得到了黄老师在生活和工作中的关心与支持。我生儿育女期间得到他的关爱,读博期间得到他的支持,在学术探讨中得到他的启迪,在教学工作中得到他的帮助。这一切,点点滴

---

44 沈壮海主编《勤补斋学记——黄钊教授学术人生》,湖北人民出版社,2021年,第174页。

45 刘兴邦,五邑大学教授。

46 沈壮海主编《勤补斋学记——黄钊教授学术人生》,湖北人民出版社,2021年,第187页。

47 骆郁廷,武汉大学马克思主义学院教授,博士生导师,原武汉大学党委副书记。

48 骆郁廷:《思想文化建设综论·序》,中国社会科学出版社,2018年,第1页。

49 倪素香,武汉大学马克思主义学院思政系系主任,教授,博士生导师。

滴，都铭记在我的心中。"[50]（注：黄钊先生曾担任武大政治与行政学院副院长并兼思政系系主任工作，倪素香是该系教师。）

弟子沈壮海[51]："黄老师既是我本科毕业论文的指导老师，也是我硕士研究生、博士研究生阶段的导师，耳提面命，教诲谆谆。不知不觉，从先生学，已三十年。""先生无论治学还是为人，都是我们时时所应追寻的榜样。"我还记得听老师的课时，"黄老师将有关重要古文献一段一段地用毛笔抄写在白纸上，上课时张贴于黑板，解字释句，阐发大义。黄老师的课，培养、激发了我对中国传统文化的兴趣，也润物无声地引导我打下了一些传统文化的底子，至今受用无穷。""黄老师一丝不苟的治学精神和对学生指导的耐心细致，深深地印在我的脑海里，引导着我的学术成长。""十年求学，并至今日，黄老师都是我的秉烛引路人。""我是黄老师'手把手'教、'手把手'带，才得以走到学术研究道路上来的。""在跟随黄老师学习的过程中，常常见到他在讲解有关问题时，大段的古典文献，随口诵出，然后给出逐句讲解，给我们很大的震撼和感染。""他多次在'勤补书斋'中给我讲勤以补拙的道理，强调学习、做学问、做事，一定要有'人一能之，己百之；人十能之，己千之'的恒心和劲头，要下得苦功夫。黄老师的这些反复叮嘱，深含着的，是他对学生、对后来者的殷殷厚望。""黄老师是学富五车的经师，更是仁和宽厚的人师。

---

50 沈壮海主编《勤补斋学记——黄钊教授学术人生》，湖北人民出版社，2021年，第189—193页。

51 沈壮海，武汉大学马克思主义学院教授，博士生导师，长江学者，武汉大学党委常务副书记。

老师与我，情同父子。"[52]

弟子佘双好[53]："黄钊教授既是宽容的长者，又是严格的老师；既鼓励我独立探索，寄予充分的信任和厚望，又言传身教，谆谆教导，时时催我奋进。特别是论文写作期间，不仅对提纲反复推敲，而且对论文字斟句酌，精心修改，作了大量批注。在本书的成稿过程中，又不辞辛劳，进一步审阅书稿。"[54] 弟子席彩云[55]：我的"博士论文从开题到撰写，几易其稿，黄老师都逐字逐句予以修改，从题目的选定到资料的收集，从结构到布局，从标题的概括到观点的提练，无不凝聚着导师的心血。在写作过程中我几度想放弃，可导师的治学精神和认真态度时刻在感动着我，在激励着我坚持到最后。可以说，没有导师的鼓励，我不可能走到今天；没有导师的教导，就不可能有论文的完成。导师细致的批改和中肯的意见，不仅开启了我的愚智，更让我知道了做学问的严谨和不易。导师诲人不倦的崇高风范，一丝不苟的治学态度，让我感动不已，将使我受益终生。"[56] 弟子崔华前[57]："黄老师不仅以其高尚的人格魅力引导我如何做人，而且以其耳提面命的教诲教导我如何治学。黄老师严于律己、以诚待人的人格风范，为

52　沈壮海主编《勤补斋学记——黄钊教授学术人生》，湖北人民出版社2021年，第194—199页。

53　佘双好，原武汉大学马克思主义学院院长，教授，博士生导师，2024年获评"全国模范教师"。

54　佘双好：《现代德育课程论》，中国社会科学出版社，2003年，第301页。

55　席彩云，武汉大学档案馆馆长，校史馆馆长，研究员。

56　席彩云：《当代社会公德教育研究》，湖北人民出版社，2008年，第174页。

57　崔华前，温州医科大学马克思主义学院院长，教授。

我们树立了良好的榜样；黄老师关于治学应追求'言之有物'、'深入浅出'、'通俗易懂'，而不要'故弄玄虚'、'无病呻吟'的训导，以及他勤奋、严谨、求真、务实的治学风格，为我的治学指明了努力的方向。……黄老师生病住院期间，仍惦记着我的论文进展情况，并在病房里就我的论文修改给予了精心指导，这更使我终身难忘……师恩三年不敢忘，寸草难报三春晖。"[58] 弟子朱桂莲[59]："非常感谢我导师黄钊先生，他让我感受到了一个真正学者的严谨、谦虚和勤勉。感谢他三年来从生活上对我慈父般的关怀，从学习上细致入微的指导，品格上如沐春风的熏陶。我的这篇博士论文，从选题到开题，从结构到语言，从形式到内容，先生为之倾注了大量心血。本论文……第一稿上都记载了先生密密麻麻的修改意见……他躺在病床上为我……修改论文的情景，一直深深地印在我们师兄妹心中。"[60] 弟子涂爱荣[61]："我非常幸运地得到了黄钊先生手把手的教导，他把我一步步地引入学术的殿堂，对于如何读书，尤其是一些古籍书，如何查阅资料、如何进行论文的撰写，先生都给予了非常详细的指点。不论是我的硕士论文，还是这篇博士论文，从选题到开题，从结构到语言，从句读到篇章，从内容到形式，事无巨细，他都严格把关，反复指导，反复修改，倾注了大量心血……先生渊博的学识，严谨的治

58　崔华前：《先秦庄子德育方法思想研究》，中国社会科学出版社，2008年，第319页。

59　朱桂莲：中国地质大学（武汉）马克思主义学院教授。

60　朱桂莲：《爱国主义教育研究》，中国社会科学出版社，2008年，第270—271页。

61　涂爱荣，湖北经济学院马克思主义学院教授。

学风格，高尚的德行，虚怀若谷的态度，也让我高山仰止，并无时无刻不在感染着我、熏陶着我、影响着我。"[62]

弟子们感谢话语太多太多，限于篇幅，仅以上述几位作代表。

以下是老师，是同辈师友，是晚辈同行，是学术朋友，是黄门弟子，是属下职工，有男有女……他们，众口赞誉先生的学品、人品：

黄老师为人正直、厚道，做学问一丝不苟、德业双修、人品作品俱佳，把诚信为美、质朴求真作为自己做人与做学问的根本。他淡泊名利、艰苦为学、为人师表、严于律己。他坦诚待人，敬业乐群；他为人和善，谦虚谨慎，乐于提携后学；他是学生们心中的良师益友，是宽容的长者，是学富五车的经师，是仁和宽厚的人师；他堪为师表，磊落品性，与学生情同父子（女）……

弟子们为黄钊先生庆祝八十大寿时，沈壮海代表全体弟子撰写祝寿贺联：

> 融贯中与马笔耕墨耘真学问，
> 会通道和德言传身教大先生。

"真学问"、"大先生"是弟子们对黄先生学术人生的经典总结与最好铭记！

---

62 涂爱荣：《宋明理学家德充方法思想研究》，湖北人民出版社，2007年，第202页。

　　最后，感谢武汉大学人文社科院的支持！感谢郭齐勇教授为《老子》再版作序！感谢武汉大学哲学学院吴根友教授、姜修翔博士校阅书稿清样！感谢崇文书局！感谢台湾学生书局！感谢胡心婷副社长为本书再版所做的努力！感谢责任编辑官宣宏、郭晓敏的辛勤付出！

　　黄钊先生，《老子》再版了！你的遗愿实现了！

　　《老子》、《史纲》、《庄子》扮亮你中哲史学术人生！

　　愿你在天堂愉快地与老庄谈经论道；或许还能碰到出游的孔子呢！

　　黄钊先生永远活在后人心里！

罗　萍

2024 年 8 月于武汉大学"勤补书斋"

黄钊学术成果一览表

一、道家研究

1. 黄钊：《帛书老子校注析》，台湾学生书局，1991.10

  黄钊：《帛书老子校注析》再版，崇文书局，2025.4

2. 黄钊：《清本〈庄子〉校训析》（39.8万字），崇文书局，2024.1

3. 黄钊主编：《道家思想史纲》（52.1万字），湖南师范大学出版社，1991.4

二、儒家伦理学研究及其他

1. 黄钊：《中国古代德育思想史论》（上、下集，138万字），武汉大学马克思主义理论系列学术丛书，中国社会科学出版社，2011.4

2. 黄钊：《儒家德育学说论纲》（41.7万字），武汉大学学术丛书，武汉大学出版社 2006.3

3. 黄钊：《国学与儒道释文化发微》（46.8万字），中国社会科学出版社，2011.12

4. 黄钊：《思想文化建设综论》（46.5万字），中国社会科学出版社，2018.6

5. 黄钊：《中国古代政治思想史纲》（25.6万字），武汉大学出版社，1992.10

6. 黄钊：《国学经典诵读》中学 7—9 年级（8.8 万字），湖北教育出版社，2011.8

7. 黄钊：《国学经典诵读》高中第一册（8.9 万字），湖北教育出版社，2013.2

8. 黄钊：《国学经典诵读》高中第二册（8.9 万字），湖北教育出版社，2013.2

9. 黄钊主编：《中华优秀传统文化概论》（38 万字），高等教育出版社，2022.3

10. 黄钊主编：《三德教育论纲》（20.7 万字），武汉大学出版社，1997.8

11. 黄钊主编：《中国道德文化》（45.6 万字），湖北人民出版社，2000.4

12. 黄钊主编：《国学语录》（20 万字），人民出版社，2011.10

13. 黄钊主编：《政治学科建设与研究》（43 万字），武汉大学出版社，1993.12

14. 萧萐父、黄钊主编：《东山法门与禅宗》（31 万字），武汉出版社，1996.6

三、在学术期刊上发表学术论文 200 余篇